U0582935

| 西方零售管理名著译丛 |

王胜桥　曹　静／主编

零售学原理

（原书第2版）

PRINCIPLES OF RETAILING

（SECOND EDITION）

[英] 约翰·弗尼（John Fernie）
[英] 苏珊娜·弗尼（Suzanne Fernie）
[英] 克里斯托弗·M.穆尔（Christopher M. Moore）◎著
高　振　赵黎黎◎主译

北京市版权局著作权合同登记：图字：01－2018－7203

PRINCIPLES OF RETAILING, SECOND EDITION/ISBN：978－1－138－79195－4

图书在版编目（CIP）数据

零售学原理：原书第2版/（英）约翰·弗尼（John Fernie），（英）苏珊娜·弗尼（Suzanne Fernie），（英）克里斯托弗·M. 穆尔(Christopher M. Moore)著；高振，赵黎黎主译．—北京：经济管理出版社，2019.6

（西方零售管理名著译丛/王胜桥，曹静主编）

ISBN：978－7－5096－6158－1

Ⅰ.①零… Ⅱ.①约…②苏…③克…④高…⑤赵… Ⅲ.①零售业—商业经营 Ⅳ.①F713.32

中国版本图书馆 CIP 数据核字(2018)第 267178 号

组稿编辑：梁植睿
责任编辑：梁植睿
责任印制：黄章平
责任校对：王纪慧

出版发行：经济管理出版社
（北京市海淀区北蜂窝8号中雅大厦A座11层 100038）
网　　址：www. E－mp. com. cn
电　　话：（010）51915602
印　　刷：三河市延风印装有限公司
经　　销：新华书店
开　　本：787mm×1092mm/16
印　　张：22
字　　数：495千字
版　　次：2019年6月第1版　　2019年6月第1次印刷
书　　号：ISBN 978－7－5096－6158－1
定　　价：78.00元

主编者序

20 世纪 90 年代，上海商学院率先在全国高校开始了连锁与零售管理专业人才的培养，开设的连锁经营管理专业和工商管理专业，先后成为上海市本科教育高地，上海市“十二五”重点建设专业，上海市应用型本科转型试点专业，教育部国家特色专业；曾获国家教学成果二等奖、上海市教学成果一等奖；专业教学团队先后两次获“上海市级教学团队”称号。

随着互联信息技术的迅猛发展，消费主体的变化和需求多样化，服务经济与体验经济的到来，我国商业零售业也进入了新时代。新零售、新技术、新模式、新管理，对零售专业人才的培养提出了新要求，2017 年经教育部特批，上海商学院又设立了全国高校第一个零售业管理本科专业，并在 2018 年成为上海高校一流本科建设项目核心专业。

零售业管理一流本科专业的建设，强调专业人才的国际化视野培养，注重专业教学资源的国际化：把国外零售管理领域的最新优秀教材和成果引进来，结合我国零售发展理论与实践，融入专业人才的培养中。这套即将出版的译丛正是我们一流本科建设教学资源国际化的具体体现，内容既有零售管理的基础知识，又有零售管理最新的理论和研究进展。

英国赫瑞瓦特大学约翰·弗尼（John Fernie）教授等三位顶级零售学专家合著的《零售学原理》（原书第 2 版）不仅关注传统零售主题，还涉及最新的在线零售发展、提升顾客体验新技术等内容。该书由高振博士和赵黎黎副教授主译。分工如下：高振（第 1 ~ 6 章、第 9 ~ 12 章并统稿），赵黎黎（第 7 ~ 8 章）。

英国卡迪夫威尔士大学尼尔·里格利（Neil Wrigley）教授主编的《商店选择、店面选址与市场分析》汇集了店面选址领域新成果与市场分析预测方法。该书由曹静教授主译。分工如下：曹静（第 1 ~ 2 章并统稿），沈荣耀（第 3 章），朱蓓倩（第 4 ~ 5 章），高振（第 6 章），吕洁（第 7 ~ 9 章），赵黎黎（第 10 ~ 13 章）。

美国得克萨斯理工大学德博拉·C. 福勒（Deborah C. Fowler）和本·K. 吴（Ben K. Goh）教授的《零售品类管理》是深入解读品类管理最新模型与理念的先锋之作，涵盖各类零售技术与品类管理方法。该书由沈荣耀副教授主译。分工如下：吕洁（第 1 ~ 2 章），赵黎黎（第 3 ~ 4 章），郑蓓（第 9 ~ 10 章），沈荣耀（第 5 ~ 8 章及统稿）。

美国密苏里大学埃梅克·巴斯克（Emek Basker）教授主编的《零售与分销经济学手

册》整合了各国最新研究成果，强调方法论运用并分析了零售业态、技术、数据等方面新动态。该书由吕洁博士主译，分工如下：赵黎黎（第1~3章），高振（第4~5章），朱蓓倩（第10~12章），吕洁（第6~9章、第13~20章并统稿）。

丛书的翻译历时两年多，每本著作均几易其稿，才呈现在大家面前。出版之际，得到文启湘教授和陈启杰教授两位国内流通学界前辈的大力支持，非常感谢！但由于专业教学团队水平有限，翻译中难免有错误之处，敬请行家与读者批评指正！

上海商学院管理学院院长 教授 博士

王胜桥

2018年10月10日

序 一

近年来，我国零售业发展非常迅速，雄厚的市场基础和广阔的发展前景使我国成长为全球第二大零售市场。随着网络技术的快速革新，以及国内外众多零售品牌的不断涌现，全国商品、服务的实体零售和线上零售迅速增长。然而，国际市场的冲击、宏观政策的调整、居民消费观念的转变等也给我国零售业带来了较大的冲击。作为我国第三产业的主体，零售业目前正面临前所未有的竞争态势，其未来发展势必会对我国整体经济发展产生重要的影响。在这复杂多变的环境中，零售企业的改革与发展之路正面临一系列难题。例如，如何推动技术升级、如何改善客户服务、如何提升品牌价值、如何提高盈利能力等。对零售管理问题的系统学习和深入探讨，对于全面提升我国本土零售企业的市场竞争力具有十分重要的意义。

零售管理相关理论诞生于西方发达国家。到目前为止，国外已有较多院校开设了零售管理或零售学相关专业课程，主要分布在美国、英国、加拿大、新西兰等国家。例如，美国的南卡罗来纳大学（University of South Carolina）、亚利桑那大学（University of Arizona in Tucson）、西蒙斯学院（Simmons College）等，英国的罗汉普顿大学（University of Roehampton）、南安普顿大学（University of Southampton）、萨里大学（University of Surrey）等，以及加拿大的约克大学（York University-CA）、阿尔伯塔大学（University of Alberta）、瑞尔森大学（Ryerson University）等。其中，有些院校的零售管理教学关注了某些特定的行业（如奢侈品、服装、酒店等），有些高校的企业管理专业主要偏向于零售管理（如得克萨斯理工大学）。相对而言，国内零售管理教学起步较晚，只有为数不多的一些高校开设有专门的零售管理类课程。基于学习现代零售经营管理理论、熟悉零售企业实务、掌握零售企业运营特点和管理模式的迫切需求，国内零售管理方面的教学和研究势头方兴未艾。

2017 年 3 月，上海商学院获国家教育部批准设立了零售业管理专业。这是全国高校第一个零售业管理的本科专业，也是教育部国家特色专业和上海市第一批应用型本科试点建设专业。上海商学院该专业教师团队梳理了当前美国、英国、法国等多个发达国家的零售管理相关专业的教学材料及研究现状，从西蒙斯学院、布莱顿大学（University of Brighton）等国外高校引入一系列教学资源，建立了较为完整的工商管理（零售管理）课程体系。其中，将《零售学原理》（原书第 2 版）、《商店选择、店面选址与市场分析》《零售品类管理》《零售与分销经济学手册》这四本教学及研究著作纳入丛书的编订范围，由上海商学院零售业管理专业教师团队进行翻译和审校。

这套丛书所选的书目，既涉及零售业相关的基础知识，又关乎零售管理方面的最新理论和研究进展，涵盖了零售业动态、零售运营、在线零售、信息系统、零售物流、社会责任、品类管理、采购与供应链、价值链管理、零售选址、零售服务、市场预测、定价策略、品牌管理、零售机构、技术创新、商业博弈、渠道整合、大数据等重要的和最新的领域，反映了当前零售学界的最新研究成果。在图书版本的甄选上，遵循权威性高、知识体系完整、内容丰富充实、观点资料新颖、兼顾专业教学和学术研究等原则，针对多个版本召开专家论证会后方确定最终的版本。在组织翻译和出版的过程中，上海商学院零售业管理专业教师团队在译者甄选、翻译质量及编校流程上严格把关，使丛书的质量得到了有效的保障。

总体而言，这套丛书具有以下主要特点：

（1）体现国外零售管理方面的优秀研究成果。这套丛书的作者有的是长期从事零售管理研究的顶尖学者，如《零售学原理》（原书第 2 版）作者为零售管理界三位英国顶尖专家，即赫瑞瓦特大学的零售营销学教授兼圣安德鲁斯大学荣誉教授约翰·弗尼（John Fernie）、圣安德鲁斯大学零售学教授苏珊娜·弗尼（Suzanne Fernie）和格拉斯哥卡利多尼亚大学的营销学教授克里斯托弗·M. 穆尔（Christopher M. Moore）。有的是近几年的最新研究成果，如《零售品类管理》是美国得克萨斯理工大学的德博拉·C. 福勒（Deborah C. Fowler）和本·K. 吴（Ben K. Goh）在对品类管理多年研究基础上的最新力作。有的是某细分领域多位学者的综合研究成果，如《商店选择、店面选址与市场分析》由英国卡迪夫威尔士大学的城镇规划教授尼尔·里格利（Neil Wrigley）主编，汇集了零售业和学术界顶尖研究人员的研究成果。又如，《零售与分销经济学手册》由美国密苏里大学经济学系教授埃梅克·巴斯克（Emek Basker）主编，收录了来自六个国家（美国、加拿大、英国、意大利、德国和中国）的专家、学者、公务员和企业人员的研究成果。这套丛书广泛涉及零售管理和零售营销诸多方面的内容，既有理论的说明，又有案例的佐证，通俗易懂地为管理学和营销学专业的学生及相关从业人员介绍零售业的运营状况与管理策略及经验。

（2）强调对零售细分领域研究成果的梳理。对于零售管理相关领域的研究在西方发达国家已有多年，取得了较多的研究成果。这套丛书囊括了零售业发展、零售业的纵向组织、零售业的横向组织与竞争、零售企业重组与分析、店面选址与市场分析方法、商店选择模型、零售分析与预测等领域的研究成果、最新分析与预测方法，并在对这些成果进行梳理的基础上，运用不同的方法，进行了深入的探讨和剖析。因而，不仅能为研究人员提供有用的切入点，以寻找新的研究课题或扩展研究项目，而且有助于指导零售从业人员解决零售和分销领域的一系列管理问题。

（3）关注零售领域的最新研究动态。零售业作为目前国内外经济领域，特别是第三产业发展最快的一个行业，线上和线下的新零售发展模式得到了越来越多的学者和商界的认可。这套丛书不仅关注了零售环境、战略管理、电子商务、产品管理、零售物流、零售营销等传统主题，而且特别密切关注和结合零售业近几年的飞速发展，纳入在线零售的发展、实体零售业的变化、提升顾客体验的新技术、消费者行为分析等方面的内容。因而有益于相关人员的学习和研究，读者将大受启迪。

这套丛书可作为高等院校本科零售管理相关课程的教材，也可作为零售管理方向学术研究人员的参考用书。此外，还可为各个行业的零售从业人员提供一定的理论指导，使其成为优秀的零售规划者和决策制定者。

我们相信这套丛书的出版，在推动我国零售管理理论与实践发展方面具有十分重要的价值。这些翻译、编撰人员通过系统性地引进国外零售管理相关的最新专著、优秀教材和研究文集，介绍零售管理新的理论知识与方法，跟踪零售学界的学术发展动向。因此，这套丛书的出版在提高我国零售管理的专业教育水平，推进零售管理课题研究，提升零售企业的管理能力，以及适应新变化和新环境发展要求等方面将发挥积极、有效的指导作用。

特别应当指出的是：这套丛书的全体编委同志，他们在十分繁重的教学和研究工作中，耗费大量时间高质量地完成了书稿的翻译和审校工作，为丛书的出版付出了辛勤劳动。这套丛书既是上海商学院零售业管理专业团队多年教学研究经验的积累和结晶，也是零售业管理本科重点专业的建设成果，值得肯定和赞赏！同时，要衷心感谢经济管理出版社的大力支持和协助，为国内流通学界和业界出版这套宝贵丛书。

西安交通大学教授、博士生导师

文启湘 谨序

2018 年 6 月

序　二

2017年，我国社会消费品零售总额达366262亿元，比上年增长10.2%。其中，实物商品网上零售额为54806亿元，比上年增长28.0%，网上零售额为71751亿元，比上年增长32.2%。我国已成为全球第二大零售市场和全球第一大网络零售市场。2017年，京东集团营业收入达到3623亿元，全年交易总额（GMV）近1.3万亿元，成为国内销售额最大的零售商。实体零售与线上平台的全方位合作成为零售行业的凸显且重要趋势，而新业态的“井喷式”发展和资本重新定义零售竞争格局构成了行业的热点，异常活跃的技术应用和线上巨头的资本“加持”，对零售业以及产业链造成了重大影响。大型零售企业在线上线下同时布局，形成完整的面向消费者的销售渠道，全渠道零售商的兴起反映了零售业发展的整体格局和新趋势。

2017年3月，上海商学院在全国率先申报设立的教育部目录外新专业——零售业管理专业获批。该专业正是为适应零售行业对人才的急迫需求而产生的。零售管理专业在国外是非常成熟的专业，本科、硕士、博士各层次均有开设，仅本科专业在发达国家和地区就有100多所高校开设。上海商学院零售业管理专业的设立弥补了我国在本科商科教育方面的不足，对于完善我国的商科人才培养体系和结构具有重要的意义。

上海商学院对于零售人才的培养具有深厚的积淀。1999年，在全国率先设立了连锁经营管理专科专业。该专业建设成果于2001年获得上海市教学成果一等奖、国家教学成果二等奖。2005年，上海商学院在全国率先设立了连锁经营管理本科专业（零售业管理专业前身），同年获得了上海市教育高地项目。2009年，该专业被批准为国家教育部特色专业。随后又获得上海市“十二五”重点专业建设、上海市教育委员会第一批应用型本科试点转型专业建设等。近20年的积累使该专业产生了一批又一批突出的建设成果，也为该专业的持续建设奠定了坚实的基础。

为适应零售业迅速发展对人才的需求，培养高素质的专业人才，上海商学院零售业管理专业团队对世界零售业发展现状和趋势、我国对零售人才需求状况等进行充分调查和研究分析，并对发达国家零售专业进行了充分的调研，借鉴和引进国外成熟的课程和教材，在此基础上，结合学校和本专业的办学条件、优势和特色，形成了具有特色的零售业管理人才培养方案。

作为专业建设的重要内容，零售业管理专业教师团队本着借鉴、提高的目的精选了与零售管理核心知识、技术和发展相关的教材与学术专著加以翻译出版。本次翻译出版的著作具有以下特点：

（1）《零售学原理》（原书第2版）作者为零售管理界三位英国顶尖专家。该书广泛涉及零售管理和零售营销诸多方面的内容，关注了零售环境、战略管理、电子商务、产品管理、零售物流、零售营销等不同主题。同时，结合零售业近几年的飞速发展，纳入在线零售的发展、实体零售业的衰退、提升顾客体验的新技术、消费者行为分析等方面的内容，通俗易懂地为管理学和营销学专业学生及相关从业人员介绍零售业的情况。

（2）《商店选择、店面选址与市场分析》汇集了零售业和学术界顶尖研究人员的研究成果，探讨了零售企业重组与分析、店面选址与市场分析方法、商店选择模型、零售分析与预测等领域的最新分析与预测方法。该书关注了过去20年来英国零售业的重大重组，以及这种重组对于理解、维持和提升企业责任所带来的一系列影响。该书侧重于稳健实用的零售分析与预测方法，零售企业根据自身情况获取相关信息便能运用这些方法，可为零售企业、市场研究员、零售分析师等实践人员和研究者提供重要参考。

（3）《零售品类管理》是深入解读品类管理最新模型与概念的先锋之作，介绍了品类管理的概念及特征、零售业的演变及战略、测量方法与产能、价值链管理、品类管理循环、品类角色、品类管理策略、品类战术、消费者分析、品类管理职业十个主题的内容，广泛涵盖各类零售技术与品类管理方法，可作为零售业或供应链管理课程的教学补充。

（4）《零售与分销经济学手册》收录了来自美国、加拿大、英国、意大利、德国和中国的专家学者的最新研究成果。从理论、系统性经验证据和制度性细则等不同视角，深入解析零售业及其变革与发展问题，囊括了零售业的发展、零售业的纵向组织、零售业的横向组织与竞争、特定零售行业的案例分析与讨论等方面的内容。该书的特色在于对方法论问题的丰富阐述，如零售商之间入市博弈的结构性估计、投入产出不确定情况下的生产效率衡量、商品分类多变下的需求估计等。此外，也针对并购、分区管制和买方势力管理提出相关策略，以及分析了技术、零售业态和可得性数据方面的最新动态。

相信该套丛书的出版发行，会受到相关领域的教师、学生以及业界的重视和欢迎，对我国零售业发展的实践、理论研究和教学具有很好的促进作用。作为零售业管理本科重点专业建设的成果，对于完善商科人才的培养和研究大有裨益。

精选和翻译该套丛书是上海商学院零售业管理专业团队努力的成果，教师们在承担大量教学与科研任务的同时耗费了大量时间和精力，精神可嘉，值得肯定！同时十分赞赏经济管理出版社出版和发行这套丛书。

上海财经大学资深教授、博士生导师
陈启杰
2018年6月谨以此书献给第一版出版后我们过世的父母们：吉姆、索菲亚、艾弗尔、约翰和特蕾莎。

序　言

《零售学原理》第一版写于1999年底和2000年初，当时的零售环境与2014年迥然不同：经济蓬勃发展，通货膨胀率低，经济增长势头强劲，失业率低。这些稳健的经济指标推动消费品急速发展，零售企业经历了一个快速增长的时期，许多零售企业从小型家庭作坊式公司发展为大型上市跨国公司。然后在不到十年时间里，市场环境就发生了变化。美国次级抵押贷款市场崩溃引起2007年、2008年经济危机，全球市场开始衰退，直到现在才渐渐恢复。讽刺的是，驱动顾客支出和零售增长的重要动力是债务和基于持续经济增长预测的信贷可得性。但是随着增长放缓甚至停滞，失业率升高，通货膨胀率高于工资增长率，银行收紧放贷政策，导致消费者信心减弱，消费模式也发生变化。价格/性价比成为消费者关注的焦点，但是值得一提的是，除了2008年、2009年小幅下跌之外，奢侈品消费始终保持强劲的增长势头。当普通人在反思他们的消费习惯时，富人仍然在持续消费。

在这种全新的市场环境下，零售企业面临着严峻挑战，仅2007年至2014年6月就有308家英国公司进入破产管理程序（Centre for Retail Research，2014）。其中知名度比较高的包括Woolworths、Comet、HMV、Allied Carpets、JJB Sports和Focus DIY。在美国，申请破产的有Circuit City、A&P，Borders and Mervyns等知名零售企业。这些传统零售企业不仅要和大型卖场竞争，如今还受到网上零售企业的威胁，最著名的就是亚马逊网站。一个有趣的细节是亚马逊网站第一次报告盈利的年份是2003年，也就是本书首次出版的时候，当时是20世纪90年代末期，21世纪早期互联网泡沫之后，网络公司才开始稳定发展，即使在诸如英国等接受度高的市场，在线销售额比例也不到1%。

因此，《零售学原理》第一版出版时，大部分零售企业的策略是主要依靠门店数量扩张、国际化和提高网上知名度来实现增长。全球最大两家零售企业沃尔玛和乐购于20世纪90年代起开始进行全球扩张，其中乐购在1996年确立了在英国和其他国家在线零售市场的统治地位。在英国，“抢占有利商业区位”是大型杂货商区位策略的一个特征，因为大规模业态的最佳区位越来越稀有。然而随着市场环境的变化，这种策略的缺陷开始显露出来。大型卖场的理念是在非食品商品方面获得更好的利润，但是消费者越来越倾向于上网购买此类商品。乐购CEO——菲利普·克拉克（Philip Clarke）在2014年7月离职之前曾评论说，乐购是最有竞争力的线上和便利店零售公司，但是传统的大型超市拖了后腿。

在后金融危机时代，零售企业开始审视它们的策略，重新评估投资计划。其中最关注的是组织机构的重新调整，以适应全渠道零售的要求，便于顾客在任何时候任何位置购物与收货，以及将货物退还至他们选择的接收点。市场环境日新月异，大部分细分市场的在线销售都实现了两位数增长，从本书第一版出版以来，线上销售额在英国全国销售额中所占比例从 1% 上升到约 13%。随着销售向线上转移，传统门店网络开始缩小规模，以实现购物选择组合的平衡。这给传统购物商场和商业街带来大麻烦，这些商业区的空置率纷纷达到历史新高。

在 20 世纪 90 年代至 21 世纪初期，海外市场是大型零售企业增长的发动机，零售业四大巨头——沃尔玛（Walmart）、家乐福（Carrefour）、乐购（Tesco）和阿霍德（Ahold）重塑了全球零售市场。而就在本书刚出版时，阿霍德就在美国卷入财务丑闻，最终导致阿霍德撤出除了美国和欧洲以外的大部分海外市场。另外三大巨头重新将注意力转移至能够提供高盈利率的市场，尤其是股东对这些零售企业在本国市场上的表现不满意的时候。

从以上简单介绍中可以看出，在过去十年里市场发生了翻天覆地的变化。然而，我们的理想保持不变，即“为广泛读者、学生和从业者提供一本具有较好可读性的教材，并且通过笔者的教学和研究经验提高本书的学术权威性”（见第一版的序言部分）。我们尽可能保留前一版的基本框架，但是将之前的四个主要章节改成两大部分：第一部分（前六章）介绍战略方向；第二部分（后六章）介绍实施策略的支持功能。其中最主要的变化是第一版末尾部分“管理未来”下的国家化和电子商务部分在新版中放到前面位置（第 5 章和第 6 章）。未来已经到来，正如前文所述，国际化和网上零售已经成为许多零售企业的首要策略。

新版的第一部分章节与第一版类似。“零售环境”一章的结构保留不变，但是内容大幅更新，加入“新经济环境对消费者态度的影响”“针对竞争和土地使用政策的零售企业响应和政府措施”等内容。虽然发生各种变化，“零售变革理论”一章的改动内容最少，主要因为周期性理论、环境理论和冲突理论保持不变，只有示例部分做了更新。

第一版中“零售战略”后面另起一节介绍“零售营销的发展”，在新版中这两个部分拆分为两个新章节：“零售营销战略（一）：战略规划过程”和“零售营销战略（二）：市场细分与服务营销组合”。新版中第 3 章探讨了企业策略、目标和使命声明，然后介绍了用于确定零售企业战略能力的工具——环境、竞争和资源审计分析，从而分析新产品开发、全球扩张等方面的可用战略选项。第 4 章更具体地介绍市场细分、市场定位、零售品牌推广和营销组合的实施。第一版前面“零售营销发展”一节的内容被大范围修改，加入乐购俱乐部会员卡和顾客分析、阿尔迪在英国采用的营销传播策略，以及奢侈时尚品牌市场细分等案例分析。此外“零售战略”一章原本位于第一版“区位策略”下，如今经过更新后并入新的“零售战略”章节下的“营销组合”。

正如前文强调的，第 5 章和第 6 章名称分别更改为“零售国际化”和“电子商务与零售”。“零售国际化”这一章保留了第一版的结构，使用了 20 世纪 90 年代和 21 世纪初期零售业的概念模型。但是考虑到主要零售企业在全球经营方面进行了结构重组，放弃了一些市场，将重心转移至具有最大投资潜力的国家，因此这个章节的内容需要大量更新。“电子商务与零售”这一章也经过大面积更新，以反映过去十年内发生的巨大变化。这些变化大都由 Web 2.0 的发展引起。Web 2.0 让消费者和零售企业能够更好地互动，因此零售企业通过社交媒体和病毒式营销，利用长尾效应的能力得到提升。想要在电子商务和移动商务环境下获得成功，零售企业必须注重与门店选址类似的环节——便利性、产品范围、客户服务和价格——从而在多渠道环境下提高品牌忠诚度。虽然发生各种变化，但是零售企业在产品交付过程中面临类似的挑战，其中“最后一公里”的配送问题更侧重于“网上订购，实体取货”，是对传统交货时间的补充。

本书第二部分是对第一版“管理零售供应链”和“管理零售运营”修改后的结果。除了新加入“跨境采购与企业社会责任（CSR）”这一新章节之外，还进行了大范围重组。第 7 章将第一版“采购和推销”章节的内容整合成一个新章节，命名为“产品管理”。这一章与之前的概念框架类似，但是数字化革命意味着采购周期更短，采购承诺尽可能推迟。跨境采购相关章节紧随其后，属于第 8 章。大部分非食品产品都从国外采购，主要因为国外劳动成本更低。但是全球网络极为复杂，导致零售企业在平衡成本、交付周期和道德标准等问题过程中面临重大挑战。时尚行业是这个章节的探讨重点，用于强调说明采购策略和零售企业如何实施企业社会责任策略的概念模型。这个章节以斯里兰卡作为案例，通过分析由政府部门推动的“无罪成衣”（Garments Without Guilt）运动来说明好的零售管理实践。

第 9 章“零售物流”是零售供应链的最后一章。这一章的结构保持不变，但是内容有大范围修改，以体现之前章节探讨的时尚市场变化和网购革命。这个章节中新增了时尚供应链、供应链模型和有效顾客响应（ECR）举措的实施等相关内容，并以第 6 章探讨的内容为基础，对电子交付和“最后一公里配送问题”进行更新。

最后三章主要关注零售运营。“零售服务提升顾客价值”一章保留原来的结构，但是经过大量修改以更新现有（诺德斯特龙）和新增（苹果公司）的案例素材，其内容也体现出如何通过数字技术提升客户服务体验。第 11 章的结构也经过调整，将第一版“零售推销”一章中“视觉营销”整合入“零售视觉营销与销售”新章节中。客户服务、零售销售和客户满意度三者之间存在密切的联系。这个章节前面部分探讨“沉默的售货员”，即通过视觉营销技巧刺激店内销售增长，然后重点介绍销售与产品推销和目标顾客群体之间的关系。最后一章“零售安全”与前两章关系密切，因为有效的商品陈列能够最大程度减少盗窃，提高员工忠诚度，提升客户服务。随着欧洲失窃统计和之后的全球失窃统计数据的出现，零售业损耗调查在全球范围内越来越普及。但是在调查过程中遇到了定义数据集以及数据集对比等问题。此外，网络购物的出现导致原来发生在门店内的零售犯罪转变为网络上的电子犯罪，一些被偷商品甚至出现在在线拍卖网站上。此外经济衰退还导致高失业率和高犯罪率，零售企业在经济压力下被迫裁员，这是它们应对零售犯罪的一个重要预防措施。

参考文献

Centre for Retail Research（2014）*Who's Gone Bust in Retailing* 2010－14? Newark，NJ：Centre for Retail Research.

缩略词

ABC	activity-based costing，作业成本法
AIDA（S）	awareness，interest，desire，action，（satisfaction），知晓、兴趣、欲望、行动（满意度）
B2B	business-to-business，企业对企业（B2B）
B2C	business-to-consumer，企业对消费者（B2C）
B2G	business-to-government，企业对政府（B2G）
C2C	consumer-to-consumer，消费者对消费者（C2C）
CAD	computer-aided design，计算机辅助设计（CAD）
CAM	computer-aided manufacturing，计算机辅助制造（CAM）
CCTV	closed-circuit television，闭路电视
CDP	collection and delivery point，集中交付点
CEO	chief executive officer，首席执行官
CMT	cut，make and trim，裁剪、制作和定型
CNP	card not present，无卡交易
CPFR	collaborative planning，forecasting and replenishment，协同规划、预测与补货
CRM	customer relationship management，客户关系管理
CSR	corporate social responsibility，企业社会责任
CTN	confectionery，tobacco and newsagents，糖果、烟草和报刊经销商
DC	distribution centre，配送中心
DCPN	Development Control Policy Note，发展控制政策注释
DIY	do-it-yourself，自己动手
DPP	direct product profitability，直接产品盈利性
DSD	direct store delivery，店铺直送
EAS	electronic article surveillance，电子防盗系统
ECR	efficient consumer response，有效顾客反应
EDI	electronic data interchange，电子数据交换

EDLP　everyday low pricing，天天低价
EPOS　electronic point of sale，电子销售点
ETI　Ethical Trading Initiative，道德贸易联盟
FGP　factory gate pricing，出厂价
FMCG　fast-moving consumer goods，快速消费品
FOC　factory outlet centre，工厂直销中心
FDI　foreign direct investment，外商直接投资
ft　feet，英尺
G2B　government-to-business，政府对企业
GDP　gross domestic product，国内生产总值
GIS　geographical information system，地理信息系统
GNP　gross national product，国民生产总值
ICT　information and communications technology，信息和通信技术
ISP　Internet service provider，网络服务提供商
IT　information technology，信息技术
JIT　just in time，准时制
LBO　leveraged buy-out，杠杆收购
LSP　logistics service provider，物流服务提供商
PAT　Policy Action Team，政策行动小组
PEST　political，economic，social，technological factors，政治、经济、社会和技术因素
PESTLE　political，economic，social，technological，legal，environmental factors，政治、经济、社会、技术、法律和环境因素
POSCCTV　point-of-sale closed-circuit television，销售点闭路电视
PPC　pay per click，点击付费
PPGs　Planning Policy Guidelines，规划政策导则
PPS　Planning Policy Statement，规划政策声明
QR　quick response，快速反应
RBT　resource-based theory，资源基础论
RDC　regional distribution centre，区域配送中心
RFID　radio-frequency identification，射频识别
RI　retail internationalization，零售国际化
RPM　resale price maintenance，转售价格维持
SBU　strategic business unit，战略业务单元
SCM　supply chain management，供应链管理
SEO　search engine optimization，搜索引擎优化

SIRE	strategic international retail expansion，战略性国际零售扩张
SKU	stock-keeping unit，库存单元
SME	small and medium-sized enterprise，中小企业
SPELT	social，political，economic，legal，technological factors，社会、政治、经济、法律和技术因素
sq.	square，平方
STEP	social，technological，economic，political factors，社会、技术、经济和政治因素
SWOT	strengths，weaknesses，opportunities，threats，优势、劣势、机会和威胁
USP	unique selling proposition，独特销售主张
WMC	warehouse membership club，仓储式会员俱乐部

目　　录

图目录

表目录

专栏目录

1　零售环境

学习目标 1

学习本章后，学习者应能够：

- 识别主要的人口统计、社会经济和生活方式趋势，讨论它们对于零售企业品和服务消费的影响。
- 评估零售企业如何在下列几个方面应对消费者的变化：
  - ·零售创新；
  - ·零售所有权的集中；
  - ·区位转移。
- 对零售离心化浪潮进行评论。
- 理解政府的影响如何通过下列方面塑造零售业发展：
  - ·立法；
  - ·竞争政策；
  - ·规划政策。

1.1　引言

从本质上看，零售业的变化是由消费者、零售企业和政府共同推动的：在20世纪90年代和21世纪，技术作为一种促进因素，也变得越来越重要。

（Fernie，1997，p. 384）

想要了解零售环境，很重要的一点是要了解图1.1所示各项因素之间的相互关系。在本章中，我们将探讨消费环境——人口统计特征、社会经济与生活方式等方面的变化趋势——如何影响零售业。与此同时，政府也是一个重要的促进零售业变革的因素。零售企

业受到各种法律和法令的管制，这些法律和法令对零售运营产生影响，其中包括经营许可、
2 销售商品的品类、营业时间、健康与安全事项、经营位置相关的规划法令等。销售商品的品类和零售业态的发展就是对上述所有利益相关者相互关系的响应。零售企业确实会对消费者产生影响，而政府也会对商品选择和零售业态发展产生影响。举个例子，英国放缓转基因食品的引进是因为零售企业拒绝购入此类产品。而且知名度高的零售企业家［阿斯达（Asda）的阿奇・诺曼、Sainsbury's 的塞恩斯伯里勋爵、Arcadia 的菲利普・格林］都曾对多届英国政府进行游说，并提出自己的建议，诸如拒绝加入欧洲货币体系和引入最低工资标准等政治决策，都对宏观经济造成影响，进而影响零售企业。又例如英国的税收抵免政策为低收入零售业人员提供支持，政府也为参加著名零售企业技能训练营的零售从业人员提供资助等。

图 1.1　影响零售业变革的因素

技术的作用在此不做详细讨论，因为本书大部分章节都涉及技术内容，特别是物流、营销和网络零售相关章节。需要提到的一点是，这里所说的技术是指最广泛意义上的技术。对于消费者而言，随着资本密集型商品取代了越来越多的家务劳动，技术节省了人们的时间。实体经济领域以及虚拟网络信息和通信技术让人们能够进入更广阔的地理市场。零售企业通过与其供应商共享数据，以及与消费者沟通（特别是通过会员卡项目），快速适应信息技术革命。新技术已经在整个供应链中广泛运用，确保能够以更快的速度、更低的成本设计/测试、制造和配送产品。技术上的创新极大地促进了市场和企业规模增长。本书第一版采用了英国冷冻食品行业演变的例子来说明这个论点。为了满足速成食品的市场需求，英国两家企业——Northern Foods 和 BOC Transhield 迅速发展，为玛莎百货（Marks & Spencer）和其他连锁超市供应冷冻食品。

然而过去十年里最重大的变化当属网络技术的发展。21 世纪早期时，网络零售销售额占英国零售总额还不到 1%，而十年过后，网络销售额已经上升到 10%，在可预见的未
3 来仍将持续强劲增长。从消费者认可度来看，英国的网络零售处于全球领先地位，但是真正改变零售业基本状况的是网络沟通的方式。智能手机技术飞速发展，如今消费者可以在任何时候任何地点购买商品，这给零售企业带来了重大挑战。德勤会计师事务所（2013）声称在未来的零售业，只有那些能够在线上和线下所有渠道为客户提供无缝体验的公司才

能成为新环境下的赢家。当前正处于消费革命的时代，我们需要对消费趋势的演变进行持续的追踪。

1.2 变化中的消费者

为了更深入探讨处于变化中的消费者，我们需要关注以下几点：

- 人口统计变化趋势；
- 社会经济变化趋势；
- 生活方式变化趋势。

1.2.1 人口统计变化趋势

一个国家的人口结构和增长率将会影响经济增长和消费者储蓄。欧洲过去一向被认为是零售竞争异常激烈的地区，由于欧元发行，欧盟成员国扩大到 28 个，截至 2013 年，欧盟总人口达到 5.05 亿。虽然欧盟市场庞大，但大部分欧洲国家的人口结构将在接下来的半个世纪里发生巨大变化。生育率降低和预期寿命延长将带来人口老龄化的问题。1997 年，每个欧盟成员国中 20 岁以下人口占比大约为 23%（在爱尔兰这个数据为 33%），老年人口（60 岁及以上）占 21%，并且这一比例还在继续增长。预计截至 2030 年，大部分欧盟国家老年人口将增长至大约 30%。

越来越多的老年人口正在改变欧洲家庭结构。例如，2008 年欧盟人口的 32% 为独居者，而在 1981 年这个数据只有 8%。这一点体现在整个欧洲单人家庭数量指标上。自从 20 世纪 80 年代开始，每个欧盟成员国中一个家庭的人口数量持续减少。如果不考虑最新加入的欧盟成员国（Iacovou and Skew，2011），单人家庭数量还将升高。两个成人加 2.4 个孩子的经典核心家庭非常少见。此外离婚率也创历史新高，导致许多传统家庭破裂。从平均值来看，2008 年欧盟成员国每户人口数量为 2.4 人。在英国，这个数据从 1951 年的 3.45 人下降到 2008 年的欧洲平均值。表 1.1 更详细地描述了英国的家庭类型。虽然一夫一妻的家庭数量占的比例最大，但是这种类型的家庭比例从 1996 年的 58.7% 减少至 2012 年的 56%，而其他类型家庭的数量都有所增加，增加最明显的就是单人家庭和单亲家庭，在 2012 年两者分别占总数的 11% 和 29%。

表 1.1 1996 年和 2012 年英国住户类型的变化　　单位：百万人

	1996 年	2012 年
单家庭住户：夫妻	13.9	14.8
单家庭住户：单亲	2.3	2.8

续表

	1996 年	2012 年
两个或两个以上无关系的成人	0.7	0.8
多家庭住户	0.2	0.3
单人住户	6.6	7.6
所有住户	23.7	26.4

资料来源：英国国家统计局（2012）。

1.2.2 社会经济变化趋势

4 很明显地，人口统计变化趋势和劳动力市场之间存在密切联系。20 年以前，人们很担心人口结构的变化会形成人口统计学上的“定时炸弹”，即劳动力短缺，因为进入劳动力市场的 15～29 岁人口数量出现下降（从历史上看，失业率在这个年龄层中是最高的）。

实际上，劳动力市场是随着高科技等“朝阳”制造业和服务业的发展而发展的，代价是牺牲传统的“夕阳”产业。这个期间女性劳动力的比例上升，兼职工作和临时工作增多，由于提早退休或企业裁员导致了个体经营者的数量增加。在欧洲，女性劳动力所占比例明显上升，30 岁以上女性在劳动力总数中所占比例没有明显下降，说明女性在生育之后没有停止工作。在英国，女性劳动力所占比例甚至要高于男性，因为她们更愿意接受各种工作安排（尽管通常是不得已的），受教育程度更高，拥有更广泛的服务技能，包括零售业所需技能。相比之下，男性在社会中的角色也发生重大变化，特别是失业率高的行业，大量出现的轻资产型产业和服务业取代了传统上以男性为主的制造业。家庭主“夫”现在成为一个常见现象，家庭只有男性户主一人养家糊口的情况也越来越少见。

劳动力市场的这种变化趋势出现在 20 世纪 90 年代和 21 世纪初，这是经济发展最快的时期，这个时期不仅通货膨胀率低，失业率也比较低。经济中的周期性变化对非必需品消费产生重大影响：如果经济情况好转，消费者倾向于在非必需品上花费更多，或者更愿意购买在就业机会或利率存在不确定因素时本可以延迟购买的商品。在英国，20 世纪 90 年代到 21 世纪初期，这个时期的居民“实际”可支配收入一直处于增长状态，但是值得一提的是，在英国很多促进消费支出增长的因素是英国所特有的。与欧洲其他国家相比，英国主要的特色是房地产市场，个人债务的规模和结构对个人消费影响较大。这些个人债务大部分都属于抵押债务，大都是短期的，利率可变，让持有这些债务的家庭更容易受到
5 短期利率变化的影响。之所以抵押债务规模这么大，是因为英国的居民自有住房比例比其他国家高出许多（大约 70%），法国和德国分别是 55% 和 50%。与其他国家比较，这意味着英国房价变化对个人财富产生较大影响，同时，房价变化对消费需求产生更大的影响。

房地产市场的所有因素整合在一起，就意味着在 20 世纪 80 年代至 21 世纪中期这段

时间内，比起欧洲大陆国家而言，英国房产拥有者对抵押利率或税收减免更加敏感。20世纪90年代末期，牛津经济预测中心（1998）认为，如果短期抵押利率降低1%，消费支出将增长0.5%。虽然在这个时期英国抵押利率已经处于历史新低，政府依然继续调低利率，进一步鼓励消费，以对抗20世纪末期的经济衰退。

上文探讨的许多变化趋势都得到了英国政府官方数据的证实。例如，从20世纪80年代开始，零售销售额与居民消费支出减少的总额持平。在世纪之交，英国家庭每周在住房上的支出占全部日常支出的16%，汽车支出占15%，休闲服务支出占12%。统计数据显示，家庭支出中各种消费所占的比例随时间变化而变化，但截至2011年，文化娱乐等非必需品、酒店、餐饮和通信等支出占到家庭支出的1/4，与住房、燃料、电力和食物等生活必需品支出的比例大致相同（Office for Nationd Statistics，2011）。英国消费者在“服务”方面的支出要比在传统零售商品上的支出高许多。消费者越来越热衷于对他们的住房进行装修升级，增添一辆、两辆或三辆汽车，以及越来越多的人出国度假与旅游。大部分英国家庭拥有汽车，也愿意到更远的地方寻找就业、零售购物和娱乐机会。人们都在寻找更好的生活和工作环境，这一点体现在许多人离开大都市区，搬入小型社区。当然，这种趋势在许多发达国家都非常明显，特别在北美地区，那里的郊区化、城市向郊区扩张和以汽车为主导的社会让欧洲城市规划者开始采取措施抑制这种现象过度发展，即使住房和商业开发公司对他们施加了越来越大的压力。

2007~2008年爆发的全球经济危机以及在此之后欧洲主要经济体的宏观经济陷入衰退是对消费者和零售行业产生重大影响的经济事件，即使是欧洲最好的经济体也出现了增长滞缓，在欧元区，特别是希腊、西班牙和葡萄牙出现严重的经济问题。2013年5月，欧盟失业率达到11%，而在西班牙和希腊失业率更是达到27%。青年（25岁以下）失业率更高，在西班牙和希腊分别为56%和63%。美国次级债券抵押市场的崩溃在全球金融市场上引起连锁反应，雷曼兄弟在2008年破产，之后英国政府被迫为许多英国银行提供资金，帮助它们脱离困境，这导致消费借贷（鼓励居民消费的贷款）政策大幅度紧缩，房地产市场增长停滞。实际上，英国“未来论坛”（Forum for the Future）早在2007年的报告中就提到可能出现的这种情况。他们在报告中描绘了一个美好的未来：1991~2006年期间英国国内生产总值增长45%，家庭可支配收入增长更快。但是他们也指出，“个人债务也在持续增加，2006年成人平均负债28000英镑，仅在一年内就增长了超过 6
10%……而且让更多人将收入中更大一部分用于偿还抵押贷款。如果经济出现衰退或者崩溃，成千上万的人将出现负资产”（Forum for the Future，2007，p. 15）。

1.2.3 生活方式变化趋势

人口统计数据和社会经济的变化趋势联合在一起，产生了一系列复杂的影响消费行为的因素，但也存在一些相互矛盾的地方。英国是一个富裕的社会，但是底层贫困人口数量却越来越多，他们都长期失业，不能将其看作传统意义上的消费者。21世纪的经济衰退后，失业年轻人的比例上升，高负债人数和毕业生失业率也飙升。显然英国的状况要比欧洲其他地方（如前文所述）更严峻。然而“老龄”消费者不再是30年前朴素节俭的消费者了，他们可能更富有，在健康、运动和时尚方面持更开放的消费态度。在这个年龄段，社会活动的界限变得模糊，人们对生活方方面面的看法不再是孤立分散的。运动、时尚和音乐等行业相互重叠，以至于当服装消费出现萧条，运动消费市场却得到了发展，同时拉动了运动服装的销售。

克里斯托弗·菲尔德（Christopher Field）在1998年指出“新消费者”的几个特征，在今天仍然适用：

- 他们不再遵守老旧的传统，他们变得更挑剔，更善变，更不“忠诚”，更不受束缚，更个性化，更容易厌烦；
- 他们的消息更灵通，更精明，在遇到糟糕的服务时更容易抱怨；
- 他们的购物时间更少；
- 他们对于个人未来发展前景越来越不确定；
- 他们越来越担心环境问题；
- 他们不再相信警察、教会和国家等传统机构。

2001年、2005年和2010年英国大选投票率偏低正是体现了这一点。工会和宗教团体、政党等集体组织成员人数的减少，进一步说明了当今英国消费者的个人主义态度。然而Webb（1998）指出，这些个人也通过组成各类团体表达对于安全和团结的需求，为此他列举了足球球迷、邻里联防小组和电脑用户俱乐部等例子。近年来兴起的社交网络也是这种现象的很好证明：仅仅几年间英国一半的人口都注册加入Facebook，大约1/4英国人口使用Twitter。

虽然现在越来越难以将消费者划分为不同的细分市场，但市场研究人员仍然能够开发出用于消费者市场细分的模型。在这些模型中年青一代是关注的重点，因为他们影响着成年人的支出，而且与前几代相比，他们成为“消费者”的时间更早。在本书第一版中我们
7 提到媒体采购代理Carat如何分析青年一代。正如本章前文所述，相对富有的老龄人口也是关注的重点之一（Thomas and Peters，2009）。这里也许更适合展示过去30年里消费者购物习惯的主要变化，以及由经济衰退和社交媒体引起的消费态度的转变。

人们生活方式的变化起源于20世纪60年代和70年代，当时在美国兴起一种质疑现状的反主流文化，年青一代对于他们父母一辈盛行的物质主义和传统主义越来越不满。虽然在美国“垮掉的一代”中诗人和作家人数较少，但是他们对人们关于种族暴动和越南战争普遍不满等社会思潮，仍具有很大的影响力。例如范思·帕卡德（Vance Packhard）、雷切尔·卡森（Rachel Carson）和拉尔夫·纳德（Ralph Nader）等作家认为误导性广告、环境破坏和产品安全等都是经济发展所带来的消极面。此外，由于毒品的使用，以及披头士乐队和滚石乐队等摇滚乐队进入美国市场，年青一代也开始用“滥交”来表达他们的不满。这些重要的社会变化催生了具有环保意识的消费者，他们的诉求体现在肯尼迪总统在1962年国会演讲中提到的消费者四项基本权利：安全权、了解权、选择权和意见被尊

重权。这些权利最后被纳入消费者和环境法规，为今天的消费者关注全球变暖、气候变化、牛肉供应链和符合道德的生产标准等问题奠定了基础。消费者现在更了解他们所吃所穿的产品，包括产品的采购地点、产品所含成分/原料的性质等。

也许有人会说，随着全球化的发展，与前几代人相比，当今消费者的选择变多了。进入全球市场，以及对于新口味和新想法的追求推动廉价食物的大量生产和“时尚大众化”（Tungate，2008；Lopez and Fan，2009），如今在商业街上也能买到时装秀上的服装款式。但是有争议的是快餐和快时尚是否属于积极的生活方式变化，因为快餐导致美国和英国年青一代肥胖现象增加，而一次性时尚产品的全球采购也带来了相关的环境和伦理道德问题。

而更紧急的一个问题是在经济衰退的同时，消费者如何在伦理道德/环境与价格之间找到平衡。Carat/微软公司在2009~2010年对全球17个国家的购物者的购物行为进行广泛调查之后，对经济衰退之后数字一代的消费者有了大致的了解。调查结果显示，消费者正在寻求更好的价值，开始采购之前会进行更多调查研究，会使用多种购物渠道，光顾实体门店的频率降低，懂得通过售后口碑评价帮助进行购物决策。阅读网上论坛、博客和同行评价除了说明消费者更多地使用互联网进行购物以外，也体现了社交媒体的深刻影响。

经济衰退以及在许多国家引起的贫困问题催生了更多慈善性食物银行，目的是为消费者提供基本的食物。即使在欧洲最富有的国家——德国，食物银行的数量也从2006年的675个大幅度上升到2012年的906个。在美国，2012年有14.5%（1760万）的家庭无法保障粮食安全，其中5.7%（700万）的家庭粮食安全性非常低（Coleman-Jensen et al.，2013）。根据美国农业部的定义，粮食不安全指的是由于缺少金钱或其他资源导致无法获得足够粮食。

在食物消费方面，经济衰退改变了消费者的购买习惯。在一些美国的杂货消费者看 8
来，产品的可负担性越来越重要。Watson（2013）指出价格敏感性不是追求物有所值，而是以尽可能低的价格满足特定需求。消费者可能在下一次工资到来之前只有一定金额的钱可以使用，只能用这笔钱购买他们需要的东西。这种消费行为被称为“背包”，即根据限制条件，将最优数量的某个物体放入固定空间内，在这个例子中就是金钱。在英国有证据显示，从事批发业务的传统门店和便利门店组合的这种情况正在发生变化。消费者越来越认识到食物浪费的现象，因此转而通过网上购物避免冲动性购买，而阿尔迪（Aldi）和历德（Lidl）等德国折扣门店的兴起也为消费者提供更多选择。因此中间市场零售企业的业绩比不上折扣门店和高档零售企业。

在服装市场上，由于贫困消费者倾向于到二手货门店/慈善门店，或者英国的低成本廉价门店去购物，例如Primark，中间市场也因此变得不景气。然而矛盾的是，在经济衰退期间增速最快的服装行业的其他细分市场是奢侈时装行业。富人继续消费，虽然奢侈时装行业的增长很大一部分来源于中国市场，21世纪前十年中国市场的年增长率高达35%。

1.3 零售反应

对这些消费行为变化的反应使零售业成为现代经济中最具活力的一个行业。业态发展和经营实践的创新让零售企业能够在不断变化的零售环境中掌握竞争优势，甚至立于不败之地。本节将探讨三种关键的零售反应：零售创新、零售所有权集中和区位转移。

1.3.1 零售创新

许多零售创新来源于美国。一直以来，零售观念和零售专业知识都来自美国。其中一个例子就是英国的玛莎百货。玛莎百货的管理层带着优化国内零售运营实践的目的，在20世纪20年代和30年代到美国进行实地考察。同样，艾伦·塞恩斯伯里也是在旅居美国之后，在20世纪50年代将自助式销售和购物篮引进Sainsbury's。近几年来，诸如仓储式会员店和工厂直销中心等零售业态也进入英国，并多多少少获得了成功。

有趣的是，一些特定的零售业态（业态指的是零售经营风格，例如超市、大型超市、便利店、邮购门店、网上门店等）通常与一家公司或一个起源国相关联。例如**大型超市**由法国开发于20世纪60年代，是“超市”零售业态的前身，后者是当今全球零售业的常态之一。20世纪70年代，随着《鲁瓦耶法》的颁布（参见第19~20页），法国开始在国内限制大型超市的发展，家乐福（Carrefour，在英语中意思是“十字路口”）等公司成
9 为这种业态国际扩张的代名词。一开始在20世纪70年代时美国拒绝接纳这种业态，后来在沃尔玛发展并在90年代开发出超级中心业态之后，这种零售业态才得以流行。

其他拥有强烈的起源国效应的创新零售业态包括德国的小型折扣门店和邮购门店。德国邮购公司是全球市场的领导者（奥托邮购），而德国市场则是全球第二大市场，仅次于美国。为什么？原因要从历史上去找。“二战”结束时，德国零售空间非常短缺，邮购就成为一种替代的零售业态。此外，德国消费者在当时相对贫穷，只能接受简单的付款方式。这解释了为什么家庭购物是德国消费行为的一大特征（如他们大部分的冷冻食品都是送货到家），以及为什么这种零售业态在德国社会的影响范围要比其他国家更大。相比之下，在英国邮购的主要目标受众是低阶层社会经济群体，因为这种零售业态在贷款还不发达的时候能够提供低息信贷的渠道。

德国消费者不仅比其他国家消费者更乐于在家购物，他们的价格意识还非常强。人们常说在德国一共有三种营销工具——价格、价格和价格。因此，大型超市的替代零售业态应运而生，即有限产品最低价的小型折扣门店，以极低的价格出售经常购买的包装商品。这种业态最初来源于阿尔迪和历德，如今已经从德国传播到全球各地。

相比之下，这些折扣门店最初在英国市场并没有这么成功，因为英国消费者的消费行为倾向于两极化：不是每周去杂货店采购一堆商品，就是临时去便利门店带点东西。而且

许多连锁杂货店也引入它们自己的低价有限产品系列，减少顾客流失到阿尔迪、历德以及荷兰折扣门店 Netto。英国零售企业开始对它们的门店品牌进行细分，从基本商品到“高档”商品应有尽有。这种从门店到企业品牌的转变让零售企业能够将业务线多样化，进入诸如银行等其他行业（Burt and Davies，2010）。

在服装市场上，时装企业家预料到了前一节中提到的生活方式的变化。在美国，人们开始喜欢上更休闲的服装，因此 Gap 和耐克等体育品牌开始占领市场。在欧洲，Benetton、Zara 和 Hennes & Mauritz（H&M）等品牌不仅为商业街带来价格适中的时装风格，还改革了传统四季服装供应链的交付周期。基于时间的竞争和快时尚的兴起让零售企业能够引入新设计，用几周时间就能将新设计的产品送到门店，而传统零售企业可能需要几个月甚至一整年才能完成这个操作。

零售业态的演变是对特定国家市场需求的响应。但零售业态的经营方式各不相同，因为不同国家市场的法规和行业结构也不相同。举个例子，北美的零售业受到政府干预的程度不像欧洲那么高，而且开发土地面积更大，燃料成本更低。因此，北美零售企业即使每平方米销售额比欧洲或日本零售企业更低，也能获得成功。这也解释了这些市场中商品仓储的物流支持网络的演变。英国能够拥有世界上最高效的零售供应链一点也不令人意外，
因为这里零售企业的保险费率更高。盘点存货、商品售尽和其他供应链环节减少了成本， 10
让零售企业能够快速响应市场变化。

1.3.2 零售所有权集中

五十年前，零售业只是一个零散产业。当时的零售巨头是百货门店，从 19 世纪以来就一直为顾客提供各种不同的产品部门。美国的西尔斯百货（Sears）和杰西潘尼（JCPenney）、英国的玛莎百货和哈罗德（Harrods）、法国的老佛爷百货（Galeries Lafayette）和春天百货（Printemps）以及德国的 Karstadt 都是当时的商业街零售品牌。消费者的流动性越来越强，他们的行为也发生了变化，如前文所述。零售企业家努力应对这个挑战，同时也改变了国内外的市场。如今世界上最大的两家零售企业——沃尔玛和乐购当时只是萨姆·沃尔顿（Sam Walton）和杰克·科恩（Jack Cohen）领导的两家家族企业。但是这种变化趋势在其他公司也得以体现，特别在专营零售行业。例如 Gap、The Limited、Zara 和宜家等公司的崛起就是因为创始人有敏锐的洞察力，找到一个有利可图的专业市场开始发展业务。零售企业经营各式各样的零售业态，大型零售集团往往通过不同零售品牌，采用多种零售业态组合。

零售市场在 40 年里已经发生了变化。传统的就近零售模式中，消费者在最近、最方便的门店购物，但是现在的重点已经转移至目的地零售，消费者愿意到更远的地方以更低的价格获得最优的产品。沃尔玛在日用百货/食品零售拥有领先位置，家乐福和乐购等大卖场零售企业紧随其后，但是专业零售企业或者“品类杀手”却改变了许多其他市场中竞争的性质。美国的家得宝（Home Depot）和英国的百安居（B&Q）成为国际家具装

饰市场的领导者。宜家、玩具反斗城（Toys‘R’Us）和 Nevada Bob 都是专注于专门市场的绝好案例。同时以门店形式出现的全新就近业态布局在人群自然聚集的地方，例如机场门店和其他交通枢纽的购物中心，或者通过 Facebook 运营的在线零售企业等。甚至更大的大卖场超级中心运营商都在重新考虑它们的区位策略，它们越来越重视小型的邻近零售业态。举个例子，乐购在 2012 年宣布停止在英国的“空间竞争”，开始将重心转移至开发便利门店而非大型超市。沃尔玛旗下的阿斯达在 2010 年收购了 Netto 英国公司并减少阿斯达新开业的超级中心商场数量，而超级中心商场则是阿斯达自 1999 年收购以来的策略重点（Sparks，2011）。沃尔玛甚至在美国本土也开始重视小型门店。

在大多数发达经济体中，通过自身成长和并购以达到较大的销售规模来分摊固定成本导致行业出现进一步的集中化。当英国的零售业从拥有许多小型独立零售企业转变成只有少数大型上市企业时，英国就不再是一个“小店主之国”。英国杂货市场在 20 世纪 90 年代晚期受到英国竞争委员会的调查，在 2006 年再次被调查，以避免出现滥用市场势力的情况。而如今杂货市场变得更加集中，随着全国和地区杂货市场的集中度进一步提升，排
11 名前四的杂货公司已经占领了英国 76% 的市场份额（Kantar Worldpanel，2012），而剩下的大部分杂货市场则由仅仅五家零售企业支配。法国和德国杂货市场也集中掌握在少数大公司手上。美国的情况稍微不同，但是美国在 20 世纪 90 年代至 21 世纪期间出现更大规模的整合，而且杂货市场的结构受到新进入的沃尔玛等非传统杂货商冲击。在这个时期，外资杂货零售企业也在美国得到较大发展（Martinez，2007）。

因此，产业集中化似乎成为检验各个国家零售行业是否成熟的一个特征，这些地方的政府法规也推动了产业集中化。Wrigley（2001）将这种现象称为美国食品零售行业的**整合浪潮**。他展示了 1992～1999 年，排名前四的公司（《前进中的食品杂货商》的 CR4 统计数据）的市场份额如何从 23% 上升到 37%。Wrigley 通过 20 世纪 80 年代行业管制和 80 年代晚期的行业财务重组数据解释了这些趋势。《反托拉斯法》的实施力度在 20 世纪 80 年代大幅度下降，但是没有发生大规模的企业兼并，因为美国食品零售行业陷入一连串的杠杆收购（LBOs）。杠杆收购导致企业债务负担加重，迫使它们出让资产，削减资本支出。因此在整个 20 世纪 90 年代，随着债务负担减轻，以及在技术、采购和销售上的投资，沃尔玛的经营路线让这些企业更加高效，更渴望增长以进一步实现规模经济。但是到了 2012 年，所有杂货销售额中只有 43% 被四家企业控制［克罗格（Kroger）、西夫韦（Safeway）、超价门店（Super Valu）和沃尔玛］。美国的情况与其他成熟市场有许多不同。美国地域广阔，零售企业难以实现真正意义上的全国经营，即使在撤销管制规定情况下也不可能，但沃尔玛是个例外。而且，美国杂货/食品市场比大部分其他市场更复杂，渠道界限很模糊，例如 33% 的杂货商品通过非传统杂货门店出售，而且食品服务提供商在所有食品支出中占较高的比例，47% 的食品支出用于外出就餐。

1.3.3 区位转移

当我们去迪士尼主题公园休闲度假时，“商业街”是其中最主要的景点之一。因此多少有点讽刺的是，美国人口向郊区转移，以及由此出现大量市区外购物中心，导致传统商业街衰落。现代化的**购物中心**理念可以追溯到奥地利建筑师维克托·格伦（Victor Gruen）。格伦逃离希特勒的“魔爪”，开始构思乌托邦式的购物中心蓝图。他对于市区外购物中心的想法是，这样的购物中心应该是当地社区的市民、社会和文化中心，除了购物功能之外还应有公寓住宅和办公室。虽然他“理想”的购物中心从未真正建成，但是他的全年无休购物环境的理念很快生根发芽。1956 年明尼阿波利斯的南谷购物中心（Southdale Center）建成，成为整个美国其他成千上万个购物中心的原型。格伦认为在美国中西部每年适合购物的天数大约只有 25 天。而开发拥有空调设施，能够保持 20°C 恒温的封闭式购物中心改变了一切。北美最受欢迎的两个购物中心——加拿大阿尔伯塔省的西部埃德蒙顿购物中心和明尼阿波利斯/圣保罗的美国购物中心都位于极端气候条件地区可能并非 12
意外。

典型的购物中心吸引了两家主要百货门店入驻，作为招揽客人的主力租户，并通过各类专卖店将它们连接在一起。在接下来的 30～40 年里，地理学家和房地产经纪人都在努力寻找适合开发新购物中心的黄金地段。在复杂精密的地理信息系统（GIS）发明之前，随着美国社会越来越依赖汽车，人口急剧增长的地区和州际公路交叉路口等位置是最适合建设购物中心的地点。截至 20 世纪 70 年代和 80 年代，区位分析师开始使用空间模型来比较两个潜在购物中心设立地点的可行性，同时通过将这些购物中心与美国其他零售非饱和竞争的地区进行比较，大致了解这些地区的产业饱和度。

截止到 20 世纪 90 年代，郊区购物中心已经成为美国和加拿大的一种成熟零售业态。这种单调、公式化的购物中心对于 60 年代和 70 年代的消费者而言还能接受，但是在未来的几十年，越来越挑剔的消费者可能不会再买账。购物中心安装有闭路电视并配备安保人员，形成了一个封闭式的受控环境。虽然购物中心内有人维持治安，但是发生在购物中心外面大型停车场的犯罪事件一直在增加。

同时其他小型的“主题”购物中心或独立大卖场（群）开始改变城市景观。到了 70 年代，许多市中心地区，特别是拥有历史地标建筑的地方开始基于餐馆和休闲景点开发专门的购物中心。从旧金山到圣地亚哥的加州海岸上林立着许多旧仓库、罐头工厂和码头。这些旧设施都经过重新开发，将滨海地区作为城市再生的关键特征。随着 80 年代传统购物中心兴起而没落的繁华地区通过周边自然环境得以修复而改善。加州南部的帕萨迪纳就是一个很好的例子。

随着仓储式购物中心、工厂直销中心、超级购物中心和“品类杀手”在美国越来越受欢迎，新城市开发的压力也在增大。一些失败的购物中心被重新开发成以上几种新业态。传统购物中心如今面临的竞争不仅来自其他市区外购物中心，也来自不断崛起的电子商务。从2007年金融危机爆发开始，购物中心以前所未有的速度倒闭，其他没有倒闭的购物中心空置率也很高。购物中心的一些重要入驻商家也已经破产（例如Mervyns、Circuit City、Borders和CompUSA），而其他重要入驻商家也减少了门店数量（西尔斯百货、杰西潘尼、Gap和Abercrombie & Fitch）。网站deadmalls. com详细记录了购物中心处境的严峻性。

在世界大部分国家，我们都可以看到以美国购物中心为原型的各种混合业态的发展。在欧洲，购物中心并不是以汽车作为主导型交通工具的形式进行规划的。战后时期欧洲政府的一项首要任务是保护市中心，或者说重建市中心。与美国购物中心一样拥有受控内部环境的市内大型购物中心花了很长一段时间才建立起来，因为将分属不同所有权人的地块整合起来并非易事。与美国不同的是，欧洲购物中心都尽量靠近市中心。在英国，大部分城镇购物中心项目规模都比较小，与战前一样，商业街依然是购物活动的中心。而新建的各种大型封闭式购物中心，例如纽卡斯尔的埃尔顿广场和曼彻斯特的阿戴尔中心（Arn-
13 dale Centre），确实导致了市中心传统商业街的没落，因为主要零售企业都转移去了新购物中心。此外，一部分这类购物中心，例如阿戴尔中心，由于建筑质量低而备受指责。

直到80年代中期英国才开始规划建设具有英式风格的郊区购物中心。推动这种购物中心发展的是玛莎百货，以及该公司在市区的主要门店。玛莎百货在1985年宣布实施双区位策略，即除了在传统商业街以外，玛莎百货还将投资郊区的购物中心项目。最初，整个英国有35～50个此类项目，但是由于1987年股市崩盘，经济衰退时间延长，以及市政规划政策发生变化等因素，限制了开发新的郊区购物中心项目，大型郊区购物中心数量减少到只剩几个。约30年之后，建成的郊区购物中心仅有16个，但是露天购物公园的数量和规模都大幅度增长。肯特郡的Bluewater项目成为欧洲最大的市郊购物中心，占英国零售开支的3%，每年吸引2800万游客前来购物，也是英国提供最多就业岗位的项目之一。

虽然政府政策是后面章节考虑的问题，但需要注意的是，这些大型购物中心和其他市郊购物项目的开发成为当时政府关于社会排斥和城市再生政策的一部分。在这些问题成为重要政治议题之前，早期开发的项目也属于城市再生政策的内容。纽卡斯尔的Metro Centre是一个经扩建的购物公园，该处曾经是煤矿荒地，而谢菲尔德附近的Meadowhall所在位置过去曾是炼钢厂。近年来开发的项目，例如苏格兰的Braehead由开发商和城市再生政策规划机构合作规划而成。Braehead综合体是一个巨大（285公顷）的混合用途项目，集零售、休闲、住房和公共公园于一体，项目所在地曾经是格拉斯哥—佩斯利大都市区内克莱德河上的一个造船区。虽然项目方案刚刚提出时遭到大量反对，但现在Braehead已经成为都市区内的一个经济增长点，而这个项目也带动了附近社区的就业。

1.3.4 零售离心化浪潮

市郊购物中心被称为英国第三次零售离心化浪潮。Schiller在1986年的论著中将玛莎百货从市区转向市郊中心购物中心的投资视为“第三次浪潮的到来”。正如我们所看到的，第三次浪潮最终只带来少量的几个大型项目。过去两次浪潮对于城市景观的影响要比第三次大得多。20 世纪 60 年代以阿斯达为首的超级购物中心成为主要零售企业在英国的最主要食品交易业态，一直持续到 80 年代。在法国情况大不相同——大型超市（占地超过 50000 平方英尺）是主要零售业态，而在英国，超级市场（占地面积 25000 ~ 50000 平方英尺）是首选的购物模式。一开始很多人反对建设大型购物中心，在 70 年代想要建设此类项目需要经过很长时间的规划调查。当时阿斯达只能在能够获得规划许可的地点经营，通常是约克郡纺织区的废弃纺织厂。

虽然消费者、零售企业逐渐接受超级市场这种业态，但城市规划部门却非常不情愿地 14
看到许多市区小型食品门店纷纷倒闭，伴随着的是超级市场（往往是区域中心吸引消费者的主力商户）不断发展。由于零售企业激烈争夺可用的零售用地，市场份额争夺战演变为 20 世纪 80 年代晚期 90 年代早期所谓的“门店之战”。从 70 年代到 80 年代，市场饱和度水平经常是行业期刊讨论的主题，企业的门店数量达到 600 家、700 家甚至 800 家。到了 90 年代早期和中期，情况开始发生变化。部分零售企业，包括阿斯达，由于其扩张计划受到财政资金匮乏、商业地产价值下跌，以及政府公共政策只批准少量的超级市场项目等因素的影响，扩张速度开始下降。20 世纪 90 年代至 21 世纪初期增长率放缓，但是大型零售公司继续开发新的零售区位，特别是在沃尔玛（收购阿斯达）和莫里森超市（Morrisons）[收购西夫韦（Safeway）] 两次收购之后。然而，其中有两家大公司开始将业务重心转向便利门店业态，以保持盈利增长。乐购和 Sainsbury's 分别以城市（Metro）和本地（Local）超市两种业态重回市中心，而且如前文所述，另外两家大公司也在 21 世纪第二个十年回到这种业态市场。

第二次离心化浪潮开始于 20 世纪 70 年代晚期，而且很快就成为广为接受的业态。这当中很大一部分要归功于超级市场的成功。正如消费者喜欢到“一站式”商店进行每周大批量采购一样，他们不喜欢提着很重的 DIY 材料穿过市中心前往停车场或公交车站。购物公园的前身是零售折扣仓库。市郊非食品零售业的早期倡导者就是在各种各样经改造的临时建筑中进行交易。

因此，正如阿斯达是超级市场的先驱一样，MFI 是市郊家具零售的先驱，百安居是 DIY 零售业的先驱，Comet 则是电器用品零售的先驱。到了 80 年代，随着市政规划者认识到工业园区创造的制造岗位数量不能跟零售业相比，**购物公园**（retail park）如雨后春笋般出现在大部分城镇的环路上。到了 90 年代中期，增长速度下降，购物公园入驻商家的结构也开始发生改变。原始商家主要包括 DIY、电器、家具和地毯仓库等。新进入的商家与商业街零售关系更密切。服装和体育零售企业，甚至连从未离开商业街的 Boots the Chemist 也来到购物公园。购物公园的规模在增长，一些大型购物公园内还有快餐店和其他休闲设施。传统零售业态的升级帮助购物公园吸引了大量消费者，以至于购物公园被视为第三次零售离心化。

而从购物公园向 Metro Centre 的转变说明品类间的界限变得模糊。与此同时发生的是 Fernie 所说的第四次离心化（Fernie，1995，1998）。他认为英国新一波的零售离心化开始于 90 年代，其基础是性价比高的零售价值主张。英国从美国引进的两种零售业态——**仓**

储会员和工厂直销中心（见专栏1.1），不同于第三次浪潮，并且与英国其他食品（小型折扣门店）和非食品（Matalan、New Look、TK Maxx）折扣门店基本在同一时间出现。

15 专栏1.1　欧洲工厂直销中心

工厂直销中心（FOCs，奥特莱斯）是20世纪80年代美国零售业发展最迅速的业态之一。刚开始这种业态被用于处置制造商的多余库存。最初的工厂直销中心更像工厂店，但是70年代晚期/80年代早期工厂专营购物中心也开始出现，采用与传统购物中心类似的管理方式。

到了90年代中期，工厂直销中心占到所有美国零售销售额的大约2%，全国范围内工厂专营中心数量约为350家，平均规模达到14000平方米。大约就是这个时候，美国开发商开始进入新的海外市场寻找增长机会，欧洲是一个合理的选择，因为英国、法国和意大利等主要国家的市场都有工厂店的传统。

最后美国开发商中比较知名的包括亚瑟格兰（McArthurGlen）、唯泰零售（Value Retail）、Prime和RAM Eurocentres选择了英国作为目标市场。1992年和1993年拥有一些美国运营经验的公司开始在Hornsea and Street开发两个小型本土购物项目。工厂直销中心在英国的发展可以明显分成三个阶段：1993～1996年，1997～1999年，以及2000年至今。在第一个阶段开发商的愿望很宏大：在3～4年时间内建成30多家英式风格的工厂直销中心。不幸的是，当时英国政府对市郊零售采取强硬立场，常常拒绝或推迟授予市政规划许可。一个著名的案例是，经历两年时间的评估，英国国务卿拒绝了RAM Eurocentre的Tewkesbury项目申请（虽然地方议会表示支持）。这导致部分开发项目削减规模，一些美国开发商开始撤出英国市场。

在1997～1999年的第二个阶段，工厂直销中心这种业态渐渐被接受。开发商改变了策略，开始寻找原本的市政规划就是零售用途的区位或者棕色地域等需要改造的区域。工厂直销中心业态被逐渐接受，表现为这类项目开始有机构投资者加入，因为亚瑟格兰等公司出售了在已有零售项目中的股权，为其进一步扩张提供资金支持，或者初始开发商将股权直接出售给房地产公司（C&J Clark出售给MEPC）。

从2000年至今的第三个阶段，早期的工厂直销中心得以重新开发或扩建。为了与其他工厂直销中心和竞争业态区分开，新的工厂直销中心项目采用创新设计方式（例如肯特的阿什福德），或者开始突出与休闲有关的活动（例如朴次茅斯的冈沃夫或者索尔福德的Lowry Outlet）。这种做法十分必要，因为过度饱和已经导致苏格兰等地区小型直销中心倒闭。

16 理论上，其他欧洲市场由于其工厂自营零售店铺的传统文化，以及以价格为导向的零售环境（例如法国和德国），应该比较能够接受工厂直销中心。但是这类零售项目从开发到建成的速度很慢，因为反对零售结构变化的利益团体对政府部门进行了大量游说。但是这无法阻止开发商进入欧洲市场，因为它们已经在英国积累了一些经验。

大部分开发商将重点放在特定市场，尤其是：

- 靠近首都或国际大都市的高档地区，例如巴黎、柏林、维也纳、马德里、巴塞罗那、慕尼黑、佛罗伦萨；
- 靠近大型交通辐射区，通常位于跨境道路上，例如门德里西奥、鲁尔蒙德、茨韦布吕肯、马斯梅克林（后两个属于棕色地带）。

到了21世纪前十年，随着工厂直销中心这种业态在法国和德国受到消费者喜爱，工厂直销中心在其他欧洲市场也得到较大发展，例如意大利、奥地利、俄罗斯和波兰。2013年，欧洲一共有大约205家工厂直销中心。

对欧洲工厂直销中心的发展产生较大影响的两家公司是唯泰集团和亚瑟格兰。这两家公司都是在90年代中期进入英国市场的，而且最初的直销中心都获得较大成功（柴郡奥克斯和比斯特），因此都得到扩建。此外，这两家公司也都成功进入其他欧洲市场，虽然使用的是略有不同的方法。唯泰集团通过内部增长和投资推动市场扩张。其重点在于奢侈品零售市场，并且偏好能够通过营销渠道牢牢控制产品销售的品牌，这是过去十年里奢侈品零售市场的一个特征。唯泰集团在英国只有一个项目——比斯特购物中心，这个项目也可能是英国最成功的直销中心。其扩张方式也很明显：除了在英国，还有8家购物中心分别位于爱尔兰、法国、比利时、意大利和德国。相比之下亚瑟格兰在英国有6个直销中心，在意大利有5个，其他9个中心位于法国、德国、希腊、荷兰、比利时和奥地利。亚瑟格兰通过出售开发项目的股权获得扩张资金。2013年亚瑟格兰将其在利文斯顿的唯一一家苏格兰直销中心出售给一家养老基金机构。现在两家公司都在寻求向更远的市场进行扩张。亚瑟格兰于2015年在加拿大温哥华新开了一个直销中心，是与温哥华机场管理局共同开发的，位置靠近连接市区的架空列车站。唯泰集团在2014年进军另一个大陆，在中国苏州建立了奕欧来苏州购物中心。这个区位具有悠久历史传统，距离上海还不到一个小时的车距。奕欧来苏州购物中心与比斯特购物村大小相同，但是中国苏州购物中心顾客中38%是游客（比斯特购物村的顾客中65%为游客）。这只是唯泰集团进入中国的第一步，因为集团已经在中国成立了一家合资企业——唯泰中国，致力于在中国一线城市进一步开发购物中心项目。

一开始的设想是在英国建成50～100家仓储会员店，但是截至2013年，英国唯一的 17
仓储会员店运营商Costco在英国市场经过20年的运营之后只开了25家会员店。发展如此缓慢，市政规划问题是其中一部分原因，但是英国消费者与美国消费者不一样，他们既没有很大的空间存放大批量采购的商品，也不喜欢到产品很少的折扣门店购物。

工厂直销中心的情况要好很多，而且到了21世纪，它已经成为一种成熟的零售业态，运营商也纷纷在欧洲其他地区寻找扩张机会。有人会说，英国购物项目与美国原始商业模式不一样，因为开发商必须适应英国政府政策的变化（见专栏 1.1）。与之前的离心化浪潮一样，零售区位的界限变得模糊。Galleria 购物中心的市郊经营模式失败后，成功转变为工厂直销中心，其在苏格兰利文斯顿的直销中心甚至就在一个购物公园和超级市场的附近。

1.4 政府的角色

政府对零售活动的管制塑造了许多国家零售业的结构。虽然大部分零售企业必须遵守所在国家的经营法规要求，例如工作健康与安全、营业时间和就业法律等，但是零售业的国际化以及互联网时代的到来推动了全球性法律框架的建立。欧盟尤其如此，因为布鲁塞尔欧盟总部制定的指令正由成员国的政府执行（见专栏 1.2）。当然，欧洲零售业的一个最重要的变化是 2002 年 11 个成员国开始全面使用欧元，导致零售企业产品价格换算引起的短期成本，零售企业需要对 IT 支持系统进行修改，并培训员工以应对各种变化。本节讨论的重点在于竞争政策和零售，不过多探讨公共政策的具体情况。

专栏 1.2 欧盟零售企业相关立法

消费品销售和关联担保指令（1999/44/CE，Directive on the sale of consumer goods and associated guarantees）

本指令目标是为成员国采用或维护更严格的保护法规提供一个最低标准。消费者如今可以针对有质量缺陷的产品，在产品交付的两年内寻求赔偿，在一年内可要求减价或退款。在 21 世纪这个指令执行时遇到一些困难，因为成员国之间存在相互冲突的监管法规。

18 **误导性广告和比较广告指令 84/45/EEC 的修订指令 97/55/EC（Directive 97/55/EC amending Directive 84/45/EEC concerning misleading and comparative advertising）**

这个修订案如今允许发布比较性广告，只要这些广告的内容是客观的、无误导性的，不损害竞争者的商标/商品名，只比较满足相同需求且具有相同用途的产品/服务。

1998 年产品价格指示相关消费者保护指令 96/6（Directive 96/6 on consumer protection in the indication of prices of products offered to consumers 1998）

这个指令经常被称为单位定价指令，规定了产品的销售价格应按照单位价格标示，便于比较价格和给消费者提供明确的信息。

远距离合同消费者保护指令 97/7（Directive 97/7 on the protection of consumers in respect of distance contracts）

这个指令用于保护消费者免受非面对面强行推销、邮购或电子零售的伤害。它赋予消费者七天之内撤销订单同时无须提供赔偿的权利。

之后欧盟还颁布了指令 2000/31/EC，为电子商务的发展提供法律框架。

1.4.1 竞争政策

首先，我们了解一下美国的《反托拉斯法》，因为所有其他国家试图控制公司的反竞争性行为的政策都受到该法律一定程度的影响。表 1.2 汇总了美国已经颁布的重要法律。其中三个主要法案为后来的《反托拉斯法》的修订提供了依据，它们是 1890 年《谢尔曼法》、1914 年《克莱顿法》和 1914 年《联邦贸易委员会法》。《谢尔曼法》禁止限制贸易和非法垄断的合同和阴谋。《克莱顿法》巩固了《谢尔曼法》的规定，进一步禁止弱化竞争的价格竞争，同时禁止会阻碍竞争的独占交易协议上的捆绑条款。同一年，政府认为应该成立一个专门机构负责监督此项法规的实施。联邦贸易委员会（FTC）就是根据《联邦贸易委员会法》成立的，负责杜绝“不正当的竞争方法”。这种“笼统的禁止”最后总是留给法院来确定，而《反托拉斯法》总是要根据当时的政府来进行法律解释。一般来说，共和党倾向于保护企业，而民主党则更重视消费者权益。

表 1.2 美国的《反托拉斯法》

颁布年份	立法名称	影响零售业的实践
1890	《谢尔曼法》	转售价格维持，非法垂直一体化和兼并、独占交易、拒绝交易、转售限制
1914	《克莱顿法》	捆绑合同、独占交易协议、双重分销
1914	《联邦贸易委员会法》	价格歧视、双重分销
1936	《罗宾逊—帕特曼法》	价格歧视、促销折让
1950	《塞勒—克弗沃尔法》	横向兼并、纵向兼并
1975	《消费品定价法》	转售价格维持

不考虑政治因素，大部分后续法规都倾向于牺牲大企业利益而保护小型贸易商。具有 19
标志性的是 1936 年《罗宾逊—帕特曼法》规定企业在知晓的情况下还执行或者接受歧视价格就属于违法行为。这意味着卖方必须对购买“类似质量商品”的所有买方收取相同价格。但是在少数情况下价格歧视是允许的，最明显的就是由于出售的商品数量不同，导致制造、销售和交货的成本也不同。此时允许在批量采购时提供“数量折扣”。这个法案也避免了强势的买方从弱势供应商处获得特殊促销折扣。

在美国所有与《反托拉斯法》相关的且与食品零售关系最为密切的就是 1950 年的《塞勒—克弗沃尔法》，这个法案对联邦贸易委员会在 1948 年一份报告中提及的对于一系列兼并活动的担忧做出了回应。这个法案不仅针对由于横向兼并引起的反竞争行为，还针对跨渠道兼并，即纵向兼并。《消费品定价法》（内容参见表 1.2）引入了联邦《反托拉斯法》下的转售价格维持（Resale Price Maintenance，RPM）概念，从而消除了允许制造商与部分州的零售企业签署垂直定价协议的法律漏洞。转售价格维持规定了特定商品的最低售价，防止零售企业将制造商的产品“低于成本价”出售以吸引顾客到门店，从而破坏供应商的品质信誉。

前文“零售反应”一节中提到由于 80 年代晚期和 90 年代早期的监管环境和超市集团所欠下的债务，美国食品零售行业的整合比较缓慢，直到 90 年代中期才有所好转。如果我们更深入地研究这个现象，也许可以认为从 30 年代至 80 年代，《反托拉斯法》在一定程度上抑制了大型超市集团的增长。Wrigley（2001）也指出，80 年代早期食品零售行业集中度低于 50 年前，当时仅 A&P 一家企业就控制了整个美国市场 12% 的市场份额。《罗宾逊—帕特曼法》和《塞勒—克弗沃尔法》都非常成功地保护了小商贩的利益，抑制了诸如 A&P 等企业通过兼并活动实现增长。其结果是美国零售业的市场结构由一系列以地区为发展重点的小型连锁零售企业组成。1989 年，A&P 董事长兼总经理将美国的情况
20 与英国进行对比，“战后几年，由于《罗宾逊—帕特曼法》的颁布，美国市场开始形成区域性结构，过去的大型连锁零售企业被取代……【但是】英国不存在这种情况。英国在采购杠杆的帮助下开始整合，推动少数全国性大连锁集团取得成功”（Wood，1989，p. 15）。

从 80 年代早期开始，在十年多的时间里，里根/小布什政府开始放松监管，允许兼并活动，这在 60 年代和 70 年代都是不允许的。横向兼并的方法是“定资先行”（fix it first），即兼并企业说服联邦贸易委员会允许它们在门店存在重合的区域，先将这些门店兼并。但是到了 90 年代，食品制造商和小型连锁零售企业开始施加压力，要求联邦贸易委员会加强监管。外界的批评主要针对的就是兼并企业的收购资产转让行为，指责它们能够自由选择高价值资产。这意味着弱势门店被出售给弱势竞争者，而兼并企业能重新赢回市场份额，通过合并提高市场势力。

因此在 1999 年末 2000 年初，联邦贸易委员会加强了这个方面的执法力度。其中比较有名的案例是荷兰集团阿霍德提出收购新泽西 Pathmark 连锁超市。虽然 Ahold 愿意转让其在纽约/新泽西的大量门店，但是联邦贸易委员会反对这笔交易，最后交易告吹。从 2003 年起，由于监管限制和大企业的内部整合活动，兼并速度放缓。然而，艾柏森公司（Albertsons）在 2004 年收购 Sainsbury's 美国业务，又在 2006 年被超价门店（Supervalue）收购，证明美国杂货行业还存在缓慢的集中化。

在欧洲，竞争政策通常由国家制定，除非跨国收购导致收购公司拥有的市场份额过大使整个市场无法继续竞争。1999 年，德国超市集团 Rewe 通知欧盟委员会其想要收购奥地利 Julius Meinl 的 343 家门店。之前 Rewe 已经通过 Billa 子公司进入奥地利市场，兼并之后集团将拥有奥地利食品零售市场 37% 的份额。为了让欧盟委员会同意这项申请，Rewe 遵守美国“定资先行”的政策，同意仅收购 162 家门店，其中 45 家将被改造成药店。

在英国，竞争政策的重点在于**价格竞争**和大型杂货零售企业的滥用**市场势力**的现象。也许有人会说，1965 年废除转售价格维持是英国零售业高度集中化的催化剂。在当时，零售企业需要按照供应商的推荐零售价格出售产品。1965 年法规允许零售企业与书籍和药品以外的所有商品进行价格竞争，而书籍和药品的转售价格维持直到 90 年代晚期才得到允许。90 年代时一些大型超市向政府施加压力，要求为消费者提供竞争性定价，特别是针对非处方药品，导致支持这两种产品类型的转售价格维持的法律被撤销。

零售企业不断增长的市场势力——特别在连锁杂货门店方面——是过去 30 年里决定竞争政策的重要因素。80 年代前五年，食品零售企业受到公平交易办公室（Office of Fair Trading，OFT）的审查，体现在《提供给零售企业的折扣》（垄断和兼并委员会）以及《竞争与零售业》（OFT）两份报告中。后一份报告发布于 1985 年，评估了 1975～1983 年 21
食品零售业的竞争性质和盈利能力，而 1981 年垄断和兼并委员会的报告则评估了提供给大型零售企业的数量折扣是否传递给了杂货购物者。两份报告都不认为连锁零售企业不断增长的市场势力不利于公共利益。

90 年代中期至晚期，社会上又兴起一阵对于零售能力和市场竞争的探讨。公平交易办公室从 1996 年到 1998 年发布了一系列调查报告；托尼·布莱尔的新政府称英国消费者受到零售企业的“剥削”，同时竞争委员会针对市场份额最高的零售企业的竞争行为发起调查（发布于 2001 年）。经过漫长的审查之后，委员会并未发现企业的反竞争行为或者英国消费者受到剥削的证据。有人认为英国商品价格高的部分原因是成本高，但主要原因在于英镑和汇率波动大。

在 21 世纪前十年，由于莫里森超市收购西夫韦，超市业态行业受到公平交易办公室和竞争委员会的进一步审查，调查是否存在地域性竞争，以及零售企业滥用市场势力欺压供应商的情况。调查之后，英国开始转而采用更加美式的监管方式（例如莫里森超市收购了西夫韦之后需要转让 50 家门店），允许地域性市场出现更激烈的竞争，并引入供应商行为准则，防止市场势力滥用（Competition Commission，2008；Elms et al.，2010）。需要注意的是，公平交易办公室和竞争委员会在 2014 年一起并入一个全新的监管机构——竞争与市场管理局。

1.4.2 零售规划政策

政府市政规划政策也会影响零售业发展。有趣的是，对比英国和美国的竞争政策后会发现，英国政府一开始并没有坚持让并购企业转让由于并购导致市场垄断地区的门店。相比之下，在美国获得新门店开发规划许可要容易得多。大卖场零售业态（big box retail formats）在美国以及在加拿大的蓬勃发展是由于零售企业比较容易获得土地，以及适应由汽车主导人们日常生产的特征。在沃尔玛扩张的前几十年，美国中部的许多小城镇都欢迎沃尔玛进入，作为社区现代化和增长的标志。这些社区甚至为建设沃尔玛提供税收优惠。但是随着证据显示小型传统零售企业倒闭，无法与价格折扣业态进行竞争，沃尔玛遭到越来越多的反对。这最终导致沃尔玛放缓在北美的收购和开发进程，特别在加州和纽约，这两个地方对零售巨头的反对非常强烈。

当沃尔玛和其他美国连锁零售企业开始向国外市场扩张时，它们发现欧洲是另一种景象。那里的大部分市政规划法规用于保护传统的位于市中心的零售企业和小规模零售企业，让它们免受市区外零售业态过度发展的伤害。家乐福、Ahold 和 Delhaize 等跨国零售企业之所以转为全球性发展，是因为它们在国内市场中受到市政规划法规的限制。例如，

22 独立零售企业对于60年代大型超市的发展非常担心，于是进行大范围游说，最终法国在1973年引入《鲁瓦耶法》（Loi Royer），用于限制大型超市的发展。1996年的《拉法兰法》（Raffarin Law）再一次出台了进一步限制大型超市发展的条款，要求新建或扩建的面积超过300平方米的超市都需要申请许可。市政规划法规在2009年比较宽松，允许在居民人数超过20000人的城镇建设面积超过1000平方米的超市。

德国、荷兰和爱尔兰情况很类似，其市政规划法规环境也比美国严格，但是随着经济环境恶化，政府对超市规模和位置的限制在一定程度上放宽了。意大利政府在1999年出台了《贝尔萨尼法》（Bersani Law），除了简化了出售产品品类的授权，还简化了复杂的层层审批程序。这项法律将产品类型分为食品和非食品两类，并针对门店规模和城镇规模相关规划审批制定了更清晰的规则。举个例子，想要在人口少于10000的城镇开一家小门店（150平方米），由地方当局负责审批；想要在人口超过10000人的城镇开大型门店，则需要向市、省和区域代表委员会申请。虽然在21世纪意大利的法律经过修订，但是意大利的监管环境仍然无法吸引大型国际杂货零售企业。

虽然欧洲一些更成熟的零售市场已经开始放宽它们的监管框架，但是受到大型零售企业全球扩张影响的一些国家却出台了更严格的市政规划法规，试图将西欧风格的监管制度引入本国市场。这些国家有东欧的波兰，以及部分亚洲市场，例如泰国。

下面我们更深入地了解一下英国的**零售规划政策**，主要因为这些政策比欧洲其他地方的政策更自由，因此吸引了美国公司到英国开发仓储会员店、工厂直销中心（奥特莱斯）和其他大规模零售业态。英国零售规划政策大纲参见专栏1.3。本质上，前20年的英国零售规划政策是保持现有的商业生态系统，反对将非零售用途的土地，即市中心或地区中心，用于任何类型的零售项目开发。从1977年起，英国政府开始试图通过一系列政策举措，在消费者、零售企业、开发商和地方当局的需求之间寻求一个平衡。在撒切尔夫人当政的13年里（1979～1992年），政府的规划控制大幅度放松。通过发展控制政策注释（Development Control Poliay Notes，DCPNs）向地方当局提供的建议确保第一批和第二批开发商能够在郊区开发食品和非食品超市。

专栏1.3　英国零售规划政策

英国的零售规划政策的起源可以追溯到1948年的《城镇及乡村规划法案》，当时的规划部门需要自行制定计划，引导开发商选择适用于特定土地用途的优选位置。地区政府会提供宽泛的规划，下级政府则负责制定各自地区的地方规划。

23 在出台这个法案时，英国正在进行战后城市再开发。地方政府通常是这些开发项目的主要调查者，因为它们往往在市中心拥有大片土地。因此零售投资的重点在于这些市中心和郊区的区域性中心。

所谓的零售层级系统就是这个时候建立的，零售用途的土地都位于市中心，这些区域以外的任何项目开发都不属于地方政府的规划。真正对这种现状构成挑战的是60年代晚期和70年代早期超级门店业态的发展。当时开发商声称批发杂货门店更适合城镇边缘地区，同时市中心也不会因此失去商品交易额，为此政府开展了多项大型的公开调查。

到了1977年，政府认识到部分零售开发项目需要较大的面积，因此更适合城镇边远地区。这体现在通过发展控制政策注释向地方政府提供的建议中。发展控制政策注释第13条拉开了“第二次离心化浪潮”的大幕，整个80年代零售项目开发达到最高潮。虽然大部分购物中心还是建在传统的市中心，但80年代晚期出现的“第三次离心化浪潮”直接导致政府开始修订发展控制政策注释第13条。

1988年，政府出台了规划政策指南（Planning Policy Guidelines，PPG）。与零售企业有关的是规划政策指南6和指南13。规划政策指南6的目标是在保持市中心活力以及建设城镇边缘或郊区新零售业态之间寻找一种平衡。1996年政府对规划政策指南6进行大幅修订，新建郊区零售项目申请审批测试变得更严格。其中有一项新引入的顺序测试，即开发商必须证明市中心没有可用于其项目开发的位置。到了1994年，通过规划政策指南13，顺序测试才开始用于评估待开发项目位置的所有交通运输方式的便利性。

英国工党政府上台后改变了政策方向。从1997年到21世纪前十年，比较明显的一点是，开发商希望以拟建的零售项目规模较大、不适合建在市中心为理由获得市政规划许可。这里隐含的意思是缩小零售项目的规模后就可以在市中心建立。此外，希望扩建现有项目的开发商也必须排队等候登记。许多开发商，主要包括大型杂货零售企业尝试通过创新方式绕过相关法规。乐购和阿斯达在它们的大型超市中建了夹层。然而到了21世纪前十年中期，政府填补了这个规划漏洞。

这段时期内最大的变化发生于21世纪前十年末21世纪第二个十年早期。2008年的经济危机及其后续影响对零售环境产生巨大影响，一些知名企业破产（例如Woolworths、
MFI、Comet），门店倒闭。工党政府在2009年颁布了规划政策声明4（PPS4，取代了 24
PPG4）。这份声明的标题是《可持续性经济发展规划》，如果一个项目能够帮助经济复兴就能获得批准。保守党领导的联合政府在21世纪第二个十年承诺放宽规划监管，作为刺激商业发展的一种方式。

“第三次离心化浪潮”的发展推动了政府通过1988年颁布的**规划政策指南**（Planning Policy Guidelines）（最著名的是规划政策指南6和规划政策指南13）来修订政府政策。规划政策指南6及其后续修订案提供建议，帮助在保持市中心活力和开发新项目之间寻求平衡；规划政策指南13则致力于将交通规划和土地使用规划结合在一起，并确保能够通过公共交通到达新开发的零售项目。

直到90年代早期，零售企业较少对政府规划有反对意见，它们可以通过所谓的门店战争获得市场份额。零售企业可以通过向社区捐献大额款项，从而说服地方政府授予规划

许可（术语称为“规划得益”）。如果地方当局否决申请，零售企业可以上诉，并且在接下来的公开调查中有 80% 的机会获得批准。

到了 90 年代中期，政策发生了变化。规划政策指南 6 和规划政策指南 13 分别在 1994 年和 1996 年经过修订，政府部门开始对新建的郊区购物项目采取强硬态度，特别是由各党派参与组成的下议院特别委员会在 1994 年建议要更加严格地执行规划政策指南中的审批。

新政策的主要目标是实施程序性的测试，即开发商必须证明附近的市中心或地区中心没有位置容纳拟建的零售项目。当时国务大臣出台了严格的规划指南解释方法，导致英国的工厂直销中心项目开发受阻，开发商被迫转向欧洲其他地方寻找位置。

这种政府立场的转变在 1997 年工党当政之后继续。程序性测试的适用范围延伸至现有项目的扩建，这种规划控制紧缩体现为零售企业申请被拒后上诉成功率不断下降（目前为 20%，十年前为 80%）。

工党执政后期，以及 2010 年保守党领导的联合政府当选后，规划限制有所放松。引起这种转变的主要原因是经济衰退，需要引入能够促进经济复苏和增长的措施。

社会清除是 1997 年工党政府的一个重要举措，即成立了政策行动小组（Policy Action Team，PAT）负责制定相关政策。政策行动小组第 13 号报告中说明了如何通过消除“食物沙漠”提高购物和金融服务的便利性，以及如何促进缺乏投资的落后地区的城市再生（Clarke and Bennison，2004）。

由于零售企业难以在市郊地区获得规划许可，因此寻求新发展机会的零售企业开始研
25 究在市区内灰色地带进行零售项目开发。前文介绍过的工厂直销中心开发商如何重新评估它们的区位政策并开始在需要复兴的现有城镇中心开发项目。食品零售企业也将社会包容举措作为在具有社会包容合作关系的区域获得规划许可策略的一部分。其中最广为人知的是 2000 年利兹市西克拉福特的乐购大型超市开发项目。西克拉福特是欧洲最大的房地产市场之一，其区域中心由地方政府建于 60 年代，如今大部分已被废弃。乐购重新开发了整片地区，培训并雇用了当地长期失业人口到门店工作，为当地居民提供低价、更好、更多的饮食选择。乐购通过与利兹市开展类似的再生合作，规划了另外 7 家相同类型的门店。

需要注意的是，这种类型的大门店的开发实际上有违规划政策指南 6 的规定，因为该指南建议地方政府不要将拥有其他就业机会潜力的城市土地用于开发零售项目。此外这也不符合其他政府政策规定。之前我们已经谈到政府热衷于通过调查滥用市场势力的行为来促进市场竞争，但是如果零售企业的项目不是位于最优位置，如何提供更低价格呢？大型门店业态的盈利点在于门店内的规模经济和供应链效率，而门店的利润会传递给顾客。在政府加强规划控制之前就建成大型门店业态的公司比后来者更有竞争优势，因为后来者要么无法找到合适的土地，要么被迫接受区位条件差的位置。这是一种偶然现象，在 70 年代和 80 年代时，似乎由地方政府而非零售企业自己决定了市场竞争政策。在 1997 ~ 1998 年以前历史又再次重演：运营商获得“露天 A1”土地规划许可，它可以在门店变更时引

入任何零售形式。阿斯达就是通过这种方式引入中心超市业态的。

另外一个争议点在于政府的可持续性政策。虽然规划政策指南 13 鼓励开发所有能够通过任何交通方式到达的购物项目，但是大型门店业态如果选址在棕色地带，可以带来积极的环境效益。这种业态的大部分开发商都为可持续性政策提供有益输入，而且此类业态可能比城镇中心购物项目更有利于环境，因为后者对于顾客和门店库存经销商而言不太方便。

很明显政府和地方当局面临的最大问题是英国商业街的消亡。前文强调的初始规划政策的目的是在面临四次离心化浪潮冲击的情况下仍然保持市中心的活力。然而网络购物的稳步增长，加上经济衰退，导致部分零售企业倒闭，其他多渠道零售企业也被迫大幅度缩减门店数量。本章前面部分提到的美国购物中心空置的现象如今也在英国商业街上演，每 6 个单元中就有 1 个被空置。

为此政府采取的对策是任命了一位电视主持人（顾问）为需要的行动方案提供建议。2011 年 12 月《波塔斯报告》（The Portas Reniew）发布，针对如何重塑商业街社交、学习和创新地位提供了 28 点建议。此外波塔斯建议成立一个基金，用于帮助受到经济衰退严重影响的城镇（Portas，2011）。报告发布后，政府拨出 120 万英镑商业街创新基金，分配给 12 个试点地区。初始调查显示，部分城镇，例如 Margate 和 Bedminster 商业街购物单元数量增加，而 Stockton-on-Tees 和 Nelson 等其他城镇空置率反而上升（BBC，2013）。因此 26
想要重塑商业街的地位，并没有什么捷径。对于习惯使用 Facebook/Twitter 的新一代消费者而言，传统商业街上昂贵的停车场和木板建成的门店对他们来说没什么社交吸引力。针对《波塔斯报告》中有关营业税的部分，英国零售企业协会和《星期日泰晤士报》进行了游说，要求向门店收取更公平的税收。许多零售企业缴纳的营业税比它们支付的租金还高，但是政府似乎在需求减少的时候仍不愿意改变税费不断上升的现状。

1.5 总结

有关零售规划政策的最后一节介绍了零售环境管理和监管的复杂性。总体上，消费者越来越挑剔、越来越富有，流动性也达到前所未有的程度，但是很大一部分人口仍然比较贫穷，被社会排除在一系列服务之外，包括零售服务。经济衰退加剧了这种贫富差距，社会失业率上升，尤其在希腊和西班牙。

零售企业必须通过选择合适的业态提供零售服务，从而满足消费者需求。对于许多大卖场零售企业和“品类杀手”而言，这意味着需要在市郊开发大型门店。在欧洲许多地方，政府将此类项目视为威胁现有城镇中心商业活力的主要因素，因此制定了不利于新零售项目开发的规划法规。但是人们对于过去十年里网络零售的兴起和 21 世纪前十年晚期 21 世纪第二个十年早期经济衰退的担忧超过了对此类业态发展的担忧，许多这种新型业态也受到网络零售的冲击。在缺少零售投资的地方建立再生合作关系有利于积极解决

“食物沙漠”的问题，也缓和了对于大型购物项目只为更富裕更流动人口服务的批评。但是大部分政策制定者面临的问题是如何应对大部分市场出现的过度购物现象。过去非常多的购物单元，将不会再用作零售用途。在美国，废弃的购物中心越来越多；在英国，许多城镇中心没落，这些都是过去十年里零售行业发展趋势的体现。但是人们对于如何重新填满这些空置单元仍然没有一点头绪。

复习题

1. 讨论21世纪前十年和21世纪第二个十年主要消费趋势及其对零售设施的影响。
2. 概述英国四次零售离心化浪潮，讨论规划政策在这些购物项目开发中起到的作用。
3. 对比美国和英国的零售市场法规。
4. 讨论规划政策在不同地理市场塑造零售项目过程中起到的作用。
5. 评估21世纪前十年晚期21世纪第二个十年早期网络零售和经济衰退对于美国购物中心和英国商业街的影响。

27
参考文献

BBC（2013）‘Portas High Streets still struggling one year on’, *BBC News*, 29 May.

Burt, S. and Davies, K.（2010）‘From the retail brand to the retailer brand: themes and issues in retail branding research’, *International Journal of Retail & Distribution Management*, 38（11/12）: 865 – 878.

Clarke, G. and Bennison, D.（eds）（2004）‘Special Issue on extending the food desert debate’, *International Journal of Retail & Distribution Management*, 32（2）: 72 – 136.

Coleman – Jensen, A., Nord, M. and Singh, A.（2013）*Household Food Security in the United States in* 2012. Washington, DC: US Department of Agriculture.

Competition Commission（2001）*Supermarkets: A Report on the Supply of Groceries from Multiple Stores in the United Kingdom*, three volumes. Norwich: The Stationery Office.

Competition Commission（2008）*The Supply of Groceries in the UK Market Investigation.* London: Competition Commission.

Deloitte（2013）*Global Powers of Retailing* 2013: *Retail Beyond.* London: Deloitte.

Elms, J., Canning, C., De Kervenoael, R., Whysall, P. and Hallsworth, A.（2010）‘30 years of retail change: where and how do you shop?’ *International Journal of Retail & Distribution Management*, 30（11/12）: 817 – 827.

Fernie, J.（1995）‘The coming of the fourth wave: new forms of retail out of town development’, *International Journal of Retail and Distribution Management*, 23（1）: 4 – 11.

Fernie, J.（1997）‘Retail change and retail logistics in the United Kingdom: past trends and future prospects’, *Service Industries Journal*, 17（3）: 383 – 396.

Fernie, J.（1998a）‘The breaking of the fourth wave: recent out of town retail developments in Britain’, *The International Review of Retail, Distribution and Consumer Research*, 8（3）: 303 – 317.

Fernie, J.（ed.）（1998b）*The Future for UK Retailing.* London: FT Retail and Consumer.

Fernie, S.（1996）‘The future for factory outlet centres in the UK: the impact of changes in planning policy guidelines on the growth of a new retail format’, *International Journal of Retail and Distribution Management*, 24（6）: 11 – 21.

Field, C.（1998）‘The new consumer’, in *The Future for UK Retailing*（Fernie, J., ed.）. London: FT Retail and Consumer.

Forum for the Future (2007) *Retail Futures: Scenarios for the Future of UK Retail and Sustainable Development.* London: Forum for the Future.

Iacovou, M. and Skew, A. J. (2011) 'Household composition across the new Europe: where do the new member states fit in?' *Demographic Research*, 25 (14): 465 – 490.

Kantar Worldpanel (2012) 'Insights', www. kantarworldpanel. com/en/index. html#/Insights/Watch (accessed 28 February 2012).

Lopez, C. and Fan, Y. (2009) 'Internationalisation of the fashion brand Zara', *Journal of Fashion Marketing and Management*, 13 (2): 279 – 296.

Martinez, S. W. (2007) *The US Food Marketing System: Recent Developments*, 1997 – 2006. Washington, DC: US Department of Agriculture, Econ. Rcs. Serv.

Office for National Statistics (2011) 'Family Spending 2011 Edition', www. ons. gov. uk/ons/rel/family – spending/family – spending/family – spending – 2011 – cdition/index. html (accessed 24 February 2012).

Office for National Statistics (2012) *Families and Households*, 2012. Newport: ONS.

Oxford Economic Forecasting (1998) 'The economy', in *The Future for UK Retailing* (Fernie, J., ed.). London: FT Retail and Consumer.

Portas, M. (2011) *The Portas Review: an independent review into the future of our high streets.* Department for Business, Innovation and Skills, London.

Schiller, R. (1986) 'Retail decentralisation: the coming of the third wave', *The Planner*, 72 (7): 13 – 15.

Sparks, L. (2011) 'Settling for second best? Reflections after the tenth anniversary of Wal – Marts entry into 28
the United Kingdom', *International Journal of Retail & Distribution Management*, 39 (2): 114 – 129.

Thomas, J. B. and Peters, C. L. O. (2009) 'Silver seniors: exploring the self concept, lifestyles and apparel consumption of women over 65', *International Journal of Retail Distribution Management*, 37 (12): 1018 – 1040.

Tungate, M. (2008) *Fashion Brands.* London: Kogan Page.

Watson, I. (2013) 'Internal reference price formulation in support of UK and US grocery retail price decision making', DBA dissertation, Edinburgh Business School, Heriot – Watt University.

Webb, B. (1998) 'New marketing', in *The Future for UK Retailing* (Fernie, J., ed.). London: FT Retail and Consumer.

Wood, J. (1989) 'The world state in retailing', *Retail and Distribution Management*, 17 (6): 14 – 16.

Wrigley, N. (2001) 'The consolidation wave in US food retailing: a European perspective', *Agribusiness*, 17: 489 – 513.

2　零售变革理论

29 学习目标

学习本章后，学习者应能够：

- 讨论零售变革的主要理论：
  - ·周期性理论；
  - ·环境理论；
  - ·冲突理论；
  - ·综合理论。
- 分析现有零售企业对于零售创新的反应。
- 运用理论解释各类零售企业的发展。
- 从各种理论角度预测零售业的未来发展。

2.1　引言

关于零售企业如何成长、发展、扩张和成功存在各种不同的理论解释。零售变革理论解释了零售企业过去发生的事情，更重要的是这个理论帮助零售企业预测它们自己以及竞争者在未来如何发展业务。

本章将介绍、解释主要的零售变革理论，并将其运用到当前零售企业分析中。

零售变革理论有三种主要类型：

- 周期性理论；
- 环境理论；
- 冲突理论。

2.2 周期性理论 30

周期性理论指的是追踪零售模式如何随着时间而发展变化，包含了最早期的零售变革理论。主要的周期性理论一共有三种：

- 零售车轮理论；
- 零售生命周期理论；
- 零售手风琴理论。

2.2.1 零售车轮理论

这是一种早期零售变革理论（McNair，1958），零售企业的演变就像车轮一样经过三个阶段不断向前滚动，如图 2.1 所示。

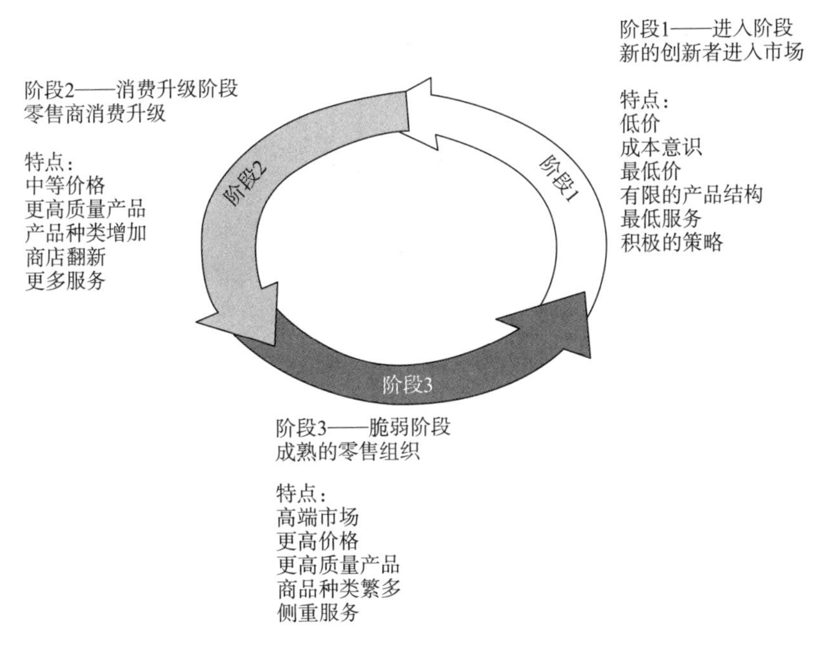

图 2.1 零售车轮理论

根据这个理论，零售企业以较低的成本、价格和服务水平的策略进入市场，通过机会性购买和基本服务来削弱其他竞争者，从而在市场上站住脚。通过这个策略获得成功之后，零售企业将继续采取扩大产品线、升级门店、增加服务等策略，而这也将提高商品零售价格。在第三个阶段，零售企业倾向于进入高端市场，以初始顾客无法承担的价格提供高质量商品和服务，也更容易受到新进入市场的创新零售企业的影响。

31 在第一个阶段，无论是刚刚进入市场的零售企业，还是已有零售企业引入新业态，机会主义式的创业管理风格都可以获得成功。随着企业（业态）的发展，需要加强的是企业领导力建设以及对不断增长的员工和部门的管理。即使是毅然坚持留在第一阶段的零售企业，例如历德和宜家等平价零售企业都很难抵抗扩大商品范围或增加服务（例如送货服务）的诱惑。

Verdict（2002）指出："组织规模对零售企业的发展有非常关键的影响。"由于市场饱和与规划政策的影响，规模扩张的机会有限，因此零售企业别无选择，只能寻找其他替代增长策略，如并购或采用无店铺零售。例如宜家在英国扩张时就遇到这种情况。虽然宜家规划在十年内开20家新店，但是店面开发过程受到限制（格拉斯哥新店用了六年才开业），宜家不得不扩建现有门店来满足市场需求（David，2002）。2005年，总部位于美国，而且注重成本的全球零售巨头沃尔玛（之前扩张过大卖场门店，即一种经过仔细设计，能够在零售企业扩张过程中直接复制建设的零售门店。大卖场的结构看起来像一个大箱子，在城镇郊区的购物公园比较常见）也开始开发一种更新更时尚的高档门店业态。这种门店的走廊更加宽阔，展示区更加宽敞，产品更加时尚。开发这种业态的部分原因是因为其他竞争企业在这种更高端的细分市场上获得成功［例如塔吉特（Target）］。通过自身扩张式增长和并购都会削弱企业的创业式管理风格，因此必然会出现零售车轮理论描述的第二阶段和第三阶段的特征。

毫无疑问，很多零售企业的发展符合零售车轮理论，例如BHS和玛莎百货等百货门店和杂货门店，它们都因曾经的杂货零售企业扩张进入时装行业而受到影响。沃尔玛也受到Dollar和Save-a-Lot等折扣零售企业的竞争冲击（Gilmour，2007）。互联网零售的发展也是一样，例如在Dixons等零售集团中，折扣定价被平价所取代。大部分零售企业都会收取送货费用。成功的网络零售企业，例如Tesco.com和Amazon.com都出现商品范围扩大、服务内容增加、虚拟门店升级等现象。这些企业同时采取了激进的策略，并不断探索价格追踪和顾客行为研究，从而在网络零售市场上开展价格竞争。

零售车轮理论受到很多批评。主要的反对声音认为这个理论不具有普适性，因此无效，并非所有零售企业进入市场时都处于第一阶段，一些零售企业一开始就采用高端的业态进入市场。其他零售企业简化了它们的经营方式，以求在保留它们高性价比名声的同时升级门店和服务。例如乐购就没有升级到第三阶段。

另一种批评意见认为零售车轮理论似乎不适用于零售业态的国际化。在国际化过程中，高端零售企业往往进入全新的不太成熟市场，在它们适应当地环境的同时需要降低档次。这种"逆车轮"效应在工厂直销中心在英国的发展过程中非常明显。唯泰集团等高端
32 开发商进入英国市场时采用的是高档创新的业态，提供平价品牌商品，但是英国国内Freeport等开发的业态规模更小，档次更低（Fernie，1996）。

后现代主义者也对零售车轮理论进行了批评，因为该理论提出零售企业发展在时间维度上是线性而非周期性的，因此过去的模式不能用于未来发展（Brown，1995）。由于今天的市场环境太过琐碎无法再运用50年前的理论，可能需要通过将过去各不相同的零售

实践进行创新综合，用于开发全新的零售业态。

这个理论的主要作用是让零售企业能够认识到这种趋势，即改变零售业态的特征可以帮助企业获得成功，并认识到企业发展的第三阶段出现的组织结构方面的弱点。宜家就是这样一家零售企业，它扩大了服务范围，提高了部分产品价格，这会让它在未来变得脆弱，可能已经受到 Habitat at Homebase 等创新合资企业，以及市场份额较大的网络零售市场的其他竞争者（例如亚马逊、Argos 和乐购）的挑战。

高端市场的零售企业提供高质量产品和服务，销售价格也更高，特别容易受到零售创新的影响。举个例子，Matalan 和 TK Maxx 在 20 世纪 90 年代进入“商业街”时装市场，一举改变了顾客对于时装市场的性价比预期。它们颠覆了商业街时装零售的现状，导致时装零售巨头 Arcadia 被迫优化商业街门店，也加速了 C&A 退出英国零售市场。

2.2.2 零售生命周期理论

第二种周期性零售理论与人口统计和产品生命周期理论一样，假设所有零售企业都有一个有限的生命周期，在这个周期内它们都将经历四个发展阶段：

- 创新期；
- 成长期；
- 成熟期；
- 衰退期。

生命周期理论假设零售企业和零售业态将经历上述四个阶段。然而每个阶段的持续时间差别很大，不同零售企业或业态的生命周期长短也各不相同。例如爱丁堡的传统高档时装百货门店 Jenners 在成立超过 100 年后依然强势增长［虽然最近被更大的百货门店运营商弗雷泽百货（House of Fraser）收购之后，业态有所稀释］，但是许多其他零售企业的生命周期要短得多，零售市场的新老交替很快。

一种新的零售业态的**创新期**比较短，只有几年时间。不成功的创新者不会进入下一个阶段，而成功的创新者正好可以趁着没有直接竞争者，迅速提高销售额，增加门店数量，进入成长期。创新期的利润比较低，甚至没有利润，因为在企业创立、基础设施扩张和业态推广等方面投入了大量资金。举个例子，乐购在线超市 Tesco. com 在成立的前几年已 33
经做好了亏损的准备，因为在全国范围内建设网络零售业态的基础设施方面进行了大量投资。

在业态成长期，零售企业的门店数量迅速**扩张**，并且企业总部往往进行更强的统一规划和控制。在这个阶段，销售额和利润都会实现增长。成长期的投资水平还是很高，因为扩张和获得市场主导地位的成本很高，同时竞争者的数量在这个阶段也会增加。大型零售企业往往本身也是创新者，因此能够较快地实施那些已经成功的经验。例如，当 80 年代小型折扣门店在英国快速扩张时，大型杂货零售企业在正常商品的基础上，以折扣价格引入了常见零售品牌。成长期通常持续几年，直到业态站稳脚跟，或者成熟。

另外，**成熟期**的持续时间不确定，只要零售企业仍然以顾客和竞争为导向，就一直处于成熟期。成熟的零售业态将拥有许多直接竞争对手，而且销售额增长速度和盈利能力增长速度都放缓。对于股份有限公司而言，为实现股东希望公司持续增长的愿望，零售企业必须持续推动业态在未开发的市场中通过有机扩张和并购活动，或者通过开发新的创新活动而实现增长。一些大型英国杂货零售企业成熟之后开始在英国具有发展潜力的地方（例如苏格兰和爱尔兰）和全球市场扩张，并且开始投资城镇中心门店和前院门店。

在**衰退期**，销售额呈负增长态势，利润非常低，这个阶段持续时间也不确定。处于衰退期的业态，直接竞争者减少，处于成长期和成熟期的间接竞争者增多。零售企业出现业态衰退时需要积极进行业态创新调查、投资，或者收购那些业态处于创新期、成长期或成熟期的零售企业。举个例子，当玛莎百货在90年代开始衰退时，开始与英国零售企业George Davies合作，开发Per Una品牌“店中店”，创业式购买、时装和营销专业知识及强势宣传吸引了年轻的目标市场，帮助衰退的零售企业扭转局势。玛莎百货门店内的设计、布局和品牌推广产生有利的连锁效应；但是在George Davies退出之后，这种“创新成熟期”并没有持续很长时间，2014年玛莎百货再次陷入困境。

生命周期理论同样也受到批评，理由是这种理论难以界定一个零售企业或一种零售业态从一个阶段进入另一个阶段的确切时间。这个理论想要真正发挥作用，需要让零售企业了解成长期或成熟期分别在什么时候结束，这样才能相应地调整营销目标和策略。但是实际上零售企业如果真正理解了生命周期理论，就不难判断什么时候从一个阶段进入另一个阶段，进而开始创新和业态变更。图2.2列出了2002年部分英国零售企业的预计生命周期阶段。从图中可以判断这些零售企业目前分别处于生命周期的哪个阶段。图中有两个名字消失了：2004年西夫韦被莫里森超市收购，2009年Somerfield被英国合作社集团（The Co-operative Group）收购。

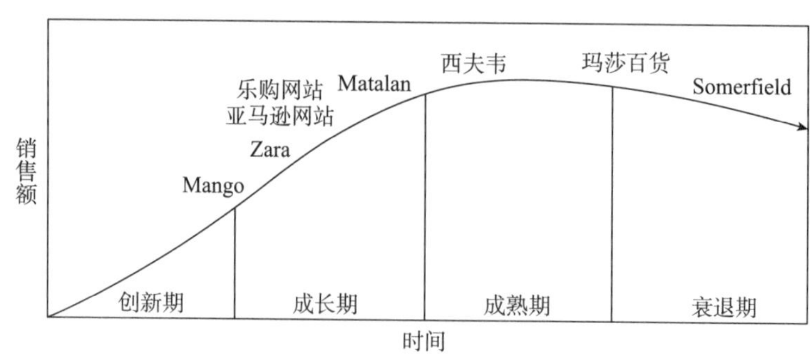

图2.2 2002年部分英国零售企业的预计生命周期阶段

但公认的一点是，生命周期内每个阶段所经历的时间越来越短。与20世纪中期相比，
34 新业态出现速度以及成长成熟速度也在加快。百货门店作为一种业态经过几十年时间才发展成熟，而工厂直销中心进入成熟阶段只用了几年时间。互联网则进一步加快了一些零售

企业生命周期的过渡时间。例如英国最大的独立时装美容零售企业 ASOS. com 在成立后只用了不到七年时间就进入成熟期，开始考虑开发实体门店（Berwin，2007）。

2.2.3 零售手风琴理论

第三种周期性理论是零售手风琴理论，探讨的是一段时期内零售发展与产品范围之间的关系。这个理论（Hower，1943）提出，零售行业的一个基本趋势是零售企业都会朝着商品专业化和多样化的方向发展。这个理论起源于美国，与美国零售发展的历史模式密切相关。美国最早的门店是杂货店，为小型分散的社区提供各式各样的商品品类，每种品类内商品较少。随着城市的扩张，专业零售企业有了立足之地，它们提供有限的产品类型，但商品品类很多，例如鞋店、药店和服装店。在手风琴理论的下一扩张阶段，百货门店出现，提供各式各样的商品和丰富的品类。手风琴理论的最近一次收缩发生在 20 世纪 80 年代和 90 年代特定市场（niche market）中商品类型的整合，例如领带品牌 Tie Rack 和玩具反斗城等“品类杀手”。

这个理论是否适用于零售行业的未来发展还有待商榷。当然，在由少数企业占据市场支配地位的杂货零售业态，尤其是在超级市场业态中，有限商品零售业态（restricted line formats）也同时在发展，主要服务于司机、市中心工人或家政服务人员。然而，80 年代和 90 年代，在企业层面上的门店业态扩张和收缩都很明显，例如 Next 和 Arcadia。根据这个理论，可能玩具反斗城（分成婴儿玩具反斗城、儿童玩具反斗城、Imaginarium 和 Toys-rus. com）等零售企业的业态发展之后会出现组织结构优化，成为互联网门户，提供多种 35
商品种类的零售企业，例如亚马逊。

Hart（1999）对食品和混合零售行业商品组合策略的研究结果支持手风琴理论，但是这项研究的结论是这个理论更适用于解释商品组合的发展趋势，而不是门店业态的发展。Hart 认识到，产品线本身不足以衡量产品组合的范围，她认为需要引入另一个维度用于衡量商品组合的“一致性”，或者商品混合的实际程度。最后她得出的结论是，商品在品类组合中分类的清晰度越高，所呈现的产品范围和核心零售产品系列之间的关系就越真实。Hart（1999）还发现：

- 产品组合和市场多样化决策很少参考市场调查结果；发现成本增加后，一些企业开始作出相反的决策。
- 在产品组合中加入不一致的商品会对零售企业形象产生影响。
- 杂货零售或专业零售业态市场都没有占据明显统治地位的企业。
- 食品零售企业如果增加与现有产品线的服务需求无关的全新商品线，那么它们由于这种策略承担的风险要比混合业态零售企业高，后者更倾向于集中精力在它们的核心业务上。
- 这些策略并非基于顾客需求。

零售手风琴理论真正适用之处在于零售发展的历史模式表明，大小零售企业都明显倾向于增加无关联的新产品线，导致组织重点变得模糊，最终不可避免地引起专业化或收缩。确实，近年来家庭购物、市中心有限产品杂货店和便利店等业态的发展表明：在环境压力和消费欲望的作用下，食品零售行业开始出现专业化。

为了最大程度减少由于扩张决策错误导致的成本，零售企业在以下方面需要保持谨慎：

- 增加无关联的新商品线的程度；
- 从顾客利益角度来看，新商品线和核心产品系列的关系，以及它们在满足服务需求方面的协同效果；
- 根据市场调查结果，作出商品多样化和专业化的决策，重点关注核心顾客和潜在顾客的需求；
- 商品多样化或专业化策略将对企业形象产生的影响。

2.3 环境理论

36 环境理论关注的是外部环境与组织环境之间的相互作用。外部环境包括环境、法律、社会文化和人口统计学、环境和技术等因素随时间变化对零售企业的各种影响。环境形势的变化或快或慢，只有能够适应变化，利用环境所提供的机遇，组织才能成长、发展、繁荣。

有一系列案例可以支持环境理论。只有城市的中心城区发展，才会催生百货门店，只有道路网络得到开发、城市化和车辆保有率上升才可能出现郊区购物中心。零售企业从创新期过渡到成长期再到成熟期取决于成功地对变化的环境条件进行响应。

主流的零售变化环境理论一共有两种：

- 演化理论；
- 制度理论。

2.3.1 演化理论

零售演化理论自然与查尔斯·达尔文在19世纪提出的进化论有关，即生物体根据其适应自然变化的能力而存活下来的自然选择过程。在零售业中，成功适应外部环境变化的零售企业才是最有可能繁荣发展的企业。

Davies（1998）在环境"设计空间"（environmental design spaces）的情景下讨论演化理论，分析设计空间，以及在其内部经营的零售企业带来的机遇和威胁。"设计空间"的活力或其他内容与下列各项有关：

- 人口规模和分布；
- 与家庭规模和收入等人口统计变量有关的商品需求结构；

- 区域性收入及其分布；
- 技术；
- 政府管制；
- 设计空间的社会可见度。

根据这种“生态学”理论，环境变化会引起零售变化，因此在任何时间点上零售产业结构都是所有过去的零售管理决策以及零售企业所在环境中政治、社会、经济和技术因素共同作用的结果。

对演化理论进行这种提炼的一个问题是没有考虑到零售企业对所在环境产生的影响，而这种影响也是普遍存在的。举个例子：

- **规划收益**：例如，为了获得店址审批，零售企业可能会开发道路和休闲设施，最后带来住房开发项目，进而对经济产生影响。
- **游说**：大部分大型零售集团与政治团体都有密切联系，这会对区位政策产生影响。 37
- **24 小时营业**：营业时间的延长导致“7 天/24 小时”社会的快速诞生，零售企业越来越倾向于灵活的兼职工作制，推动女性在英国劳动力中所占比例上升，超过 50%。这反过来又影响结婚和离婚统计数据，而且可以说一定程度上造成了单亲家庭数量上升。
- **网络零售**：网络零售的兴起引起家庭电脑持有量上升，提高了劳动力的技术技能。

极端达尔文主义演化理论认为发展并非意味着适者生存，而是由遗传物质决定的。在社会文化演化中，与基因类似的概念是文化基因，这是一种观念、俗语或礼仪，它在社会中传播的方式与电脑病毒的传播方式相似。因此技术可以视为组织携带的文化基因，在组织内不同级别，甚至在组织以外复制传播。例如，商品推销的先进先出原则可以复制到员工或管理层晋升方面，用于轮流担任某种职务或组织内员工提前退休的情况。另一个例子是根据库存决定客户服务的实践可以复制用于 24 小时营业的零售企业按照灵活工作时间合同进行员工配置，甚至可以进一步延伸用于门店出入道路的开发和维护。

根据 Davies（1998），零售企业发展和零售业态发展存在显著差别，前者在环境作用下的演化速度相对比较慢，而后者需要非常快速地适应局部环境的需求。因此，一个零售企业可以同时成功运营多种业态，这些业态可能携带或不携带母公司的文化基因。Davies 还认为，当环境变化比较缓慢、可以预测时，企业和业态生存的概率更高；相反地，如果变化迅速且无法预计，则机会主义的可能性更高，企业和业态的数量和种类都将发生变化。

根据 Hannan 和 Freeman（1989）的研究结论，在任何设计空间内都存在两种类型的企业和策略。当环境快速变化且不连续时就会出现 **R 策略**（R-strategies）。此时会出现很多机会，投机的零售企业会抓住并利用这些机会，推动新业态的扩散。我们可以说这些组织绘制了新生的设计空间。随着变化速度放慢，组织选择最佳的新业态，用于新设计空间，这种情况下第二种策略开始占支配地位。**K 策略**（K-strategies）用于环境相对稳定的时候。占主导地位的大型零售企业集中发展成功业态，通过规模效率和市场势力大规模运用K策略。

因此，人们可以预测到在线零售的当前地位，其演化的虚拟设计空间由创新型网络零售企业绘制，在线零售企业失败后将被“网络+实体”混合零售企业兼并。确实我们可以预料到这些K策略组织和幸存的R策略组织，例如亚马逊处于优势地位，能够利用未来的互联网优化和电子TV技术。

38 Kent（2007）将注意力转移至创意空间，思考设计与零售环境之间的联系：“随着零售业朝着将门店作为一种三维体验空间的方向发展，零售企业的创意和引导其他利益相关者共同创造产品、服务以及它们的组合，以及在购物中心和街道空间配置内发生互动的能力产生了新要求。”（Kent，2007，p. 741）

这拓展了零售空间作为一个剧场的概念，在这个舞台上员工即演员，消费者即观众，实际的零售领域就是舞台，而销售过程就是演出本身。零售“领域”的重要性在于其文化中心性——零售空间在先进经济体文化中的作用越来越凸显。因此在重视创意的社会中，零售企业不仅有机会将创意作为一种社会文化事件加以利用，还可以让各类利益相关者（包括顾客）参与创造必要的具有一定水平和类型的创意，达到将本企业品牌与其他零售“品牌”进行区别的目的。创意零售业态，例如以设计为主的快闪游击时装门店（通常是边缘位置的临时门店）、苹果门店（根植于企业的技术创新产品设计背景，让顾客参与到技术互动中）、普拉达和Camper鞋店等时装门店（将品牌价值融入门店和建筑设计中）都通过环境、企业和顾客之间的相互作用实现品牌差异化。

成功的企业为了生存采取了一系列策略（Brockway et al.，1988）：

- **实验**：这是成功零售企业广泛使用的一种策略，用于全面推广创新技术前，在一个或多个门店中测试与现有产品和服务不相关的商品或新系统。实验策略的例子包括阿尔迪出售有限种类的节日壁纸，西夫韦（目前属于莫里森超市）测试并全面推行自助结账系统。同样地，Sainsbury's和Waitrose等杂货零售企业在有限地区提供网络购物服务，然后扩大服务范围。
- **联合零售**：两个通常情况下独立的组织联合起来，一起为顾客提供产品服务。这种策略的例子包括汉堡王、小厨师（Little Chef）和Travelodge联合，为旅客提供住宿、快餐或正餐；沃尔玛和阿斯达门店中的麦当劳餐厅为购买廉价商品的消费者提供廉价食物。
- **有形经营场所变化**：零售企业改变常用店址，或者在经营场所中引入创新活动。这两种变化的例子是Co-op旅游集团搬出市区，搬入一个专门建设的，面积是其正常门店五倍大的建筑，并增加网吧、咖啡和儿童游乐场等设施（Parker，2002）。日本零售企业优衣库（Uniqlo）在纽约旗舰店开业前，将快闪店建在集装箱中作为一种宣传方式。
- **模仿**：使用其他组织开发的创新系统或业态。模仿策略的例子包括在杂货门店内提供洗衣、照相、药品和金融服务等。

39 - **垂直一体化**：零售企业接受其他销售渠道职能，例如制造或批发，以获得商品供应势力。还可能出现相反方向的整合：制造商进入零售市场以获得更高利润。

- **横向整合**：零售企业收购其他零售企业的控股权，以提高市场份额、获得市场创新或管理/运营专业知识。横向整合策略的一个例子是 Talk 4 All 从破产的手机零售企业 The Wap Store 手中购买 30 家门店，以提升在成熟的手机零售市场中的实力和份额。另一个例子就是法国零售企业 Casino 收购哥伦比亚食品零售企业 Exito。
- **微型零售**：采用微型零售的零售企业使用市场细分技术，通过开发合适的零售业态，专注满足特定特征或生活方式人群的需求。英国 Girl Heaven 和 Claire's Accessories 就是微型品类的典型例子，它们的定位是 7～12 岁儿童市场，提供女孩玩具、化妆品、服装和配饰产品。

专栏 2.1　零售企业简介：Casino

知名老牌法国零售企业 Casino 通过创新、垂直和横向整合实现增长、发展和国际化，最终在全球零售市场上占得一席之地。Casino 最早的门店是一家赌场（casino），因此得名 Casino。作为第一批在门店中引入自助购物的欧洲杂货零售企业之一，Casino 通过横向整合，即收购社区门店实现早期扩张。此外 Casino 还成立了制造子公司，也推动了自有品牌业务的发展。到了 1999 年，Casino 还拥有葡萄酒装瓶和肉品加工两条业务线。Casino 在 20 世纪 70 年代率先采用大型超市业态，目前是法国最主要的零售企业之一，占据 10% 市场份额。

Casino 的大部分股权掌握在 Rallye 集团手中，该集团同时拥有 Groupe Go Sport 连锁品牌，还在其他各类企业中拥有权益。Casino 旗下运营多个食品零售业态和品牌：Géant 大型超市、Casino 超市（在泰国和越南发展成 Big C 大型超市）、Extra Super 市场（位于巴西）、Petit Casino 小型超级市场、Franprix 和 LeaderPrice 折扣超市、Spar 和 Vival 社区门店。

Casino 在 80 年代主要通过并购实现发展，在 90 年代成功向海外扩张。例如在拉美和亚洲市场，Casino 主要通过收购当地零售集团的股权获得市场份额。虽然国内业务在 Casino 销售额中占很大一部分，但在 21 世纪早期，集团便开始在下列地区经营门店或收购相关零售业务的股权：

- 美国（United Grocers 现购自运）；
- 波兰（Polska 和 LeaderPrice）；
- 阿根廷（Libertad 和 LeaderPrice）；
- 乌拉圭（Disco 和 Devoto）； 40
- 哥伦比亚（Exito）；
- 委内瑞拉（Cativen）；

- 巴西（Pão de Açúcar）；
- 泰国（Big C）；
- 越南（Big C）；
- 菲律宾（Uniwide Holdings）；
- 中国台湾（Far Eastern Géant）。

Casino 通过并购继续实施全球扩张计划，特别在菲律宾和韩国，而且早在 2002 年就考虑进入中东市场。2010 年 Casino 收购了泰国的家乐福超市，因为家乐福重新将扩张重点转向具有市场领导潜力的海外市场。公司的当前策略是进入并深入潜力大的市场。

在欧洲，Casino 经营公司自有的门店，还拥有大量专营 Petit Casino、Spar 和 Vival 门店。Casino 在 1997 年收购了 Franprix，获得一系列自有专营 Franprix（超市）和 LeaderPrice（折扣门店）门店。公司目前还在巴西（Assai）和哥伦比亚（Surtimax）经营折扣门店。

2000 年，Casino 收购 SLDC——欧尚（Auchan's）便利门店网络的控股公司，同时收购了 Monoprix 50% 的股份。和许多大型欧洲杂货零售企业一样，Casino 非常重视便利店业态，目前已经在全球门店组合中拥有大约 20 家便利店。

Casino 还拥有一个餐厅连锁品牌，名叫 Cafeterias Casino，后来改名为 Casino Restauration，变成一系列包含自助餐厅、主题餐厅和快餐店的业态。Casino 在法国和南美洲拥有网络杂货和非杂货电子商务业务。

创新是 Casino 早期发展的基础，1948 年成功将自助购物的理念输出到美国，并于 1970 年开了第一家大型超市。Casino 的最新创新是 Daily Monop 城市生鲜餐厅，为当地人提供各类点心。Casino 曾通过横向整合成功发展其零售业务，收购了杂货行业的各类业态，从便利店到大型超市应有尽有。集团还垂直一体化了制造和现购自运业务。截至 2002 年，集团已经成为法国杂货市场第四大公司，拥有 10.6% 的市场份额，并在接下来几年内继续巩固市场地位，成为继家乐福和 Leclerc 之后的法国第三大零售企业。

资料来源：www.groupe-casino.fr（2002，2014）；Young（2002）；Retail Intelligence（1999）；Bord Bia（2008）；USDA（2009）。

41 ### 2.3.2 制度理论

制度理论认为零售企业属于环境的一个有机组成部分，零售企业和环境之间存在相互依赖性（Arnold et al.，2001）。根据这个理论，一个零售企业的决策和行动体现了其所处环境的经济和文化规范。这些规范不仅存在于一项任务中，也存在于整个制度层面。

在**任务层面**上，零售企业通过针对零售绩效的措施对环境进行响应，从顾客角度来看，这些措施涉及商品组合、定价策略、库存和区位等与零售绩效相关的决策。

在**制度层面**上，零售企业的行为受到文化和道德规范的限制，这些规范将影响组织的内部文化以及组织在其所在社会中的感知角色。举个例子，顾客希望零售企业使用并培养本地人才，积极参与社区活动，而且除了全国或全球采购的商品之外，还采购本地产品。

零售企业采取的绩效措施客观上能够满足功能性要求，例如销售的商品将始终保持高质量。但是零售企业也会采用满足象征性需求的商品，例如 Sainsbury's 的“品味不同”系列，或者乐购的“精选”（Finest）系列。

同样，象征性制度行为（symbolic institutional actions）能够体现组织遵守了其社会文化环境中的规范——例如，冰岛在 20 世纪 90 年代大范围淘汰转基因成分商品的供应商，这是因为欧洲越来越多人对转基因食品感到担忧。相比之下还有一部分组织购买了各类监管当局视为安全或健康可食的产品。

当零售企业的行为反映了其所在环境规范时［称为同构（isomorphism）］，各种制度利益相关者（顾客、股东、员工、供应商）就会认为该组织（及其制度和绩效行为）是正确的。这种制度/环境互动过程如图 2.3 所示。

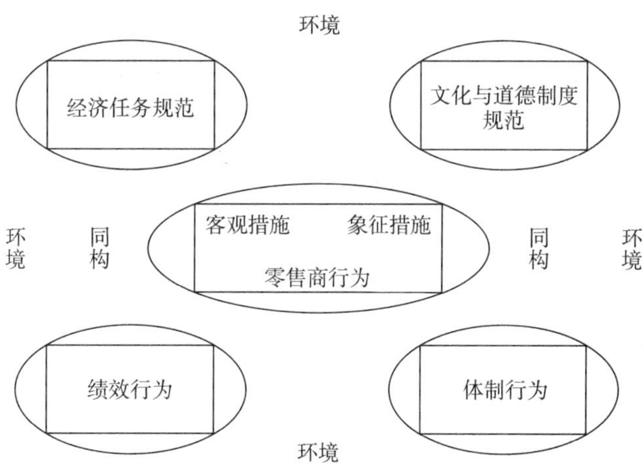

图 2.3 制度/环境互动

注：经济任务规范：对零售企业的运营以及与营销企业绩效有关的行为有影响的经济环境。文化与道德制度规范：组织利益相关者根据文化和道德要求创造的制度环境，体现了外部社会文化环境下的社会行为规范。绩效行为：组织采取的措施以及对绩效产生影响的行为，例如定价策略、推销决策。体制行为：组织采取的非绩效措施，例如社区参与、环境政策。象征措施：使用标语、符号和宣传资料等象征，向社会和经济环境说明组织的行为。客观措施：为了在经济任务环境中成功竞争所采取的措施。

资料来源：改编自 Arnold et al.（2001），*Principles of Retailing*，Edinburgh：Edinburgh Business School.

例如，20 世纪 80 年代和 90 年代的政治氛围造成了不稳定的工会主义以及高失业率。这让劳动力市场变得更加灵活，为英国带来更多的国内投资，帮助国内企业提高竞争力、生产效率和利润，让它们更能适应环境变化。零售企业利用这样的劳动力市场条件，为员工提供灵活工作制合同，让他们每周在不同的时间段内为企业工作，这种行为在当时是合理的，特别是对于一个通过提高效率来控制价格的行业而言。2008 年的经济衰退让“零时”合同在零售企业中盛行起来，根据此类合同，员工与企业签订合同，但是在企业不需要他们的时候可以一整周都不工作。由于当时社会失业率高，而且通货膨胀引起收入减少，因此为了满足顾客需求、降低价格，这种做法是可以接受的。

社会文化规范是比较模糊的，会随时间流逝发生变化，而且难以监控。因此零售企业
42 的制度方面的行为超出合理范围是很常见的。例如，2002 年，Sainsbury's 以在道德上站不住脚的方式解雇了一些管理层员工，此举被许多利益相关者认为比较“刻薄”。而组织让门店员工工作 6 个小时只能休息 10 分钟，7 个小时休息 20 分钟，8 个小时休息 30 分钟也是非常“刻薄”的行为。而相比之下，其他大型杂货商已经被许多员工认为存在“剥削”行为，这与它们宣传的高质量和良好客户服务形象相去甚远。

2008 年之后，英国政府简化并削减了为贫困和失业人口提供的福利；媒体关注福利时强调的是许多零售企业雇用了很多合同工，需要政府将他们的工资提高到能够保障基本生活的水平。这被视为政府对零售企业的补贴，很多人认为这种做法不能被社会接受，反对这种行为的呼声升高。零售企业为了提高竞争力能够采取的措施很有限，其他一些措施超出了制度行为社会规范界限，但是不影响感知的服务质量、不破坏企业形象的措施确实很少。

2005 年有一项研究致力于确定零售食品门店的规范对于中国购物者的重要性，并衡
43 量沃尔玛的零售规范绩效。研究发现，中国食品消费者的经济和社会文化规范与美国和英国稍有不同，但是便利店对于他们的重要程度与美国和英国相似（中国深圳的研究样本中将近 70% 的顾客会步行去他们经常购物的门店）。而且中国消费者更重视质量和信任，不像英国和美国消费者那么重视价格。此外研究还发现，与其他竞争对手相比，沃尔玛在各种不同的经济和社会文化规范中均表现良好，特别在质量和信任方面达到了当地的普遍水平，这一点在门店的绩效中得到体现（Arnold et al.，2006）。

2.4 冲突理论

冲突理论适用于解释一项创新或新业态对零售行业现状构成挑战的情况。零售企业在竞争市场上相互适应的过程中会不断创造全新的、不同的零售业态。这种经营业态的持续转变源自一个辩证过程，包括行为—反应—协同（action - reaction - synthesis）。

随着一个创新者通过一些竞争优势（行为）成功进入市场，现有组织将采取措施最大程度削弱这些竞争优势（反应），最终导致它们改变经营方式。同时，创新型的零售企业也将在确立市场地位的过程中逐渐适应（根据零售车轮理论升级）。持续的适应会让两种不同业态越来越相似，直到两者之间几乎没有区别（协同）（Maronick and Walker，1974）。演化的零售企业运用了来自创新业态和已有业态的组织元素（用极端达尔文主义理论的说法即携带了文化基因）。

这个理论的实际运用可以通过很多例子来说明。最新的例子就是**网络零售**，网络零售

企业绕过零售门店，将商品直接以折扣价出售给顾客，借此与制造商/批发商领导的网络公司相抗衡。为了大批量地提供高效服务，除了大量营销支出（大部分情况下会降低企业生存力）之外，需要在仓库、运输和客户服务设施方面大量投资。同时，大型零售集团在现有业态中加入网络零售，利用已有的品牌名称，为现有顾客和新顾客提供网络产品和服务。此外它们还通过物流网络，解决交货和退货等问题。另一个例子就是**前院零售**（forecourt retailing），这是一种成功将加油站和便利店结合起来的业态，也是适应 24 小时零售而产生的。第三个例子是**零售休闲公园**（retail and leisure parks）。

根据冲突理论，对零售创新的响应有四个阶段：

- 震惊；
- 防御性撤退；
- 承认；
- 适应。

一开始，零售企业对于行业和销售渠道内威胁它们已有地位的行为持敌对态度。企业规模、分销商团结度、组织刚性和渠道策略都会增加对“闯入者”的敌意。在第二阶段，
即防御性撤退阶段，已有零售企业将忽略并降低创新可能带来的影响。随着创新的威胁越 44
来越持久，越来越严重，在位零售企业会在第三阶段——承认阶段，采取阻碍创新发展的行动，如果阻碍不成功，就进入第四个阶段——适应。

在调查美国仓储式会员俱乐部（Warehouse Membership Clubs，WMCs）对零售业态的影响的一项研究中，Sampson 和 Tigert（1994）声称超市是仓储式会员俱乐部的主要竞争对手，顾客在超市的消费支出中的 43% 转移到了仓储式会员俱乐部。然而，直到仓储式会员俱乐部进入成熟期之后，食品零售企业才开始承认仓储式会员俱乐部对自己的生存造成的威胁，并开始通过专栏 2.2 所列出的积极或消极策略采取防御措施。

专栏 2.2　食品零售企业对于仓储式会员俱乐部发展的应对策略

（1）在门店中提供一部分仓储式会员俱乐部包装尺寸的产品，并以仓储式会员俱乐部的价格出售。

（2）在超市入口通道上摆放更多仓储式会员俱乐部包装尺寸的库存单元（Stock-keeping Units，SKUs），并以仓储式会员俱乐部的价格出售。

（3）建立店中店仓储式俱乐部区域，以仓储式会员俱乐部的价格购买超过 200 个库存单元。

（4）建立 40000 个纯食品仓储式俱乐部，不收取会员费。

（5）在可回收的超市中建立食品药品仓储式会员俱乐部。

（6）抵制仓储式会员俱乐部的分区申请。

（7）抵制通过区别库存单元定价法规，以创造仓储式会员俱乐部和连锁超市的公平竞争环境。

资料来源：改编自 Sampson 和 Tigert（1994）。

Sampson 和 Tigert（1994）的研究结论是，执行能够产生协同效应的积极策略可以为市场中现有食品零售企业提供最大的成功机会：纯食品或食品药品仓储式会员俱乐部。

对零售企业针对网络零售威胁做出的反应而言，有趣的一点是，直面威胁并最早进行适应的零售企业就是那些在获取市场份额方面最成功的零售企业。2002 年，乐购的网络市场份额超过了 Sainsbury's，是门店市场份额的六倍，Argos 在网络市场的份额是 Woolworths 网络市场份额的三倍。除了确立市场领导地位以外，接受网络零售的变化和投资也会带来技术经验上的效益，从而改善网络购物，提高挖掘和利用日益增多的技术娴熟的顾客的消费潜力。

2.5　综合理论

在认识到一种新零售业态的发展符合零售车轮理论、生命周期理论和冲突理论对应的
45 原则后，Sampson 和 Tigert 还深入研究了这些理论在驱动零售变化过程中的相互关联，最后得出了新零售业态演变的描述性模型（见图 2.4）。

环境理论：环境促进创新的生成和发展。20 世纪 80 年代的政治和经济条件导致大部分美国人的收入出现负增长，这种现象连同以汽车为主导的社会环境一起为平价零售业态（例如工厂直销中心和仓储式会员俱乐部）的发展提供有利条件。网络的使用率在 90 年代极速上升，营造出的技术和社会环境被一些零售企业成功用作一种有效的零售业态。其他许多零售企业也通过网络简化物流活动降低成本，提高竞争力。

周期性理论：零售企业在确立其组织（或业态）的生命周期阶段时可以使用四种主要指标。这四个指标分别是：

- 价格；
- 产品范围；
- 地域扩张；
- 管理方式。

46 在图 2.4 中，这四个指标以圆圈表示，因为它们都有独立的发展阶段，可能根据外部环境因素以不同的速度循环出现。在最里面的圆圈中，价格从低到高变化，通常价格越高，越接近生命周期的后面阶段。在以价格作为竞争优势的业态中，很重要的一点是要持续保持低价格水平，避免受到不利环境因素的影响，仓储式会员俱乐部和工厂直销中心就是这一类业态。但是网络零售的价格可能就没有这么重要。顾客愿意为便利的送货上门服

务买单，而对于拥有多种业态的零售企业而言，可以采用与实体门店一样的价格，部分原因是因为两者的成本相似，也因为退货成本较高。网络零售让经验丰富的成熟零售企业能够灵活根据需求确定价格。媒介传播的即时性、消费者兴趣的可见性和需求追踪的便利性，意味着创意性使用定价策略成为网络零售越来越明显的一个特征。

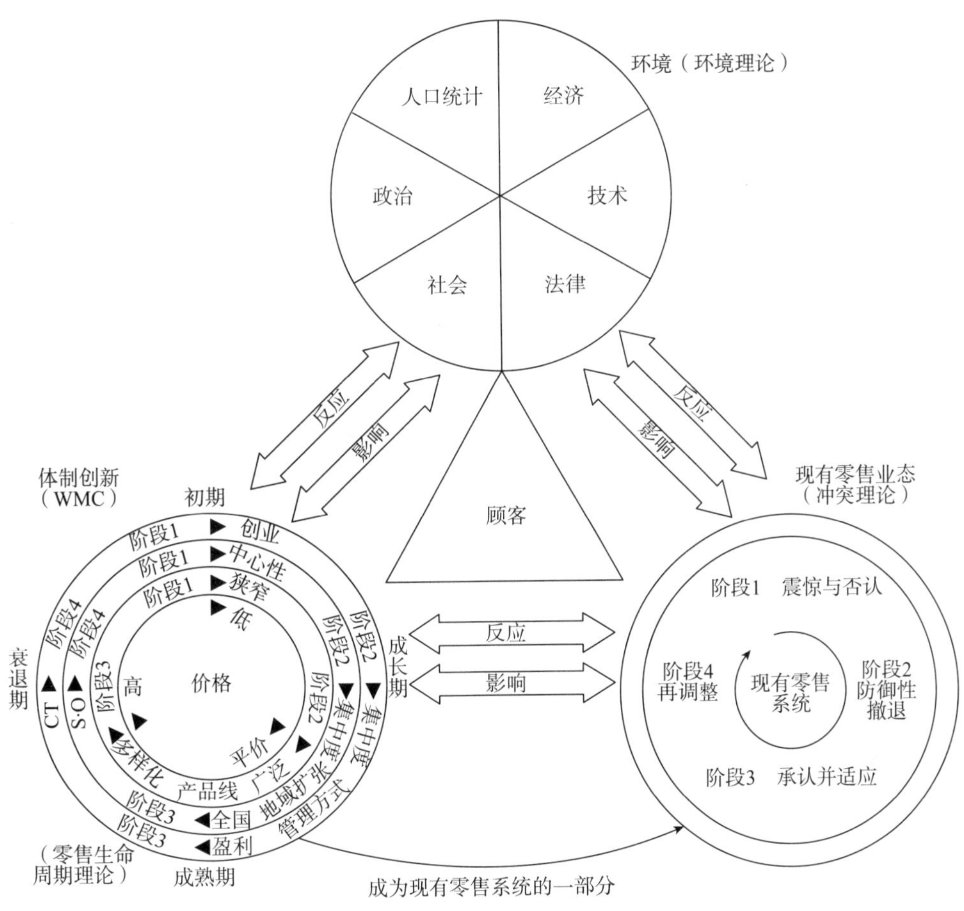

图 2.4 新零售业态演变的描述性模型

从里往外第二个圆圈是产品范围，随着零售业态的成熟，产品范围从狭变宽，然后生成多样的产品线。仓储式会员俱乐部和英国的工厂直销中心就是这种情况，网络零售也是，因为大型网络零售企业都有零售门户网站，所提供的商品直接来自制造商和其他销售组织。

但是根据零售手风琴理论，在这个过程中会出现商品专业化的阶段，作为零售企业对抗衰退或创新者的方式。专业工厂直销中心就是零售企业对抗衰退的方法，而美国食品零售企业创建的纯食品仓储式会员俱乐部则是用于对抗创新者。在英国，Dixons 受到出售电子产品和“白色货品”（例如炊具）的乐购和亚马逊零售门户网站的威胁后，将经营重点转向网络零售业态，并削减了实体门店的数量。

第三个圆圈代表地域扩张。随着零售企业增长、成熟，它们倾向于从已有的地域市场向外扩张，首先进入周边市场，然后向全国甚至全球发展。扩张的最后一个阶段是对抗衰退，因为国内市场渐渐饱和。仓储式会员俱乐部和工厂直销中心就是这种情况。很可能网络零售市场成熟之后也将按照这个趋势发展。

最外面的圆圈表示每个生命周期阶段中最有效的管理方式：创新期是创业管理方式，成长期是集中式管理方式，成熟期是专业化管理方式，衰退期是看管式管理方式。一些零售企业认识到这一点，选择具有创业精神的经理人管理新创立的企业。

成熟的零售企业将成为已有零售系统的一部分，因为现有的零售机构承认它们，并开始适应它们（冲突理论）。Sampson 和 Tigert（1994）将 Source Club 作为一种新型仓储式俱乐部的示例进行分析，这种业态收取的会员费较低，有自己的零售重点，而且与超市的氛围一样。亚瑟格兰位于苏格兰利文斯顿的工厂直销中心在规模、氛围和位置（位于市中心）上与传统购物中心并无区别，市区外的竞争者，例如 Matalan 和 TK Maxx 也能提供类似价格。许多零售企业将网络门店加入它们的实体门店网络，并且建立交易网站，这表明网络零售也遵循相同的发展趋势。

在图 2.4 中间，顾客需求、欲望和欲望驱动是这个模型的三个部分，因为一个零售企
47 业想要成功融入现有零售系统中，必须以顾客能够接受而且能够吸引顾客的方式进行运营。

2.6 学习总结

零售变革理论是在研究业态、企业和行业层面过去和现在的零售发展模式之后提出的。本章探讨的理论有三种主要类型：周期性理论、环境理论和冲突理论。此外还介绍了一个能够将三种类型理论联系起来的综合理论。

周期性理论包括零售车轮理论、零售生命周期理论和零售手风琴理论，这三个理论都是基于同一个理念：零售机构的演变遵循一个周期性模式，根据这个模式可以推测出未来的业务模式。

环境理论主要包括两种，即演化理论和制度理论，两者都涉及不可控制的外部环境对于零售行业和身在其中的零售企业的影响。演化理论认为成功的组织通过适应在不断变化的环境中生存并获得成功。极端达尔文主义和制度主义者都认为组织不应局限于战术性适应，而是应该将“技术”和外部环境的社会文化影响融入组织结构、设计和组织文化中。

冲突理论包含现有零售企业在面对零售创新时需要经历的几个阶段。在初始的震惊过后，现有零售企业开始防御性撤退，整个行业采取措施防止创新者取得成功，接着它们渐渐承认零售创新将会取得成功，然后制定出各种适应策略。同时，创新者也在不断适应，以求得生存，然后发展，直到实现和平共处。

这一章最后部分介绍了综合理论，即将各种零售理论综合在一起。理论的主要用途适用于预测实际结果，但是研究发现以上所有理论都出现相互矛盾的结果。但是这些理论对

于零售企业而言还是有效的工具，可以帮助它们为自己的组织建立不同的未来愿景，帮助它们找到在不断变化的零售行业中的位置。

复习题

1. 批判地评估“零售车轮理论”的用途。

2. 从其他主要周期性零售理论中选择一个，用于分析一个主要时装零售企业的现状。根据所选的理论，解释这个零售企业未来可能出现的两种发展情况。

3. 极端达尔文主义理论是一种演化理论，认为零售企业发展并非意味着适者生存，而是由遗传物质决定的。解释“文化基因”一词的含义，举例说明如何在零售业中复制“文化基因”。

4. 解释“象征”和“客观”零售策略的含义。

5. 举例说明某一知名零售企业采取的象征措施，解释这个措施与社会文化环境有何关系。

6. 在当今的零售市场中举出冲突理论的一个实际例子，解释你认为根据理论内容，当前局势将如何发展。

7. 解释“综合理论”需要哪些元素。将综合理论运用于一个零售行业，总结这个理 48
论在解释当前行业发展情况方面的效果。

案例研究：Dixons——多渠道零售

简介

Dixons 由 Charles Kalms 在 1937 年成立于绍森德，最初是一家摄影工作室，如今已经拥有超过 50 年的商业街零售历史。由于“二战”时对于照片的需求急剧上升，这个工作室扩张为七家店，但是当 Stanley Kalms 爵士在 1948 年还是青少年的时候接管这家公司时，只剩下伦敦的一家工作室：

> 我们是在正确的时间选择了正确的行业。当时我 16 岁，拥有那个年龄所特有的能量和激情。
>
> （MacDonald，2002）

从那以后，Dixons 开始发展成一家重要的零售集团，拥有多个商业街招牌，而且最后成为英国网络零售发展的一支主力军。当 Kalms 作为集团董事长在 2002 年退休时，集团正在巩固欧洲的市场地位并且仍然在持续创新。它们在欧洲中部测试一种新型门店——Electro World，并且在英国启动了电器超级门店 Dixons xL。

历史

1962 年，Dixons 拥有 16 家门店，公开上市，并且收购了另外 42 家门店，总销售额达到140万英镑。到了1967年，通过进一步收购，Dixons连锁门店数量达到90家。虽然摄影仍然是Dixons的主营业务，Kalms发现了将产品范围扩大到相关增长领域的机会，例如高保真音响设备，以及采购自日本的自营产品（让零售企业能够进行价格竞争）。1984年Dixons收购了Currys，购买了613家新门店，进入相关的“白色货品”（white goods）市场。

随后，Dixons又成功开发了日益增长的信息技术市场。1993年，Dixons收购Vision Technology（发展为PC World），进入蓬勃发展的家用计算机市场，并在1996年开了第一家“The Link”门店。Dixons一直活动在网络零售的最前沿，甚至在1998年建立了网络服务提供商（ISP）免费服务公司，在英国推广互联网的普及——一是通过宣传免费网络服务提供商的概念，二是通过建立服务公司带来的宣传效果。免费服务公司在网络公司急速发展的时期获得了少有的成功。它成立于1999年，一年之后就成功上市。

截至2002年，Dixons在英国拥有超过1100家门店，采用下列品牌开展零售业务：

- Dixons；
- Currys；
- PC World；
- The Link；
49 - PC World for Business；
- Dixons Business Services。

所有这些品牌都有网上门店。

Dixons通过收购进入国际零售市场，在爱尔兰、丹麦、瑞典、芬兰、挪威、葡萄牙和西班牙都拥有门店。此外Dixons还拥有希腊电器产品领导品牌的股份，并在布达佩斯和布拉格经营Electro World门店。此外Dixons还拥有各类相关业务（包括Mastercare），以及与Currys和Codic一起收购的售后服务中心和欧洲房地产事业部。

Dixons的顾客变化

随着顾客收入提高，购买选择和机会变多，对于顾客休闲支出的竞争也变得更激烈。顾客能够从媒体以及互联网获得更多信息。2001年，750万英国成年人能够上网，30%的家庭拥有至少一台个人电脑，45%的成年人能够使用互联网，230万户家庭能够以固定价格不限流量地上网（在宽带网络普及之前）。16～34岁人口中70%使用过互联网，老年人也开始越来越多地使用网络，“银发网络冲浪者”增多。互联网主要用于信息搜索，其中成年人使用互联网的时间中66%用于获取商品和服务有关信息，33%用于购买商品和服务（互联网和宽带在接下来几年极速发展，人们获得网络和用于社交、商品和服务采购的途径也在发展）。

Dixons销售的许多产品都通过互联网提高了销量。消费者所购买的产品不同，购买情况也各不相同。举个例子，需要购买报纸或糖时，消费者通常“直接重复购买”，不需要思考，也不需要搜索信息。如果购买麦片或啤酒，则需要“有限的问题解决”方案，消费者会搜索新品牌或新款产品。电器产品更复杂，许多消费者需要“深入的问题解决”方案，包括下列几个步骤：

- 问题识别；
- 信息搜索；
- 方案评估；
- 方案选择；
- 购买后阶段。

顾客通过网络解决问题有明显的优势，因为网络上获取信息非常容易，只需点击几下就能与其他零售企业的产品作比较。

Dixons 认识到顾客工作繁忙、收入较高，但是时间太少，没有时间用于休闲娱乐。时间匮乏意味着越来越多的顾客只能通过商品目录和网络搜索来比较商品。此外他们还经常
在购买前打电话到门店获取信息（例如产品库存）——要知道对大部分人而言触摸和试 50
用商品是很重要的。每年 Dixons 集团的门店接到的此类咨询电话超过 4000 万次。

随着购物越来越成为替代运动或娱乐的另一种休闲方式，零售中心对此做出的响应是提供各种各样的准零售休闲活动，例如电影院、美食街和游乐场地，Dixons 和 PC World 等门店采购电器商品变得更互动、更有趣方面进行了一些尝试。

一个家庭中，每个人在家时都在自己的房间里，按照自己的兴趣进行各自的休闲活动，例如电脑游戏、上网、看电视、听音乐、发信息或打电话。为此，电器商品市场（过去属于整个家庭的决策范围）变成每个人独立的选择，个性化营销变成促进销售的一个有效方式。

为顾客提供灵活选择

21 世纪初期顾客生活在一个高科技社会中，要求即时满足他们的需求。顾客希望以最现代化、最高效、最便捷的方式购买商品，为此大型零售企业引入了多渠道零售。

Dixons 早在 1950 年就开始为顾客提供新销售渠道，即邮购目录。到了 2002 年，Dixons 旗下的所有主要品牌都拥有网上门店，还在法国经营 PC City 网上商城。除了实体门店外，Dixons 的顾客还可以通过邮购、电话、电视、网络和手机等渠道购物。

在一个信息爆炸、竞争异常激烈的市场中，Dixons 通过营销满足顾客的需求和预期。传播是最重要的一个环节，Dixons 每年在品牌实力和知名度方面的广告宣传投入超过 1 亿英镑。Clare（2000）认为，营销传播必须采用多种渠道，最好遍及每一种渠道。营销传播的例子包括：

- 各种媒体上的广告；
- 促销；
- 全彩色店内导览手册（可以带回家）；
- 宣传册；
- 电子版宣传册；

- 店内个人销售；
- 在线销售。

购买决策过程中的购买后阶段主要涉及为顾客提供便于使用的全面信息，可以通过网络、门店或客户服务中心实现。许多顾客需要帮助才能了解如何使用购买的电器，而持续客户关系管理有助于提高顾客忠诚度。Dixons 客户服务中心的热线电话为顾客提供全球售
51 后支持、维修和产品咨询（最后中心将管理所有通信内容），让门店员工专心展示和推销产品。

通过运用“马提尼原则”（martnini principle），Dixons 的顾客可以在任何时候、任何地点，通过 Dixons 的各种零售业态购买商品，而多渠道营销则是实现这种便利性和灵活性的手段。

多渠道系统的整合被视为保障多渠道营销成功的关键因素——1999 年和 2001 年 Dixons 在多渠道系统上投入 3000 万英镑，为网上门店和实体门店提供支持。Dixons 对所有渠道的产品信息和价格进行整合，将在线销售与库存管理和订单处理整合在一起，创造产品库存、派送和退货维护所需的系统。对于网络零售而言，退货是经营的一个重要部分。整合后的经营方式也有利于网络顾客追踪订单、付款和送货状态，减少电话销售和行政所需的客户支持。

结论

在 50 多年的经营过程中，Dixons 从一家门店发展成一家多渠道跨国企业。以顾客为中心和技术提供的市场机会，以及通过充分利用创业型管理，开发出各种产品市场中的不同品牌。但是维护多品牌需要大量资金，这要求投资建设高效的管理系统。通过建设保持产品库存和退货的标准服务所需的系统，顾客在 Dixons 的实体门店和网上门店购物的灵活性得到保障。此外 Dixons 还将所有渠道的产品信息和价格进行整合，从而提供给顾客标准化的报价，实现跨渠道协同合作，减少营销传播的成本。

资料来源：http：//www. dixons. com；MacDonald（2002）；Clare（2000）。

本案例展示了 Dixons 如何利用环境方面的挑战延长生命周期中的成熟期。

参考文献

Arnold, S. J., Kozinets, R. V. and Handelman, J. M.（2001）‘Hometown ideology and retailer legitimation: the institutional semiotics of Wal – Mart flyers’, *Journal of Retailing*, 77（2）(Summer): 243 – 271.

Arnold, S., Shen, W., Bu, N. and Sun, Z.（2006）‘Retail food store patronage and Wal – Mart performance in China’ Conference Paper, Globalising Retail Seminar, University of Surrey.

Berwin, L.（2007）‘ASOS eyes stores to raise brand profile’, *Retail Week*, 23 November, www. retail – week. com/asos – eyes – stores – to – raise – brand – profile/295118. article (accessed 2007).

Bord Bia (2008) ‘Overview of the French retail and food service market’, Irish Food Board (Bord Bia), www. bordbia. ie/eventsnew/ConferencePresentations/FoodDrinksIndustryDayCountryOverviews/France% 20Market% 20Overview. pdf (accessed 2008) .

Brockway, G. , Gary, R. and Niffenegger, P. (1988) 'Retailing evolution in the 1980s: survival through adaptive behaviour', *Journal of Midwest Marketing*, 3 (2) .

Brown, S. (1995) 'Postmodernism, the wheel of retailing and will to power, *The International Review of Re-* 52
tail, Distribution and Consumer Research, 5 (3): 387 – 414.

Clare, J. (2000) 'Transcript of presentation on "Tomorrows customer"', Royal Society of Edinburgh symposium, 22 February.

David, R. (2002) 'IKEA in £ 50m store expansion to offset planning frustration', *Retail Week*, 11 January.

Davies, K. (1998) 'Applying evolutionary models to the retail sector', *The International Review of Retail, Distribution and Consumer Research*, 8 (2): 165 – 182.

Fernie, S. (1996) 'The future for factory outlet centres in the UK: the impact of changes in planning policy guidance on the growth of a new retail format', *International Journal of Retail and Distribution Management*, 24 (6): 11 – 21.

Gilmour, D. (2007) 'Wal – Mart, the supply chain and the wheel of retailing', Supply Chain Digest, 11 October, www. scdigest. com/assets/FirstThoughts/07 – 10 – 11 . php? cid = 1292&ctype = contentober.

Hannan, M. T. and Freeman, J. (1989) *Organisational Ecology*. London: Harvard University Press.

Hart, C. (1999) 'The retail accordion and assortment strategies: an exploratory study', *The International Review of Retail, Distribution and Consumer Research*, 9 (2): 111 – 126.

Hower, R. (1943) 'History of Macys of New York 1858 – 1919', in *Retail Marketing* (Lush, R. F. , Dunne, P. and Gebhardt, R. , eds, revised 1993 edn) . Cincinnati, OH: South Western Publishing, pp. 113 – 114.

Kent, T. (2007) 'Creative space: design and the retail environment', *International Journal of Retail & Distribution Management*, 35 (9): 734 – 745.

MacDonald, G. (2002) 'Electric nation', *Retail Week*, 13 September.

Maronick, T. J. and Walker, B. J. (1974) 'The dialectic evolution of retailing', in *Proceedings: Southern Marketing Association* (Greenberg, B. , ed.) . Atalanta: Georgia State University, p. 147.

McNair, M. P. (1958) 'Significant trends and developments in the postwar period', in *Competitive Distribution in a Free High – Level Economy and its Implications for the University* (Smith, A. B. , ed.) . Pittsburgh, PA: University of Pittsburgh Press.

Parker, G. (2002) 'Travel firms seek to increase portfolios', *Retail Week*, 18 January, p. 3.

Retail Intelligence (1999) *Profile of Casino* (*Rallye*) .

Sampson, S. D. and Tigert, D. J. (1994) 'The impact of warehouse membership clubs: the wheel of retailing turns one more time', *International Review of Retail, Distribution and Consumer Research*, 4 (1): 33 – 59.

USDA (2009) 'France retail food sector annual report', USDA Foreign Agricultural Service, gain. fas. usda. gov/recent% 20gain% 20publications/retail% 20food% 20sector_ paris_ france_ 7 – 17 – 2009. pdf (accessed 2009) .

Verdict (2002) 'Verdict forecasts UK retailing to 2004', www. verdict. co. uk/fcpr. htm (accessed 11 January 2002) .

Young, J. (2002) 'Playing to win at Casino', *Retail Week*, 18 January, p. 16.

3　零售营销战略（一）：战略规划过程

53 学习目标

学习本章后，学习者应能够：

- 概述战略规划过程。
- 制定企业战略和目标。
- 使用各种分析方法评估战略能力。
- 讨论一般性战略和扩张战略。
- 批判性地评估战略选择。

3.1　引言

本章简要介绍了战略规划过程中，可用于评估零售企业在实施营销战略和零售营销组合时的战略选择（见图3.1）。零售战略事关企业在不断变化的零售环境中的生存和成功。零售战略涉及环境分析，影响企业成功的关键因素识别，理解与持续建设企业能力，维护企业战略方向并与员工、顾客及竞争对手进行沟通等内容。

零售企业的使命是在变化的市场环境中确定企业的方向和价值，并最终成为企业的经营目标。环境审计和分析强调零售企业面临的主要机会和威胁，而资源审计和分析将有助于了解零售企业的战略能力。这两个角度分别被称为“从内而外”的资源基础观和“从外往内”的环境分析方法。这种评估为企业提供了一个平台，帮助企业面对竞争时确定其战略定位。本章将深入讨论零售企业的战略选择，以及组织能力评估。此外还将探讨发展路径和扩张方法。经营战略和营销战略研究文献之间的重叠部分越来越多，特别体现在安索夫矩阵针对产品和市场的修订方面的研究。

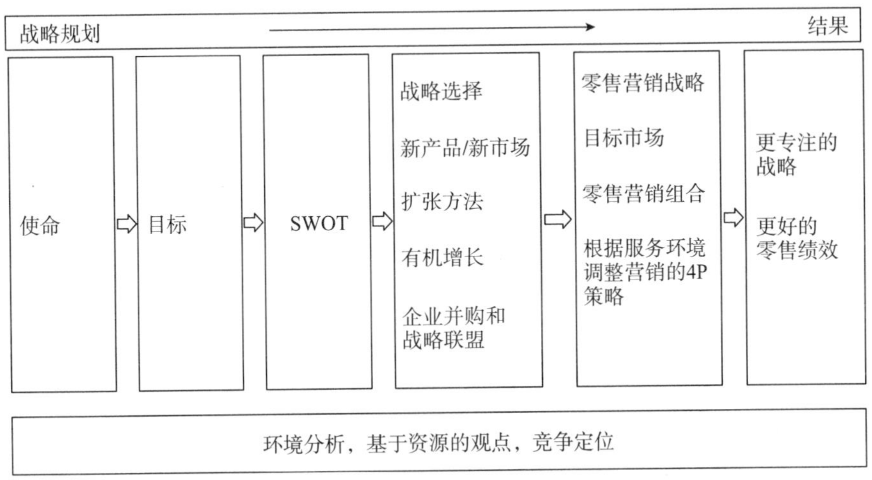

图 3.1　零售战略规划和营销管理模型

3.2　战略规划过程 54

零售环境始终是动态的，同时也经常是不稳定的。战略规划过程则是周期性的，允许企业在保持成功战略方向的同时，对外部环境压力、竞争压力和组织压力做出响应。这个过程包含三个步骤：首先，审计并分析外部环境、竞争环境和组织环境。其次，在选择一个或多个战略之前，研究并评估战略选项。最后，通过制定行动计划和分配人力、财务和物料资源实施战略。

3.3　企业战略和目标

即使环境不断发生变化，成功的零售企业也往往拥有明确的方向或使命，这实际上是企业存在和发展的根本原因。企业通常以使命陈述的形式阐明战略方向或使命，即便没有这种使命陈述，它们也可以根据战略方向或使命确定企业战略和企业目标。使命应涵盖零售企业的核心能力和关键成功因素，即企业实力和企业想要获得成功的领域，并让内外部顾客了解他们在帮助企业获得成功过程中扮演的角色（Piercy，2001）。在企业审核并调整其战略方向时，企业使命、价值观和目标也会随之改变。

专栏 3.1 显示了阿斯达超市和约翰·路易斯（John Lewis）合伙人的使命和企业价值观。2012 年，阿斯达的使命和价值观发生了很大的变化，表述也更加简单。在 2002 年，
阿斯达在重点商品类型的定义和目标市场的定义上的使命较受局限。在沃尔玛于 1999 年 55
收购阿斯达后，或许是受沃尔玛价值观的影响，阿斯达在价值观的表达上变得非常详细。

John Lewis 合伙人的使命声明就没有这么死板，体现了过去英国“杂货”零售企业的几个明显趋势：

- 门店业态类型更多样化；
- 开发在线门户网站；
- 更加关注非食品和服装等商品类型。

John Lewis 合伙人旗下拥有百货门店以及300多家食品连锁门店，作为一家以员工为经营核心，并作为企业的共同所有者享受企业利润的零售企业，其愿景制定于20世纪初期。这个愿景由创始人约翰·史派登·路易斯（John Spedan Lewis）提出，他编写了一份书面章程，以便其继任者能够继承其工业民主的传统。这个章程规定了企业的原则、治理系统和规则。因此，专栏3.1中列出的原则与本书第一版的内容相同一点也不奇怪。John Lewis 拥有超过85000名合伙人，它的持续成功说明这种零售方法行得通。

专栏3.1　企业使命陈述和价值观

阿斯达（2002）

使命

成为英国最有价值的生鲜食品和服装超市，满足对价值有高要求的普通工作人口及其家人每周的购物需求。

价值观

我们是同事，也是一个团队，我们每个人都要在每天想各种方法去提升企业价值。

- 思考我们的工作方式并提出改进的想法。
- 遇到不赞同的地方大胆质疑，大胆挑战。
- 从错误中吸取教训，从成功中积累经验。与同事分享学习成果。
- 提供坦诚的反馈，帮助他人进步。
- 问问自己：“如果这是我的工作，我会怎么做？”
- 赞扬好的想法，鼓励其他人提出自己的想法。
- 向同事提供反馈，帮助改进我们的工作环境。

我们销售的是更好的价值。

56 • 熟悉当前促销和优惠活动，从而更好地告知顾客。
- 只向顾客提供高质量产品，从展示区撤下所有低质量产品。
- 有了解产品知识并时时汲取新知识的激情。
- 小心搬运产品。

- 帮助顾客了解我们的特惠促销政策，确保所有商品售价被清楚准确地传达给顾客。
- 向顾客传达我们的价值观念。
- 将所有的顾客评价反馈给能够采取相应措施的负责人。

销售工作是我们共同的责任。

- 热衷于销售，积极参加公司销售活动。
- 将产品库存视为优先解决的问题。
- 了解我们的产品，能够向顾客讲解产品功能，对顾客购买商品给出建议，如果可能，提供备选方案或免费赠送的产品。
- 经营一家门店，提高销量。
- 了解内部顾客，知道如何帮助他们。
- 鼓励顾客使用展柜样品。

通过销售提高我们的服务知名度。

- 遇到顾客时微笑问好。
- 始终将顾客带到相应产品柜台，不只是指出产品位置。
- 发现顾客遇到困难时为他们提供帮助。
- 发现并帮助有特殊需求的顾客。
- 始终努力提供顾客想要的东西。记住顾客永远是对的。
- 负责整理顾客遇到的问题，确保这些问题得到解决。
- 努力保证孩子们也能够在购物过程中玩得开心。

我们反对任何形式的浪费。

- 大声喊出我们发现的浪费时间、精力和金钱的事情。
- 保管好企业资源。
- 可能的情况下尽量拼车。
- 节约使用文具用品（例如双面复印）。
- 可能的情况下尽量重复利用资源。
- 及时关灯，关冰箱/冷冻器门，装货物时不要超过负载线。
- 打电话尽量简短。
- 适时更换库存货品并遵循一套废物管理程序。
- 把阿斯达的钱看作自己的钱，并问问自己："我会花这笔钱吗？"

阿斯达（2010） 57

使命

成为英国最有价值的零售企业，每天提供远超顾客需求的服务。

目的

每天都为所有人省钱。

价值观

每天坚持客户至上。每天都关心我们的同事。每天努力做到最好。

李维斯（John Lewis）的合伙人（2001）

使命和价值观

我们的公司章程——定义了如何进行业务经营的规则框架。

目的：合伙人的终极目标是通过在成功的运营管理中发展有价值且令人满意的雇佣关系，从而让所有成员获得幸福感。由于合伙人采用的是所有成员的信托所有权，因此所有成员在分享企业回报（包括利润、知识和权力）的同时，也需要承担所有权责任。

权力：合伙人的权力由三个治理机构共同行使：中央理事会、中央董事会和董事长。

利润：合伙人致力于从交易中获得足够多的利润用于保持商业活力和持续发展，每年将一部分利润分给成员的同时，参与一些与企业最终目标相一致的其他活动。

成员：合伙人旨在雇用具有团队合作精神、支持企业原则、能力强且正直的员工。成员间的良好关系基于相互尊敬和礼让，以及在不同责任允许的范围内尽可能实现成员平等。合伙人的目标是认可每位成员的贡献并提供公平的奖励。

顾客：合伙人致力于与顾客诚信交易，通过出众的产品选项、价值和服务保持顾客忠诚度和对企业的信任。

业务关系：合伙人的目标是诚信礼貌地处理所有业务关系，严谨地遵守每一项业务协定。

社区：合伙人致力于遵守法律精神并遵从具体法律条文，为所在社区谋福祉。

58 资料来源：改编自 www. asda. co. uk（2002年8月9日）和 www. yourasda. com（2010年4月26日）；www. john－lewis－partnership. co. uk（2001年11月1日和2013年12月16日）；《零售周刊》（*Retail Week*）2014年5月2日。

组织的使命和战略通常以一系列企业目标的形式呈现，并且这些目标都有相应的时间节点，通过它们可以评估组织的进步和成就。此类企业目标通常包括营销目标，例如确定市场份额百分比，或是企业销售额目标。然而，企业目标有时候是笼统的总体目标，尤其在大型企业中。专栏3.2显示了Sainsbury's 2011年年报中的企业目标。很明显，Sainsbury's将继续重点发展食品零售，而非食品产品和其他服务在总体业务中所占比例也会逐渐上升。此外，网络零售和其他营销渠道也很重要。但是企业希望在实体市场继续发展并且以更富营利性的方式管理其实体店面资产。企业目标为其他经营领域，例如物流、营销和人力资源管理的规划和目标设定提供依据。

专栏 3.2 J Sainsbury PLC：目标

- 以尽可能合理的价格提供高质量食品。
- 加速非食品产品种类的上架周期及服务的增长。
- 通过其他渠道接触更多顾客。
- 增加超市空间。
- 开展积极的房地产管理。

资料来源：J. Sainsbury plc.，Annual Report（2011）。

3.4 环境分析

第 1 章列出了零售环境分析需要考虑的因素。环境扫描调查将着重说明影响组织机会的外部环境影响因素（其中许多因素都在第 1 章中讨论过）。影响零售企业的主要环境因素通常称作 PEST、STEP 或 SPELT（社会、政治、经济、法律和技术因素），包括：

- **人口和社会文化发展：** 人口结构和变化；收入分布；生活方式变化；通信方式；工作和休闲趋势；消费主义；环境保护主义；针对全球化的态度。
- **政府政策、监管机构和影响集团（跨国、全国、地区和地方层面）：** 家庭和市场管
理的稳定性；税收政策；交通；环境；规划；建设；农业、园艺业、渔业和食品； 59
培训和教育；消费者协会和环境组织。
- **法律框架——欧洲和英国法律法规：** 健康与安全法规；包装和废料；残疾歧视；数据保护；电子商务；平等机会；垄断；环境保护。
- **经济环境、资本和劳动市场：** 税率和利率；养老金价值；消费和储蓄模式；就业水平；商业周期阶段（衰退、复苏、繁荣）；国民生产总值趋势、通货膨胀、可支配收入。
- **技术环境：** 政府研究支出；技术研发重点；技术转让速度；陈废率；生物技术和机器人技术；信息技术。

虽然找出并且重点关注那些对企业工作和运营方向影响最大的外部环境元素十分重要，但是全面了解 PEST 趋势和发展对于零售企业也至关重要。因为当企业处在一个竞争激烈的快节奏环境中，大环境的趋势会带来许多问题和机遇。影响企业的关键环境因素应在简单的 PEST 分析中列出。更深入的 PEST 分析可以用于评估关键影响因素的可变潜在影响，或者用于衡量关键影响因素对于一个行业中主要竞争组织的影响程度（Johnson et al.，2010）。一些专家提出，在这个阶段也会考虑竞争市场和组织环境；也有分析师会推荐对竞争环境进行结构分析，以此作为环境分析的后续阶段。

针对零售竞争环境的大部分研究都以迈克尔·波特（Michael Porter）所著的《竞争战略》（1980）和《竞争优势》（1985）两本著作作为研究起点。波特认为高绩效行业的共同特征是拥有强大的渠道实力和很高的市场准入门槛。20世纪80年代他以美国医药行业为例，将高绩效行业与准入门槛低、竞争程度高和渠道实力弱的新管制航空业进行对比。这个研究为波特的“五种力量”竞争环境结构分析模型奠定了基础（见图3.2）。在这个模型中，构成竞争环境的五种力量包括：

- 新入者的威胁；
- 供应商的议价能力；
- 买方的议价能力；
- 替代品的威胁；
- 竞争对手的威胁。

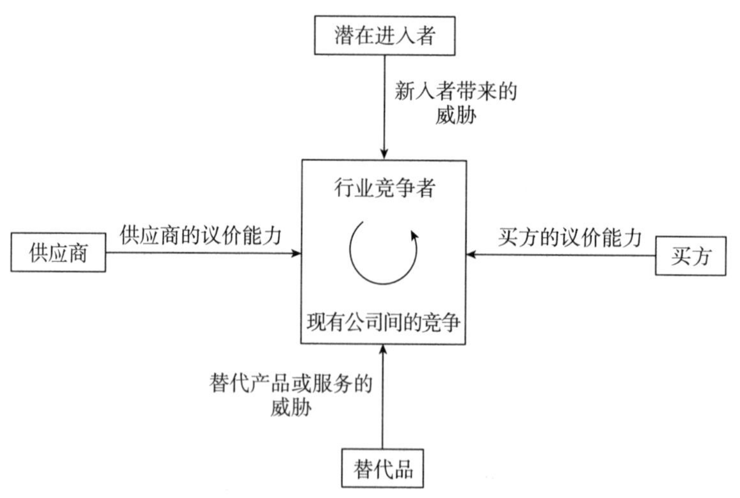

图3.2　波特的竞争环境结构（分析五种力量模型）

新入者的威胁：这取决于行业的准入门槛，例如规模效益、进入市场所需资本、现有竞争者可能实施的反击以及销售渠道的获得。在零售行业中这种门槛比较低，因为建立一个小规模的零售店铺相对便宜，也比较简单。获得地区的零售业务的全面数据是比较困难
60 的，因为每年都有许多小型零售企业成立和倒闭。大型零售企业能够通过在销售渠道方面的优势地位进入区域市场，并且借助成本优势展开价格竞争，削弱区域零售企业的力量。跨国零售企业可以通过商业、财务和政治影响大规模进入一个新市场。

供应商的议价能力：当拥有知名品牌的大型供应商集中程度高时，供应商势力可能比较强。当更换供应商的成本比较高时，供应商的势力会上升，技术“搭卖”（tie-in）也是这个道理。供应商势力也与营销渠道前向整合的概率有关。过去几十年里零售企业市场势力的提高总体上削弱了供应商的议价能力；全球化以后，我们可以从国外更廉价的供应商

处购买到产品，供应商势力进一步被削弱。但是，技术型供应商—零售企业关系的发展，以及由工厂俱乐部、直销中心和网络零售带来的潜在更大规模前向整合，提高了供应商的议价能力。

买方的议价能力：当买方集中程度高，购买数量大时，买方势力可能更大，特别是终端顾客所采购商品区别不显著时，这一规律格外明显。买方在销售渠道中向后整合的潜力也有助于提升买方的议价能力。大型零售企业的议价能力普遍较高，因为它们规模大、集中程度高。向后整合也是大型零售的一个特征，而自有品牌的发展（特别是溢价品牌）也有利于提升买方势力。在零售业中可以将“消费者”视为买方，而“视消费者为上帝” 61
的零售企业从某种程度上也反映了消费者议价能力对整个行业的总体影响。

替代品的威胁：指对企业、产品或业务流程的替代。零售市场的平衡会受到众多威胁——20 世纪 80 年代小型折扣门店的出现曾对大型杂货零售企业造成威胁；购物公园的发展威胁了知名的市中心零售企业；网络公司的繁荣和之后网络零售的强劲增长持续削弱了实体零售行业的力量。另外，替代还存在于顾客消费竞争的形式方面。对于零售企业而言，消费者将越来越多的可支配收入用于休闲、旅行和抵押贷款也是一种替代品威胁。

竞争对手的威胁：当市场准入门槛低、供应商或买方势力强时，竞争对手会增多，此时替代品威胁较大。零售市场中其他比较明显的表明竞争加剧的特征还包括：

- 主导零售企业的规模相当，因为各企业都会奋力争取市场份额；
- 增长缓慢的市场会加剧竞争；
- 大型零售企业会吸收（通过兼并、收购、结盟）弱势零售企业以增加市场份额；
- 已经形成的房地产投资和长期租约导致市场退出成本变高。

进行五种力量分析可以在竞争市场中找到一个平衡，为制定未来战略打下基础。我们是否可能通过提高产品多样化减少替代品的威胁？我们是否应该提高市场进入门槛？竞争对手在关键力量方面的优势和劣势各有哪些？

零售业是一个多样化的行业，波特教授的其他研究也有助于我们理解这个行业的竞争动态：

> 战略群组指的是一个行业内在战略维度上遵循相同或相似战略的企业群组。但是通常情况下只有一小部分战略群组抓住了行业中不同公司之间的重要战略差异。
>
> （Porter，1980，p. 129）

波特教授引用了他所在大学产业经济学家早前的研究，其中比较著名的是 Hunt（1972）的研究，他关注的是行业内的企业绩效差异，而不是上述五种力量模型中探讨的行业间差异。因此“战略群组”一词用于指代一个行业内拥有类似战略属性的一组公司。战略属性的数量根据公司规模和营销渠道而定，但是大部分教科书都更倾向于使用二维框架，包括图 4.4 中的例子（见第 4 章）。这个例子探讨了英国杂货零售企业在价格和质量上的相对定位。对于战略群组的研究主要集中于杂货行业：Lewis 和 Thomas（1990）评估英国杂货零售业的战略群组绩效；Flavian 和 Polo（1999）通过聚类分析识别英国和西班牙的战略群组，进而评估每个市场的战略；Cola（2003）将13个折扣零售品牌分成三个战略群组。

62 3.5 资源审计和分析

资源审计和分析强调零售企业的潜在外部机会和威胁。想要利用环境机会，要求零售企业：

- 发现当下的机会；
- 评估机会是否可行。

前者不仅要求企业有环境调查和分析方面的能力，并配备有促进市场和消费者信息垂直流动的组织通信系统的硬性条件，还需要管理经验、创意和敏锐性。后者则需要根据企业自身能力进行机会评估。

企业审计是将无形资源，例如企业形象、信誉、品牌名称、供应网络和关系网络的实力考虑在内的同时，对组织财务、物质和人力资源能力进行客观评估。有人认为，无形资源是竞争优势的关键，尤其是在零售行业。De Wit 和 Meyer（2010）提出两种类型的无形资源，即通过关系或声誉（品牌）维护形成的关系资源，以及通过知识、能力和企业文化创造而形成的能力。财务资源审计包括：

- 资本和信用的基础；
- 债务人和债权人的控制力；
- 现金管理；
- 与关键财务机构的合作关系；
- 投资。

实体资源审计包括：

- 房地产投资组合——规模/年限/位置/修缮状态；
- 设备——数量/能力/位置/年限/耐用性；
- 外包给其他组织和关联机构的实体资源。

人力资源审计包括：

- 组织架构；
- 员工人数和部署；
- 合同/工作说明/灵活性；
- 员工技能和能力；
- 人力资源职能——招聘机构和关联机构。

全面客观的审计应侧重于组织的核心能力，即能够赋予企业竞争优势的能力。这有助于企业更合理地判断其开发组织能力的潜力。企业并非孤立经营，有许多补充理论和分析
63 可以让企业进一步了解零售产业的资源与能力。这些理论分析包括资源基础论、价值链分

析、网络理论和最广为人知的 SWOT 分析。

资源基础论关注的是组织内部各类有助于有效竞争的资源、能力和核心竞争力。这种“从内到外”的竞争优势方法是由 Prahalad 和 Hamel（1990）、Barney（1991）和 Peteraf（1993）在 20 世纪 90 年代早期倡导的。动态能力的形成需要时间，它取决于企业过去对资源的使用情况。竞争优势取决于企业通过资源收购、合并和部署提高生产效率或价值优势的能力和创造性。总体来说，能够提供持续价值的资源往往是那些难以复制的资源，因为它们存在于代表核心竞争力的组织活动和惯例之中。

竞争优势依赖于拥有优越的租金收入、独特的资源和关系。因此职能外包可以看作通过使用其他组织的资源基础生成持续价值的一种方式（从而获得核心竞争力）（Cox，1996）。举个例子，拥有某一物流核心技能的公司可以签署使用这些技能的内部合同，但是诸如信息技术或人力资源管理等辅助技能最好通过合作的方式外包出去，充分利用合作方的资源。停车场维护等无关技能也可以通过公平竞争的方式外包出去。

价值链分析（参见第 9 章零售物流相关内容）关注的是如何通过企业能力获得的竞争优势。这种方法可以用于发现企业在业务和供应链过程中能够增加附加价值、节省成本的方面。Porter（1985）的价值链是五种力量模型上的横轴，企业通过价值链开展一系列活动，从开始的产品设计到找到供应商从事产品生产，再到设立品牌，将最终产品出售给最终消费者（见图 3.2）。零售行业的许多供应链活动并非独一无二，因为新流程和技术可以复制，而且很容易模仿。因此在零售供应链中无形资源才是增值的关键，特别在时装行业，产品设计、品牌塑造和员工技能能够带来竞争优势。

网络理论假设零售企业需要依赖其他公司掌握的资源。获得这些资源的方式是通过建立价值链合作关系和网络与这些公司进行互动。网络理论着重于建立基于信任、跨职能团队合作和组织间合作的伙伴关系（Ford et al.，2011）。这种关系不是一个组织获得压倒另一个组织的竞争优势，而是一个网络与另一个网络进行对抗（Christopher and Peck，1997）。这种情况下非核心组织活动再次被外包，而网络的效率和有效性才是组织成功的关键（参见第 9 章以及贝纳通案例）。

SWOT（优势、劣势、机会和威胁）分析法是一种在为环境分析和资源审计结果进行优化和确定优先级时广泛使用的方法。首先列出由资源审计确定的、该组织的主要优劣与劣势。然后总结外部环境和竞争环境，分析得出组织的主要机会和威胁。通过匹配组织的核心竞争力与关键环境趋势我们可以进一步优化 SWOT 分析法，从而根据对组织的潜 64
在影响水平（积极或消极）算出权重。这个方法将“从内往外”和“从外到内”两个角度结合起来，让零售企业能够规划资源投入，以更好地应对未来的挑战。即使经过优化，SWOT 分析法仍然是一个主观工具，但对于职能层面上的战略起着非常有效的辅助作用。SWOT 分析法经常被用于营销规划过程就是一个例子。

3.6 战略选择

3.6.1 一般性战略

从传统上看，零售企业运用波特教授提出的一般性战略框架会获得三种主要战略选择（Porter，1996）。首先，他们关注的是**成本**，通过简化经营、物流和其他职能能够降低组织成本。这种成本效率可以为供应高质量产品和服务，或者降低产品价格、增加产品销售量创造足够利润。这种成本专注战略为包括德国的阿尔迪和美国的沃尔玛在内的许多零售企业带来成功。

其次，零售企业可以**提供**差异化产品，通过零售企业品牌本身为顾客创造价值。这里，企业的重点工作在于创造能够与其他零售企业区别开的产品，从而吸引愿意为产品的附加值支付溢价的顾客。许多零售企业从这个战略中获利，包括 LV 和范思哲等奢侈时装零售企业，以及哈罗德百货和萨克斯第五大道精品百货店（Saks Fifth Avenue）等。

再次，零售企业可以重点发展针对性很强的**细分市场**，引导组织通过基于细分市场的低成本战略或差异化，侧重满足预先确定的已知顾客群的需求。Fortnum & Mason 等资源有限的小型零售企业可以使用这个战略，而自从 20 世纪 90 年代起大型零售企业就开始使用“专注”战略开发有针对性的成功“母版”零售业态（mother retail format），例如乐购便捷店（Tesco express）和乐购特大店（Tesco extra）。

最后，一些大型零售集团在不同零售品牌下同时采用这三种战略。多渠道零售、极其详细的顾客和市场信息以及多样化购物方式（实体店、网络、邮购、电视和手机购物）的发展使这种战略选择成为可能。但是我们仍需考虑由于一个子公司注重成本而影响到另一个子公司差异化高质量品牌的可能性，例如一些奢侈时装公司开始经营子品牌。

Piercy（2001）认为战略的**革命性**在于**挣脱束缚**。他的观点依据的是 Porter（1996）关于战略的开创性研究。在这项研究中波特批判了将战略和卓越运营混为一谈的经理人。战略的意义在于变得与众不同，而不是采纳最新的管理时尚。Piercy 也支持这个观点。他表示组织战略分析师应摆脱管理工具和战术，例如全面质量管理（TQM）、业务再造和高
65 效消费者反应，因为这些工具的重点在于运营，无法代替领导力和设想的战略方向。这意味着战略应挣脱行业“规则”和“教条”的束缚，因为顾客根本不了解这些“规则”。“挣脱束缚”的真正含义是战略分析师应做到：

- 适应变化而非害怕变化；
- 不被当前经营问题所局限；
- 保持谨慎，不受时下流行的管理工具和理论的过分影响；
- 不过分依赖绩效指标，因为这只能体现过去的绩效；

- 了解组织的核心竞争力，横向思考如何通过这些核心竞争力为业务增值，在竞争中形成产品差异化。

这里很重要的一点是将企业战略和营销战略区分开。企业战略指的是企业确定的发展方向，而营销战略则是市场形势的方向。但是对于许多以市场为主导的商业组织，例如零售企业而言，企业战略和营销战略密切相关。企业战略中可以包含战略营销要素，例如业态发展、市场准入、市场渗透和市场活动多样化（见下一小节）。

3.6.2　扩张战略

营销战略需要一系列有助于开发市场机会的产品（或产品/服务包）和市场相关决策的辅助。虽然通过市场知识、关系网络和业务直觉我们能够发现并利用许多市场机会，但有一种虽简单，但能够有效帮助决策的方法，称为产品—市场矩阵（见图3.3）。

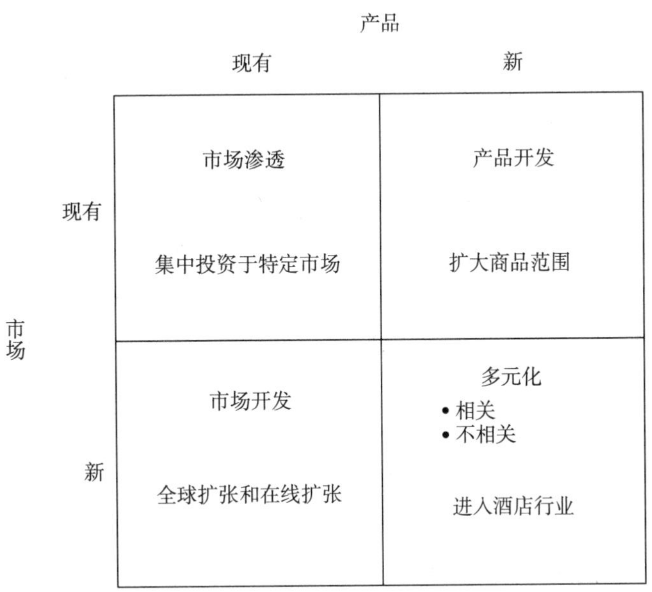

图3.3　奢侈时装品牌增长的备选方向

资料来源：Ansoff（1988）。

这个矩阵图将机会分成四个类型：

市场渗透：这一类型侧重企业当前提供的产品和服务；企业寻求的是能够提高市场份额的机会。市场渗透可以通过多种方法实现，取决于企业经营活动的性质。例如，通过广告或促销提高产品促销活动的数量和范围就可以达到市场渗透的效果。改变定价战略也能够提高市场渗透率，另外，在当前销售网络中提高产品的普及范围也能达到相同效果。

产品开发：这个类型的重点在于通过扩大产品范围或产品/服务改良或延伸，改变企业提供的产品和服务。营销人员可以提高产品认知度，并通过品牌或者通过增加新产品，延伸产品线推出新产品/服务。他们可以通过设计新功能或补充功能让当前产品更“值得购买”。

市场开发：这一类型重点关注营销人员开发、分析新细分市场并满足此类市场需求的活动。通过延伸市场范围进入地区、区域或国家，或者通过向新用户群促销产品/服务可以达到市场开发的目的。

66 **多元化**：企业可以通过购买新公司，或者利用企业实力推出满足新市场区域需求的产品或服务，从而寻找与传统机会完全不同的新机会。通常情况下，开发利用各种机会需要用到组织的核心竞争力，并且会受到企业资源能力的限制。产品—市场矩阵为零售企业提供了哪些类型的机会？零售企业可以通过该方法考虑延伸产品或服务的范围以及市场的机会，正如前文所述；又或者试着寻找零售企业的共同机会。

Fernie（2012）曾使用产品—市场矩阵解释奢侈时装品牌的演变（见图 3.3）。目前，大部分意大利和法国的主流品牌（以及博柏利）正在加强向中国市场的渗透，并且在大多数一线沿海城市市场日趋饱和的情况下，逐渐进入中国的二三线城市。中国早在 21 世纪前十年就已经成为潜力最大的市场，年增长率保持在 20%~35%，这个例子说明了市场发展如何演化。主流欧洲时装公司在 20 世纪 60 年代和 70 年代的目标市场是美国，在 80 年代是日本，现在转移到中国。然而过去十年里它们也开发了其他新市场，其中网络渠道和折扣渠道得到发展，其销售额在销售总额中占到大约 8%。所有大型奢侈品牌都已经推出新产品和服务，这些产品和服务都是基于它们凭借精湛工艺赚得的品牌声誉和传统核心
67 产品的继承，如 LV（手袋）、博柏利（风衣）。阿玛尼在所有奢侈品牌中拥有最广的产品范围，也是进军酒店行业的五个意大利时装品牌之一。基于此，也许有人会说范思哲、阿玛尼和米索尼（Missoni）也进行了新产品开发，它们的 Casa 产品系列也出现在其酒店中。但是几乎所有这些时装公司都是与国际连锁酒店或房地产开发公司建立合资企业或签署许可协议从而着手开发这项业务的。这些酒店的位置与 Hollander（1970）的国际化“时尚之都”相符，不同的是添加了东京和上海这两座城市（参见第 5 章国际化相关内容）。部分公司更偏重于开发度假村酒店。英国电视节目《我是名人，让我离开这里》（*I'm a Celebrity, Get Me Out of Here*）中的明星离开丛林在澳大利亚黄金海岸休息的时候就是住在范思哲酒店。

McGoldrick（2002）也探讨了扩张战略的问题，他使用的一系列增长方向与产品/市场矩阵的许多要素相重叠。这些增长方向可以分成以下几类：

- 现有价值主张（产品或服务）；
- 新产品/服务；
- 新细分市场；
- 地域发展；
- 新渠道；

- 新业态。

每个增长方向都能帮助企业在现有运营平台的基础上，通过新运营平台上的相关活动，进行产品/服务范围的扩张。但是相较而言，与核心零售业务性质（包含组织的核心竞争力）相关的扩张活动比通过全新运营平台进行扩张的风险更低。

核心运营平台的扩张就是**现有产品或服务的价值主张**通过有机增长增加市场份额。有机增长指的是通过投资推动当前业务增长，或者通过收购、兼并或其他扩张方式获得市场份额，从而让新业务与核心业务保持一致。非有机增长则可能需要新业务适应核心业务，而且涉及其他增长方向，例如业态改良和渠道开发，从而成功地整合多种运营平台。

新细分市场开发涉及新消费者和组织部门的开发、分析和定位。例如时装零售企业可以开发儿童服装和男装市场。如果采用更彻底的战略，则意味着时装零售企业进入一个不相关的细分市场，例如制服或工装市场。

新产品/服务开发是近年零售战略的一个重点，因为新商品和延伸服务能够开发当前市场的潜力。新产品/服务开发的例子包括新开杂货门店、非食品零售企业，例如书店和旅行社新增食品或饮料业务。

业态改良和发展是零售战略的另一个重点，这里的零售风格是根据顾客群的需求量身定制的。折扣门店和工厂直销中心就是业态改良和发展的例子，这些业态以平价出售多余 68
库存或试推产品。

渠道能力可以在开发新零售活动的过程中得到利用。乐购通过全国门店网络快速铺开网络零售业态，随后通过网络平台开发出以生产商—顾客和零售企业—顾客模式出售的商品系列。

地域发展通过进入周边地区，甚至进一步开展全球扩张来增加市场份额。

上述增长向量之间存在许多联系。细分市场开发通常需要开发新产品和服务；渠道和细分市场开发可以相互关联，业态、细分市场以及产品/服务开发也一样。

3.6.3 扩张方法

零售企业扩张的方式主要有三种：

- 有机增长；
- 兼并/收购；
- 战略联盟。

有机增长是凭借当前组织的财务能力，通过投资推动组织能力发展的过程，例如为组织发展并推广业态、横向或垂直一体化和国际发展提供资金。这种增长方式往往缓慢、平稳，组织拥有自主权和决策控制权。它能够从新能力开发中获益，同时避免通过收购或兼并以实现组织发展面临的整合不同组织文化和管理系统的困难。但快速有机增长也是可能的，例如通过向投资者发行额外股权获得大量资本。在国际扩张方面，有机增长是许多私营公司的优选方案，因为它们想要对组织发展保持控制，同时与上市公司相比，私营公司没有太大的短期回报压力。德国折扣商历德和阿尔迪更倾向于有机增长，阿尔迪的唯一国际并购就是收购美国市场的交易商 Joe's。

从区位角度来看，有机增长可以分成两种主要类型：第一种类型是从单个门店开始的区域性扩张，称为**接触扩散**（contagious diffusion），这是那些交通和销售网络受到地域限制的知名零售企业的早期增长方式。也是众多小型零售企业选择的扩张方法，但是也被例如沃尔玛等主流零售企业所采用（Birkin et al.，2002）。第二种类型是**等级扩散**（hierarchical diffusion），许多在大城市拥有门店的稳定零售企业都喜欢使用这种增长方法。我们在前文提到奢侈时装零售企业在中国一线城市开旗舰店，然后进入二三线城市时讨论过这个方法，但这种模式在其他市场中也体现得比较明显，例如英国零售企业首先以伦敦为目标市场，然后进入下一级城市。从一个更通俗的角度来看，Sainsbury's 进入苏格兰市场就
69 是等级扩散的一个例子。Sainsbury's 在苏格兰最大的四个城市——格拉斯哥、爱丁堡、阿伯丁和邓迪快速连续开了几家门店，在进一步扩张的过程中，在地区城镇中心开了小型门店和地方门店，为人口较少的社区提供服务。有机增长的这两种扩散战略可以同时使用，首先在大型市中心铺开业务，然后通过接触扩展进一步扩张。

除了扩张新产品领域和市场领域之外，**兼并和收购**也是增加市场份额、提高市场统治力的一个途径。兼并指的是两个零售企业合并在一起组成一个组织；而收购指的是一家零售企业购买另一家零售企业中超过50%的股权。这两种方法是零售企业在国际市场上竞争时广泛使用的方法，乐购、Ahold 和 Casino 都曾使用过这两种方法，它们通过在多样化的市场上进行收购以获得各种资源，包括专有技能、知识、房地产组合、关系网络和供应网络，以及客户群。

乐购与 Sainsbury's 竞争进入苏格兰市场时，正是由于收购了一家区域主流连锁杂货商 Wm Low & Co. 才加速了扩张进程，进而不仅在实际实力上，也在苏格兰消费者心中成为苏格兰市场上一家主要零售企业。与此同时，更严格的规划政策也应运而生，这导致通过建立新业务实现有机增长变得更昂贵、更耗时。沃尔玛将兼并和收购作为国际扩张的一种方法，在进入英国市场时收购了阿斯达连锁超市。虽然扩大门店在英国的地域普及率符合沃尔玛的全球扩张的雄心壮志，但其拥有的房地产组合更是让沃尔玛能够将现有超级门店扩张为阿斯达—沃尔玛超级中心。阿斯达成功的服装和“非食品商品+杂货商品”的业务模式与母公司沃尔玛的业务相似。此外，两者在精神上也“相互契合”，因为阿斯达是英国超级门店的先驱，以高性价比在消费者中拥有好口碑，深受顾客欢迎。而且阿斯达的“天天低价”战略也与母公司战略相匹配（参见第5章国际化相关内容）。

收购可能带来的一个主要问题是组织文化和管理风格的整合，而且后续可能发生的经营活动优化和门店关闭（导致工作不稳定）还会使情况进一步恶化。当组织自愿兼并时，由于双方注重兼并带来的协同效益，因此潜在的组织冲突会减少。但是，优化是收购和兼并之后的一个常见活动，特别是兼并后组织在一个相对小的范围内有两个或多个相互竞争的门店的情况下，组织的潜在营利性会受到影响。未来英国大型杂货商之间的兼并或收购会导致垄断产生，对此竞争委员会也会采取行动强制优化。举个例子，2008年竞争委员

会就针对英国杂货零售业的调查建议开展了竞争测试，以限制主要杂货商的市场发展（Competition Commission，2008）。

战略联盟指的是两个或多个组织结成同盟完成一个项目，以运用联合的势力或者获得各企业不同的组织能力和资产相互结合所产生的协同效应。战略联盟如今在零售行业中越来越常见，而关系营销原则的实施和通信能力的提升也对战略联盟起到支持和推动作用。战略联盟分为三种主要类型：

- **松散合作关系**：合作型网络或联盟，用于共同利用网络机会或对抗市场威胁。松散 70
合作关系的例子包括 Agentrics［前身为世界零售企业联盟（Worldwide Retail Exchange，WWRE）和 GlobalNetXchange（GNX）］，其成立的目的是促进产品采购）等采购集团。
- **契约关系**：许可权和特许经营权的分包。许可权指的是以一定费用授予生产和销售某种产品的权利；特许经营权涉及商品或服务生产、经销或销售特许合同，授予特许者负责品牌维护和营销。店内特许权指的是零售企业或服务组织将现有门店业态，例如超级门店或百货门店内的部分店面空间租赁出去。特许经营权有四种主要类型：
  - 制造商—经销商。在这种关系中，制造商是授予特许者，经销商负责将商品出售给消费者。汽车和石油制造商通常采用这种销售方法。
  - 制造商—批发商。这里制造商是授予特许者，而批发商特许经营人负责将商品出售给零售企业。这种类型的例子包括可乐和啤酒制造商。
  - 批发商—零售企业。这种类型特许经营权的例子包括 Mace 和 Spar 等自愿连锁店。这种情况下由母公司负责提供营销、销售和推销支持。
  - 商业业态。母公司允许特许经营人销售其产品或服务，在提供成熟的业态的同时也帮助并支持特许经营人建立公司。

特许经营权有助于零售企业利用特许经营人的财务资源和人力资源实现快速扩张。虽然在此过程中零售企业会丧失部分控制权，但是同时能够降低实施标准和程序的成本。

- **正式所有权/关系**：主要包括合资企业和联合体，即两个或多个组织设立共同拥有的组织，以促进企业扩张或市场机会的利用。很多情况下这是进入国际市场的唯一可行方法，沃尔玛刚进入墨西哥和日本市场时，以及亚瑟格兰凭借工厂直销中心进入英国市场都采用了这一方法。以沃尔玛为例，其在 1991 年通过与墨西哥零售企业 Cifra 合作实现扩张，六年之后收购了这家零售企业。收购之后，Cifra 更名为 Wal-Mart de Mexico。同样，乐购在 1994 年进入泰国市场时也采用了建立合资企业的形式，之后渐渐增加控股，直到 2004 年完全拥有乐购莲花超市（Tesco Lotus）。合资企业有利于在采用多样化战略进入新产品市场时最大程度降低风险，例如 Sainsbury's 与 GB Inno 一起进入 DIY 市场，与 BHS 一起进入服装市场，分别开发了 Homebase 和 SavaCentre。

3.7 总结

本章讨论了零售企业在制定和实施零售战略时可以采用的主要战略工具，包括两种主
71 要的战略制定方法。“从外到内”的宏观环境法使用 PESTLE（政治、经济、社会、技术、法律和环境因素）分析；“从内往外”的方法则评估企业想要获得竞争优势时可以调用的独特资源。本章探讨的许多概念来源于迈克尔·波特的著作，特别是评估企业在市场中竞争地位的内容。波特的一般性战略也为企业确定战略选择提供了框架。接着本章通过增长方向矩阵，例如常见的安索夫产品/市场矩阵，介绍了增长战略。

复习题

1. 对照“从内往外”的方法，讨论如何运用“从外到内”的方法制定零售企业战略。
2. 评判迈克尔·波特评估零售企业竞争定位的著作。
3. 使用战略选择模型，评估奢侈时装品牌零售企业的增长战略。
4. 批判地评估三种零售企业扩张主要方法的优势和劣势。

参考文献

Ansoff, H. I. (1988) *New Corporate Strategy: An Analytical Approach in Business Policy for Growth and Expansion.* New York: John Wiley.

Barney, J. (1991) ‘Firm resources and sustained competitive advantage’, *Journal of Management*, 11: 99 – 120.

Birkin, M., Clarke, G. and Clarke, M. (2002) *Retail Geography and Intelligent Network Planning.* Chichester: John Wiley.

Christopher, M. and Peck, H. (1997) *Marketing Logistics.* Oxford: Butterworth – Heinemann.

Cola, E. (2003) ‘International expansion and strategies of discount grocery retailers: the winning models’, *International Journal of Retail & Distribution Management*, 31 (1): 55 – 66.

Competition Commission (2008) *Groceries Market Investigation: Final Report* [online], www. competition – commission. org. uk/press_ rel/2008/apr/pdf/14 – 08. pdf (accessed 27 July 2010).

Cox, A. (1996) ‘Relationship competence and strategic procurement management. Towards an entrepreneurial and contractual theory of the firm’, *European Journal of Purchasing and Supply Management*, 2 (1): 57 – 70.

De Wit, B. and Meyer, R. (2010) *Strategy: Process, Content, Context — An International Perspective* (4th edn). London: Cengage.

Fernie, J. (2012) ‘The evolution of the luxury fashion brand’, Keynote address, The International Workshop on Luxury Retail, Operations and Supply Chain Management, Milan, December.

Flavian, C. and Polo, Y. (1999) ‘Strategic groups analysis as a tool for strategic marketing’, *European Journal of Marketing*, 33 (5/6): 548 – 569.

Ford, D., Gadde, L. – E., Hakansson, H. and Snehota, I. (2011) *Managing Business Relationships* (3rd edn). Chichester: Wiley.

Hollander, S. (1970) *Multinational Retailing.* East Lansing: Michigan State University.

Hunt, M. (1972) *Competition in the major home appliance industry.* Doctoral dissertation, Harvard University, Boston, MA.

Johnson, G., Scholes, K. and Whittington, R. (2010) *Exploring Corporate Strategy.* Hemel Hempstead: 72
Prentice Hall.

Lewis, R. and Thomas, H. (1990) 'The linkage between strategic groups and performance in the UK retail grocery industry', *Strategic Management Journal*, 11 (5): 385 – 397.

McGoldrick, R. (2002) *Retail Marketing.* Maidenhead: McGraw – Hill Education.

Peteraf, M. A. (1993) 'The cornerstone of competitive advantage: a resource – based view', *Strategic Management Journal*, 14: 179 – 191.

Piercy, N. (2001) *Market – Led Strategic Change* (3rd edn). Oxford: Butterworth – Heinemann.

Porter, M. (1980) *Competitive Strategy: Techniques for Analyzing Industries and Competitors.* New York: Free Press.

Porter, M. (1985) *Competitive Advantage.* New York: Free Press.

Porter, M. (1996) 'What is strategy?' *Harvard Business Review* (November/December): 61 – 78.

Prahalad, C. K. and Hamel, G. (1990) 'The core competencies of the corporation', *Harvard Business Review*, 68 (3): 79 – 91.

Reilly, W. J. (1931) *The Laws of Retail Gravitation.* New York: Knickerbocker Press.

Zentes, J., Morschett, D. and Schramm – Klein, H. (2011) 'Strategic retail management: Text and international cases', in *Customer Relationship Management* (2nd edn). Wiesbaden: Gabler.

4　零售营销战略（二）：市场细分与服务营销组合

73 **学习目标**

学习本章后，学习者应能够：

- 细分零售市场，确定企业的目标市场定位。
- 通过各类消费行为指标分析顾客。
- 评估零售品牌推广在获得竞争优势中的作用。
- 批判地评估服务营销组合中不同要素的使用对实现市场目标的作用。

4.1　引言

第 3 章重点介绍了零售营销战略决策——宏观环境的性质、竞争和增长途径。本章则着重探讨细分市场、公司的市场定位、零售品牌的推广和营销组合的实施。大部分零售学教科书都会引用服务营销文献中的内容，用于定义零售营销组合，例如 McGoldrick（2002）列出了从产品设计到客户关系的九种元素。但是在本章中讨论的重点在于服务营销组合背景下的零售营销组合。

4.2　市场细分

市场指的是某种产品的实际买方和潜在买方的集合。市场细分涉及：

- 确定组织能够从哪个或哪几个细分市场中获得利润；
- 分析顾客，了解他们的价值观和购买习惯，找到他们在哪里；
- 根据市场中的竞争者，确定组织提供的产品和服务；
- 通过提高品牌形象在目标顾客心中确立品牌地位；

- 决定业务范围的战略。

每个人都会去商场购物，每个拥有电脑和调制解调器的人都可以上网。那么为什么要 74
细分呢？市场细分有助于围绕关键顾客群的需求提供产品和服务。

传统上，零售企业只服务于某个特定地理位置的市场，例如一个村、一个镇，或者一个城市。这种细分市场的规模由当地以及其腹地的人口规模决定。传统零售企业往往围绕着所服务的区域开展经营。商品价格根据区域或地方竞争水平确定，销售的产品往往要迎合当地人的口味。它们的促销工具通常是当地媒体。随着网络零售的发展，小型零售企业也有机会参与全国甚至全球范围内的经营活动，未来地域划分将不再重要。在圣·安德鲁斯（St Andrews），许多零售企业向来此旅游的高尔夫爱好者和游客出售高尔夫球产品。现在它们可以将产品出售给全球的高尔夫爱好者。这些零售企业必须决定是继续采用地域细分市场，还是按照生活方式——游客、高尔夫球爱好者、网民细分市场，或按照人口统计变量划分，例如收入、社会经济群体或年龄。

时装设计零售企业通过细分市场来开发它们的市场。除了进入特定区域市场并实现增长以外，它们还通过发展针对不同社会经济群体的“子品牌”进一步开发产品市场（Moore et al.，2000）。Moore 和 Birtwistle（2004）以博柏利（Burberry）为例，分析了企业如何进行市场细分，以及如何将一个没落的英国品牌重新塑造成老字号标志性奢侈品牌。图 4.1 介绍了时装品牌博柏利（Burberry Prorsum）如何找到目标客户。博柏利伦敦是一个成衣品牌，通过高级百货门店进行销售，其子品牌（Burberry Brit、Burberry Blue 和 Burberry Black）在世界上主要时尚之都设立了独立门店进行销售。需要注意的是，Thomas Burberry 系列已经在 2010 年停产。

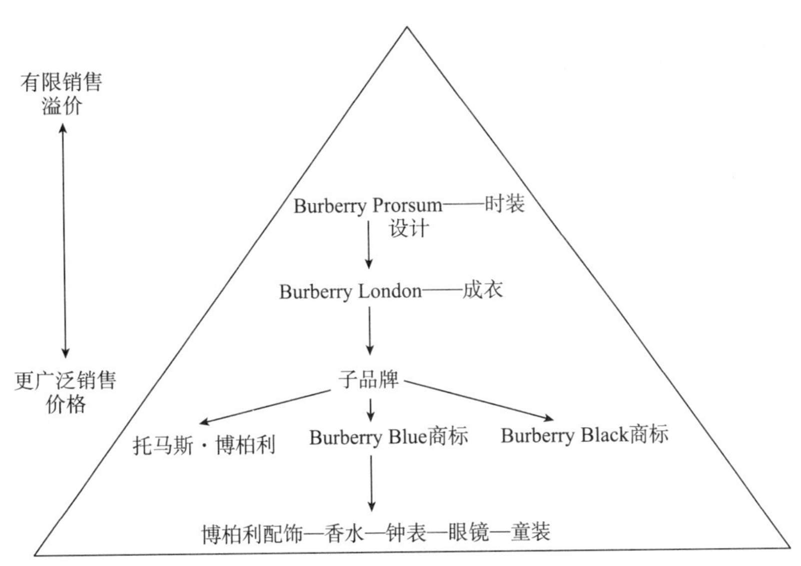

图 4.1 博柏利（Burberry）模型

资料来源：Moore 和 Birtwistle（2004）。

75 一些大型零售企业成功将地域市场细分改为行为市场细分，即按照人们的购物行为建立起成功的业态（便利店、工厂门店、一站式门店、在线门店等），乐购就是一个典型案例。每个人都需要购买杂货商品，因此不建议采用人口统计信息细分市场。按照消费行为细分市场则考虑到了不同消费者在不同时间采用不同方式购买商品的趋势。一个人可能有时候只想到市中心商店买一个三明治和一份即食餐当作晚餐，另一个时候则想要到超级市场悠闲地进行每月一次的例行购物。最终，这种消费行为也自然会引起零售企业的组织变革，从此零售门店不再根据地域管理，而是按照业态管理。

4.2.1 顾客分析：了解顾客价值观

了解细分市场的规模和构成，并对其中的顾客进行分析，是成功的市场定位和品牌推广的关键。零售企业通过间接调查，利用参考材料、政府统计数据和商业统计数据，可以获得各种市场和顾客相关信息。英国敏特国际集团（Mintel Group）、零售智库（Retail Knowledge Bank，隶属于EMAP）、食品杂货批发协会（Institute of Grocery Distribution，IGD）和牛津零售管理研究院都定期发布市场报告，这对零售企业而言都很有帮助。举个例子，IGD发布英国领先杂货零售企业的大客户概况，每个月追踪杂货购物者的消费行为。

广泛使用的间接参考材料包括：

- 社会趋势；
- 经济趋势；
- 人口普查；
- 生产统计数据；
- 商业观察；
- 销售普查；
- 家庭支出；
- 劳动力市场趋势。

如今从英国国家统计局网站（www.ons.gov.uk）上可以查询到在英国经营的零售企业各类相关信息，包括经济、家庭支出、生产、劳动力市场和普查数据。

随着社交媒体的出现，零售企业能够获得更多信息，用于针对不同顾客确定产品和服务范围。Facebook已经与数据公司合作，将顾客的离线购物历史记录与在Facebook上的购物记录结合起来。这里的问题在于，零售企业是投入足够资源进行信息个性化，还是采用传统的“一把抓”（scatter-gun）广告宣传方法？除非零售企业是纯粹的网络零售企业，例如亚马逊，否则对于这个问题的答案绝对是后者。

顾客分析的最好例子就是乐购，它使用会员卡数据分析顾客行为（参见专栏4.1）。这个案例说明了如何通过信息技术基础设施的投资获得竞争优势。这不仅有助于零售企业分析顾客群，也帮助它们了解消费者购物习惯的转变：最明显的是它们之所以引进“精
76 选”（Finest）产品系列，是因为它们的部分顾客被玛莎百货抢走。当时它们的竞争对手

专栏 4.1　乐购俱乐部会员卡和顾客分析

Edwina Dunn 和 Clive Humby 夫妻俩在 1989 年成立 Dunnhumby 时可能没有想到，他们会让乐购成为今天的国际零售巨头，而他们的公司会成为乐购旗下的一家子公司。1994 年，他们为乐购试验第一代会员卡。据说当时的乐购董事长 Lord MacLaurin 在谈论到这项举措时，曾在一次董事会上说夫妻俩在三个月里对乐购公司的了解甚至超过他从业 30 年的经验。当乐购营销总监 Terry Leahy（后来成为乐购 CEO）在 1995 年 2 月推出乐购俱乐部会员卡时，电脑技术还不像今天这么发达，每周收集的信息中只能利用一小部分分析顾客行为。顾客每在乐购消费一英镑就能获得一个忠诚积分，通过在乐购门店内购物或者通过一系列组织可以兑换这些积分，例如购买航空里程、订酒店或购买休闲景点门票。到了 2010 年后，乐购向超过 1500 万英国购物者发布了俱乐部会员卡声明。寄给每个会员的个人信件都经过充分定制，针对所有会员一共准备了 400 万个版本。

乐购能够根据会员卡交易和其他反馈机制（例如专注小组、消费者反映研究小组和顾客投诉）收集的数据，对其顾客群进行细分，并获得这些顾客群体的概况。图 4.2 显示收集的顾客基本注册数据，以及如何根据交易和其他数据来源确定顾客概况。乐购通过采用一系列越来越复杂的数据挖掘技术，根据顾客忠诚度、多样性、采购的精选/平价产品系列、偏爱的业态类型，掌握了顾客的基本概况。乐购按照生活方式细分市场的方法对超过 25000 件产品进行评级，如图 4.3 所示。这里我们可以看到这些产品对不同消费者的吸引力，包括对价格敏感和追求健康生活的消费者。

77

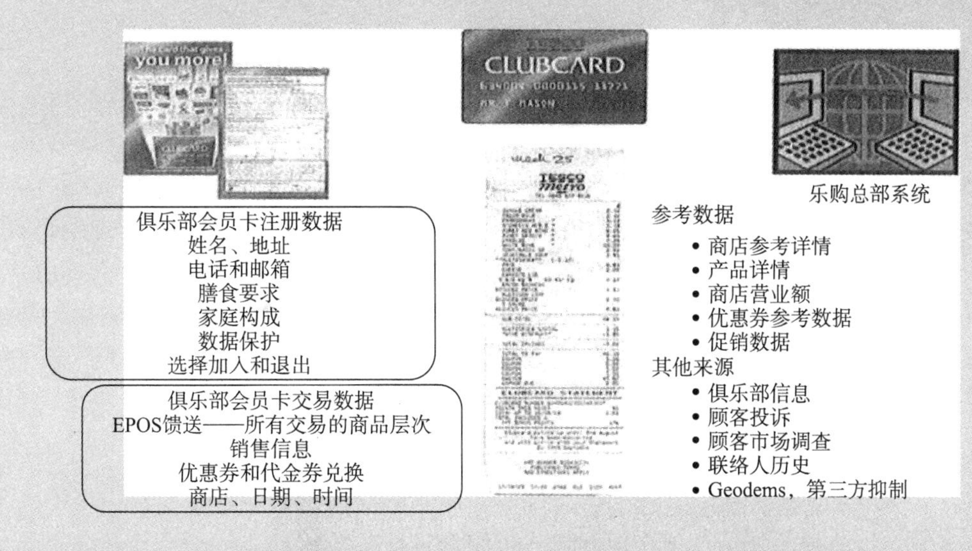

图 4.2　背景：乐购俱乐部会员卡

• 每个产品都通过一系列维度进行分类

· 低价
· 乐购自有
· 平价产品系列
· 合装包

· 生鲜
· 散装
· 素食
· 挑战
· 健康

· 乐购自有
· 简单包装
· 便利性

• 25000件产品以这种方式进行标记，所有产品在销售总额中占到大约95%
• 在每个消费者的购物篮中找到关键维度之间的平衡

图 4.3　根据生活方式细分市场

俱乐部会员卡让乐购能够深入了解它们的顾客，还帮助乐购对根据企业战略开发的新市场中可能希望获得俱乐部会员卡积分奖励的顾客进行市场调查。乐购通过实体门店和在线门店进军个人银行、电信和非食品行业也归功于建立强大信息技术基础设施的先发优势。

资料来源：Zentes 等（2011）；Humby 等（2007）。

中没有人愿意投资会员卡，市场领导者 Sainsbury's 甚至嘲笑会员卡是电子版的“绿盾打折券”（Green Shield stamps），即过去零售企业常用来兑换现金或礼品的优惠券。之后几年内乐购又推出在线服务，这不仅让乐购获得先发优势，也让其确立了市场领导地位，从此之后乐购再也没有出现衰退迹象。

78
4.2.2　市场定位

市场定位（positioning）是指对比其他竞争品牌的相对位置，了解并确立品牌在价格和质量等关键维度上在目标顾客心目中的地位。图 4.4 中列出了英国杂货零售企业在上述关键维度上的基本定位。需要注意的是，德国折扣商目前被认为在质量维度上落后较多（参见专栏 4.2“阿尔迪在英国的营销传播战略”）。此外还需注意的是，Somerfield 被 Co-operative Group 收购，虽然 Gooperative Group 的定位与此处类似。那么，确定位置依据的是哪些维度？这些维度包括质量、性价比、附加值、产品范围、声誉、便利性、服务水平和信用额度。根据市场细分方法所选择的市场的全面概况，应包括目标顾客在特定商品范围内选择产品的标准等信息。

在本书第一版中我们介绍了 20 世纪 90 年代晚期 French Connection 公司如何重新定位其 FCUK 品牌。French Connection 声称其目的是重新定义 FC 品牌，加入 French Connection 秉承的“态度”（attitude），而非简单的重新定位。实际上可以说 French Connection 所做
79 的是将其定位品牌的标准从价格和质量更改为价格和品牌态度。通过这种方式，这个品牌

在时装购物者心中变成积极的主导性时装品牌，而非消极的时装品牌，例如 Gap、Next 和 Principles。

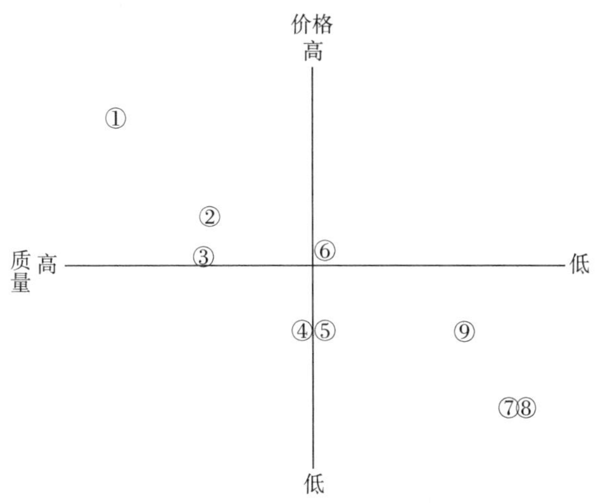

图 4.4 2010 年英国杂货零售企业的市场定位

注：①福特纳姆 & 梅森；②玛莎百货；③Sainsbury's；④乐购；⑤阿斯达；⑥莫里森超市；⑦阿尔迪；⑧历德；⑨萨默菲尔德。

了解竞争对手的相对位置有助于零售企业确定其期望的位置，通过品牌推广和促销树立在目标消费者心中的定位，并且随着市场变化进行自我保护或自我优化。市场定位帮助零售企业建立独家卖点（Unique Selling Proposition，USP），即区别自己和其他零售企业，找到能够吸引顾客的内容。对 French Connection 而言，“in-yer-face” 标语在顾客心中指的是商品的态度，这就是独家卖点。

在奢侈品牌行业，在 20 世纪前十年学术研究的重点是“没落”品牌的重新定位。许多公司都希望“成为博柏利”（do a Burberry），即第 4.2 节中讨论到的英国时装品牌的绝地反弹。除了博柏利以外，最著名的重新定位案例是古驰（Gucci），它从破产边缘逆袭成为世界第二大奢侈时装品牌。在奢侈品牌的成功因素中有一些相似之处——重新重视设计（Tom Ford/Christopher Bailey），并且通过回购经营许可权和自营旗舰店增强对供应链的控制。除此之外，Moore 和 Birtwistle（2005）认为古驰获得成功的另一个关键原因是“母合优势”（parenting advantage），即成为大集团的一个分部，获得资金从而再次赢回竞争优势。

从现实意义上来说，市场定位也是零售企业的一个有效工具。对于比较商品（顾客到多家零售企业对比质量、价格和款式的商品）而言，位置靠近拥有相似或互补商品系列的成熟零售企业有助于吸引具有特定人口统计或购买行为特征的顾客。Thorntons 通过在玛莎百货门店附近设立小门店，吸引大量 ABC1 购物者，从而确立了商业街糖果零售企业的地位。Space NK 门店位置靠近 Whistles，吸引高消费的时装品牌购物者。French Connection 在爱丁堡乔治街开了一家门店，与王子大街的商业街时装品牌拉开物理距离，与

Harvey Nichols 百货门店所在街道上的所有以设计为重的时尚品牌零售企业采用相同的市场定位。

在网络购物行业，通过链接进行市场定位迅速成为一种趋势。例如，投资相关产品的零售企业，如艺术和摄影（eyestorm. com）、商务旅游（travelstore. com）、上等葡萄酒（Virginwines. com）和高档商品（fortnumandmason. com）通过互动式投资商数据库向富有的投资人报价。

4.3 零售品牌推广

如果市场定位指的是在特定的维度上，让目标顾客更加便利地区分自己与竞争零售企业的产品和服务，那么**品牌推广**（branding）就是确立零售品牌在顾客心目中地位的方式。成功的品牌推广的基础是在上述维度内持续为顾客提供满足预期地位的产品，这有助于零售企业获得成功。

在过去几十年内，“品牌”和品牌概念的演变一直是人们讨论的重点。随着这个概念
80 变得越来越复杂，品牌推广的定义也变得复杂起来。同样，零售品牌的演变也产生了一系列容易混淆的术语。品牌过去仅仅作为一种物理标识（名字、商标、法人），后来演化出各种情感属性，而现在指的是一种体验和一组决定性的关系（Rubinstein，2002）。Jevons（2007）提出的定义涵盖了品牌的所有要素：

> 品牌指的是一种有形或无形的概念，能够用于识别一种产品或服务，提供一种象征性的传播和差异化功能，从而持续影响产品或服务的价值。
>
> （Jevons，2007，p. 7）

Rubinstein 和 Jevons 提出的品牌推广的定义的问题在于他们针对的是产品品牌。随着企业品牌的国际化，公司需要将品牌作为传播企业价值和形象的媒介，因为它们就是公司的品牌。

> 产品品牌存在于当下……企业品牌存在于过去和未来，会让人联想起企业的遗产和传承，体现企业未来的战略愿景。
>
> （Hatch and Schultz，2003，p. 1045）

这段话说明历史和遗产对于创造品牌价值的重要性，而这对奢侈时装品牌行业至关重要。这一点将在后文进一步探讨。Burt 和 Davies（2010）在回顾零售品牌推广时提到，零售品牌推广研究与一般品牌推广研究有类似的趋势。他们表示早期零售品牌推广研究主要关注产品特征，近年的研究才开始探讨零售国际化和企业品牌。

4.3.1 零售品牌的成长和发展

零售品牌指的是零售企业而非制造商开发的品牌。零售品牌的崛起开始于过去 20 ~

30 年里制造商和零售企业之间势力平衡的转变。传统上零售企业只是制造商品牌产品的代理商。快速消费品（FMCG）的供应商会对消费者进行产品营销，而消费者从有库存的零售企业手上购买这些产品。随着零售企业从小型家族企业发展为全国企业甚至全球企业，它们开始从事新产品开发以满足扩大的顾客群要求，进而发展出零售品牌。正如前一节提到的，需要注意的是一些专业术语，零售品牌包括零售企业品牌（retailer brand）、私人品牌/商标（private brands/labels）、自有品牌/商标（own brands/labels）、经销商品牌（distributor brands）（Burt and Davies，2010；Fernie and Pierrel，1996）。

就零售品牌分类而言，Laaksonen（1994）对各年代品牌进行了最初的分类，后来经过其他学者的优化改良，例如 Huang 和 Huddleston（2009）。从图 4.5 中可以看出，随着我们从左下角移动到右上角，品牌的价格和质量升高，其中延伸品牌主要是英国杂货零售企业精选标志性产品中质量最高的部分。需要注意的是，这些品牌并非按顺序产生，特别 81
是在国际零售企业进入新市场、带来新零售品牌的时候。

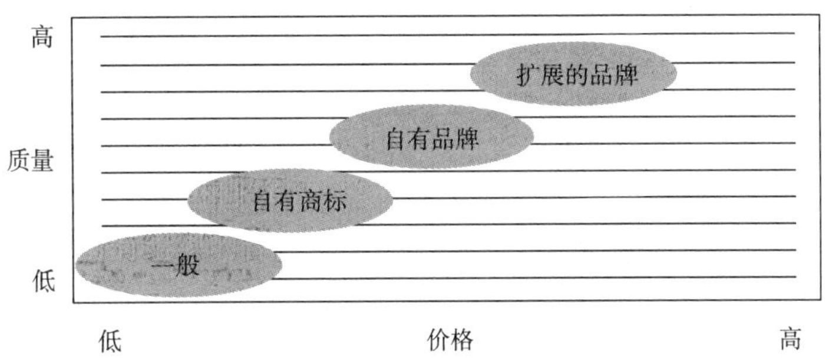

图 4.5　零售品牌的四个层次

资料来源：根据 Laaksonen（1994）；Huang 和 Huddleston（2009）整理。

一开始，零售品牌是指一般性品牌，产品价格比制造商品牌更低。毫无意外的是，这些零售品牌，比较知名的是法国的家乐福和英国已倒闭的连锁品牌，例如 Victor Value 和 Shoppers' Paradise，推出这些品牌是为了应对 20 世纪 70 年代日益激烈的价格竞争和高通货膨胀的经济环境。杂货零售市场从 80 年代早期开始变化。零售品牌推广程度和销售集中程度密切相关。诸如玛莎百货、Sainsbury's 和 Boots 等英国企业在 60 年代晚期 70 年代早期已经建立了由零售企业控制的销售中心。它们在所出售的产品品类中属于市场领导者，已经在顾客中建立起品牌形象。其他零售企业，特别是大型杂货零售企业很快效仿，到了 80 年代晚期，出售的包装杂货产品/化妆用品中大约 32% 为零售品牌，在十年内增长了 8%。实际上零售品牌的市场渗透率比部分杂货产品品类的渗透率高很多。特别是冷冻食品，几乎全部都是零售品牌。Northern Foods 和 Oscar Meyer 等企业是在满足玛莎百货和连锁超市（包括乐购）日益上升的速食餐过程中发展起来的。它们将自己的定位从“大量进货，廉价出售”改为出售优质产品（制造商质量等级零售品牌）。

到了 90 年代，英国零售企业开始与全球最具影响力的制造商品牌争夺货架空间。90

年代早期所谓的“可乐大战”是最明显的例子：Sainsbury's 带头，Virgin 等其他企业相继引进自己的可乐品牌，挑战可口可乐和百事可乐的市场地位。宝洁公司和联合利华的清洁剂品牌以及保健和美容品牌也面临零售品牌的竞争。在整个 90 年代，零售企业在零售品牌推广方面的开支比制造商更多。

之后品牌战继续发酵，引发越来越多有关山寨零售品牌违反商标法的争论（和诉讼案
82 件）。有人认为（Davies，1998）这不仅是盗用名称，更是一种身份盗窃。了解了保健和美容产品传达的价值观后，Davies 认为零售企业剽窃了制造商在研发过程中创造的形象。

随着消费者“品牌意识”的增强，而且零售企业更精确地界定了其细分市场，市场上出现了一系列特定品类的零售品牌，以吸引不同目标顾客群。例如，除了有机食品和健康食品之外，还分为平价产品和“精选”高质量产品。这些品牌价值促进了企业品牌推广和零售企业品牌的诞生。因此零售企业品牌拥有足够实力让企业进入其他业务领域，例如杂货商进入金融产品市场，时装零售企业进入香水行业等。拥有全球视野和多渠道策略的企业（例如乐购）毋庸置疑将利用它们的品牌忠诚度交叉销售各类产品和服务（参见专栏 4.1）。

需要注意的是，零售品牌在英国超市中的份额与其他市场大不相同。Fernie 和 Pierrel（1996）指出，零售企业自有品牌在法国杂货市场中的份额仅有英国的一半，即使法国拥有家乐福、Auchan、LeClerc 和 Intermarché 这样的大品牌。差别这么大的原因包括零售企业的性质（LeClerc 和 Intermarché 属于组织结构比较松散的贸易集团），一开始法国零售企业无法在电视上推广它们的门店（直到 2007 年才合法），并且它们非常强调价格竞争（对于制造商品牌）。在美国，零售品牌推广的程度也比较低，但是主要原因在于连锁零售品牌在地域上比较分散，不像制造商品牌一样能够覆盖全国。沃尔玛属于例外，但是它们的“天天低价”策略缩小了零售品牌和制造商品牌之间的区别，因而消费者不需要进行消费升级。

21 世纪前十年晚期和第二个十年早期，由于经济危机和后来的经济衰退，零售企业自有品牌市场份额在大部分市场中都实现上升。这一点表现得尤其明显的是东欧一些新兴市场，特别是全球零售企业新进入的市场，而且这些国家持续保持高失业率。举个例子，保加利亚杂货市场中零售企业自有品牌的渗透率从 2007 年的低于 2% 上升到 2011 年的 11%（Bozhinova，2012）。而且，这种增长大部分都集中在英国等市场中相对不受经济情况影响的商品品类，例如软性饮料、咖啡和糖果（Papalyugova，2013）。

很多情况下，时装品牌是拥有一系列品牌延伸的零售企业自有品牌，例如 Gap 和 GapKids。但是过多品牌延伸会稀释原有品牌价值，例如 Next 在 80 年代就出现这种情况，然后在 90 年代重新专心发展核心的女装业务。一些零售企业与供应商配合，在不参加生产情况下供应它们的零售品牌，这与 Benetton 和 Zara（一定程度上）不同，这两家公司都是完全整合的企业。奢侈时装品牌也继续大量从其原产国引进高质量工艺品。本章其他部分还讨论了奢侈品牌的演变和部分奢侈品牌的重新定位，但图 4.6 强化了这些品牌的关键维度，介绍这些品牌如何诠释现代品牌推广的本质，如何强调它们的遗产、文化和产品完整性，以及如何在标志性的旗舰店中为其高端顾客提供奢侈体验（Moore et al.，2010）。

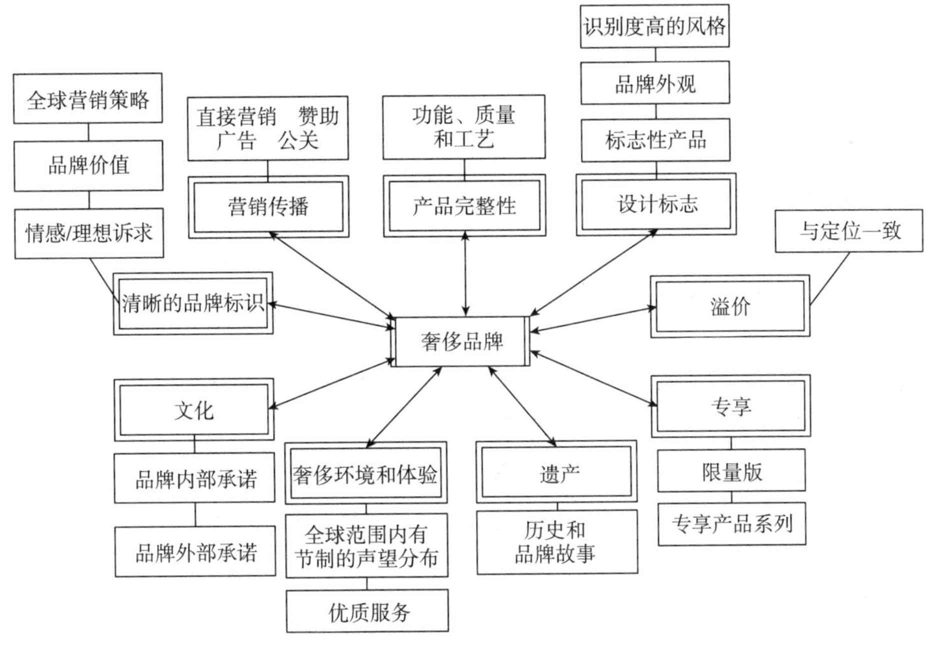

图 4.6 奢侈时装品牌的维度

在主流时装市场中，竞争零售品牌的相对位置随着市场新进入者发生改变，因此，维护品牌意味着检查品牌在市场中的定位。随着 Matalan 和 TK Maxx 等平价时装连锁品牌的崛起，女装市场在 20 世纪 90 年代晚期 21 世纪前十年早期发生了根本性转变。H&M、New Look 和 Primark 等快时尚品牌在折扣市场中的兴起，意味着许多传统商业街百货门店被留在中端市场，对于其产品质量而言，产品价格相对较高。C&A 在 2000 年退出美国市场，一些传统知名品牌从 2000 年开始也陷入困难，例如 BHS 和玛莎百货。 83

这种市场转变是在几年时间内完成的，有市场意识的零售经理人本可以预见到这种情况，并采取措施保护受影响品牌的市场地位。French Connection 通过重新定位和 90 年代的一次成功营销活动保住了自己的位置。当大型杂货零售企业在十年前受到折扣商威胁时，它们通过在门店内提供识别度很高的平价产品，分散了品牌形象受到的威胁。因此，它们通过在相同的门店内为顾客提供更廉价、更低质量的商品，维持了它们的品牌形象。对于 Arcadia 而言，它们的产品组合中除了 BHS 之外还有其他许多品牌，比较著名的是 Topshop，因此它们的经营非常成功。

4.3.2 品牌延伸 84

知名品牌可延伸到向现有顾客提供零售产品和服务。品牌延伸可促进顾客选择其品牌。理查德·布兰森（Richard Branson）创办的维珍集团是英国品牌延伸的领军企业。维珍集团最早是一家唱片店，随后在投资、可乐分销和航空等行业开拓疆土，业务涉及各类商品和服务。维珍集团始终坚持以顾客为核心，凭借冒险精神，打造质量上乘的品牌形象。创始人甚至通过乘坐热气球飞越大西洋或者披上婚纱扮成新娘等种种噱头来大肆宣传品牌。

图3.3和3.6.2节讨论了奢侈品牌如何延伸到新产品和新服务中。互联网为零售企业提供了品牌延伸的便捷途径。除核心产品外，品牌名称还可延伸到不相关产品和服务中。乐购提供网上购物服务，并用自营车队运输。如今，通过与Grattan以及Bertrams等知名企业合作，乐购将网上品牌延伸到服饰、礼品、娱乐和书籍等领域，并通过包裹运输公司将商品直接交付到顾客手中。

在延伸品牌时，维珍采取审慎措施维持与顾客达成的“预期协议”（expectational pact）。维珍铁路服务差、价格高，损害了维珍集团的良好名声。按照顾客预期，维珍门店和航空的优质服务本应延伸到铁路服务领域。类似地，时装设计师也担忧子品牌可能对品牌传统价值造成负面影响。此外，它们还担心特许协议加盟商的不良质量可能使高端顾客渐行渐远。

4.4 服务营销组合

服务营销组合（service marketing mix）是指零售企业整合各种营销要素，满足目标顾客需求，实现互惠互利的一种方式。服务营销组合需要考虑多种要素（见图4.7）。参见第10章，了解关于传统4P营销组合适应服务企业的发展情况。

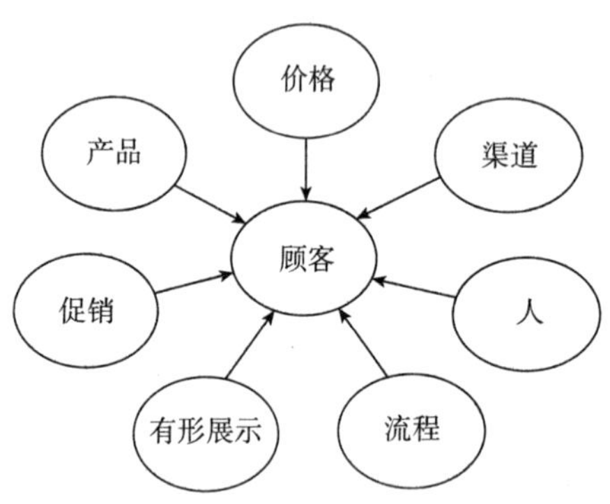

图4.7 服务营销组合

4.4.1 产品

从零售企业品牌或零售企业门店品牌到业态组合，再到零售以及构成零售企业商品的制造商品牌组合，以上各个层面均需要考虑产品这一服务要素。在任何层面，产品都要满足或超出某一或多个目标顾客群体的需求和期望。

产品（和品牌）会经历一个生命周期（见图 4.8）。尽管人们难以准确评估从一个阶段到下一阶段的时间，但是，识别产品生命周期阶段有助于制定市场战略和战术。企业开发产品时投资的成本，可能抵销产品取得成功时获取的利润。在引入期，企业需要在产品发布、营销和广告上不断投入成本。在成长期，当销售和利润迅速攀升时，营销者应着力 85
于提升销量，并通过积极销售、促销、持续广告和打击山寨产品等，在市场上占据主要地位。当销量增长率开始稳步下滑时，产品进入成熟期。最高利润出现在成熟期，这时也是市场份额和销量达到顶峰的时刻。营销者必须继续抢占市场份额，通过广告和营销激励顾客购买。但是，相比发展阶段，广告和营销的强度减轻，成本也有所下降。

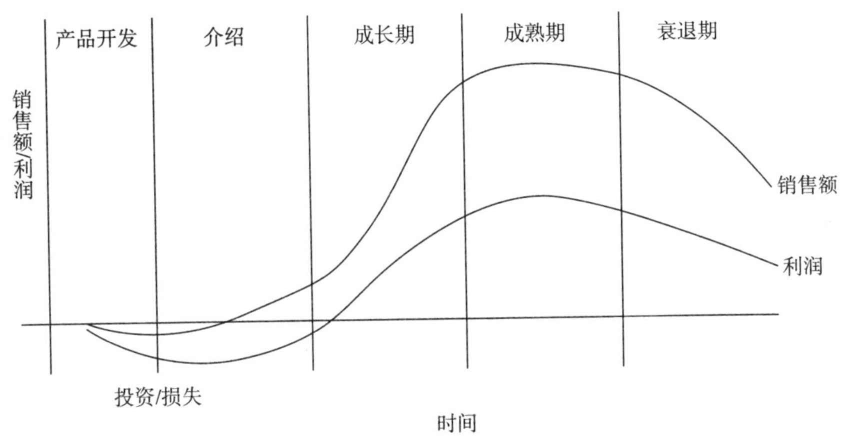

图 4.8　产品生命周期

当销售和利润稳步下滑或突然下滑时，意味着产品进入衰退期，营销者必须做出决策：

- 使产品缓慢衰亡，并将投资降到最低；
- 终止产品；
- 重新开发或发布产品，竭力打造产品的二次成长期。

2014 年产品生命周期不同阶段零售品牌示例：

- **极度干燥（Superdry）和 ASOS**：这两大品牌在英国取得巨大成功，正向国际市场进军，因此依然处于生命周期的成长期。
- **Next**：在门店和线上营销强劲增长后，迎来生命周期的成熟期。因玛莎百货 86
（Marks & Spencer）相继歇业和 C&A 闭店而发展起来的高街（high street）时尚品牌。
- **玛莎百货**：曾经风靡数十年的主流高街品牌，在 21 世纪市场份额持续下跌，高层管理者未能力挽狂澜。

由波士顿咨询公司（BCG）开发的市场增长率—相对市场份额矩阵（以下简称“波

士顿矩阵”）（见图4.9）可协助管理者对不同生命周期产品/服务管理的不同层面作出决策。零售企业可将各种战略业务单元（SBU）或门店品牌匹配到网格中，从而清晰地看到当前相对位置，制定未来发展方向。

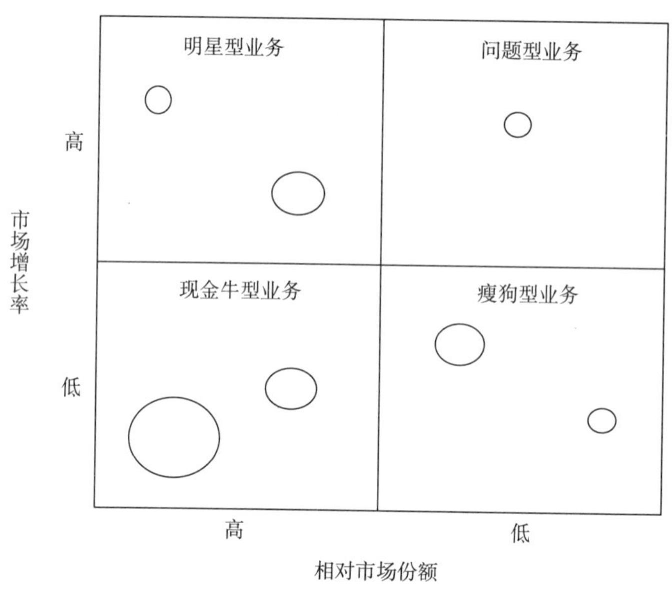

图4.9　波士顿矩阵（改编和简化版）

- **明星型业务**（Stars）：高增长、高市场份额品牌——继续投资，以提升在持续增长市场中的份额。在进入产品生命周期的成熟期时，增长将放缓。需提升市场份额，在未来转换为现金牛型业务。
- **现金牛型业务**（Cash Cow）：低增长、高市场份额的成熟品牌——处于产品生命周期的成熟期，利润可用于投资新产品/服务/品牌，或支持明星型业务和问题型业务产品/服务/品牌。这意味着需要投入充足资金，保持市场份额，也有可能获取利润。
- **问题型业务**（Question Mark）：高增长、低市场份额——需要投资，以保持和提高在成长市场中的份额。当存在多个问题型业务时，需要决定提升哪些业务的市场份额，以及需要放弃哪些业务。
- **瘦狗型业务**（Dog）：低增长、低市场份额——处于生命周期的衰退期，可能产生一定利润，支撑业务，但是不会产生足够的利润来支持更具前景的产品/服务/品牌。企业可终结或出售此类业务。

87 采购和品类管理是零售企业的两大核心活动。相关主题和逻辑将在后文讨论。在这里需要指出的是：管理人员使用直接产品盈利性（DPP）或作业成本法（ABC）等技术，能够更加准确地评估产品或策略的利润贡献，从而将产品生命周期和波士顿矩阵运用到制定产品/类别管理战略决策中。

4.4.2　价格

价格是营销组合中最灵活的要素：所有其他要素的变化都需要一定时间，只有价格可根据顾客需求或市场状况迅速升高或降低。价格和质量是影响顾客对零售产品感知和顾客购买决策的两大重要因素。顾客了解某个产品或门店品牌产品系列特定质量水平的“公允”价格范围。当价格低于公允价格范围时，顾客可能怀疑质量不佳；当价格高于公允价格范围时，顾客可能怀疑自己“被宰”（ripped off）。

因此，价格策略与产品决策以及品牌战略息息相关。这就是为何价格和质量是市场定 88
位最常用要素的原因。价格决策可受到内部和外部因素影响（Omar，1999）。

内部因素包括：

- 营销目标；
- 营销组合策略；
- 成本。

零售企业营销目标将随着行业竞争力以及在经济生命周期各阶段市场状况的变化而变化。例如，在少数几家大型企业主导的高度垄断的行业中，竞争性定价是企业生存的关键。可通过低价/低成本运营/大量销售策略，或通过高价/优质服务/成本最低策略实现利润最大化。

除生存和利润最大化外，还有三个共同营销目标：

- **占据市场份额**：对许多零售企业而言，这是持续增长和取得成功的关键因素；可能需要通过竞争性价格或“亏本出售商品”，从竞争者手中争夺市场份额。
- **为顾客提供服务**：在服务营销组合的其他要素上投资将增加成本，但同时顾客也会获得优质服务，因此企业可采用高定价。然而，可能有人认为低价本身对顾客而言就是一项服务；并且物流活动标准化可节省成本，使物有所值。沃尔玛进军德国市场受挫，对顾客服务的误解是很大一部分原因。德国顾客对服务的要求是快速、高效结账，而非纸袋包装、信用积分、礼貌服务或微笑等附加服务。
- **打造质量领先品牌**：在产品、服务、系统以及客户服务质量上加大投入，就意味着价格也会更高。在营销组合其他要素上的投入通常意味着价格策略的灵活度将增大。例如，在产品质量、门店品牌、促销活动或物流管理方面进行投资，可能提升利润或以较低利润增加客流量。这样一来，就需要整合营销组合决策。例如，在维持高价的同时，若以“物美价廉”推销零售产品，将降低顾客满意度，导致顾客流失，反之亦然。

维持企业正常运营的价格是定价的基准。许多小型零售企业将运营成本作为定价策略的基准。这种方法被称为“**成本加成定价法**”（cost plus pricing），即简单地按成本加上一定比例的利润制定价格的方法。任何企业都有自己的固定成本和变动成本。固定成本是指

89 不受销量变动影响而能保持不变的成本，例如租金和税费、工资等。变动成本包括随销量变动的所有成本，例如材料成本、灵活用工成本等。

影响定价策略的外部因素包括：

- 宏观环境因素；
- 市场性质和竞争。

宏观环境因素决定了经营环境的变化，确定了零售企业经营成败的大框架，并影响零售企业成本以及顾客的价格感知。例如，繁荣、衰退、萧条和复苏等经济周期将影响人员、成本以及顾客的支出倾向。在经济繁荣期，顾客更可能接受高价格，零售企业可通过提升商品和服务质量维持价格。相反，在衰退期，顾客支出意愿下降，零售企业可通过打折实现大笔销售，从而提升利润。然而，由于其定位和品牌将与顾客感知公允价格范围相关联，因此，零售企业必须格外谨慎。自2007年经济衰退以来，英国消费者在支出上表现出明显差异。在经济状况强劲时，英国消费者更像德国消费者，倾向“混杂购物”（promiscuous）方式。一站式门店、便利门店不断涌现。毫无疑问，德国折扣店是这一变化的受益者。自相矛盾的是，维特罗斯（Waitrose）和玛莎百货食品部门等高档食品零售企业也是受益者之一。乐购和莫里森超市等主流企业却成为牺牲品。

政治因素也可能影响供应商的可靠性和成本，并决定构建和运营零售业务的成本。英国燃油税增长抬高了货物分销成本，进而转嫁到商品价格上。此外，消费者出行购买的意愿也有所减弱。在技术上的投资将有助于精简体系、提升效率、降低价格。然而，财力不足的小型零售企业竞争力将受到削弱，倒闭歇业，从而改变市场性质。社会趋势也可能影响价格。例如，双职工父母的时间有限，而金钱（相对）富足，对这类家庭而言，即时快餐和外卖就很有吸引力。此类家庭认为时间宝贵，不愿在下厨上耗费过多精力，因此，对他们而言，商品即便价格较高，也可以接受。

需求价格弹性定义了消费者对价格变动的反应。当价格变动1/100，需求量变动大于1/100时，则视为需求富有弹性。当价格变动1/100，需求量变动小于1/100时，则视为需求缺乏弹性。

市场条件随时间和商品性质发生变化。当商品既便宜又充足时，可能存在完全竞争。这时候，零售企业也相对容易以低成本进入市场，但竞争者数量也较多。若某个竞争者抬高商品价格，顾客倾向于从其他零售企业购买——需求富有弹性，价格也趋于稳定。当今社会，农贸市场就是这样一个例子。**寡头竞争**存在于只有少数几家大型竞争者的市场中，
90 其中一个例子是柴油分销，另一个例子是杂货分销。在这类市场中，价格竞争关系较为紧密——当一家市场竞争者抬高或调低价格时，其余企业将竞相效仿。这种紧密的竞争关系状况表示：寡头市场竞争者数量趋于减少，直到一家企业打败其他企业起到主导作用为止，即实现“**垄断**”。在这种情况下，由于消费者无处购买，价格将无弹性。垄断企业势力将损害供应商和消费者利益，当市场出现垄断苗头时，英国竞争与市场管理局将介入调查，并在必要时解散垄断企业。

绝大多数零售企业青睐于成功主导市场某个行业，即进行垄断性竞争——在这种情形

下，可实现一定程度的价格无弹性。在此情况下，消费者偏好零售企业产品，价格抬升仅会最小程度地影响需求；此外，就竞争状况而言，某个竞争者价格变更不会大幅影响需求。

4.4.2.1　定价策略

产品定价决策应直接受到定价策略影响。定价策略根据企业市场定位和目标客户概况制定。绝大多数学者将零售企业定价策略分为“天天低价”（Everyday Low Pricing，EDLP）、“高低定价”（High-Low Pricing）和“混合定价”（Hybrid）三种。天天低价是指门店以稳定低价出售所有的商品项目；高低定价是指经常性地对小范围的产品低价促销；混合定价则是每日定价和高低定价的混合方式（Fassnacht and Husseini，2013）。在 Gauri（2013）进行的一项针对美国零售企业市场的分析中，就周销量而言，采用天天低价和混合定价方式的门店表现优于采用高低定价的门店。

在高低定价策略中，平常收取较高价格，同时轮流选择某些商品低价促销，吸引专买廉价物品的人，并在顾客中营造低价的形象。英国西夫韦（Safeway）［现为“莫里森”（Morrisons）］在放弃会员卡体系后，成功采取高低定价策略。当时，集团总裁意识到从高低定价策略中节省的成本以及在消费者服务方面降低的成本可填补打折损失的费用，从而刺激大笔销售。但是，此举损害了西夫韦在高消费忠实顾客中的品牌形象。不过，西夫韦通过在高消费顾客中积极促销汽油，对此进行弥补。在被莫里森（人们通常认为，相比西夫韦，莫里森针对的是更低端市场）收购后，一项在苏格兰展开的研究显示原有消费者更倾向于转向其他门店（Findlay and Sparks，2008）。

天天低价倡导者将部分预算用于促销商品，以确保在全年内维持低价。当顾客在别处发现低价商品时，通常会选择退货。想要成功实施天天低价策略，必须在有效的分销系统中保持低价和低运营成本。天天低价是沃尔玛主要策略。沃尔玛英国子公司阿斯达已成功实施此策略，将品牌形象定位为低价零售企业，广受顾客欢迎。人们对天天低价的争论主要在于顾客可能对促销心存怀疑，即怀疑他们在某些物品上支付的较高价格实际上是为其他便宜物品节省的费用买单。这种怀疑通常是正确的。

尽管大量文献对零售价格定位策略开展研究，但是很少涉及零售实践者如何定期设立 91
和管理价格。Watson（2013）选取英美 16 家顶尖零售定价决策者的定期定价决策为样本进行研究，以在某种程度上匡正这一问题。在研究实践者中，有六家企业采用天天低价策略，有十家企业采用高低定价策略。研究显示，实践者在定价行为上表现出较高惯性，为此，作者提出了一个被动模型（见图 4.10）。

该模型借鉴了 Glaser（1978）提出的行为因果关系模型，阐述了定价策略的背景。实践者为规避风险，不愿在价格上作出重大变更，害怕破坏在顾客中建立起的信任关系。反过来，这将导致实践者采取被动的应对措施，而非积极主动发挥主导作用。这样一来，模型中就包含决策的不确定性，因为实践者掌握的顾客个体资料较少，所谓的专业人士也并未受过专业训练。这样的背景和原因将引发一系列结果，包括定价标准。这意味着，只有在与强制性规则或最低要求相关时（而非最优绩效），价格才会发生变化。这一过程由企业而非顾客驱动，导致被动定价行为。

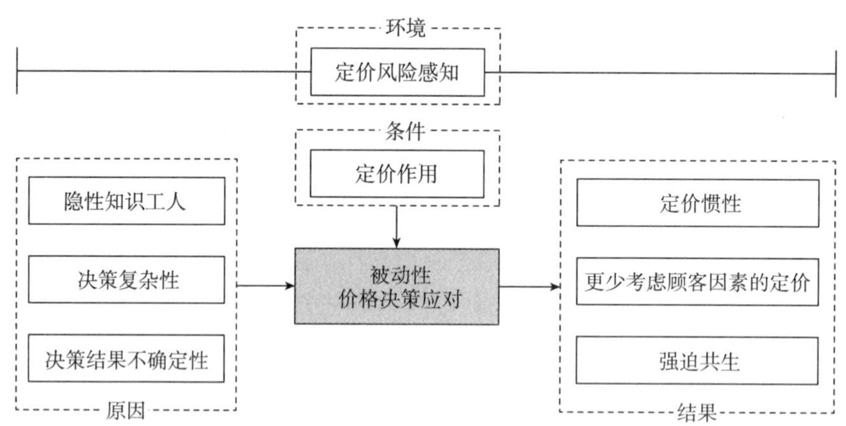

图 4.10　被动杂货店定价模型

资料来源：Watson（2013）。

除天天低价和高低价格定价策略外，还有**高价/质量服务**策略。这种策略是指保持较高价格，匹配优质商品和推销、客户服务和忠诚顾客奖励计划，以留住顾客、提升利润。顾客将受奢侈品相关品牌产品、优势地位和卓越（通常是个性化）顾客服务的吸引。

92 价格歧视（price discrimination）是指公司“按照与成本不成比例的两种或两种以上价格出售产品或服务”（Kotler et al.，2009，p. 601）。这样一来，零售企业可根据顾客群体、时间、购买地点或顾客浏览行为灵活变更价格。例如，零售企业可按折扣价向会员卡持有者出售货物；定期销售商品，为新的库存腾出空间；在不同门店以不同价格或以不同门店格局销售商品；网上零售时，某些零售企业价格因顾客浏览行为而异。由于零售企业可洞察顾客浏览模式，因此，网上零售导致价格歧视增加。价格对比网站和打折网站会为顾客提供价格信息，并鼓励购买。

4.4.3　地点

在产品和服务营销中，地点要素是指将顾客想要购买的商品/服务送到指定的地点。在零售业，营销组合中的地点要素较为复杂，因为它涉及大量的顾客和各式各样的商品和服务。为此，我们将分单独一章讨论地点要素。零售经理不仅需要考虑现代物流和传统物流（参见第 9 章），而且需要了解推销和展示原理（参见第 11 章）。本书将着重讨论地点分析技巧。

有关零售地点的研究可追溯到 20 世纪 30 年代。在雷利（Reilly）零售引力法则中，Reilly（1931）试图根据城镇大小以及与各目的地的距离，确定顾客被吸引到一个城镇而不是另一个竞争城镇的损益平衡点。1964 年，Huff 基于购物中心、出行时间和购买商品类型，计算顾客被吸引到某个中心的概率，对雷利零售引力法则进行重新定义。这类粗略模型构成百货公司制定计划的依据，直到地理人口数据库出现，才对此作出了改进。例如，玛莎百货可能会根据辐射区域开设新的门店。需要注意的是，沃尔玛区位定位主要关注中西部农村城镇，但杰西潘尼（JCPenney）和西尔斯百货（Sears）却认为中西部农村城镇对开店而言范围过小。

目前，凭借大量可用的、细化的复杂数据，可开发一系列方法，找寻门店的最佳位置。**检查表**（Checklists）是比较店铺备选位置的简便方法。绝大多数零售企业用检查表弥补直觉判断上的不足。检查表可用于采集和比较人口规模和人口概况数据；评估城镇/场地交通便利性问题，例如停车、场地能见度和公共交通；权衡直接/间接竞争的数量以及整体吸引力；评估销售区域面积、市场饱和理论、扩展潜力和成本等单元或场地问题。**模拟模型**（Analogue Models）可通过参考零售企业已有门店网络中在规模、交易面积和地点等方面类似的门店，预测潜在店铺的销售量（Birkin et al.，2002）。此外，零售企业可定义关键区位和交易标准，支持主要商铺的绩效表现，并试图在其他地点进行复制。Birkin 等（2002）强烈推崇使用引力模型的简单聚合版本：

$S_{ij} = A_i \cdot O_i \cdot W_j \cdot f(c_{ij})$ 93

其中：

S_{ij}为从住宅区到购物中心的人流量（购买力）；

O_i 为区域 i 的需求量；

W_j 为购物中心 j 的吸引力；

$f(c_{ij})$ 为区域 i 和购物中心 j 间的距离，或者表示购物的出行成本；

A_i 为与市场竞争相关的平衡因子，确保所有需求量都集中到购物中心。公式如下：

$$A_i = \frac{1}{W_j \cdot f(c_{ij})}$$

假设起点和目的地之间的支出流，与目的地的相对吸引力成正比（与其他目的地相比），并且支出流与目的地的相对交通便利性成正比（与所有其他竞争目的地相比较）。

考虑到数据来源的复杂性，Birkin 等（2002）更倾向于使用“**空间相互作用模型**”（Spatial Interaction Model）这一表述。他们认为可在某些地理信息系统包中自定义可用的空间相互作用模型，考虑零售市场的复杂性，并且正确预测给定区域的支出流和收入总和。

一项针对 1998 年英国主要零售企业所用技术的研究（Hernandez and Bennison，2000）指出，绝大多数零售企业凭借经验，并辅以一种或多种技术来作出判断。2/3 的零售企业采用检查表，2/5 的零售企业采用类比、集群、因素分析和引力模型等更复杂的分析技术。采用数据驱动、基于专业技术的零售企业比例较低。

此外，使用专业性区位分析技术的数量与零售企业运营门店的数量相关。其中，绝大多数运营门店低于 250 家的零售企业采用三种或三种以下区位分析技术；而运营门店高于 750 家的零售企业则采用多达六种区位分析技术。采用多种技术的零售企业主要集中在零售杂货店、杂货铺、旅馆和金融行业。

2010 年，Reynolds 和 Wood 根据 Hernandez 和 Bennison 的早期研究，在区位决策营销方面做了深入研究。作者认为，在使用技术上，零售企业增加了对定量分析技术的使用，弥补了对实践经验的依赖性（见图 4.11）。此外，除实践经验外，零售企业对特定技术也给予更大关注，例如，杂货零售企业广泛采用类比、多元回归和引力模型，而很少采用其他技术。的确，所有受访者都注意到通过现场调查验证建模方法的重要性。作者表示，这些技术主要用于新店开发或重新定位（replacements），相反，在门店翻新或歇业决策中，零售企业主要凭借经验决策，较少使用这些技术。他们指出，在这些领域采取的决策方法
94 对未来的运营管理很有必要。这点已经得到证实：文章指出，杂货零售的“空间竞争”已然走到终点。受经济衰退影响，加上互联网的发展，非食品零售企业门店网络趋于合理化（参见第 1 章）。

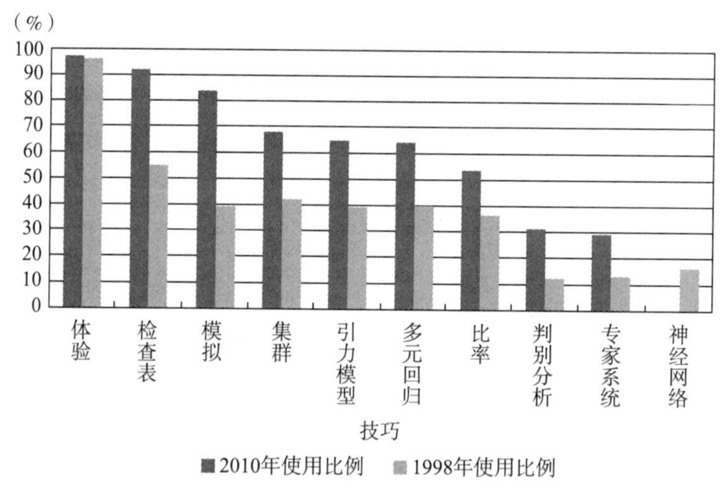

图 4.11　按受访者使用比例排列的零售区位决策技术（1998 年、2010 年）

资料来源：Reynolds 和 Wood（2010）。

4.5　促销

促销关乎与顾客的沟通，更准确地说，是指**营销传播**（marketing communication）。沟通时，信息发送方和接收方必须分享对信息传递符号、图片和词语的理解，并充分利用两者都可使用的信息传递媒介。

沟通流程如图 4.12 所示。信息沟通的来源（信息发送者，例如，为沟通制定概念或理念的群体或个人）必须在选择用于将信息传递给目标群众（选中的某个或多个细分市场）的沟通渠道（媒介）之前，先将概念或理念进行编码，成为语言、符号、图片或上述各项的组合。在沟通解码阶段，信息接收者将用于传递信息的符号、词语和图片解译为

概念或理念。反馈可确认发送者的概念或理念是否已经真正地被接收和正确理解，从而完 95
成沟通流程。

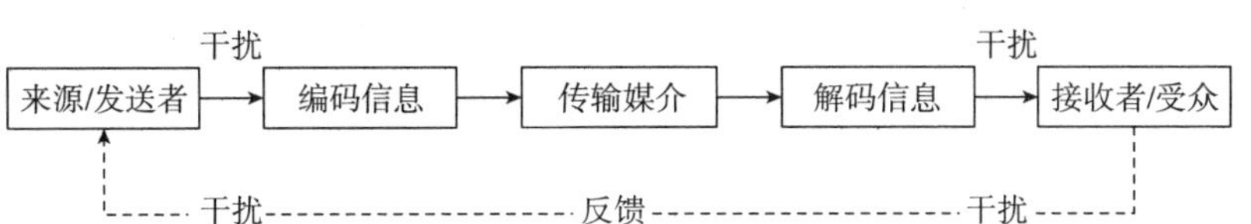

图 4.12　沟通流程

沟通流程的每个阶段都有可能出现干扰，即阻碍顺畅沟通的物理或心理障碍。

物理障碍包括物理距离、时间距离、受教育程度差异、难以接触/无法接触媒介或大量的干扰信息。心理障碍包括对发送者、消息或媒介的偏见、感情、认知和态度。

作为营销组合的一个要素，促销依赖于其他要素的有效开发和使用，包括产品/品牌、价格和地点、人员、流程和有形展示。在沟通中也起着重要作用的其他营销组合要素还包括人（员工和顾客）、产品（数量、可用性和包装）和有形展示（例如，门店标识、店铺设计、视觉营销等）。

促销组合是指零售企业可用于与现有和潜在顾客沟通的一系列促销要素。传统促销组合包括人员推销、广告、销售推广和宣传。然而，宣传和广告中可包括的赞助和直销（特别是社交媒体）等其他要素现已发展成为单独的促销要素，重要性日益凸显，也日渐复杂。

零售促销组合开发与以下因素相关：

- 战略目标；
- 涉及受众；
- 市场规模；
- 需要推销的信息或产品；
- 可用媒介的相对成本。

零售企业的促销目标主要根据企业战略目标而定。例如，当某一零售企业希望将英国成功模式扩展到欧洲其他市场时，设定的促销目标是提升目标国家顾客对零售企业或门店品牌的意识和关注度；然而，知名零售企业的促销目标则主要放在应对主要竞争者或巩固
市场地位上。专栏 4.2 列出阿尔迪在英国的促销策略。这一在本土市场从未打广告的德国 96
折扣品牌在进军英国时，制定了一系列广告推销活动，在预算紧张的家庭消费者中强调价格和质量（性价比）。随后，阿尔迪在邮箱和社交媒介投放广告，巩固这一品牌形象。

采用成本策略的零售企业，倾向于采用成本标准来评估促销组合的要素，并且关注购买力最高的目标顾客。因此，这类零售企业能在无须支付媒体版面费的情况下获得更高的顾客覆盖面。零售企业通常采用各种各样的销售促销方式鼓励顾客消费。采用差异化策略的零售企业主要关注比较广告（comparative advertising），采用电视和印制品等视觉媒体，

在推销商品的同时，帮助构建、巩固和唤醒消费者对零售企业品牌的态度。选择一个很小的细分市场的零售企业最好采用直销方式。技术和媒体的迅速发展导致目标顾客更加分散化，因此增加了通过多种媒介去追踪和选择目标受众的难度。这表明，在运用营销和促销要素组合的过程中传递明确一致的信息非常重要。营销沟通的有效性依赖于如何将零售企业品牌价值、质量、价格和商品等零售组合所需信息整合在一起传递给顾客（以及员工和其他利益相关者）。

专栏 4.2　阿尔迪在英国的营销传播战略

20 世纪 90 年代，在成功进驻法国等周边市场后，阿尔迪开启了进军英国的步伐。最初，在英国四大杂货零售企业［乐购、Sainsbury's、阿斯达和西夫韦（现为莫里森）］主导的市场中，阿尔迪对英国市场的影响微乎其微。然而，20 世纪 90 年代和 21 世纪前十年早期，大型企业引入价值线或基础线，作为对小型折扣门店进驻英国市场的回应。英国折扣零售市场主要是科威克（Kwik Save）公司的天下，阿尔迪的市场份额较小。

随着科威克公司的衰落，加上阿尔迪收购了在英国的丹麦折扣门店内托（Netto），铸就了阿尔迪和历德（Lidl）在英国小型折扣门店领域的领军地位。继数年低迷增长后，这两家公司自 2007 年起迎来惊人增长。阿尔迪的 2012 年度报告（2013 年 9 月发布）显示：年销售额高达 390 亿英镑，同比增长 41%。2013 年底，在主要竞争者奋勇追击下，阿尔迪和里德尔占英国市场份额的 7%。2013 年，阿尔迪约有 500 家门店，计划每年新开约 50 家门店。阿尔迪的成功一方面是因为经济不景气，消费者开始节省开支（因为阿尔迪是折扣商店，可以帮助顾客节省开支）；另一方面得益于其精简运营模式，实现低价销售。阿尔迪从不提供不必要的服务。消费者在简陋环境内购物，且需要自行打包商品。此外，阿尔迪从少数关键供应商处供货，生产优质自营品牌商品。

德国消费者清楚地意识到阿尔迪的零售策略——无须为一个事实打广告，从而节省费用。阿尔迪的消费者群体是来自各类社会经济阶层的群体。

97 然而，在英国，这样的低端市场形象曾被贴上不光彩的标签。因此，阿尔迪的传播策略力图改变这种形象。21 世纪前十年末，阿尔迪开始在打包带上印上广告语："无须改变生活方式，只需改变选择的超市（Don't change your lifestyle，change your supermarket）。"随后，阿尔迪通过一系列针对各个阶层购物者的盲测（blind tests），发现阿尔迪品牌与知名制造商品牌具有相同水平的质量。根据测试结果，阿尔迪策划了"同类品牌"（Like Brands）电视广告，每段广告 20 秒，专注一种特定产品，通过诙谐幽默的表现方式，这些广告以同类知名品牌作为衡量阿尔迪品牌的比较基准，并使用这样的标语："同类不同价（Like Brands，Only Cheaper）。"作为电视广告的补充，阿尔迪将印有相同标语的印刷广告投放到门店附近消费者邮筒内，并在报纸广告/店内海报上宣传"更换超市，节省费用"

（Swap and Save）的信息，帮助消费者了解每周在阿尔迪购物节省的费用。公司还通过网站、Facebook 网页以及 Twitter 账户等更具针对性的宣传方式，与顾客直接互动，了解顾客对促销活动和产品供应的意见。阿尔迪在维护良好公关形象上表现积极，并接受代言，例如，参与监管机构举办的“年度超市”投票活动。

4.5.1 促销组合要素

人员推销（personal selling）是促销组合中最昂贵（从受众群而言）的要素，特别是当商品复杂或昂贵，顾客需要一对一的帮助方可作出购买决定时。在自助服务领域，销售角色功能较有限——仅在于提供信息，处理顾客订单——但是，如今这一角色功能有所提升。公司鼓励员工推销额外产品和服务，提升销量。人员推销将在第 11 章中详细讨论。

广告（advertising）是绝大多数零售企业广泛使用的促销手段。尽管媒体空间价格不菲，但是由于电视、流行报纸和杂志等主流媒体的受众群较大，相对而言，人均成本较低。促销信息可能随时间发展不断变化，“大促销”（teaser）活动发出大量信息，使人们对新产品产生兴趣；而“提醒性促销”（reminder）则定期采用先前广告的简短片段，无须过多媒体空间。可通过相关媒体定位细分市场受众。通过追溯互联网活动，互联网广告可直接指向潜在网上顾客。广告对于提升顾客对零售企业和商品认知和兴趣格外有效。

销售促进（sales promotions）包括一系列工具，例如减价优惠券、竞争以及买一送一，主要目的在于鼓励顾客尝试或购买商品并刺激促销产品的销售等。采用高低定价策略的零售企业采用“循环”促销，营造并保持全年销售“兴旺”的情形。

公共宣传（publicity）是指通过报告重要事件和信息，引发媒体报道。与高调首席执 98
行官的正面宣传一样，开业、新产品上线或赞助社团等活动也可引发媒体报道。通常，宣传消息与新闻难以区分，更容易在受众中建立信任感。然而，各家企业竞相争夺媒体空间，在发布时，媒体报道具有不确定性。宣传主要用于提升企业的知名度和顾客的兴趣，而非刺激销售；然而，有时在零售企业/媒体共同努力下，宣传也可与销售促进手段相结合，以提升销量。

赞助（sponsorship）是指资助不相关的事件、团队或个人，通常目的在于通过媒体报道扩展受众覆盖面。然而，覆盖面存在不确定性，主要视受赞助方成败与否而定。百安居和 Homebase 是英国两大“自己动手做”（Do It Yourself，DIY）公司，分别为第四频道电视节目提供场地和食品赞助，旨在树立翻新房屋的理念。

直销（direct marketing）在零售企业中越来越受欢迎，主要方式包括邮购、网站和直接邮递。这样一来，零售企业可以低成本直接向目标顾客提供信息，帮助他们作出购买决策或通过促销促成交易。会员卡数据挖掘（参见专栏 4.1）可用于生成关于具有直接购买营销商品需求/意愿的群体的目标数据库，从而提高成功率。如今，社交媒体已发展成为促销组合中的要素。例如，随着博客的崛起（特别是在时装行业），时装企业将博客作为公关的一种手段。某些时装博主——例如米兰时装博主 Chiari Ferragni（博客名 Blonde Salad）——影响力持续攀升。各大企业纷纷希望在新产品推出或新店开张时与时装博主合作。

4.6　人、过程和有形展示

人、过程和有形展示是营销组合中新增的三项要素，特别适用于服务企业。如果说营销是在正确的时间和地点以正确的价格获取正确的产品，并与顾客进行沟通，那么，人、过程和有形展示则关乎交易体验的质量。

4.6.1　人

在零售企业中，影响营销有效性的人分为两种：

- 服务人员；
- 顾客。

服务人员是指直接与顾客接触的企业人员。在零售背景下，服务人员可以指企业所有员工。在零售企业中，顾客满意度一方面来源于产品，另一方面来源于服务——包括店铺整洁度、外观、质量、展示、存货水平和维护、附加服务、售后服务和购买流程等。

99 除销售角色（无论是主动销售或处理订单）外，销售员工在店内促销时，需要向顾客口头介绍促销活动、商品和库存水平，并帮助顾客了解活动、新商品和服务举措，助力其他外部促销。

员工代表着企业提供服务的质量，并在提升顾客满意度方面起着关键作用。良好的员工形象和行为将对营销其他要素的成功起到积极促进作用，反之亦然。标准化程序和员工培训可降低糟糕服务出现的可能性。但是，企业还需要考虑员工激励、保留和士气等因素。第 10 章中详细介绍了销售员工的重要性。

顾客是影响零售企业营销成功与否的另一类人群。顾客可与其他促销要素相联系。他们可作为广告和促销活动材料中的推荐人，为零售企业的促销标语提供支持。顾客还可出现在宣传活动中，例如，赢得竞争成功的庆典活动。Sainsbury's 在新店开业时，通过组织学生参与招贴广告设计竞赛，成功地使顾客加入到营销中，在起到广告和免费宣传作用的同时，吸引社区成员自愿涌向新店。顾客在门店、商品或服务的口碑宣传中会起到销售的作用。例如，阿尔迪（参见专栏 4.2）在 Facebook 上采用“阿尔迪倡导者”广泛宣传公司价值主张，并开展特别活动宣传“我爱阿尔迪”活动。某些企业（例如雅芳）利用顾客去招聘直销代理人员。

另外，如果顾客向他人传递不满或虚假信息，那么企业营销活动也可能受到不利影响。不当销售行为、门店过度拥挤或顾客稀少都可能影响其他顾客的购买体验。

4.6.2 过程

过程是指将输入供应品（例如打包袋、手推车、购物篮、商品和收银纸带）转换为输出（例如完成购物以及使客户满意等）的过程。过程可能包括：

- **计划和控制过程**：处理商品和服务的数量、交付和成本，达到顾客满意要求。
- **操作计划**：处理促成一致结果所需的各项操作，例如人员推销、客户服务和销售水平。
- **设施设计、布局和物料处理**：加快服务速度，提高服务效率。
- **计划安排**：制定详细的计划时间表，例如补货、维修以及为顾客包装等。
- **库存规划和控制**：确保库存、人员和设备充足。
- **质量控制**：检查并评估商品、操作和服务。

在营销服务中，过程要素是保障客户满意度的重要因素，还可用于吸引顾客，并让顾 100
客感到放心。绝大多数的零售企业的运营过程对顾客具有很高的透明度，其外在表现将直接影响运营。

零售企业之间竞争不仅体现在客户购物支出上，如今还越来越多地体现在娱乐和休闲方面，因此，过程的重要性就日益凸显。对绝大多数人而言，购物过程与购买的商品本身一样重要，无论是表现出浓郁的销售氛围还是运营良好的舒适环境。过程本身也变得越来越复杂，例如：在门店的网络展台上，顾客可以搜索门店缺货的商品；门店有时还提供男性休息室，配备网络和电子游戏设施。

过程还是一种提升顾客满意度的有效营销工具，并且具体的方法也有许多种。例如，如需专门促销展示某一商品，可能需要清理货架，补进存货。再如，在高峰时期，可能需要定期提供打包服务，提升销量。零售企业可鼓励顾客自行处理某些过程，例如寻找和扫描商品或将购物篮或购物车放回原位等。例如，在宜家广告中，鼓励顾客自行运输和装配商品，从而降低价格。

4.6.3 有形展示

从本质上而言，服务是无形的。在零售行业，商品显然是有形的，而提供给顾客的服务却是无形的。有形展示是指将购物体验的服务部分以有形（或物理）方式展示给顾客和潜在顾客。有形展示可分为边缘展示（peripheral evidence）和核心展示（essential evidence）两类。

边缘展示：顾客在购买服务过程中能够实际拥有的展示——例如，服务交易发生的环境和氛围。这类展示很少或根本没有什么价值。通常，购物者在离开时至少会留下一个购买凭证，通常是一个纸袋或打包袋。这些都可用作促销工具，至少是印上零售企业的名称或商标，这可象征服务和商品的质量。设计师品牌店通常提供购物袋，用不同寻常的颜色、设计或材料宣传店面品牌和设计师协会。这可引导顾客将时装和门店联系起来，吸引顾客到店消费。收据也可用作联合营销。例如，在收据背面印上打折券。或者，收据也可用于提供优惠券、返点或作为其他促销的载体。

边缘展示为零售企业提供机会，在顾客消费后建立品牌意识。作为边缘展示的一种形式，会员卡是一种对顾客忠诚度表示感谢的外围凭证，为常客提供不同优惠以及额外产品或服务。

核心展示：核心展示不能为顾客所拥有。但是，核心展示对顾客选择服务至关重要。核心展示包括店面外部因素，例如区位、停车、规模、建筑物设计形状和质量以及招牌等——这类核心展示均代表预期服务质量，并可用于吸引顾客到店购买。核心展示还包括
101 内部因素，例如布局、家具和装修材料质量、照明、标记和顾客设施等。

核心展示有形地展示了服务的质量，并在店面格局设计方面起到积极作用。然而，核心展示应与其他营销组合要素相结合，这点很重要。当核心展示与提供的服务质量不一致时，可能导致顾客疑惑或不满。

有时，零售企业将边缘展示作为核心展示的补充，例如，在等待配偶区提供免费茶水和咖啡，为孩童提供徽章以及邮寄收藏海报等。20 世纪 90 年代，圣安德鲁斯羊毛厂通过“免费酒水”服务——在门店楼上茶室向顾客提供小杯威士忌，提升了口碑，赢得了常客。除广受顾客好评外，此举还迎合了店面格纹/羊皮毛织厂的形象，广告令人久久难忘。

4.7 总结

本章以乐购会员卡数据为例，详细阐明营销策略，说明市场如何细分以及如何描述顾客，并说明企业如何按照顾客生活方式细分顾客群体。在目标顾客看来，相对标准商品出售，杂货行业门店品牌已成为一种市场定位的方式。零售企业通过自有品牌和门店品牌创建的品牌价值已足以使这类企业开展多元化经营，例如销售金融产品和快餐等。零售品牌相对竞争地位随着市场新进入者发生变化。因此，为维护品牌，必须定期审查市场定位。奢侈品牌的演变是本章主线，以博柏利和古驰为例，阐述一时衰落的传统品牌如何重新定位，在持续发展的市场上重获成功。

本章最后一节主要阐述服务营销组合，近期的学术研究特别重视定价和促销，以及门店区位分析。其中提及衰退经济环境对营销组合的影响，阿尔迪在英国的营销战略就是典型例子。然而，需要强调的是：考虑到顾客、员工、系统和门店/网络环境之间的互动，服务营销组合中的人、过程和有形环境要素对于零售企业具有特殊意义。所有要素都可能提升（或降低）购物者体验。

复习题

1. 借鉴不同零售行业的例子，讨论企业采用的各种细分市场，以及选择目标顾客的方式。

2. 讨论零售品牌如何从基于产品的营销演变为基于企业品牌的营销。

3. 列出服务营销组合的关键要素，并讨论过程、有形展示和人在零售营销中的重 102
要性。

4. 讨论经济衰退对服务营销组合特定元素的影响。

参考文献

Birkin, M., Clarke, G. and Clarke, M. (2002) *Retail Geography and Intelligent Network Planning*. Chichester: John Wiley.

Bozhinova, M. (2012) 'Own brands of commercial chains: a source of competitive advantage' *Central and Eastern European Library*, 3: 35 – 49.

Burt, S. and Davies, K. (2010) 'From the retail brand to the retailer as a brand: themes and issues in retail branding research', *The International Journal of Retail & Distribution Management*, 38 (11/12): 865 – 878.

Competition Commission (2008) 'Groceries market investigation: final report', www. competition – commission. org. uk/press_ rel/2008/apr/pdf/14 – 08. pdf (accessed 27 July 2010).

Davies, G. (1998) 'Retail brands and the theft of identity', *International Journal of Retail and Distribution Management*, 26 (4): 140 – 146.

Fassnacht, M. and El Husseini, S. (2013) 'EDLP versus hi – lo pricing strategies in retailing—a state of the art article', *Journal of Business Economics*, 83 (3): 259 – 289.

Fernie, J. and Pierrel, F. R. A. (1996) 'Own branding in UK and French grocery markets', *Journal of Product and Brand Management*, 5 (7): 48 – 57.

Findlay, A. and Sparks, L. (2008) 'Switched: store switching behaviours', *International Journal of Retail & Distribution Management*, 36 (5): 375 – 386.

Gauri, D. K. (2013) 'Benchmarking retail productivity considering retail pricing and format strategy', *Journal of Retailing*, 89 (1): 1 – 14.

Glaser, B. (1978) *Theoretical Sensitivity: Advances in the Methodology of Grounded Theory*. Mill Valley, CA: Sociology Press.

Hatch, M. J. and Schultz, M. (2003) 'Bringing the corporation into corporate branding', *European Journal of Marketing*, 37 (7/8): 1041 – 1064.

Hernandez, T. and Bennison, D. (2000) 'The art and science of retail location decisions', *International Journal of Retail Distribution Management*, 28 (8): 357 – 367.

Huang, Y. and Huddleston, R. (2009) 'Retailer premium own – brands: creating customer loyalty through own – brand products advantage', *International Journal of Retail Distribution Management*, 37 (11): 975 – 992.

Huff, D. L. (1964) 'Defining and estimating a trade area', *Journal of Marketing*, 28: 34 – 38.

Humby, C., Hunt, T. and Phillips, T. (2007) *Scoring Points: How Tesco is Winning Customer Loyalty*. London: Kogan Page.

Jevons, C. (2007) 'Towards an integrated definition of brand', in *Proceeding of the Thought Leaders International Conference on Brand Management* (De Chernatony, L., ed.). Birmingham: Birmingham Business School, University of Birmingham.

Kotler, P., Kelly, R. L., Brady, M., Goodman, M. and Hansen, T. (2009) *Marketing Management*.

Harlow: Pearson Education.

Laaksonen, H. (1994) *Own Brands in Food Retailing across Europe.* Oxford: Oxford Institute of Retail Management.

McGoldrick, P. (2002) *Retail Marketing.* Maidenhead: McGraw – Hill Education.

Moore, C. M. and Birtwistle, G. (2004) 'The Burberry business model: creating an international luxury fashion brand', *International Journal of Retail & Distribution Management*, 32 (8): 412 – 422.

103 Moore, C. M. and Birtwistle, G. (2005) 'The nature of parenting advantage in luxury fashion retailing: the case of Gucci Group NV', *International Journal of Retail & Distribution Management*, 33 (4): 256 – 270.

Moore, C. M., Doherty, A. M. and Doyle, S. A. (2010) 'Flagship stores as a market entry method: the perspective of luxury fashion retailing', European Journal of Marketing, 44 (1/2): 139 – 161.

Moore, C. M., Fernie, J. and Burt, S. L. (2000) 'Brands without boundaries: the internationalisation of the designer retailers brand', *European Journal of Marketing*, 34 (8): 919 – 937.

Omar, O. (1999) *Retail Marketing.* Harlow: Pearson Education.

Papalyugova, N. (2013) *An Exploratory Study of Retail Brands and their Impact on National Brands: A Cases Study of Bulgaria*, MLitt dissertation, The University of St Andrews, St Andrews.

Reilly, W. J. (1931) *The Laws of Retail Gravitation.* New York: Knickerbocker Press.

Reynolds, J. and Wood, S. M. (2010) 'Location decision making in retail firms: evolution and change', *International Journal of Retail Distribution Management*, 38 (11/12): 828 – 845.

Rubinstein, H. (2002) 'Branding on the internet: moving from a communications to relationship approach to branding', *Interactive Marketing*, 4 (1): 33 – 40.

Watson, I. (2013) *Internal Reference Price Formulation in Support of UK and US Grocery Retail Price Decision Making*, DBA dissertation, Edinburgh Business School, Heriot – Watt University.

Zentes, J., Morschett, D. and Schramm – Klein, H. (2011) 'Strategic retail management: text and international cases', in *Customer Relationship Management* (2nd edn). Wiesbaden: Gabler.

5　零售国际化

学习目标 104

学习本章后，学习者应能够：

- 讨论零售概念和零售业态的国际化。
- 着重讨论零售国际化的四大主题：
  - · 国际化动因；
  - · 发展方向；
  - · 市场进入方法；
  - · 适应新市场的程度。
- 采用各种概念模型分析零售企业的国际化战略。
- 评估全球零售市场的变更性质。

5.1　简介

全球规模排名靠前的零售企业大多起源于美国，其中几家仅在美国本土市场运营[例如艾伯森（Albertson）、克罗格（Kroger）和塔吉特（Target）]。与其他行业相比，零售行业的市场集中水平较低，海外资产占总资产的比例也相对较低。事实就是如此。但是，在过去 15 年，零售市场发生了巨大变化，未来将导致全球市场进一步重组。全球最大零售企业沃尔玛的崛起在其中起到推进作用。沃尔玛 2014 财年销售额为 4730 亿美元，比其四大竞争对手总和还高，使其当之无愧成为全球最大零售企业。然而，20 世纪 90 年代末，沃尔玛国际市场销售仅占总销售额的 9%。截至 2014 年，这一数据升至 29%，甚至超出 2014 年乐购总销售额。本章将着重讨论沃尔玛等公司的全球运营；同时，我们有必要讨论国际化的其他形式以及零售国际化研究的概念框架。

105 5.2 国际化概念

Kacker（1998）详细说明零售的实践技能、概念和业态的国际化问题，以及那些能够从事跨国转移的零售技术。将零售运营实践在本土市场不断复制的早期案例有：西蒙·马克斯（Simon Marks）在20世纪20年代针对美国玛莎百货的实地考察，以及艾伦·塞恩斯伯里（Alan Sainsbury）在第二次世界大战后，将美式自助服务超市业态在J Sainsbury推广。如今，这种“游历”依然存在，特别是在现代科技的协助下，管理人员可以在世界各地找寻各种创意，并将其应用到零售服务中。这让我们想起制造业与零售服务国际化的不同之处：可以为某项产品申请专利，但无法为某种零售业态或运营程序申请专利。先行者优势在零售中至关重要；但是新理念将被复制和完善，因此，企业需要持续创新，方可保持竞争优势。

这在零售国际化中体现得尤为明显。大型零售企业在更多的新市场开设子公司，因此能够在全球应用最佳运营实践。人、商品和运营流程在全球不同国家的转移使零售供应链的各部分都获益。各种最佳的零售运营实践的理念也可以以一种非正式的方式得以传播，例如各种贸易协会主办的会议，会议讨论的主题通常对“国内”零售企业产生影响。第9章中所述的有效消费者反应（ECR）年度会议提供了这样的一个案例，即应用有效消费者反应原则为零售企业提供必要条件来提高效率、降低成本。

大多数关于国际化的学术研究都将焦点集中在如何将零售业态“输出”到新的国际市场，从而将零售业态国际化与零售运营战略联系起来。大多数此类零售业态的跨国转移与美国公司因国内市场饱和而寻求国际扩张机会息息相关，例如，Costco仓储会员店进驻拉丁美洲和欧洲市场，以及美国开发商试图将工厂直销（outlets）业态引入欧洲市场（McArthurGlen，价值零售）。相反地，起源于法国，并且由家乐福在拉丁美洲和亚洲成功实施的超级市场业态却在美国遭遇挫折，因为，此类业态创新程度不足，难以从已有竞争性业态手中抢夺顾客（Dupuis and Prime，1996）。20世纪80年代，沃尔玛尝试特级超级市场概念，最终在20世纪90年代演变为超级中心。通过这种方式，沃尔玛可以将食品放到其传统折扣百货店中销售。随着这一举措的推进，沃尔玛的收购目标转为针对超市运营商，而非折扣百货公司（例如加拿大的Woolco），从而加快了企业在欧洲和亚洲的扩张。

5.3 产品和服务采购

对许多零售企业而言，国际化的第一步通常是采购国际化。长期以来，大型服装公司都“离岸”（offshore）采购产品，以此获得太平洋沿岸地区、东欧和北非等国家由于低制

造成本所得的收益。玛莎百货因“购买英国产品”而闻名。20 世纪 90 年代末，因成本压 106
力和竞争加剧，不得不转向低成本市场。最早，The Limited 门店运营完全处于美国境内。不久后，The Limited 将库存从中国香港供应基地转移到哥伦布仓库，并分销至其门店，进而引领了美国服装市场的一场革命。具体内容参见第 9 章，通过供应链协同管理，节省上市时间，使买手从全球获取理念、设计和产品。

这不仅限于时装市场。食品零售企业，特别是全球性企业旗下的“大卖场”，正在全球各大洲引进全新“民族”产品。随着旅游的日渐盛行以及媒体曝光频率增加，对零售企业提出了国际化的要求，以满足全球消费者品尝世界美食的需求。

为提高购买力，企业加入购买联盟和网络交易所，以促进国际采购协作。在欧洲杂货行业，最初的联盟主要由自愿贸易集团和消费者合作社组成。但是，直到 20 世纪 80 年代末，多家零售集团结成特殊联盟，在营销和物流活动上达成协作。

零售行业紧随其他行业，着手利用一系列“国际”服务。借助国际平台，企业可充分利用国际劳动力市场、全球财务市场以及专业服务提供商（例如，物流、IT、会计和法律）。

5.4 门店发展的国际化

关于零售国际化的学术研究主要集中在零售运营方面，这在 Alexander 和 Doherty（2009）以及 Sternquist（1998）教材公布的关键主题中已得到证实。同时《国际营销评论》（*International Marketing Review*）（2000，nos 4/5）以及 Alexander 和 Doherty 的教材（2010）也有论述。本领域研究最早由 Stan Hollander 在其论文《跨国零售》（*Multinational Ketailing*）（1970 年发表）中提出。Hollander 厘清了零售投资国际流程，指出西尔斯·罗巴克（Sears Roebuck）、F. W. Woolworth 和当时其他著名零售企业在 20 世纪早期均表现出了国际化愿望。Hollander 的研究成果为 21 世纪最后几十年的零售国际化研究提供了基准，当时，投资规模已逐渐增长。

绝大多数关于零售国际化的研究主要关注以下四个主题：

- 国际化动因；
- 发展方向；
- 市场进入方法；
- 适应新市场的程度。

5.4.1 国际化动因

McGoldrick（1995）提出了企业制定国际化策略的框架。经典的“推力—拉力”因素处于两个极端位置，其中刺激因素和阻碍因素将影响企业的战略决策（见图 5.1）。在上

107 一节讲述零售国际化概念时提到，仓储会员店和工厂直销中心传播到新市场主要有两方面原因：其一是美国本土市场的饱和（推力因素），其二是英国因政治和文化原因产生的吸引力（拉力因素）。继 Hollander 之后，早期的零售国际化主要以推力因素为主导，国际化通常表现为被动因应模式。国内市场狭小（Ahold、Delhaize）或国内对业态发展的法规限制（家乐福），迫使欧洲零售企业在国际市场上寻求发展机会。为此，有关零售国际化的学术研究主要集中在欧洲零售企业身上，这点并不奇怪。

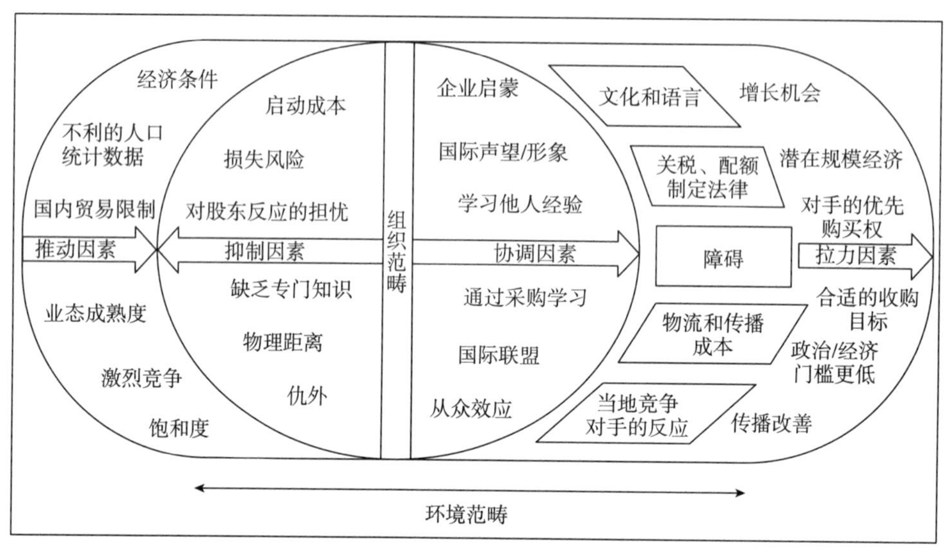

图 5.1　国际化推动力

资料来源：McGoldrick（1995）。

案例分析的对象始终集中在积极投身国际化，并“推动”新市场发展的所谓主动零售企业（proactive retailer）身上。这类公司具备差别化的零售产品和服务以及强大的品牌形象，有的是“品类杀手”（玩具反斗城、宜家），有的是专业服装零售企业（GAP、Benetton 以及 Armani 和 Donna Karan 等时装品牌）。虽然学术界在研究这类公司上花费了大量精力和时间，但是，专业零售企业对国际销售的影响依旧微乎其微。直到最近，人们才认为连锁超市和百货运营商开始涉及国际化运营；而食品则是被认为是最具有本土文化气息的产品。

现在看来，这些观点似乎过于空洞。图 5.1 中列出的推动因素旨在鼓励食品/大卖场行业整合。美国、欧洲和亚洲等大型政治贸易集团开辟了新市场，取消了有关跨国商品和人员流通的禁令。消费者尽管保留着本土口味，但是在消费“国际”产品上变
108 得更加开放，特别是对于国外零售企业。欧洲为零售国际化开辟了潜在战场。继统一货币（欧元）和欧盟扩大（大欧洲）之后，国际零售企业迎来了超过 5 亿人的欧洲市场。近年来，在国际零售行业中起主导作用的是大规模“顶尖”零售企业——大型超市、折

扣仓库等。

5.4.2 发展方向

明确零售国际化动因后，零售企业必须选择计划进入的市场以及进入方式。商业研究机构倾向于关注国际化活动的程序，分别取代 Burt（1993）、Robinson 和 Clarke-Hill（1990）关于英国和西欧的早期研究。绝大多数证据表明，在国际化早期阶段，企业倾向于采取低风险策略，并对与本土市场在地域上或文化上相近的市场表示青睐。文化或业务接近是一种心理距离概念，即“一个企业在经营海外市场时，由于文化的差异和其他商业困难，使得对当地市场的了解和经营产生障碍，这种不确定性程度可以定义为心理距离（O' Grady and Lane，1996，P. 330）。该研究和其他零售研究（Evans et al.，2000）参考了企业阶段国际化的研究文献。在著名乌普萨拉模型（Uppsala Model）中，瑞典研究人员开发国际化四阶段模型，展示制造企业如何在知识增长和心理距离缩短后，进军新市场（Johanson and Vahine，1974，1977）。

这就解释了为何美国零售企业将英国作为进驻欧洲市场的“桥头堡”——两国具有相同的语言、类似的商业行为，因此，在国家选择上具有“文化接近性”。的确，20 世纪 90 年代，在进入英国的所有国外零售企业中，31% 来自美国（Davies and Finney，1998）。

国际化投资格局显示早期国际化主要集中在相邻国家或地区，方便管理和控制风险。因此：

- 英国零售企业优先选择爱尔兰，其次是荷兰和法国；
- 法国选择西班牙；
- 德国选择奥地利；
- 日本选择中国香港和新加坡；
- 澳大利亚选择新西兰；
- 美国选择加拿大和墨西哥。

在零售企业积累一定经验后（有时是负面经验），它们开始重塑国际战略。自《北美自由贸易协定》（NAFTA）、欧盟（EU）和东南亚国家联盟（ASEAN）市场发展以来，主要参与者均会加入两个或两个以上主要贸易区域，寻求适当的增长机会。

5.4.3 市场进入方法 109

关于零售企业国际市场进入战略的研究文献大多借鉴了制造企业国际市场进入战略的相关研究，主要差别在于规模和国际扩张所需投资。制造业采取了逐步法，先采用低成本、低风险的特许经营、商品出口，然后再采用对外直接投资方式。国际管理研究著名学者（例如 Ohmae 和 Porter）讨论了与对外直接投资阶段相对应的管理结构，为零售企业在主要国际市场的经营提供支持。

零售企业在国际市场进入战略决策中需要评估低风险和高风险的不同阶段。早期低投资战略旨在充分掌握市场知识，这可通过少数控股或特许协议实现。通过**少数控股**，欧洲多家购买联盟参与“合伙人”交叉持股，为进一步合作甚至是未来的企业合并打开一扇门。当 Sainsbury's 于1987 年首次进入美国市场时，持有 Shaws 40% 的股份，但在十年后便全资控制后者。乐购于2001 年进军美国，在西夫韦（美国）网络公司中持股，为企业在美国市场的运营积累经验，并评估未来投资选择。在以上两个案例中，由于国内市场表现不佳，在股东压力下，两家企业被迫退出美国市场。2002 年 3 月，沃尔玛在日本第四大超市集团 Seiju 中持有 5.1% 的股份，并可选择将持股比率提升至 65.7%。2008 年，Seiju 成为沃尔玛的全资子公司。

特许经营是零售企业进军国内外市场的常见方式。与制造业授权经营类似，特许经营具有以下优势：加快市场进入速度，充分掌握本地市场知识，增加经验，降低进入成本（成本由特许经营人承担）。特许经营门店网络监管是特许经营的关键问题。特许经营人需要严格遵守特许人在销售推广、品牌形象和门店设计上制定的规则，这点很重要。特许经营在特定市场（niche market）具有强大品牌形象的零售企业中颇受欢迎。例如，美体小铺（Body Shop）在全球 65 个国家拥有 1500 家特许门店。贝纳通（Benetton）在全球 120 个国家拥有 6500 家门店，通过代理在特定市场区域销售和分销产品。随后，代理将与销售贝纳通产品的门店所有人签订特许协议。与此同时，贝纳通还在全球成立并管理 100 家自营购物广场，销售贝纳通系列产品。

专栏 5.1 和图 5.2 说明了时装设计公司的市场发展和进入战略。在特许经营讨论背景下，时装设计公司可在市场扩张的第四阶段采取特许经营进入市场（见图 5.2）。这些设计公司（例如 Versace、Donna Karan、Calvin Klein 和 Christian Lacroix）已在欧美和亚洲各大城市开设多家子品牌门店。旗舰店以销售高级成衣系列为主，主要由设计公司所有和控制。但是，子品牌门店可根据特许协议经营，避免过高起步成本并避免对全国连锁品牌带来风险。Moore 等（2000，p. 932）引用了一名美国子品牌国外运营总监的言论：

110 和绝大多数时装设计品牌一样，我们规模较小，资源也有限。因此，这是劳动分工问题。我们的合作伙伴负责运营子品牌链，我们负责供应产品。最重要的是，我们负责在广告上投入大量金钱和时间，打造品牌形象。

时装设计零售的案例表明：在进入新的国际市场的过程中（从特许经营批发到运营自营门店）存在复杂的关系网。外商直接投资为零售企业国际化提供了另一种选择。是从头开始发展或是收购一家现有企业，还是运营全资子公司或是与目标市场的母公司合作从而形成合资企业？实际上在许多国家市场，并不存在这种选择问题。例如，合资企业曾经是进驻印度和中国的唯一方式；在 21 世纪前十年，政策法规有所放宽。这表示，企业一旦积累市场经验后，必须收购初始合作伙伴。例如，博柏利在 2010 年收购了中国特许经营人。

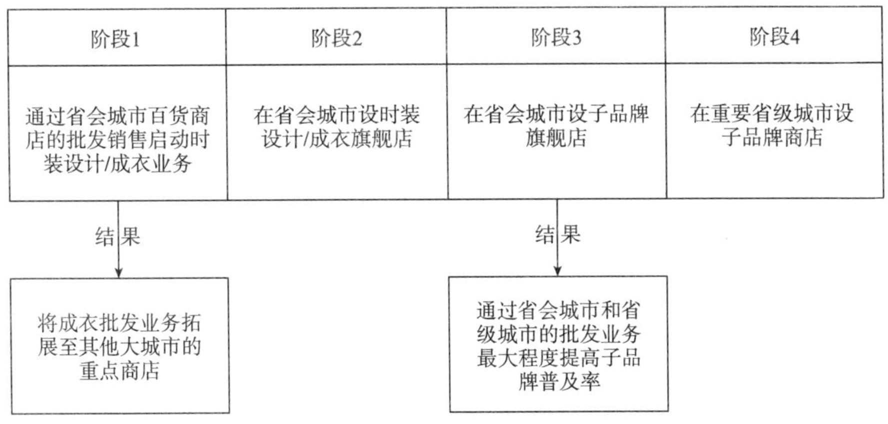

图 5.2　时装设计公司国际扩张的四个阶段

资料来源：Moore 等（2000）。

专栏 5.1　时装设计零售企业国际市场进入策略

图 5.2 显示了时装设计公司在国际市场发展的四个阶段。在第一阶段，批发是低成本创建品牌的重要方式，例如有限的高级定制和成衣系列分销到精品百货门店（哈罗兹、萨克斯第五大道）。一旦树立品牌后，将推广到其他省级百货门店和独立定制时装零售企业。第二阶段包括在省会城市（特别是伦敦庞德街、纽约第五大道、巴黎圣奥诺雷路等 111
高档购物街）开设旗舰店。这些门店因租金和运营成本较高，商品可能会沦为“亏本商品”。这促使品牌进入第三阶段，发展子品牌线。子品牌针对中端市场，是设计零售企业发展国际市场的催化剂。这也是那么多著名家族企业在 20 世纪 90 年代选择上市的原因——它们需要大量资本，为批发和签订特许协议支付大笔资金，从而在国际市场新开自营门店。扩张的第四阶段是在各国发展子品牌门店，从省会城市扩张到省级以下城市。这类扩张通常需要签订协议，使特许经营人代表品牌所有人运营一系列时装设计门店，例如，Calvin Klein 允许 CK 子品牌门店根据特许经营协议开店。

绝大多数国际营销（管理）研究文献均证明对外直接投资方式必须根据“国家文化”不同而不同。例如，美国和英国公司喜欢通过收购现有公司，加快进入新市场，尽管这在整合收购方和目标企业管理文化上可能出现问题。倡导快速成效的企业文化将为这种策略提供支持，因为这有助于安抚短期（从股票市场而言）的机构投资者需求。相反，日本和德国企业更愿意采用自我规模扩张方式，通过建立自营门店渗透新市场，这通常需要较长时间。这类策略也与国家文化相关。例如，日本机构通常寻求长期回报，宁愿以短期损失为代价。

在零售行业，已有证据为上述观点提供支持，特别是在大卖场或仓储式零售领域。为实现市场增长，沃尔玛和乐购在过去 10～15 年内采用收购策略进入新市场。对特定市场的零售企业而言，自我规模扩张策略更受欢迎，例如GAP、The Body Shop等企业以及宜家和玩具反斗城等"品类杀手"企业。当企业进军周边国家市场时，通常也建议采用自我规模扩张策略——早期，许多欧洲企业也采取此类方法。许多德国私人企业，特别是阿尔迪等折扣店，通过逐渐开设新店在欧洲市场建立品牌，它们承认在短期内会有亏损。

然而，应当注意的是，此类策略并不一定仅仅针对国家层面，因为企业文化也可能存在明显差异。英国两大顶尖杂货零售企业乐购和Sainsbury's采取了不同的国际化策略。尽管Sainsbury's在20世纪80年代末率先进入美国市场，实现国际化，但其持股较少，是持谨慎态度的典型代表。为加快在苏格兰的市场渗透，乐购于1994年收购了Wm Low连锁店，随后于1997年收购Power Supermarkets，进驻爱尔兰。Sainsbury's更倾向采用自我规模扩张战略，在苏格兰和北爱尔兰逐步开设新店，建立品牌。如今，乐购很大一部分投资
112 项目（超过40%）位于海外市场，特别是在东欧和亚洲。同时，机构投资人批评Sainsbury's在海外市场的持续投资，因为其在英国的市场份额正逐渐被乐购所吞噬。2001年，Sainsbury's从埃及市场撤出，2004年在美国重振本土市场。尽管绝大多数的学术研究主要调查国际零售企业的动因和市场进入策略，但是Alexander和Quinn（2002）以玛莎百货和Arcadia作为案例，主要探究零售企业的国际市场撤资和战略撤退计划。玛莎百货坦言该公司的国际化扩张与学术研究的大肆宣传有关。1998年，Davies和Finney在本书作者之一编写的一本零售国际化教材中，重点分析了玛莎百货。当时，玛莎百货是英国零售国际化的领军企业。玛莎百货在33个国家运营，"其他企业从未展现如此多样化的国际扩张"（Davies and Finney，1998，p. 138）——这句话针对的是玛莎百货采取的多样化国际市场进入策略。玛莎百货在英国各方面表现强劲，掩盖了在国际经营上的差劲表现。20世纪90年代末，玛莎百货在本土市场遭遇劲敌，困难重重。随后，玛莎百货计划关闭北美和欧洲门店，从国际市场撤出，仅留少数M&S特许经营门店，也就不足为奇了（参见专栏5.2）。

专栏5.2 玛莎百货国际扩张的兴衰

最初，玛莎百货通过出口自有品牌St Michael打开国际市场。海外和军事（海陆空军小卖店经营机构，NAAFI）市场成为此业务的主要贡献力量，成功出口约50个国家，并五次斩获英国女王颁发的出口成就奖。该业务最终发展为特许经营协议，成为玛莎百货国际战略的重要组成部分。

1972年，玛莎百货在加拿大开设第一家新店，在三家服装连锁店持有50%股份，从此开启了国际化步伐。20世纪70年代末，尽管玛莎百货全资控制三家连锁店，但在加拿大的运营始终处于亏本状态，迫使玛莎百货在20世纪90年代缩减门店数量，最终于1999年关闭业务。玛莎百货在英国服装和食品行业的成功方法在加拿大并不奏效。尽管对营销组合进行了调整，依然无法挽回颓势。

20世纪70年代，玛莎百货涉足欧洲大陆市场。于1975年在巴黎开设第一家门店；随后在比利时和爱尔兰发展自营门店；在20世纪90年代，在西班牙、荷兰和德国进一步扩张业务。20世纪80年代末90年代初，玛莎百货在美国和东南亚迈出扩张步伐，在美国收购Brooks Brothers男装连锁和King Supermarkets，并于1988年在中国香港开设自营门店。

特许经营是玛莎百货采取的关键策略，在全球范围充分利用特许经营权。除中国香港 113
外，这种策略在欧洲“边缘”（peripheral）市场颇受欢迎。1999年，玛莎百货在欧洲12个国家共拥有54家特许门店。特许经营策略也成功应用在东亚市场，使玛莎百货在东亚市场的利润高出Brooks Brothers自营门店的利润。

1997年，公司宣布大举扩张计划，包括进一步发展国际运营，将玛莎百货发展成为全球零售企业。然而，由于市场因素对公司不利，玛莎百货在城市的经营反响不大。亚洲金融危机影响了中国香港业务，以及在远东地区的特许经营业务。玛莎百货产品价格过高，加上消费者还没有完全接受M&S品牌（在西班牙也一样），导致德国市场问题重重。本土核心服装和食品市场竞争加剧，使得玛莎百货着手缩减在远东和欧洲的业务。2000年，国际业务占玛莎百货零售建筑面积的25%，占零售营业额的17.2%，但税前利润低于1.25%。需要注意的是，在利润最高的一年（1997年），其税前利润仅占总利润的8.3%。

2001年3月公告显示：公司正在出售美国业务，并关闭欧洲绝大多数门店（除爱尔兰门店外）。自1997年至2000年，玛莎百货股票暴跌，利润持续下降，其出售闭店也就不足为奇了。此外，玛莎百货也将中国香港门店转为特许经营。在国际扩张30年后，公司又重新回到原点。

玛莎百货已写好撤出市场的通告，包括一份新闻报道（Bevan，2001）。显然，管理层希望将玛莎百货发展为全球零售企业，却在战略上出了差池——收购业务间协作甚少，且错误坚信St Michael能够像在英国市场一样在国际市场取得成功。

不过，玛莎百货在后续的国际化道路上的成功很大程度上归功于特许经营的门店。2010年，新任CEO马克·博兰（Marc Bolland）大举开展国际化经营。目的在于巩固当前国际化市场，并通过旗舰店开辟新市场，随后通过其他门店和网络销售提供支持。特许经营依然是玛莎百货采取的主要国际化战略。

资料来源：Alexander和Quinn（2002）；Burt等（2002）；Felstead（2010）。

5.4.4 适应新市场的程度

国际管理文献普遍采用Levitt于1983年在《哈佛商业评论》（*Harvard Business Review*）上发表的市场国际化的观点，并以此作为研究公司在进入国际市场时是选择标准化 114

策略还是定制化策略的起点。Levitt 认为全球消费者具有趋向一致的需求与欲望，因此，企业在提供产品和服务时需要考虑这点。这一观点在全球知名品牌（例如可口可乐和麦当劳）以及连锁酒店、信用卡公司以及汽车租赁运营等具体服务行业中得到证实。然而，这类公司曾经采取措施，使其产品适应特定市场，并以不同方式在新市场宣传产品信息。在快速消费品（FMCG）市场，由于消费者喜好具有“文化基础”，对特定国家市场的适应性尤为重要。然而，事实是否一定是这样？家乐福以低成本运营商的身份进入日本市场，以迎合想要购买法国商品和享受法国式购物体验的日本顾客的喜好。在零售行业，对特定市场的适应在很大程度上取决于门店品牌的形象以及品牌价值能否在国际市场上成功转换。在上文关于时装设计公司的例子中，此类品牌在全球市场取得巨大成功。Levitt 为了巩固其全球化扩张，采取了适当的宣传策略，确保通过统一的标准化广告活动在全球市场中建立标准品牌形象。

尽管时装企业采取的方法可能不尽相同，但是，品类专家型零售企业和在特定市场的零售企业的产品和服务上也表现出高度标准化。在品牌形象上，宜家、玩具反斗城、Body Shop、GAP 和贝纳通的品牌形象、门店名称和成熟业态具有相似之处。在此范围内，由于场地获取的物理限制或适应不同市场颜色/尺寸的需要，需要作出一定变更，适应目标市场。例如，贝纳通在所有市场提供同样产品系列，并允许特定市场自定义一定比例的产品，满足特定国家市场需求（例如，在远东国家市场使用较小尺寸，以及在中东采用不同颜色等）。为了在全球传递统一的品牌形象，贝纳通对品牌进行了调整，确保所有服装都采用贝纳通统一的颜色，以希思黎品牌（Sisley brand）出售，并且将产品定制化的范围缩减到5% ~10%范围内。

大型购物中心和超市运营商可根据企业运营规模和管理风格采取不同的运营方法。大型零售企业（big-box），即经营少量业态，但每种业态规模较大的企业，例如大型超市和仓库会员店等，大都尝试构建全球性品牌形象。在沃尔玛四大业态中，有三种具有国际维度，包括沃尔玛折扣百货店、购物超级市场和萨姆会员店。家乐福和乐购在国际化道路上采取大规模业态和全球品牌方法。相反，Ahold 和 Sainsbury's 的零售规模较小，趋于保留本土品牌名称。在美国，两家公司都曾统领过美国东北杂货零售市场，其中，Ahold 旗下经营 Giant、Stop & Shop、BI – LO、Tops、Finast 和 Edwards 等品牌，而 Sainsbury's 旗下经营 Shaws 和 Star Markets 品牌（之后，由于企业结构变更、撤资和合并活动等，Ahold 撤销部分门店品牌；而 Sainsbury's 旗下 Shaws 和 Star Markets 最终合并，并出售 Albertsons）。

115

5.5 国际化理论模型

20 世纪 80 年代和 90 年代，随着零售国际化脚步加快，学术界基于实证研究提出了一种理论模型框架。绝大多数早期文献从制造行业研究吸取经验，例如 5.4.2 小节提到的乌普萨拉模型（Upplase Model）以及 Dunning（1988）的折衷理论。此模型显示：国际化扩张的本质是**所有权特定优势**（ownership specific）、**区位特定优势**（location specific）或内部化特定优势（internalization）等一系列优势作用的结果。其中，所有权特定优势是指产品（零售产品或服务）具有竞争性优势；区位特定优势是指东道国可提供成本优势或市场机会（东欧、亚洲等）；**内部化特定优势**是指管理创新或其他可引领成功的企业优势。引用这种概念可能导致一种质疑：零售国际化和制造业国际化存在根本性差异吗？与工业品相比，快速消费品（FMCG）行业的资金流和产品复杂程度方面的确存在差异。但是，在进入方法和品牌国际价值方面，两者具有相似性。早期讨论国际扩张阶段的理论模型，借鉴了很多国际营销教材关于市场进入策略的内容。Treadgold（1989，1990）、Salmon 和 Tordjman（1989）等研究者提出的零售国际发展战略分类就借鉴了 Levitt 关于全球市场的观点。

上述绝大多数模型的问题在于：理论模型提出的时间正好处于零售国际化规模较小的时期（就全球影响而言）。当时，零售国际化参与者都认为特定利基市场的企业主要是签订大量特许协议的服装连锁店，真正的国际化出现在 20 世纪 90 年代和 21 世纪初期。因此，许多早期研究尽管在当时看有一定价值，但都只是研究国际化的早期阶段。20 世纪 90 年代末，两项美国研究对我们了解这一复杂议题作出了贡献。Sternquist（1997）提出战略性国际零售扩张（Strategic International Retail Expansion，SIRE）模型，对美国零售企业的国际化扩张作出解释（见图 5.3）。SIRE 模型整合了折衷理论（见图 5.3 左侧）、阶段国际化理论以及全球一体化对比多国差异化战略的文献。据 Sternquist 观察，相比全球性零售企业，跨国零售企业扩张较为缓慢。此外，与采用全球标准化战略的企业相比较，

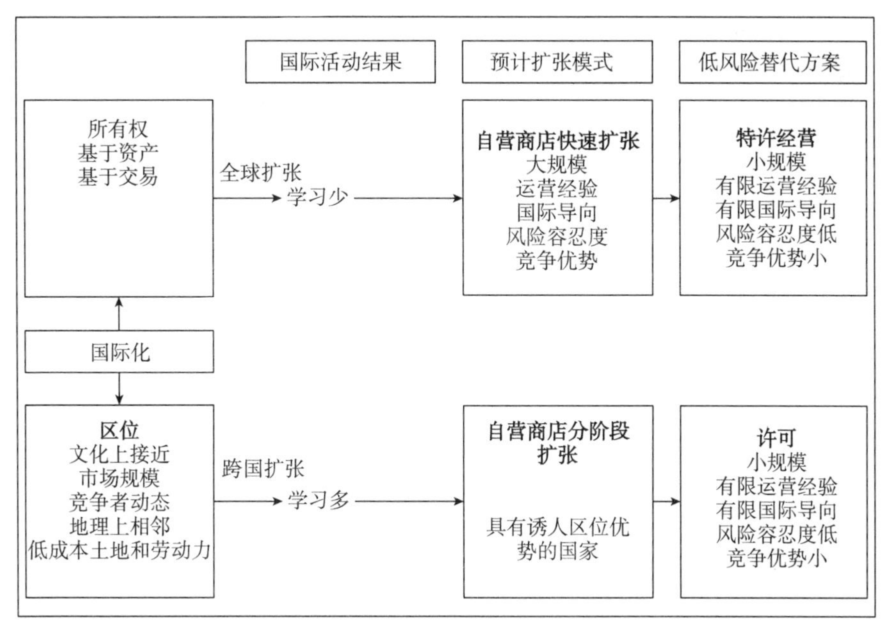

图 5.3 战略性国际零售扩张模型（SIRE）

资料来源：Sternquist（1997）。

多国反应型零售企业主要采取适应策略，且在进入新国家或新地区前，将扩张集中在特定地理区域。另一个是 Vida 和 Fairhurst 模型（1998），主要研究国际营销的行为方面。Vida 和 Fairhurst 认为，零售国际化是个复杂的议题。但是，国际化内在驱动力在于企业的所有权优势以及针对特定市场的管理认知，即关于特定市场的知识、经验和态度。显然，在积累国际市场经验后，管理者提升了学习曲线，相比首次踏入某个新市场，更有雄心壮志，也不那么谨小慎微。Vida 和 Fairhurst 模型考虑了一些前提条件，这些前提条件包括制定决策以及决定扩张或撤出市场流程环境因素；此外，Vida 和 Fairhurst 模型还考虑了国际市场选择以及市场进入方法决策所产生的后果。

Alexander 和 Myers（2000）将先前研究整合到一个框架中，从企业角度考虑国际化流程。图5.4 阐述了市场变化的驱动因素。在这里，零售企业通过业态和零售品牌创新，具
116 备资产优势（Dunning，1988）。零售企业将资产优势进行国际化的能力来自企业内部的促进作用（Vida and Fairhurst，1998）。基于企业内部的能力，作出关于市场选择、进入方法的战略决策以及决定采取的国际零售战略。当零售企业在国际环境中积累经验后，基于从全新地理市场运营中获取的经验，企业内部能力将进一步提升。

如图5.5 所示，Alexander 和 Myers（2000）绘制了 2×2 矩阵，旨在解释国际零售策略。在矩阵中，x 轴表示零售概念，y 轴表示企业对国际化的认知。研究者按照种族中心或地理中心来衡量后者。通过种族中心方式，零售企业基于国内市场导向的策略来看待国际战略。地理中心方式则采取全球一体化市场的观点，在特定的市场，持有相同消费意愿的消费者要求的零售产品和服务并不需要太多的类型。另外，Alexander 和 Myers 将相互邻近的零售企业归为一类，即在相邻国家提供类似的零售产品，在不同类型边界上的跳跃在零售企业早期国际化中具有代表性意义。这等同于制造企业在国内市场的扩张理念。

从分类的策略角度而言，矩阵的其他象限更具争议。Alexander 和 Myers（2000）认为跨国零售企业在全球市场具有较大规模的业务，但是从心理上依然植根于国内竞争性市
117 场，因此，全球零售企业应当迎接挑战而不是复制现有模式。跨国零售企业与全球零售企业的差异在于运营规模，即跨国零售企业仅在有限的国家市场运营。按照这种策略分类方法，Alexander 和 Myers 将 Ahold 归类为全球零售企业，而将沃尔玛和 GAP 归类为跨国零售企业（multinational），将 Zara 归类为跨国零售企业（transnational）。Burt（2002）承认这种分类方法存在一定问题，他将高级时装零售企业归为全球零售企业，将 Ahold 等杂货连锁店归为跨国零售企业（需要根据单个国家情况调整市场策略）。这种分类相对简单，
118 容易产生混淆。在如图5.5 显示的矩阵中，展示了 2×2 网格。营销文献中对企业国际化方法作出广泛定义，例如，多中心模式可能等同于跨国模式。因此，企业必须了解：各国市场存在巨大差异，想要成功进入某个市场，公司总部需要采取相对“不干涉”方法，让各个国家当地的管理层决定零售产品和服务。

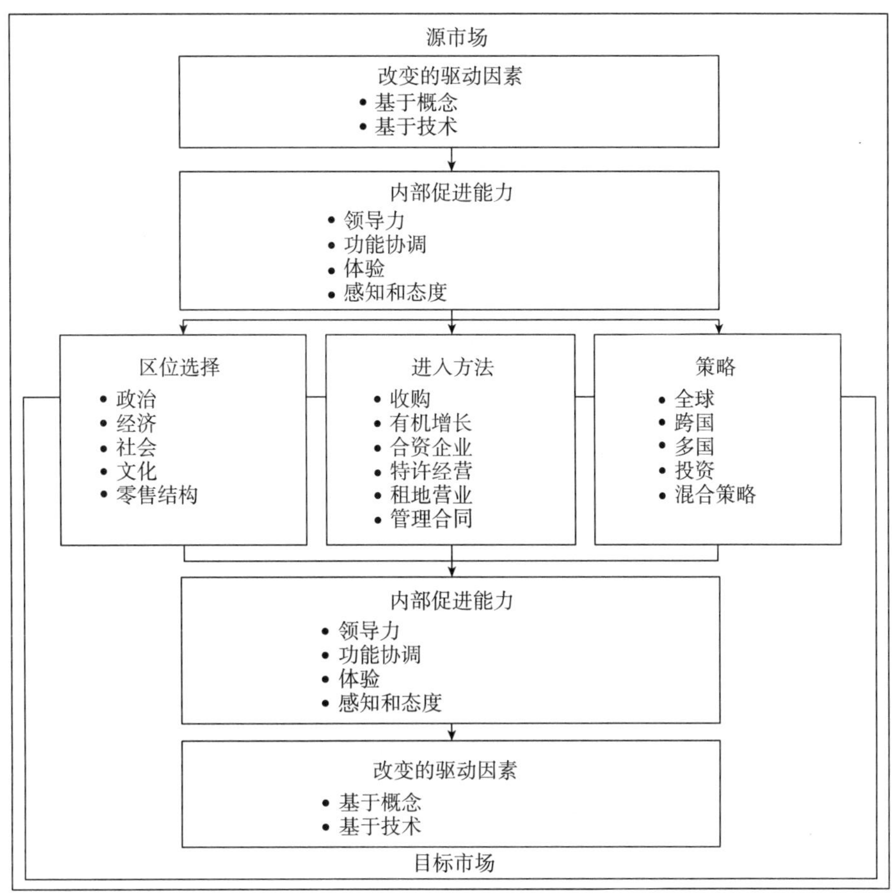

图 5.4 运营组织

资料来源：Alexander 和 Myers（2000）。

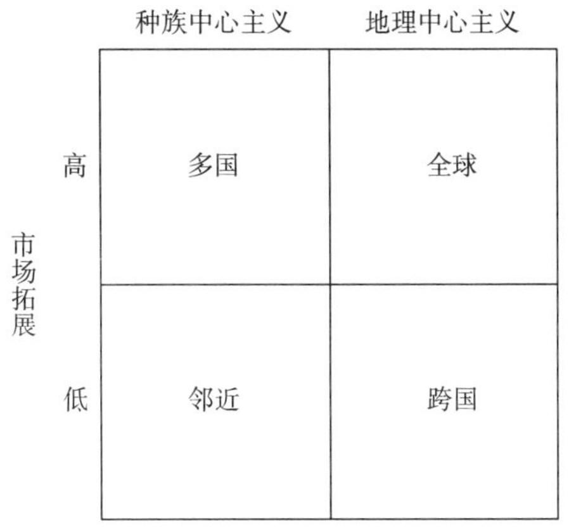

图 5.5 市场和运营国际化

资料来源：Alexander 和 Myers（2000）。

5.6 重塑全球零售市场

对研究者而言，零售国际化是相对较新的概念。当前绝大多数的研究（包括概念模型开发）旨在讨论中等规模企业的国际化策略。宜家、玩具反斗城和贝纳通等都是名副其实的全球企业，但它们对具有较大市场规模的东道国的零售产业结构并未产生重大影响。20 世纪 90 年代及 21 世纪初期，随着超级零售跨国集团的出现，全球零售市场发生转型。这类企业通过兼并和收购迅速成长，改变了全球零售市场格局。2000 年左右，全球最大食品和杂货业零售企业认为行业可能出现进一步合并，形成少数超大集团（Aggarwal et al.，2000）。1990 年，绝大多数美国和欧洲零售企业都只是在国内市场开展业务。在欧洲零售企业中，仅 Tengelmann、Ahold 和 Delhaize（均有美国资本）在国际市场的营业额占据较大比例。

表 5.1 展示了 2012 年全球十大零售企业（按集团收入排列），绝大多数是食品和杂货零售企业，它们都竭力发展国际市场（除 Kroger 和 Target 外）。有人认为，沃尔玛跃升
119 成为全球最大公司，其国际扩张意愿已经成为美国、拉丁美洲、欧洲和亚洲市场整合的关键驱动力。因此，有必要了解沃尔玛的国际化意愿，以评估家乐福和乐购等竞争者的反应。

表 5.1　2012 年全球十大零售企业（按集团销售额排名）

排名	企业	销售额（十亿美元）
1	沃尔玛	469
2	乐购	103
3	家乐福	101
4	好市多	99
5	克罗格	97
6	施瓦兹	87
7	麦德龙	86
8	家得宝	75
9	阿尔迪	73
10	塔吉特	72

资料来源：Deloitte（2014）。

当萨姆·沃尔顿于 1962 年开设第一家沃尔玛折扣店时，并未预见在 40 年后，这家公司会发展成为全球最大公司。沃尔玛的发展速度非常快（见图 5.6）。然而，绝大多数增长依赖国内市场。沃尔玛推出以下几种关键业态：折扣百货门店、萨姆会员店、超级购物

中心、卖场（之前称为社区店）以及快递店。在进军国际市场时，沃尔玛率先选择邻近国家（这也证实了最近原则），先后于1991年和1994年进驻墨西哥和加拿大。随后，沃尔玛才开辟高风险、远距离的亚洲和拉美市场。1997～1998年，经过两次小规模收购，沃尔玛进入德国市场。随后，沃尔玛购买了阿斯达，进入英国市场。但是，1999年，沃尔玛国际销售额仅占集团总销售额的9%。表5.2显示了沃尔玛门店在2014年之前的扩张情况。数据显示，与预期相比，21世纪前十年，沃尔玛的增长较为缓慢。

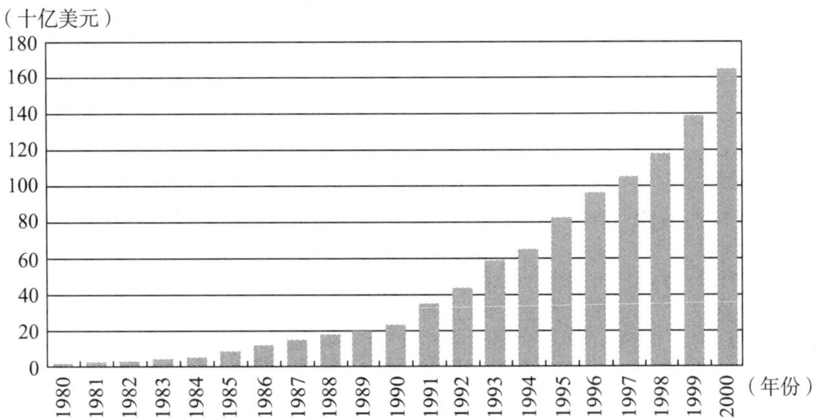

图5.6 沃尔玛1980～2000年净销售额

资料来源：沃尔玛2000年年报。

表5.2 沃尔玛门店的区域分布（按国家分） 120

国家	沃尔玛门店数量（家）
阿根廷	105
巴西	557
加拿大	391
智利	390
中国	401
哥斯达黎加	216
萨尔瓦多	87
危地马拉	214
洪都拉斯	81
印度	20
日本	431
墨西哥	2235
尼加拉瓜	85
南非（以及11个非洲国家）	391（35）

续表

国家	沃尔玛门店数量（家）
英国	589
美国（包括萨姆会员店）	5009
沃尔玛门店总数	11202

如图5.7所示，沃尔玛2010年预期销售额接近7000亿美元。国际业务占销售额的25%，成为企业规模扩张的主要推动因素。2010年实际零售销售额为4050亿美元，国际销售额占总销售额的25%（来自较低销售基数）。沃尔玛前任首席执行官 Randy Mott 在2000年的沃尔玛国际市场名单中提到很多国家，包括波兰、法国、南非、土耳其、泰国、智利、委内瑞拉、马来西亚、匈牙利、捷克共和国、西班牙、意大利、澳大利亚和日本。自2000年至今，新加入名单的只有日本、智利和南非。随后，沃尔玛从韩国和德国撤出，进入印度和少数中美国家市场。

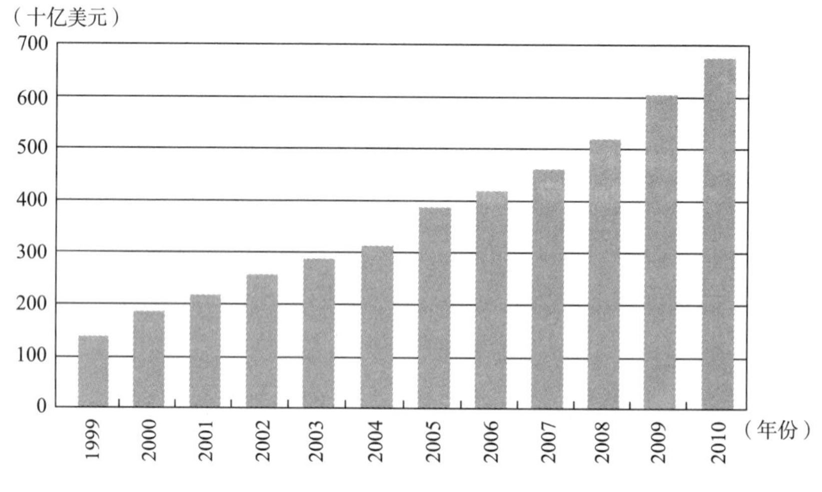

图5.7　沃尔玛预期销量

资料来源：根据 Lehman Bros 和 Discount Store News 预计。

沃尔玛的优势在很大程度上取决于较明确的零售定位。沃尔玛以低价提供较多种类的商品，并提供优质服务和社区支持。此外，沃尔玛是一家大型公司，同时也遍布零星小
121 镇，因为沃尔玛是从美国一家小镇发家。基于采购的规模经济、创新的零售链（Retail Link）信息系统以及快速存货周转率（得益于高效物流），沃尔玛得以实现“天天低价”（Everyday Low Pricing，EDLP）策略。

此外，沃尔玛具有独特的企业文化，体现了创始人萨姆·沃尔顿的精神。沃尔玛的员工被称为“合伙人”。企业授权员工积极创新，尝试新想法。在清晨营业前，员工高呼口号，培养团队精神，激发取得市场成功的动力。为保持团队精神，培养良好的客户关系，

沃尔玛注重细节，要求“问候”到店顾客，表示欢迎，并制定了“3 米规则”，即当顾客在距离员工 3 米范围内时，员工必须上前提供服务。

沃尔玛的成功范式推动其成为美国顶尖零售企业。在收购加拿大 Woolco 后，企业市场份额继续增长。曾经的伊顿等大公司先后销声匿迹。Steve Arnold 及其同事写了大量的文章，描述沃尔玛在进驻北美新市场后产生的影响。Steve Arnold 认为，沃尔玛在进入的市场中产生“搅局”效应——使门店选择朝向沃尔玛定位发展，以低价为主。研究证据显示：在价格上与沃尔玛正面交锋，即使不是不可能，也很困难。因此，对新的市场进入者而言，提升差异化、提高适应性很有必要。相关研究详情参见 Steve Arnold 在《国际零售与分销管理杂志》（*International Journal of Retail and Distribution Management*）（2000，nos 4/5）中关于此主题的专刊内容。

尽管沃尔玛国际化起步相对较迟，但在新进入市场和潜在新进入市场，沃尔玛已改变 122
了全球竞争的性质。过去，沃尔玛国际化战略主要依赖合作或收购企业，形成“沃尔玛经营之道”。例如，沃尔玛进军巴西有赖于萨姆·沃尔顿和豪尔赫·雷曼（Garantia 集团创始人之一，Lojas Americanas 主要股东）之间建立的长期私人关系。这种关系为不同理念的交流融合创造了条件。Lojas Americanas 高管曾到访美国，了解如何发展巴西业务的理念。因此，1993 年，沃尔玛与 Lojas Americanas 成立合资企业，打开巴西市场。沃尔玛超级购物中心的发展和萨姆会员店的引入对巴西的零售市场结构产生巨大影响。综观整个 20 世纪 90 年代，收购改变了行业性质，中小型连锁企业被相继收购。Ahold 和 Casino 收购了大型集团的股份，与市场顶尖零售企业家乐福和巴西沃尔玛相抗衡。

沃尔玛踏入英国市场时也是如此。20 世纪 90 年代，Archie Norman 和 Allan Leighton 接管阿斯达后，借鉴沃尔玛总部本顿维尔的管理理念，扭转了阿斯达的命运。因此，1999 年 6 月，沃尔玛收购阿斯达也就不足为奇，因为后者具备大型门店组合特征、类似的零售产品和服务以及沃尔顿式的管理理念。沃尔玛实施的一系列变革，在英国零售市场掀起巨浪。“天天低价”是沃尔玛的战略焦点，利用低价“搅局”，使消费者在选择店铺时不只是考虑便利、质量和品类。随着沃尔玛超级购物中心的发展以及高端 IT 系统的应用，扩大了空间利用率，并扩展到更多非食品领域。

尽管在英国取得巨大成功，但是沃尔玛并未撼动乐购在英国零售市场的主导地位（Sparks，2011）。沃尔玛在欧洲其他地方的运营也存在一些问题。分析师称，想要成为真正的全球零售企业，企业必须在欧洲市场形成一定规模，这意味着，至少需拿下以下三大市场中的两个：德国、法国和英国。尽管尚无超级集团在上述主要市场占据主要优势，但是，在欧洲南部和东部更边缘的发展中市场，已经出现这种情况（见图 5.8）。在过去十年，乐购前景渺茫，而家乐福在欧洲市场大举收购，使这一情况有所巩固。诚然，所有主要零售企业趋于集中在中欧和东欧市场，特别是捷克、斯洛文尼亚和波兰。沃尔玛撤出德国表明其试图渗透欧洲市场时出现了问题（Fernie et al.，2006）。1999 年，沃尔玛计划进入法国和德国市场，但是家乐福—普美德斯的合并限制了沃尔玛在法国的收购步伐，因为这里存在大量家族企业或特许企业。类似地，尽管收购了两家连锁企业，沃尔玛仍然难以将德国整合到其全球架构中，因此无法通过有机发展或收购实现足够规模扩张，取得利润增长。

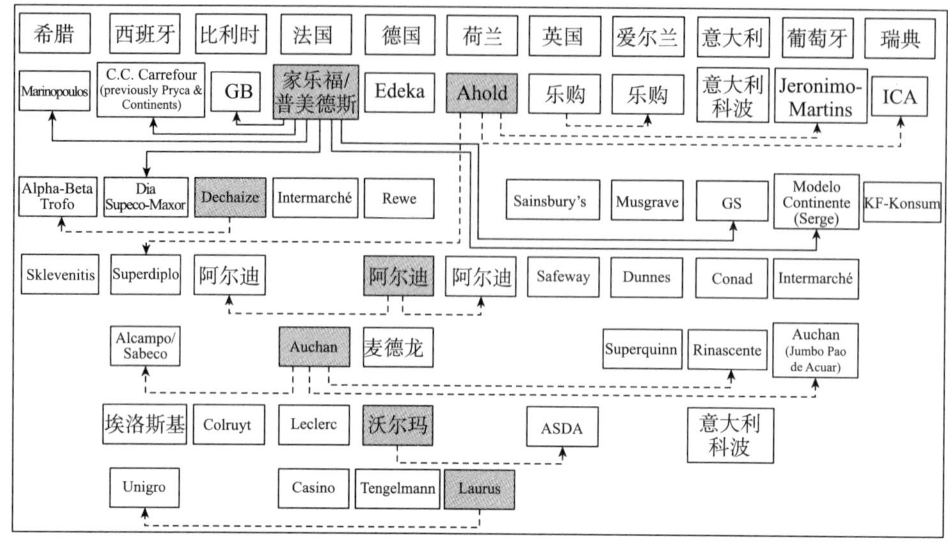

图5.8　2001年年中欧盟食品零售市场结构以及企业之间的内在联系

注：不包括奥地利、丹麦、芬兰和卢森堡。Intermarché在葡萄牙的确切控股性质尚不清楚。

资料来源：Wrigley（2002）。

曾有人建议，想要和乐购抗衡，取得市场领导者地位，沃尔玛应再收购一家英国企
123 业。但是，尽管沃尔玛曾投标收购英国西夫韦（Safeway），但因竞争委员会介入调查，西夫韦最终被莫里森（Wm Morrison）收入麾下。

和沃尔玛一样，21世纪前十年，其他所有主要超市集团均对其国际业务进行了重新整合。2002年，Wrigley指出：Ahold在20世纪90年代末21世纪前十年初期飞速增长，在全球榜单上已超越家乐福。截至2012年，Ahold的销售额为420亿美元，在德勤零售排行榜上落到第26位，主要是因为2003年，Ahold美国食品服务部门出现会计违规。重构的直接结果是，Ahold处置了在拉丁美洲和亚洲的子公司，将精力放在欧美零售市场。尽管Ahold撤资是由经济压力导致的，但是其他企业也对其国际运营进行了重新评估，将资源重新分配到最具投资潜力的区域（Palmer，2005；Palmer and Quinn，2007）。在这些零售集团中，国际化程度最高的家乐福也曾担心丧失在法国的市场份额，并从欧洲和亚洲部分市场（斯洛文尼亚和泰国）撤出。类似地，尽管在1997年至2011年，乐购国际销售利润在集团利润中的占比从1.8%增至25%，但是，乐购依然将主要精力放在具有领先地位或较大市场份额的市场中。为此，2005年，乐购与家乐福开展资产互换，从中国台湾撤出，购买家乐福在斯洛文尼亚和捷克共和国的门店。2011年和2013年，乐购相继退出日本和美国市场。

就全球业务扩张方法而言，Wrigley（2002）列出两大企业模型（见表 5.3）。其中有 Ahold 采取的一种方法，即“智能型联邦模式”。

表 5.3 全球化零售企业的运营模式

积极型工业模式	智能型联邦模式
低业态适应	多种/灵活业态
在新兴市场未建立合作/联盟关系	在新兴市场建立合作/联盟关系
在采购、营销和物流中注重规模经济	注重后端整合、评估经济体能力和规模以及最佳实践知识转换
集中式官僚机构，从核心机构输出关键管理和企业文化	吸收、利用/转换获取的最佳地方管理实践
全球“品类杀手”模型	联盟组织/母公司模型

资料来源：Wrigley（2002）。

因此，在收购时，需要采取相对“不干涉”的方法，高度保留本地品牌和管理能力。 124
联盟组织模型较为灵活，可关注地区合作、业态适应和最佳实践知识转移。相反，“积极型工业模式”强调更集中的企业文化，业态适应程度较低，通常采用“品类杀手”方式实现国际化。沃尔玛在全球扩张时采取的便是“积极型工业模式”。乐购在国际化过程中，基于大型超市业态，也采取这一模式。家乐福采取的模式介于两种模式之间，即采用较分散管理结构和多业态国际战略。

5.7 总结

本章主要讲述了零售国际化的最新发展态势。早期的学术文献所忽视的，直到最近才开始涉及，即沃尔玛、家乐福、阿霍德和乐购的全球扩张意愿可以用本章前面提到的理论概念来解释。这里，我们讨论国际化概念，包括实践技能、理念和最佳实践的跨国转移，正如前文提到的“智能型联邦模式”（Intelligently Federal Model）所描述的。本章重点研究门店发展，并讨论了零售国际化的四个关键领域——国际化动因、发展方向、市场进入方法以及为新市场定制化产品和服务的程度。在国际化初始阶段，零售企业在将一种业态带入新市场时，都会采取谨慎的做法，并先在地理维度邻近市场先行尝试。积累经验后，零售企业再进入高风险、远距离的国际市场时也更有信心，通常，在这些市场合资是市场进入的唯一模式。为当地市场定制化的程度与零售产品或服务的性质相关。差异化、高端品牌业态（如“业态杀手”或小众时装品牌）可在全球市场复制。如专栏 5.1 所示，时装设计零售企业可通过开发子品牌线以及在省级区域开设特许门店，提升品牌形象。

接下来的部分着重讨论了零售国际化研究的概念框架。绝大多数早期研究主要借鉴了 125
国际管理研究提出的理论模型，这些模型研究的是 20 世纪 80 年代的制造业国际战略及其分类。尽管这在过去十年前后已再次引起大家关注，但是 20 世纪 90 年代却迎来全球零售市场的新版图。在20世纪80年代所谓的零售国际化的先驱者，有的是全球背景下的利基零售企业，有的重新定位战略，关注本国市场（参见专栏5.2以及玛莎百货案例）。

这就是最后一部分需要关注全球零售市场重塑的原因。沃尔玛凭借宏大的国际扩张计划，迅速崛起，改变其所处的零售市场，并重新定义了全球竞争的性质。纵观21世纪的前十年，全球运营重组已经发生，企业开始抽离不利市场，将重点放在投资潜力最大的国家。

复习题

1. 评论零售企业国际化的主要动机，并讨论心理距离在决定其所进入的市场中的作用。

2. 决定零售企业国际市场进入策略的关键因素是什么？

3. 批判性地回顾零售国际化主要理论模型。

4. 在21世纪前十年，多样化投资和资本的重新分配在多大程度上影响全球零售市场？

参考文献

Aggarwal, R., Brodier, A., Spillard, L. and Webb, S. (2000) *Global Retailing: The Future*. Letchmore Heath: IGD.

Alexander, N. (1997) *International Retailing*. Oxford: Blackwell.

Alexander, N. and Doherty, A. M. (2009) *International Retailing*. Oxford: Oxford University Press.

Alexander, N. and Doherty, A. M. (2010) 'International retail research: focus, methodology and conceptual development', *International Journal of Retail & Distribution Management*, 38 (11/12): 928 – 942.

Alexander, N. and Myers, H. (2000) 'The retail internationalisation process', *International Marketing Review*, 17 (4/5): 334 – 353.

Alexander, N. and Quinn, B. (2002) 'International retail divestment', *International Journal of Retail and Distribution Management*, 30 (2): 112 – 125.

Arnold, S. J. and Fernie, J. (2000) 'Wal – Mart in Europe: prospects for the UK', *International Marketing Review*, 17 (4/5): 416 – 132.

Bevan, J. (2001) *The Rise and Fall of Marks Spencer*. London: Profile Books.

Burt, S. L. (1993) 'Temporal trends in the internationalisation of British retailing', *International Review of Retail, Distribution and Consumer Research*, 3 (4): 391 – 410.

Burt, S. L. (2002) 'International retailing', in *Retail Marketing* (McGoldrick, P. J., ed.). Maidenhead: McGraw – Hill.

Burt, S. L., Mellahi, K., Jackson, T. P and Sparks, L. (2002) 'Retail internationalisation and retail failure: issues from the case of Marks & Spencer', *The International Review of Retail Distribution and Consumer Research*, 12 (2): 191 – 219.

126 Colla, E. and Dupuis, M. (2002) 'Research and managerial issues on global retail competition: Carrefour/Wal – Mart', *International Journal of Retail and Distribution Management*, 30: 103 – 111.

Da Rocha, A. and Dib, L. A. (2002) 'The entry of Wal – Mart in Brazil and the competitive responses of multinational and domestic firms', *International Journal of Retail and Distribution Management*, 30 (1): 61 – 73.

Davies, R. and Finney, M. (1998) 'Internationalisation', in The Future for UK Retailing (Fernie, J., ed.). London: *Financial Times Retail and Consumer*, pp. 134 – 145.

Deloitte (2014) *Global Powers of Retailing*, 2014. London: Deloitte.

Dunning, J. (1988) 'The eclectic paradigm of international production: a restatement and some possible extensions', *Journal of International Business Studies*, 19 (1): 1 – 31.

Dupuis, M. and Prime, N. (1996) 'Business distance and global retailing: a model for analysis of key success/failure factors', *International Journal of Retail and Distribution Management*, 24 (11): 30 – 38.

Evans, J., Treadgold, A. and Mavondo, F. (2000) 'Psychic distance and the performance of international retailers: a suggested theoretical framework', *International Marketing Review*, 17 (4/5): 373 – 391.

Felstead, A. (2010) 'M&S set for further forays', *Financial Times*, www. ft. com/cms/s/0/d787433e – ec3d – 11df – 9e11 – 00144feab49a. html#axzzloFiRXQCj (accessed 5 March 2012).

Fernie, J. and Arnold, S. J. (2002) 'Wal – Mart in Europe: prospects for Germany, the UK and France' *International Journal of Retail and Distribution Management*, 30 (2): 92 – 102.

Fernie, J., Hahn, B., Gerhard, U., Pioch, E. and Arnold, S. J. (2006) 'The impact of Wal – Marts entry into the German and UK grocery markets', *Agribusiness*, 22 (2): 247 – 266.

Hollander, S. (1970) *Multinational Retailing.* East Lansing: Michigan State University Press.

Hollinger, R. and Hayes, R. (1992) 1992 *National Retail Security Survey*: *Final Report* (*with Executive Summary*). Gainesville: University of Florida.

Johanson, J. and Vahine, J. E. (1974) *The International Process of the Firm.* Working paper, Department of Administration, University of Uppsala.

Johanson, J. and Vahine, J. E. (1977) 'The internationalization process of the firm: a model of development and increasing market commitment', *Journal of International Business Studies*, 8: 23 – 32.

Kacker, M. (1998) 'International flows of retailing know – how: bridging the technology gap in distribution', *Journal of Retailing*, 64 (1): 41 – 67.

Levitt, T. (1983) 'The globalisation of markets', *Howard Business Review*, 61 (May – June): 92 – 102.

McGoldrick, P. J. (1995) 'Introduction to international retailing', in *International Retailing*: *Trends and Strategies* (McGoldrick, P. J. and Davies, G., eds). London: Pitman, pp. 1 – 14.

Moore, C. M., Fernie, J. and Burt, S. L. (2000) 'Brands without boundaries: the internationalisation of the designer retailer's brand', *European Journal of Marketing*, 34 (8): 919 – 937.

O'Grady, S. and Lane, H. (1996) 'The psychic distance paradox', *Journal of International Business Studies*, 27 (2): 309 – 333.

Palmer, M. (2005) 'Retail multinational learning: a case study of Tesco', *International Journal of Retail & Distribution Management*, 33 (1): 23 – 48.

Palmer, M. and Quinn, B. (2007) 'The nature of international retail divestment: insights from Ahold', *International Marketing Review*, 24 (1): 24 – 45.

Robinson, T. and Clarke – Hill, C. (1990) 'Directional growth by European retailers', *International Journal of Retail and Distribution Management*, 18 (5): 3 – 14.

Salmon, W. J. and Tordjman, A. (1989) 'The internationalisation of retailing', *International Journal of Retailing*, 4 (2): 3 – 15.

Sparks, L. (2011) 'Settling for second best? Reflections after the tenth anniversary of Wal – Marts entry to the United Kingdom', *International Journal of Retail & Distribution Management*, 39 (2): 114 – 129.

Sternquist, B. (1997) 'International expansion of US retailers', *International Journal of Retail and Distribution Management*, 25 (8): 262 – 268.

Sternquist, B. (1998) *International Retailing.* New York: Fairchild.

Treadgold, A. (1989) 'Retailing without frontiers' *Retail and Distribution Management* (November/ De- 127
cember): 8 – 12.

Treadgold, A. (1990) 'The developing internationalisation of retailing', *International Journal of Retail and

Distribution Management, 18 (2): 4 – 11.

Vida, I. and Fairhurst, A. (1998) 'International expansion of retail firms: a theoretical approach for further investigation', *Journal of Retailing and Consumer Services*, 5 (3): 143 – 151.

Wrigley, N. (2002) 'The landscape of pan – European food retail consolidation', *International Journal of Retail and Distribution Management*, 30 (2): 81 – 91.

6 电子商务与零售

学习目标 128

学习本章后，学习者应能够：

- 讨论电子商务市场的发展。
- 确定电子商务消费者的变化性质。
- 了解成功的在线零售企业的基本属性。
- 评估在线订单履行的关键问题。

6.1 引言

电子商务或“电子零售”（e-tail），即通过电子方式销售和分销商品和服务，在过去的几十年里发展迅猛。电子商务的形成多种多样，包括企业对企业（B2B）、企业对消费者（B2C）、企业对政府（B2G）、消费者对消费者（C2C）和政府对企业（G2B）。本章主要关注的是 B2C 和 C2C 电子商务、移动商务（m-commerce）或“移动零售”（m-tail），采用移动技术来销售商品和服务正在迅速地发展。尽管许多零售企业使用移动零售作为一种向消费者出售商品和服务的新兴流行路线，但在撰写本章时，其发展还处于起步阶段，许多消费者仅以移动技术作为与电子零售平台和分销网络对接的附加接口。

无店铺零售并不是新事物。传统邮购可以追溯到一个多世纪前。随着更多高端的和更具针对性的“专门目录”（specialogues）的出现，导致 20 世纪中叶用于向家人和朋友推销的邮购业务开始缓慢下滑。像 Argos 和 Next 这样的大型英国零售企业将邮购目录作为进入市场的额外渠道，并支持它们的门店和电子零售计划。尽管如此，向朋友和家人推销的传统仍然延续到派对计划中，尤其是通过 Ann Summers，以及通过 Avon 和 Betterware 目录挨家挨户销售。这些“低技术”销售形式多年来在英国和美国的全部零售销售额中占比在

4%～5%，但随着各种“高科技”的出现，这种情况正在发生变化。在许多网络公司纷纷倒闭的情况下，亚马逊（Amazon）在2001年第一季度却实现了盈利。2000年以后零售
129 产业发生了相当大的震荡，但过去10～15年发展形势还算稳定。

需要注意的是，围绕这个话题不断出现的学术研究主要针对在线零售（online retailing）、电子化零售（electronic retailing）、虚拟零售（virtual retailing）和电子零售（e-tailing），这些都是可互换的术语。在电子零售业中，那些以互联网为交易手段的零售企业被称为“纯正参与者”，那些在实体店之外还增加了在线零售业务的零售企业通常被称为“网店和实体店”零售企业，而那些经营传统实体门店的零售企业则被称为“实体店”零售企业。

本章将讨论电子商务的成长与进化中的电子零售市场。在介绍电子零售企业发展之前，我们需要先介绍使用电子商务服务的消费者，包括那些纯正参与者及同时运营网点和实体店的零售企业。另外，我们也将概述在线零售门店的特点，并分析这些门店成功的关键因素。在第6.7节讨论电子订单履行的交货与退货成本之前，先讨论食品杂货业的发展。

6.2　电子商务市场的成长与发展

虽然人们普遍认为电子商务在20世纪90年代和21世纪初大幅增长，但由于还没有达成一个被广泛接受的电子商务的定义，所以难以确定电子商务销售额准确可靠的数字。如今互联网、电子商务和电子零售的统计数字随处可见，例如，在英国，www.ons.gov.uk提供包括无店铺零售销售在内的零售销售月度指数，而领先的在线交易机构IMRG则提供全球和各国电子商务统计数据以及深度处理后的电子商务数据。

电子商务的成长与互联网的使用紧密联系。2000年全世界互联网的用户仅有3.5亿，这个数字在接下来的十年增长到20多亿，并预计在2015年增长到50亿（IMRG，2011）。亚洲的互联网用户所占比例最高，其次是欧洲和北美洲。然而，互联网连接本身并不足以提供大规模的在线零售。早期的下载速度太慢，无法支持富有创意的在线视觉营销和目前所享有的与零售企业之间的顾客互动。网络宽带的增加使下载速度更快，并促进了电子零售网站的发展。这一点，加上持续加强网络交易的安全性，促进了消费者在线支出的增长。移动网络宽带的快速增长也为电子商务增添了新渠道，带来了从未通过“传统”电子零售网站购物的消费者。

早期的研究集中在B2C交易上，尽管这个领域的公司很少能在电子商务的早期阶段获利。在这个阶段，B2B和C2C行业为客户带来了实实在在的利益，并为合作伙伴提高了盈利能力。在C2C市场，eBay等公司在竞买者和卖家之间扮演了协助交易的中间拍卖人。同样，B2B交易促进了合作伙伴之间的在线拍卖和合作，降低了成本。参与开发电子商务市场的企业被称为**信息中介**（infomediaries），它们从事信息交换，并且促进了买卖双

方交易成本的下降。

与 C2C 和 B2B 模式相比，B2C 模式存在的问题是需要交易有形货物，也需将货物存 130
储并运输给最终消费者。[后来，这些商品中的一部分（如音乐和书籍）被转换成可直接下载到消费者电脑、手机、MP3 播放器和电子阅读器中的电子格式]。此外，B2C 企业需要一个强大的市场形象以及品牌认知度，才能让消费者抛弃传统的购物行为。然而，尽管存在这些明显缺陷，与这种新型交易模式相关的“大量宣传”（hype）让许多分析师思考 B2C 市场**去中介化**（disintermediation）概念。这意味着中间商，例如代理商、批发商甚至零售企业的作用将会降低，因为制造商能够与消费者直接互动并向消费者直接销售。新的参与者通过在线报价进入市场，传统的零售渠道被打乱了。毫不奇怪，因为担心它们现有的客户群会被蚕食且使固定资产（如门店）投资受到危害，许多传统零售企业被动地应对这些新威胁。如欧洲时尚品牌 Boo. com 等许多早期的纯正电子零售企业都遭受了损失，而且还有很多企业破产。其他零售企业，如食品杂货零售企业 Peapod 则被大型零售集团（本案例中的 Ahold）所兼并。

事后看来，多渠道策略是获得成功的明显途径，特别是对邮购业务的公司而言。一些早期的多渠道零售企业，如 Eddie Bauer 和 Dixons，指出在所有替代渠道（门店、目录和在线网站）购物的顾客消费高于单一渠道或双渠道的顾客。这种网店加实体店的方式给客户提供了更大的灵活性，例如就服装产品而言，有机会将货物退回到最近的门店。这种客户灵活性是电子零售服务差异化的重要方面，因为销售平台多样化了——首先，移动零售和社交网络零售增长；其次，消费者有能力去评论商品和零售企业，他们对销售的影响力体现为 Twitter 和 Facebook 等社交网站上的评论形成的“网络口碑”；最后，客户开始要求为其在线购买的商品提供多种送货方式。

在一些拥有完善电子商务产业的国家，21 世纪初期，那些成功的电子零售企业的销售额大幅增长。在大约十年后，增长水平趋于稳定。据零售评论人士称，这并不是由于经济环境不稳定，而是 B2C 电子商务市场成熟的标志。在这个市场内，一些多渠道零售企业（经营多个购物渠道的零售企业，包括但不仅限于实体店、目录和网上购物）的增长水平远超市场平均值，并且在较弱小的单一业务参与者市场出现了行业整合现象。在成熟的网络市场中，大型多渠道零售企业越来越占据主导地位。

据 Williams（2009）所述，电子零售的演变过程包括四个阶段。第一阶段，由于网络公司大规模的广告宣传和探索导致行业萧条，并在 2000 年这个时点达到顶点。随之而来的是第二阶段的收缩和节制，因为随着电子零售市场的潜力不断被开发，这对许多成熟的零售企业而言就更加明显，创新者的资金来源也同时枯竭。第三阶段是可持续发展阶段，
市场稳定，并且电子零售企业之间开始合并。随着零售企业在多个移动平台上提供购物机 131
会，第四阶段的重点是分散性（fragmentation），即针对个人消费者的需求量身定制营销组合，并开发多种送货方式供顾客选择（见图 6.1）。

宣传和实验	缩减和节制	可持续性	专注和市场细分
快速和不规则的变化	更缓慢和更加可预测的变化	稳定性以可预测的差异化周期性模式出现	低价或专门化带来的差异化连续周期
怀有雄心勃勃的扩张计划、创业和失败率高的企业家先驱	电子先驱被迫适应或消亡，实体零售企业通过各种入市模式进入市场	通过成本领先或差异化整合、集中战略	提高业务效率→低价，完整的多渠道系统

图 6.1　电子零售的演变①

资料来源：Williams（2009）。

在在线零售市场增长放缓的经济体中的成熟电子零售企业越来越把国际电子零售活动视为下一个获得持续繁荣的途径，因为亚太和南美市场潜力巨大。英国拥有世界最大的电子零售市场，宽带网络普及率高，消费者网络购物的经历丰富，2011 年英国拥有世界上最高的人均在线零售支出。这也是那些具有长达 20 年从事在线零售业务的零售企业成功的基础。在所有国家中，英国电子商务市场每年的变化率，以及主要零售企业的年度增长率都是相当可观的。根据 IMRG 统计数据，2011 年市场状况简要说明如表 6.1 所示（学生可以通过 www. imrg. org 获取全球选定国家的类似简要说明）。目前，在线支出估计为全部零售总额的 18%，预计下一年将增长 11% ~16%。

132 **表 6.1　2011 年英国电子商务市场简要说明**

人口（联合国统计）	6100 万人
互联网用户	5100 万人
互联网购物者	3700 万人
互联网家庭渗透率（2010 年）	73%
宽带家庭渗透率（2010 年）	70%
移动订购（2010 年）	8000 万人
电子商务人均花费（2010 年）	963 英镑
在线限售额（2010 年）	700 亿欧元/588 亿英镑
在线销售额增长率	18%
电子零售平均购物篮价值	136 英镑
电子零售平均购物篮价值：多渠道零售企业	189 英镑
电子零售平均购物篮价值：仅在线/目录零售企业	101 英镑
每位购物者的在线消费/年度（2010 年）	1870 英镑
在线与实体店对比	17%/83%
前三名的品类	啤酒；葡萄酒和烈酒；养生与美容
男性购买最多的商品	电影与音乐
女性购买最多的商品	服装与运动商品
电子零售包裹送货额/年度（2010 年）	12 亿英镑

① 原书英文版为图片格式。——编者注

尽管作为单一业务参与者先锋的亚马逊公司，以及成熟的网店加实体店零售企业 Argos 和乐购已经在很长一段时间内排名突出，英国的电子零售企业排名也出现了较大的变化。表 6.2 列出了 2012 年领先的电子零售企业的简要说明。就新兴移动商务市场而言，亚马逊、电子产品零售企业和制造商苹果公司以及信息中介谷歌和 Facebook 是主要的竞争对手。

表 6.2　2013 年英国十大电子零售企业

英国亚马逊
苹果
Argos
亚马逊网站
Next
乐购
ASOS
玛莎百货
李维斯
德本汉姆

资料来源：IMRG（2013）。

6.2.1　Web 2.0 时代

Web 2.0 是概括了很多软件开发的术语，它允许将网络用于信息共享和协作，并促进创造性、以用户为中心的设计和互动性。Web 2.0 鼓励专业人士和学者之间的合作，并支持维客（wikis）、博客和社交网站的发展。

亚马逊在电子零售行业发展的早期就明白了信息共享的力量。该公司利用了这一点， 133
方法是促使顾客对购买的书籍进行评价，在线购物者可以轻松阅读评价以及专业评论和这些评论的作者信息。之后，亚马逊还为潜在客户提供关于替代书籍的信息，以及同一产品的其他浏览者最终购买决定的信息。

Web 2.0 可将传统的市场营销原则应用于电子零售市场。将电子零售网页上简单的、类似小册子的、可供消费者浏览的内容，换成了以用户和顾客为零售服务核心的内容，这些内容体现了顾客参与和个性化。手机应用程序（APP）进一步细化和利用了这一点，这些应用程序从各种来源收集客户定制数据。许多学者和零售专业人士指出，数字革命将市场的力量转移给了消费者。力量的增加来自更多信息以及信息的透明度，这产生了集体力量，让消费者有了影响产品和价格的能力。这不仅影响零售企业销售产品的方式，还影响了他们与顾客的沟通方式（Kucuk and Krishnamurthy，2007）。

网络虚拟市场的预期的去中介化水平，并没有像电子零售市场发展早期所预测的那样，部分原因是大型多渠道零售企业利用传统市场上获得的强大品牌形象来继续抢占在线零售市场份额。然而，Web 2.0 增强了信息中介在网络市场上的作用，像谷歌、eBay 和 Facebook 这样的网络公司变得家喻户晓。考虑消费者购买决策的过程，信息中介可以为消费者提供从问题识别到购买后评估的每个阶段所需的大部分信息。信息中介还提供了买卖双方所需的大部分基本营销信息，从提供搜索工具到数据收集和评估。促进互动和信息共享的 Web 2.0 技术不仅加强了“传统”信息中介的力量，也有助于亚马逊和苹果等知名电子零售企业越来越多地采用信息中介提供的信息。

6.2.2 利用“长尾理论”

当电子商务处于起步阶段时，人们预测了市场营销的转型，其中包括促进一对一营销，这是当今电子商务的特点之一。网络可以积累和改进大量的客户数据。这一点通过对面向客户的零售网站与客户关系管理（Customer Relationship Management，CRM）软件进行整合来实现。顾客浏览和购物习惯等大量个性化客户数据相对容易获取，这使电子零售企业能够在个体消费者的基础上进行有效的市场营销，并获得利润（Doherty and Ellis-Chadwick，2010；Frow and Payne，2009）。

“长尾”（long tail）是21世纪初创造出来的一个术语，用于描述在线市场的特征，即小众需求（niche demand）也可被有效利用。在一些电子商务市场领域，供应不受货架空间以及制造、储存和分销产品成本的限制。产品变得非常丰富，且成本低，即使在较低的
134 需求水平下企业也可以提供商品。而通过传统渠道提供产品的成本往往大于潜在的收入。可下载的书籍和可下载的音乐是两个典型。

亚马逊开发了其零售网站、即时交货系统和巨大的库存商品，几乎提供了无限数量的书籍，即使是小众需求也可被实体书店利用，并获得利润。随后它成功推出早期的电子阅读器，即使是小众需求，也可以以无缝隙和廉价的方式来满足。出版过程的便利化是合乎逻辑的发展的，因为这可以更有效地为小众化消费需求提供阅读材料。苹果公司利用其创新设计能力推出了一系列交互硬件设备，试图将客户“捆绑”到音乐和软件等产品上，而这些产品只能通过苹果门店购买或下载。

传统的帕累托原则（或80:20法则）假设80%的销售额来自20%产品销售——大部分销售额与最畅销产品挂钩。长尾理论的证据表明，其不适用于在线分销，并且在销量方面，小众产品也可以与畅销产品相媲美。长尾概念的一项研究调查发现，对于同一家多渠道零售企业，互联网渠道的销售不是集中在少数畅销产品上，这与传统渠道不同。两个渠道的产品可获得性和定价相同，所以造成长尾效应的不是分销的区别，而是降低客户搜索成本的互联网搜索技术和发现工具的使用（Brynjolfsson et al.，2011）。

如果 Web 2.0 可促成、简化和降低消费者的购买决策成本，并支持在线市场的长尾特征，很可能对商品和服务的营销也会产生类似的影响——“尾巴摇狗”（the tail wagging the dog，即次要部分决定全局）。Eric von Hippel（1986）一直强调创新型顾客与制造商分享想法的重要性，以便开发出他们想要的产品。最近，Hippel（2005）认为创新已经越发以用户为中心。Web 2.0 让信息共享变得更简单、快捷和普遍，意味着想争夺可观的长尾市场的企业可以实施长尾营销（Andrei and Dumea，2010）。这包括以随着时间而改变的创新和便宜的方式吸引小众客户。目前的一些例子包括：

- 通过社交网络和在线网络开发潜在的互动；
- 通过博客、RSS 摘要、网络直播进行交流；
- 通过口碑营销和病毒式营销刺激“网络口碑”；
- 侧重于竞争力较差的长尾关键词的每次点击付费（Pay per Click，PPC）和搜索引擎优化（Search Engine Optimization，SEO），长尾关键词可比普通关键词提供更高的投资回报。

显然，Web 2.0 的发展指出了未来在线市场的流动性以及与在线客户接触和互动的方法和手段。

作为面向客户的组织，以市场为导向的零售企业多年来一直处于以用户为中心的创新前沿。许多主要零售企业都是通过发展自有品牌参与到产品制造中，一些零售企业将供应链垂直一体化至其店内销售产品的原材料阶段。因此，成熟的电子零售企业不仅能够 135
“将长尾营销应用到零售产品和服务的开发中，还用于开发和维护它们的自有品牌，使用互联网技术与用户进行有组织的合作，给予用户发言权，并依赖用户对创新和品牌价值创造的贡献（Andrei and Dumea，2010，p. 214）”。

网络社交群体和客户之间的交互性、透明度和流动性由 Web 2.0 培育而出，并促成长尾的出现，其已为亚马逊、eBay 和 ASOS. com 等大型单一业务参与者、乐购和苹果等多渠道零售企业以及谷歌和 Facebook 等互联网品牌所利用。例如，亚马逊定价透明，允许客户选择从其网站或向合作伙伴购买书籍，而 eBay 则让小众收藏产品的买卖双方商定自己的交易价格。ASOS. com 鼓励顾客发布自己穿戴 ASOS 产品的照片。乐购可以让客户通过其网站购买合作零售企业的品牌。苹果托管亚马逊 Kindle 的应用程序，以便苹果顾客可从其竞争对手处下载书籍。Google 在 2011 年推出了自己的社交网络，经营 YouTube 和安卓，提供音乐、电视和图书应用程序。2011 年，Facebook 推出全新音乐电视和新闻应用程序，并推出联合品牌的手机。

6.2.3 在线购物业态

电子商务市场为电子零售店提供了丰富的创造性。随着 B2C 市场的发展，多种各具特色的电子零售业态应运而生（Zentes et al.，2011）。

第一，销售积压或过季商品，提供**折扣价格的门店业态**，如 Overstock. com、ASOS 时装直销店和乐购直销店等；以及各种拍卖网站，买卖双方通过此类网站对商品售价达成一致意见，例如 eBay。如果电子零售门户网站向通过其官网访问其他电子零售企业的顾客提供积分或返现等优惠激励，这类门户网站会备受顾客青睐。写作本章的时候刚好有两个案例：Quidco 和 Topcashback。

第二，**体验式业态**（experiential formats）。它利用了高科技在打造有趣而愉快的网上购物体验方面所具备的潜力，在挖掘社交网络和在线论坛方面起到了引领作用。例如，ASOS 和 Net-A-Porter 等时装电子零售企业开发了社论内容和双向/多向沟通渠道，实现了顾客与电子零售企业之间以及顾客之间的有效交流。另外一个例子是快闪门店（pop - up）和线性“商店”广告商品（linear “shops” advertising products），可使用手机下载查看或购买交付。在 2013 ~ 2014 年，通过手机访问互联网的数量逐渐赶超了利用电脑访问互联网的数量，快闪门店正是利用了消费者愈加强烈的移动购物欲望，同时开发了通过手机渠道开展销售活动的潜能。

第三，**社区零售业态**（community-based formats）。社区零售属于新兴业态，在这种业态下，具有社会性的虚拟社区位于购物体验的中心位置。亚马逊网站的顾客评价和顾客购买趋势均对热卖商品的销量产生了积极影响（分析见第 6.2.2 小节）；随着 Facebook 日渐风靡全球，不少电子零售企业纷纷拓展了 Facebook 零售平台。

第四，**大规模定制业态**（mass-customization formats）。大规模定制也是新兴业态，它利用了网络环境的交互性特征，根据顾客的个人购买欲望，精准地为顾客提供商品。例如，顾客可在 Shoesofprey. com 网站上定制各种时装用品，例如鞋子，消费者可自主选择
136 鞋跟高度、面料、皮革和饰品，也可在 Vans、Nike 网上门店定制运动鞋，而购买苹果产品的顾客能够选择硬件的不同特性，也可随意添加印画、配饰，打造个性化的搭配风格。

第五，**商品导向业态**（merchandise-orientated formats）。这种业态重在打造能够吸引顾客的产品结构。商品导向的电子零售企业包括**在线百货商店**（如 Debenhams. com、John-lewis. com 等）、小众市场电子零售企业、网上市场（online market places）和网上“品类杀手”（online category killers）。在线百货商店模仿了“高街”（high street）网上门店经营模式，或在“高街”网上门店的基础上进行了适当改变，而**小众市场电子零售企业**是一些网上专卖店，经营的产品种类范围较小。例如自行车电子零售企业 Wiggle. com 和专门经营高档时装的 Net-A-Porter。**网上市场**可让顾客通过合作伙伴和/或其他顾客访问多种多样的产品，如乐购（Tesco Direct）和亚马逊市场（Amazon Marketplace）等。**网上“品类杀手”**提供的商品种类有限，但商品结构比较有深度，比如玩具（玩具反斗城）、电子产品（Pixmania），追求在商品价格上进行竞争。

6.2.4 多渠道零售与品牌重要性的提升

为顾客提供多种购物渠道可实现品牌协同效应，在网上零售市场发展的初期阶段，一些大型零售企业便认识到利用品牌协同效应具有较大潜力。**品牌资产**（brand equity）是指一系列基于市场的非金融类无形资产，是使营销活动维持长久的成功以及创造未来收益的一种资源。品牌资产是形成竞争优势的重要源泉，在产品效益或服务方面表现出无形特

征，在顾客预期高风险时尤为如此。网上购物体验的无形性、网上购买行为必不可少的中介技术，以及因购买与收到货物之间的时间差而产生的滞后效益均说明，顾客在网上门店购物，需要充分信任提供网上购物体验的电子零售企业。零售企业的品牌资产对在线购物者具有重要意义，早期针对网络消费者的跨国研究也证实了这一点。2006 年，网络零售企业认为，与品牌资产有关的四个主要方面包括情感联系、线上体验、响应性服务及信任和订单履行，并提出了 12 级量表（12-point scale），用于测量网络零售企业的品牌资产（Christodoulides et al.，2006）。此量表用于监控营销组合决策在个体消费者层面对品牌资产的影响。

20 世纪 90 年代，英国零售企业 Dixons 集团总裁提出了“马蒂尼原则”（Martini Principle），即顾客可随时、随地、随意购物。当时，Dixons 为市区和城郊店铺的商品目录和组合增设了网上零售渠道，而后来兴起的移动零售业态即是他这一远见的延伸，无论从逻辑上还是从技术上来看，移动零售业态都具有可行性。他还预测了顾客导向、顾客服务和集中物流服务对不同渠道的运行所体现的重要性，他坚持认为，在多种运营渠道树立单一的企业形象至关重要。截至 2010 年，在十大网络零售企业中，有六家采取多渠道运营，而一些纯网络零售企业（如 ASOS 等）已经尝试（考虑）开办实体零售店。

随着英国网络市场的不断发展，乐购、玛莎百货和 Next 等一些老牌零售企业已经能够利用各自的品牌名称来推广新型网络零售业态，同时能够利用网络影响力来提升各自门店组合的吸引力。与 Boo. com、ASOS 或亚马逊不同的是，这些新电子零售企业无须花钱便可从零建立起自己的品牌（和分销中心）。同样地，苹果在建立实体店和电子零售店时，也充分发挥了品牌名称和在创新方面享有的知名度的优势。多渠道零售企业依靠当前 137
消费者对其有店铺零售业态的信赖建立起来的品牌资产，可转移至网上门店、物流制度、退货制度与正式成立的客服中心，以促进具体的商品交付过程，赢得信任并提升顾客满意度。多渠道零售企业还可利用门店和物流网络的地区优势，尽可能降低电子零售收入应纳税额以及其他监管机制的限制，这是多渠道零售企业拥有的重要机会（Wrigley，2010）。

6.2.5 国际电子零售业

本节前文讲到，各国、各大洲的互联网使用人数不断增长，这意味着，ASOS. com 等经验丰富的成熟电子零售企业正在紧随亚马逊的步伐，借跨境机遇的东风。ASOS 的商品从英国总部分销中心销往 100 多个国家，2010 年，ASOS 创建了美国、德国和法国网站，2011 年又创建了西班牙、意大利和澳大利亚网站（同一时期，还开办了移动店铺和 Facebook 店铺）。澳大利亚网站充分发挥了快速发展的网上零售市场的优势，提供具有地方特色的产品及包邮和本地免费退货服务，并用澳元标价。2013 年，创建了俄语和中文网站，至 2015 ~ 2016 年，又经历了一波发展浪潮，此次以日本、韩国、巴西和印度为潜在发展目标地。然而，在这种投资步伐下，短期盈利能力受到了影响，在 2014 年之前，半年所得利润下滑了 22%。同时，中国分公司遭受的损失超出了预期筹办成本（startup costs），这部分成本主要用于履行服装行业的相关规定。

Bolton 等（2010）在对国际电子零售业绩的驱动因素的研究中指出了品牌及维持供应商关系的重要性。虽然品牌优势能够吸引顾客，且与顾客满意度和忠诚度有关，但高效且有效的订单履行过程对交易的顺利达成至关重要，因而维持良好的供应商关系是电子零售业绩的一个基本元素。

该研究重在强调电子零售企业了解顾客和业务经营所在市场的重要性。具体而言，该研究发现，电子零售企业在市场定位中表现出的组织文化，能够使其在国际业务经营中处于更为有利的地位。该研究就市场定位中的几种基本要素提出了建议。第一，不具有海外市场知识或专业经验的电子零售企业，需要投入一定时间和精力来获得这些知识或专业经验；第二，开发以顾客为中心的业务流程，包括理解顾客需求并与顾客沟通，同时与公司内部不同业务部门分享顾客信息。电子零售企业若要经营国际市场业务，则需要考虑市场差异，而不是尝试实施通用方案。在确定内部市场定位以及建立与强化品牌价值和供应商关系时，电子零售企业应首先了解国际顾客和市场。

亚马逊的创立人杰夫·贝佐斯对此表示认同。他在每年写给股东的信中通常都会提及1997 年那封信的内容，因为这封信确立了亚马逊的基本管理与决策方法。这种管理与决策方法清晰明确以顾客为导向，他指出："我们将一如既往地以顾客为中心。"（Bezos，2010）

138 顾客满意度不仅取决于成功的购物体验，还取决于高效的送货和退货服务。盈利能力与低成本物流有关。根据 IMRG（2011）统计，支持跨境物流的组织分为三类，即邮政物流网络、国际承运商和本地配送公司，其中一些建立了驻店揽收站。有些组织（如 TNT）则为电子零售企业制定了全欧洲逆向物流（reverse logistics）方案。支持跨境物流的一些欧洲组织如表 6.3 所示。

表 6.3　欧洲支持跨境物流的组织

序号	组织类型	示例
1	邮政物流网络	英国：皇家邮政（Royal Mail）、英国邮政（Parcelforce）；法国：法国邮政；德国：德国邮政/敦豪快递；荷兰：荷兰邮政/TNT 集团
2	国际承运商	英国：UPS、联邦快递、DPD；法国：UPS、GLS、敦豪；德国：UPS、GLS、DPD；荷兰：GLS
3	本地配送公司	英国：Yodel、信递联、Shutl；法国：Mondial Relay、Kiala；德国：Hermes Logistik、GLS；荷兰：Selektvracht/敦豪、Kiala

资料来源：IMRG（2011）。

6.3　电商消费者

仅仅十年左右的时间，互联网的使用已从讲英语的发达国家逐渐扩展到全球。这一过程暗含了不同国家市场所经历的不同发展阶段，以及互联网消费者的地缘人口特征。早在2001 年，美国使用互联网的家庭比例就已超过 80%，大多数欧洲国家则普遍落后于美国。随着市场发展日渐成熟，互联网消费者的特征也越来越能够代表所在市场全部人口的特征。在发展初期，电商购物者大多是年轻的中产阶层的职业男性，随着科技被越来越多的消费者接受，电商购物者的性别和社会经济结构也发生了变化。2000 年，市场研究机构 CACI 对英国成年人（大于 18 岁）的在线行为和购买活动进行了分析。结合 CACI 的核心数据库中的 300 万种消费者的消费风格的记录与弗雷斯特研究公司（Forrester Research）的英国互联网监控器（internet monitor）数据，专栏 6.1 中列举了几种类型的在线消费者，描述了一种在线生命周期，即从少有的网上购物者（虚拟生手、网聊者和游戏迷、互联网浅尝者）发展为频繁的网上购物者（金装上网者和在线人）。

专栏 6.1 英国在线消费者市场细分

第 1 类：虚拟生手（virual virgins）

在各类在线消费者之中，该类消费者网购的可能性最低。他们的上网时间长度仅是全国平均上网时间的 50%，他们第一次上网的时间也比其他人晚。

除在线聊天之外，他们进行互联网活动的频率也低于平均值。由于相对缺乏经验，他 139
们更可能担心网上购物存在安全问题和送货问题，或认为网上购物过程烦琐。

第 2 类：网聊者和游戏迷（chatters and gamers）

这类人耗用大量的时间上网，因而是最狂热的互联网用户，但他们往往不是买家。他们会觉得网络购物过程太烦琐了，且他们对送货和安全问题的担忧程度高于平均值。

这些人热衷于网上聊天和打游戏，经常使用消息组和下载功能，是最活跃且最有经验的网民。

第 3 类：互联网浅尝者（dabblers）

他们是普通的互联网用户，对网上购物的优点和缺点怀着矛盾心情。

他们也许看到了网购的便捷性和送货速度。或者，互联网上有在别处无法买到的专业产品，诱使他们网购。无论是哪一种情况，他们都尚未对电子商务表现出完全的热衷。

第 4 类：金装上网者（surfing suits）

虽然他们上网的时间低于平均值，但这些人是较为狂热的在线购物者。

他们认为，网购有一定的实惠，比如各种产品信息、订购速度、价格优势和有趣的体验。他们不大可能担心电子商务有什么问题。

他们会控制自己的上网时间，而在上网、搜索、电子邮件和消息群方面的活动往往倾向于聊天、打游戏或看杂志期刊。

第5类：在线人（wired living）

这类人见多识广，是互联网使用中涉及面最广的用户。他们比大多数网民都更有经验，且多数人有网购经历，网购商品包含可购买的各种产品。在研究中，这些人大多有大学本科学历。

网络已成为这些人生活的一部分。他们的主要兴趣往往是消息群、新闻和杂志期刊，对游戏或聊天的兴趣仅仅处于平均水平。

资料来源：CACI（2000）。

140 这种针对在线购物者的分类方式，可以更为详细地勾勒出成长型电子商务市场的在线地理人口统计情况，因为3000个在线零售服务的市场均使用了这种分类方式。同预期一样，伦敦和英格兰东南部地区在网络购物中一路领先。不过，英国还是有“热点地区”的，如在爱丁堡、阿伯丁郡和布里斯托尔获得了好评，而苏格兰和西南地区的整体表现较差。评分极低的地区包括收入高低不一的英格兰北部城市和乡镇。

随着电子商务市场不断发展扩大，对网络购物不可缺少的信息技术的信任，以及能够且愿意利用这种技术的顾客最初都位于主要的城市地区。就在线杂货供应品而言，购物和送货服务都是在城市地区最早出现的。

为了勾勒出在线购物者的概况，近年来已开展了大量研究。就人口统计学变量而言，网上购物行为的主要影响因素包括收入、受教育程度、种族、年龄和性别，而生活方式、文化和社会因素同样具有重要影响。然而，研究发现，随着网上市场逐渐成熟，在线购物者的总体人口统计特征概况与传统购物者的渐趋一致，包括心理统计/行为变量等对网上购物意图和行为产生影响的认识、态度和观念。一项重大国际研究表明，在线购物者非常看重便利性，他们使用互联网和电子邮件更为频繁，也更加富裕，更具有冲动性。他们对广告和直效营销也持赞成态度（Doherty and Ellis-Chadwick，2010）。

在线购物者轮廓不仅与网上购物者的人口统计行为和心理统计行为变量、网络市场的地理特征、技术和对在线市场的信赖有关，还与购买的商品有关。例如，在线杂货购物者往往是年龄较小的人，范围在18～40岁，家中往往有小孩。英国食品杂货批发协会（Institute of Grocery Distribution，IGD）的一项研究表明，杂货网购与孩子出生、学校放假导致孩子在家的时间较长有关。杂货买手往往处于较高的社会阶层。年龄较大的购物者（65岁以上）网购杂货的可能性较低（IGD，2011）。

与实体店一样，网络购物体验现在也进行了精心设计，以维持购物者兴趣，并影响其购买行为，因而各种门店特征（具体讨论见第6.5节）影响着店内、店间购物行为以及网购行为。

针对在线购物者的很多分析，重点关注的是用来上网的个人电脑（PC）或笔记本电脑（laptop）。然而，在20世纪90年代的大部分时间里，随着电视购物的发展，研究者通常将电视购物视作电子商务市场的主要渠道，并围绕该渠道展开讨论。此时，电视购物渠道在美国已相当普遍，20 世纪 90 年代初开始进入英国市场。与北美地区相比，欧洲的有线电视和卫星电视普及率较低，但数字电视的诞生可视作交互式电视发展的催化剂。虽然形势较为乐观，但大多最终未能实现。美国的发展表明，看电视的动机与使用个人电脑的动机大不相同。使用个人电脑体现的是个人主义，而看电视体现的是交谊关系。电视和互联网科技的结合进度比预期的慢，而在很大程度上，移动设备（如平板电脑和具有联网 141
功能的手机）的快速发展和用户增长成为购物者和零售企业关注的焦点。

早期针对移动商务消费者的研究表明，在电子商务快速发展的早期，顾客具有一定的相似之处，例如，大多数购物者（2005 年占 62%）都是年青（14 ~ 24 岁）男性。他们往往是自信的互联网用户和经验丰富的在线购物者（Bigne et al.，2005）。随着科技逐渐为人们所熟悉以及市场的不断发展，消费者的人口统计和性别统计信息很可能重新达到平衡。研究并未发现互联网的使用影响着移动购物，但之前的网购体验表明，消费者更倾向于使用移动设备购物。

6.4 电子零售店的发展

6.4.1 网络在零售业中的作用

网络零售不仅提供 24 小时不间断的网购机会，还提供潜在的无限货架空间，门店大小、形状和地点（三种元素都有虚拟的对等物）完全不受限制，为零售企业增加销量，大型网络零售企业正是利用这种潜力来提升消费者网上消费的份额。

网络对零售企业而言具有不同的作用，这取决于零售企业的规模、成熟度和目标。在 Berman 和 Evans（2010）看来，网络在维持与顾客的沟通的过程中发挥着更大的作用。借助网络可在更广的地域范围内向更多用户传播零售或品牌影响力，进而提升零售企业形象。许多零售企业在网上提供了大量产品信息，便于顾客选择产品清单，到店查看；有些零售企业则在网上发布视频资料，演示复杂产品的功能特征和优点。借助网络还可推销新产品和优惠活动，通过在线折扣店或拍卖店（如 eBay），在“店内”直销网页销售过剩产品。

网络还可用于提供顾客服务。零售企业可以开设简单便捷的通道，方便顾客提出建议、反馈、投诉或获取产品信息。使用网络，可通过电子邮箱与顾客保持个人联系，提供更加精准的购物体验。许多零售企业使用网络向股东和潜在投资商提供信息，或将网络用作招聘员工或寻找特许经销商的辅助手段，以及媒体和培训资源。大型零售企业会展示各自的企业管理、营销和企业社会责任等方面的战略，通常还会设置“发展简史”或关键事件模块，以此进一步提升企业形象。

6.4.2 电子零售店的发展

20世纪90年代中期，网上商城和零售交易网站便已存在，但是按照当今的标准来看，当时的规模较小，设计也较粗糙。当时宽带网络还没有大范围普及，下载速度非常缓慢，因而无法吸引购物者。然而，网上购物的潜力还是很乐观的，有些公司投入了大笔资金。Boo. com是一家雄心勃勃的时装网店，1998年电子商务发展初期就在欧洲成立了，
142 在随后的18个月内投入1.35亿美元，用于零售产品的开发、推介和宣传，但无论从技术还是社会形势来看，当时的市场无法满足其发展要求，在这样的市场背景下，它推出的零售产品和服务是存在缺陷的，结果以失败告终。为一家新成立的网络商店建立顾客知名度需要投入大量资金，通过传统媒体开展广告宣传活动。广告活动一旦延迟，便会影响潜在销售额。访问Boo. com网页的速度非常缓慢，查看商品亦是如此。包装虽然精美，却显得多余。该公司很快看到大部分网上零售企业都获得了较高的回报率，这些零售企业虽然未投入较多资金，但也产生了一定的成本。为支持Boo. com网站激进式发展所需的资金很快消耗完毕，它也沦为2000年互联网泡沫破灭的最早受害者，但却是自食其果。

与此同时，其他零售企业在开设大规模电子零售店之前，早期建立的网站仅推出了有限的产品。乐购就是其中一例，它自1996年开始在网上门店销售商品，提供酒和鲜花等商品。当时，很多人没有电脑，英国的互联网使用率处于较低水平，因而潜在顾客大多是受过良好教育且懂得相关技术的年轻男士——这只是一个有限的市场。随着科技和市场的迅猛发展，乐购在2000年创建了面向整个英国的在线杂货商场，体现了其宏伟大志。与Boo. com相比，乐购拥有小规模电子商务经营经验，制定了应对早期损失的计划，根据已有门店网络，提供提货和分销服务；它还制定了退货应对计划，开设了卓越的客服中心，用于处理顾客和公司在不断提升网络技能过程中所出现的不可避免的问题。乐购是一个颇受信赖的知名商业品牌，它在建立全规模杂货网店之前，并没有预先投入大量资金开展广告宣传活动来建立品牌知名度。

Berman和Evans（2010）提出了创建网站所需要经历的五个阶段。第一阶段，创建涵盖有限公司信息、门店位置和产品信息的宣传网站。在电子商务发展初期，多数知名零售企业并未经历此阶段。第二阶段，创建电子商务零售交易网站。第三阶段，将购买、库存和财务事项纳入零售交易网站，目的在于及时在网站上补充销量很高的产品或自动撤走脱销产品。第四阶段，“网络化门店”（webified store），即统一实体店和网络门店的信息。例如，顾客或员工可访问店内网络浏览器，实时获取商品库存信息。他们可以购买店内不提供的商品，找到含有该商品的门店位置，或安排配送至合适的地点。第五阶段，供应商可自动补充库存，或将库存品直接发送给顾客。

6.5 在线商店的属性

随着互联网用户数量的增长，针对电子零售业的购物服务与传统门店服务特征之间的对比研究也越来越多。多数产品和服务可通过替代性渠道购得，因而电子零售服务必须向消费者提供一定的附加好处，此类附加好处须是传统渠道无法实现的。多数研究表明，此类附加好处包括便利性、节省时间以及某些网络零售企业提供的低价。一些公司希望改变零售和服务市场的本质，如在线旅游公司 Priceline. com 对航班座位、酒店客房、汽油和杂货商品采用“买方定价”（name your price）的拍卖模式。

从广义上来讲，网上商店的属性可分为以下几类： 143

- 导航和便利性；
- 商品组合；
- 定价；
- 顾客服务；
- 安全性。

导航和便利性指顾客能够通过访问网站而非零售店来降低交易成本。易用、清晰简洁的网站导航能够最大限度地减少搜索和购买产品和服务所需耗费的时间和精力。相反，如果网站导航速度慢，不好操作，就会给时间紧迫的消费者带来不便。

商品组合指商品整体的搭配、分类、品种和产品信息。与实体零售店相比，纯粹电子零售的企业一大优势在于能够按照自己的市场地位维护网站，提供产品组合。许多传统零售企业虽然拥有大量库存单元（Stock-Keeping Units，SKUs）及多种产品类别，却发现很难在网上门店提供同一产品系列。

从概念上来讲，**价格**是网上购物的一个关键属性，这是因为网络消费者能够在搜索商品、获得更多商品信息，以及进行价格比较等方面降低成本。从实践来看，价格是一种可以选择的属性，其重要性与传统门店的情形不同。有多种因素可能影响顾客惠顾行为，而价格只是其中之一。Reynolds（2002）指出，网上定价的相关研究并没有形成一致性结论，有时甚至互相矛盾。尽管如此，价格显然仍是影响某些网络零售企业的一个重要因素，即消费者知道自己想要的东西，然后准备以最低的价格购得这种东西。这正解释了销售图书、CD 和电脑设备的早期网上零售企业为什么能够取得相对成功。

顾客服务或整体服务质量体验涉及本节探讨的其他几种属性：导航、便利性和安全性。这里我们探讨的重心在于服务过程。顾客在浏览网页时，总是需要产品选择和服务方面的帮助。虽然避免了实体店购物带来的不便，但还是需要了解支付方式/时间、商品交付时间以及提供的退货或投诉的售后服务。

安全性是一个不利因素，在电子商务发展的初期，顾客会因安全性而打消网购念头。最初，顾客担心信用卡和其他形式的付款欺诈行为。近来，个人信息、财务信息的泄露以及商品在转运至顾客地址过程中可能发生的盗窃都是顾客担心的问题。美国人首当其冲地受到了垃圾邮件泛滥的影响，这和几十年前的反垃圾邮件革命有相似之处。

20世纪90年代末期，多位研究者开展的纵向调查研究（longitudinal surveys）阐明了电子零售市场在顾客群和网销商品范围两方面的发展情况。在美国，网络零售的需求高峰
144 期介于感恩节和圣诞节之间。Lavin（2002）结合多家咨询公司对1998～1999年圣诞节期间开展的消费者调查，以及她在同一时期对零售企业网站的初步研究进行了总结分析。她指出，在线购物者轮廓在不断变化，电子零售企业必须尽力满足不断增强的顾客期望，早期进入网络市场的零售企业的“首入市场者”（first-to-market）优势已经消失了。1998年的顾客大多是技术娴熟且较为富裕的男性。更重要的是，他们不是主流购物者，对网购体验的期望较低。Lavin将此类消费者等同于零售生命周期理论中的“吃螃蟹者”和早期使用者。一年后，随着市场的快速发展，在线顾客轮廓发生了变化，性别和年龄均趋向平衡，总体平均收入较低。这类人更可能是主流购物者，对购物体验具有较高的期望。这一部分主流用户群提高了在线零售企业的风险，他们需要投入大量资金升级网站，通过传统媒体开展广告宣传活动来吸引顾客，建设物流基础设施，送货上门。尽管如此，圣诞节期间还是容易出现在线零售企业无法在圣诞节按期完成交付的情况，部分是因为顾客延迟到最后一刻才购买，此外网站交易额较大或天气问题也会妨碍交付进程。

在英国，Ellis-Chadwick等（2002）完成了一项关于1997～2000年英国多个零售企业使用互联网情况的纵向研究。与Lavin的研究相似，此次研究主要根据这四年间的零售网站来探知互联网商业模式的发展历程。研究发现，向顾客提供网上购物服务的零售企业数量增加了六倍，并且由提供纯信息服务者转变为全套服务的电子交易商店。越来越多的知名零售企业发挥出更大的创造力，开始将自己的网站链接至提供配套产品的其他公司的网站，例如，Birthday. eo. uk链接至巧克力供应商桑顿（Thorntons）和蜡烛专业零售企业Wax Lyrical。

这些研究和其他特定领域的调查研究表明，零售企业对早期确定的影响消费者购买选择的属性做出了回应。然而，随着市场日渐成熟，消费者面对传统零售店时的行为表现较相似。便利性、产品系列、顾客服务和价格这些基本因素在消费者的属性“激活域”（e-voked set）中起着重要作用。最重要的是，零售企业坚持提供高品质服务，逐渐发展成为知名品牌，建立了顾客忠诚度。因而，拥有强大品牌资产的传统零售企业采用合理的网络策略能够进一步增强自身影响力，这就不足为奇了。它们不仅从一开始就赢得了消费者的信赖，资本也投向必要的基础设施。而许多专业在线零售企业需要建立自己的品牌，以及应对送货上门的艰巨挑战。这就是为什么亚马逊网站用了很长时间才开始盈利。然而，时至2000年，亚马逊网站仍然表现出强大的品牌影响力。Brynjolfsson和Smith（2000）的一项研究表明，亚马逊定价较高，正是凭借品牌资产或所谓的**“信赖差异性”**（heteroge-neity of trust）的影响。他们在对专业市场网上定价的调查研究中指出，亚马逊网站的图书市场份额大约为80%，而向最便宜的图书零售企业收取的回扣只有10%。当然，从早期相对较为简单的千禧年模式以来，网上定价已经取得了长足的发展。

6.5.1 影响网络购物的因素 145

虽然网络购物发展势头较好，但 B2C 电子商务模式仍只是零售市场的冰山一角。那么，抑制人们网上购物行为的因素有哪些？无法连接宽带网络对一小部分人来说仍然是一个难题，但受此影响的人越来越少，而网上购物的不便也是抑制购物机会增长的一个因素。然而，随着网购通道已经不再以家庭电脑为主，以及移动宽带的普及，网购的不便正在逐渐降低。

缺乏信任以及对隐私安全性的担忧是抑制网购的因素。电子商务的发展同样滋生了从事欺诈性活动的网站。“高街”（high street）零售企业之所以在网络销售中取得了成功，其中一个原因就是与其商业品牌相关的信赖感。例如，在约翰·李维斯（John Lewis）网店购物的人必然有信心，相信它是一家老牌百货公司，具有一定的顾客信赖度，确信其公司体系和政策对顾客有利，且公司财务状况良好。如果在一家没有名气或陌生的电子零售企业购物，顾客会担心损失钱财、商品无法交付、无法享有顾客服务。陌生电子零售企业的相关信息可通过网络口碑获得，即浏览评论或社交网站，但这样的方式比较耗时。缺乏隐私保护也成为在线购物者日益担心的问题。消费者购物时注册之后，零售企业就能获得个人信息，并且浏览和购物活动也会受到追踪。虽然购物行为可以因此实现个性化，对顾客有利，但顾客还是担心侵犯隐私和滥用个人信息的情况。

有些人更喜欢实体店购物的人际互动和乐趣。这些人喜欢货比三家，触摸、试用产品或试穿商品。有些人因配送费望而却步，尽管有些门店提供的价格和配送选择越来越多，但免费送货少之又少。消费者往往订购多于实际所需的商品，商品到家之后再作出最终决定，然后退回剩余的商品，这也造成更高的退货率。

6.5.2 电子零售业成功的关键因素

Sahney（2008）的一项研究发现，网上零售企业成功的关键因素包括以下几种：

- 简单清晰的买卖交易；
- 明确的交易政策；
- 买家和卖家的在线互动；
- 交易安全性；
- 交易隐私保护；
- 加载时间快；
- 导航、搜索方便；
- 精准的产品和服务交付制度。

该项研究发现，最后三项是推动整个在线零售体系取得成功的重要因素，电子零售企业需要给予重点关注。若从网上门店属性来看，电子零售企业需重点关注商品搜索的便利

146 性和加载的高效性。商品的展示必须直观准确，并体现商品是否可购买。该研究突出强调，除安全性之外，交易隐私保护同样至关重要。互动性同样很重要，需要注意的是，这里需要的是在线互动性，它体现了在线购物者技术能力的成熟度（以及对提供缓慢而难以接通的自动电话的零售企业的幻想破灭感）。另一项研究（Pentina et al.，2011）也指出了互动性的重要作用；该研究发现，丰富合理的互动式在线体验能够提升购物者的满意度。但是，这种满意度不一定促成直接的购买决定，但可产生积极的网络口碑，进而提升网站流量和重复访问率，还可能增加销量。

6.6 在线杂货零售市场

虽然在线杂货零售市场销量在多数国家市场上仅占零售业总销量的一小部分，在线杂货零售却是最受研究人员和政府机构关注的，其中包括英国贸易工业部（UK Department of Trade and Industry，DTI，2001）。杂货零售影响着所有消费者。每个人都要吃东西，然而随着年龄的增长，人们会觉得购物更像是一种家务；相反，年纪轻轻但时间紧迫的高收入消费者则不喜欢浪费时间购买杂货。美国在线杂货购物的发展相对缓慢，可能是因为网上零售商品的供应不足，只有1/3的超市运营商提供某些类型的家庭购物服务。

Morganosky和Cude（2002）对在线杂货购物者的行为进行了研究，这是最早的在线杂货购物者行为研究之一。该研究基于Schnucks Markets公司的消费者纵向研究，该公司是一家位于圣路易斯市的连锁超市，在伊利诺伊州、密苏里州和印第安纳州等地开展运营。最初两次调查是在1998年和1999年开展的，即请该公司的在线购物者在完成订单后填写一份网上调查问卷。最后一次调查是在2001年，再次联系1999年的调查对象，跟踪他们在2001年的购物行为。该项研究的结果与其他非食品网上购物行为有一些相似之处，最突出的一点是成熟的消费者数量越来越多，他们已经由“新”用户转变为有经验的在线购物者。他们在网上购买大部分或全部杂货以及提高购物效率的意愿进一步体现了这一点。本研究与其他研究的主要区别在于消费者轮廓（profile），此研究时间段内的消费者轮廓较为稳定。在线杂货购物者主要是受过良好教育、收入较高的年轻女性，购买的是家庭用品。最后一次调查结果表明，顾客保留率良好。而不足之处在于，Schnucks Market公司搬迁至美国另一端之后，并未提供同样的网上服务。

虽然在英国未进行类似的实证研究，但各种贸易资讯均表明，在线消费者的经验越来越丰富了，网上购物也越来越多了。英国的两大在线杂货零售企业乐购和Sainsbury's指出，在线顾客的支出大于传统顾客。乐购还戳穿了在线顾客会因为所谓的无法“触摸和感受”的缘故而放弃购买生鲜食品的谎言。实际上，情况正相反，早在2001年，7/10的畅销品都是生鲜食品，而去皮鸡胸肉销量最高（Jones，2001）。不过，乐购是在线杂货零
147 售业中为数不多的成功案例之一。自1996年12月试行以来，乐购取得了长足的进步。乐购的多数国际分公司在网上业务经营中也取得了很大发展，时至今日，乐购不仅在英国的

在线杂货市场上占据着主导地位，在全球也是遥遥领先。在20世纪末期21世纪前十年初期，乐购投入大量资金进行创新变革，以减少货物配送的时间窗口，实施“点击提货”（click and collect）方案，即网上订购，实体门店取货，利润率因此受到影响，但乐购的网上销售额仍然实现了两位数的增长。需要注意的是，乐购网站的销售额在年度报告中由累加计算而得，所以杂货经营业绩很难与非食品业务隔离开来。乐购的成功主要取决于强大的品牌影响力、先行者优势（first-mover advantage）和最合适的电子交付模式，本章随后将对后者进行探讨（Hackney et al.，2006）。

在欧洲，杂货零售企业都是颇有影响力的传统实体公司，所以这里的网络零售业多采用被动回应型方法，而非主动型方法。大部分互联网业务经营者规模较小，只有为数不多的专业在线零售企业进入市场，挑战传统连锁超市。

美国的情况有所不同。在美国，杂货零售业态更加细分化，以地区为导向，鼓励新企业进入市场。在20世纪80年代末，杂货零售业态包括仓储会员店和沃尔玛购物广场；至20世纪90年代末，网上运营商开始挑战传统超市运营商（表6.4中所列为当时的主要运营商，以乐购作为参照）。遗憾的是，这些专业在线零售企业有的破产了，有的缩小了业务规模，有的被传统杂货企业收购了。Lim等（2009）在对美国的在线杂货商网页内容研 148
究中指出，市场仍不稳定，在调查研究的数据收集期间内，入市和退市的公司都很多；他们还提到，杂货零售业态所占的比例之所以偏低，是因为在美国消费者看来，在线杂货零售业是一种创新服务形式。该文献多侧重于探究这种创新服务形式为什么无法让消费者感受到它比传统杂货零售企业更具有竞争性优势。

表6.4 现有和早期的重要在线杂货零售企业

	英国乐购	美国Webvan	美国Streamline	美国Peapod
背景	英国最大的连锁超市	专营在线杂货店，1999年创立	专营在线杂货店，1992年创立	1989年互联网普及之前，开始提供送货上门服务
在线杂货商发展的初期投资	5800万美元	约12亿美元	约8000万美元	约1.5亿美元
主要经营模式	工业化超市提货	配送中心高度自动化提货	从配送中心、收货箱提货，提供增值服务	配送中心提货和到店提货
现状	世界最大在线杂货商在世界各地开办子公司，将业务拓展到英国境外	2001年7月停止营业	2000年9月，部分业务被Peapod收购；2000年11月，停止运营剩余业务	被国际杂货零售企业荷兰皇家Ahold集团收购，现为世界第二大在线杂货商

资料来源：Tanskanen等（2002）。

通过分析专业在线零售企业，Laseter等（2000）总结出四个方面的原因：

- 网络市场潜力有限；

- 配送成本高；
- 多样化选择商品的权衡；
- 现行老牌运营商的竞争。

在对网络购物和传统实体店进行比较之后，Ring 和 Tigert（2001）得到了相似结论。他们从地点、产品、服务和物有所值（value for money）四个方面分析了消费者避开实体店而转向网上购物时会购买哪些商品。他们还详细说明了单纯的在线杂货零售企业的“成本杀手”（killer costs），主要是指提货成本和配送费。这些理论研究争论的焦点是“基础的互联网模式是有缺陷的”。

即使互联网有潜力，消费者也只有在感受到一定的吸引力之后，才会放弃熟悉的实体店购物习惯。在门店提供的优惠和网络购物两项调查研究中，便利性都是关键的影响因素。对实体门店购物者而言，便利性体现在三个方面：位置、与工作人员的互动与到店体验。互联网用户往往会权衡购物所需花费的时间。然而，Wilson-Jeanselme（2001）指出，通常情况下，在下订单至最终交付过程中产生的“漏损率”（leakages），可导致因便利性优势而获得的净收益降低58%。此外，美国的另外两个决定选择哪种零售门店的影响因素是价格和产品分类。除 Webvan 之外，与传统市场相比，专业在线零售企业仅提供有限数量的库存商品。价格比实体门店有竞争力，但配送费抬高了价格。在竞争激烈的美国杂货市场上，顾客会因为各零售企业3%~4%的差价而转向另一家门店。Ring 和 Tigert 据此提出了以下问题：

> 仅为了享受送货上门的便利而花大价钱购买劣等（劣质）杂货的家庭占多大比例？
>
> （Ring and Tigert，2001，p. 270）

Tanskanen 等（2002）认为，在线杂货零售企业之所以失败，是因为以电子形式照搬实体超市模式的方法行不通。他们表示，在线杂货业应是一种互补渠道，而非替代渠道，而公司应在服务创新上投资，为顾客创造价值。结合对芬兰的研究，他们坚持认为，“鼠标”（互联网商业模式）加“砖块”（传统商业模式）的运营模式终将引领在线杂货零售业走向成功。单纯的在线零售企业面临的难题主要是利用相关基础设施开展业务。传统零
149 售企业已经与供应商和顾客建立了信赖关系。顾客需要一种值得信赖的自助服务替代方案，芬兰研究者指出，只有结合当地情况才能实现这种替代方案，这样日常的购买活动才能有效地转向在线杂货零售。为了方便顾客选择产品，网页信息技术可以根据顾客需要来供应零售产品。货架上的实物库存有诸多限制，而虚拟门店更具有创新性，但制造商需要提供“预先包装好的”（pre-packaged）电子产品信息，以供网上订购时参考。

6.7 电子交付

暂且不论未来“可接受的”在线杂货零售模式是什么，“最后一公里”问题仍使在线零售企业面临多种困难。美国最初的专业在线零售企业以各种方式开辟了多样化交付模式

(见表 6.4)。1999 年 10 月，Webvan 募集了 3.6 亿美元，部分资金用于建造 26 个大仓库，分布在 26 个城市，每一个仓库占地面积大于 30 万平方英尺。这些地区采用的都是轴辐式物流系统。这些高度自动化仓库可存放五万个库存单元，订单出货时，商品由传送带传送至装载卡车上，然后运至当地的 10～12 个分站点。这里，装载货物按照顾客订单进行细分，然后由公司货车配送。Webvan 的成交额不足以支付仓库基础设施建造投资的固定成本，最终于 2001 年 7 月停业。Streamline 是美国的一个创新型专业在线零售企业，它确实提供了增值服务。它还是无人值守收货模式的先驱者，在这种模式下，通过车库的键盘输入系统可打开流动式接收盒（Stream Box）。该公司还向顾客提供高价值品类商品库存的自动更新服务，此外还有干洗、录影带租借和修鞋等服务。尽管其对商品进行了细分，但还是未能高效地建立起顾客群，到了 2000 年，该公司陷入了资金短缺的境地。

在英国，由于伦敦地区可以提供较多的停车点，在线杂货店的早期试运营主要集中在伦敦地区。乐购选择了到店取货模式，而其主要竞争对手 Sainsbury's 和阿斯达则建立了提货中心。维特罗斯（Waitrose）是一家位于英国东南部的大型连锁超市，它开发了 Waitrose@ work 服务，在英国 M4 高速公路沿线向主要商务区的公司职员提供服务。需要注意的是，2014 年，维特罗斯和其他大型杂货零售企业在各大交通节点试行储物柜取货服务，目标用户群体是上班族，这也是“点击提货”方案的一部分。

主要交付模式的详细探讨参见第 9 章。但这里需要注意的是，随着在线杂货零售市场需求不断增长，乐购提倡的门店交付模式是一种最佳的短期解决方法。一旦达到一种最佳需求水平，提货中心就能够成为可行方案，乐购目前在英国东南部开办了六家购物中心，第一家位于克罗伊登区，于 2006 年开始营业。即使如此，据估计，英国的杂货订单处理、提货和交付所需的“杀手成本”也达到了每订单 8～20 英镑，具体数字则取决于运行系统和车队的使用（DTI，2001）。据估计，货物交付至顾客的成本是每单 5 英镑。由此可见，如果订单价值不高，则每一次交付，零售企业均会遭受损失。

解决“最后一公里”问题的可能性方案是在家或揽收站建立某种形式的无人值守收 150
货设施，或说服顾客采用有人值守送货服务的零售时间窗口。实际上，乐购在 2002 年针对有人值守送货服务试行了不同的成本结构，以降低顾客的配送费用：由乐购负责送货的，收费为 3.99 英镑，而按顾客指定的时间段交付货物的，收费更高，为 6.99 英镑。上一节已指出，乐购在伦敦地区提供一小时送货时间段服务，虽然这可能损害利润率，但其最终目的在于改善顾客服务。

最初，为达到节约成本的要求，应当改变顾客对现有送货上门服务的态度。但是，在无人值守送货方案还面临着许多其他挑战，例如电子零售渠道可能出现犯罪威胁。需要采取哪些安保措施防止收货箱被盗？如果收货人不在家或商品被盗，如何对有人值守送货商品负责？许多零售企业（包括非食品零售企业）将“点击提货”方案作为一种更具成本效益的解决方案，开始投资实行，这是因为，在这种方案下，运输费用是由消费者承担的。

6.8 总结

本章梳理分析了电子商务近年来发生的主要变化以及这些变化对零售行业的影响。同时阐明了市场的发展和规模，介绍了电子商务的发展。电商消费者在较短的时间内发生了重要转变，而最初只是早期使用者——中产阶层的年轻男性专业人士。随着科技大范围的普及和网络零售服务灵活性的增强，网络购物者与传统购物者在性别和年龄方面的差异不复存在，而社会经济结构发生了变化。

随着销售量不断攀升，电子零售企业不得不应对更具辨识能力的消费者。为了诱使顾客从传统购物模式向在线购物模式转变，零售企业不得不融入到店选择模式的多种特征，即便利性、产品系列、顾客服务和价格。专业在线零售企业巨头（如亚马逊网站）在提供高水平顾客服务的基础上建立了知名度，并因此赢得了较高的品牌忠诚度。

然而，这些有实力的著名的多渠道零售企业从许多互联网零售公司的失败中吸取了教训。在互联网平台上，它们可以获得所需投资，用于建设相关基础设施，除此之外，还可以充分利用自己的现有品牌资产。实践证明，“鼠标+砖块”是迄今最为成功的运营模式，采用这种模式，可通过多渠道策略实现协同效应。

在线杂货零售业仅占在线销售的一小部分，甚至多数国家市场上根本不存在这种零售业态，尽管如此，它仍是最为引人注意的零售业态。潜在市场空间很大，但只有为数不多的公司大获成功。尤其是美国，Webvan 和 Streamline 的失败表明，“理想的”在线销售模式不是不可行，但如果市场需求不高，亏损是在所难免的。乐购是为数不多的成功案例之一，这主要是因为乐购采用的是渐进式业务增长方式和门店交付模式，当需求达到一定程度时才建立了提货中心。即使是乐购，“最后一公里”问题也需要解决方案。杂货订单处
151 理、提货和交付是在线杂货零售业的“杀手成本”。本章提出了几种解决此问题的方案，其中“点击提货”是21世纪前十年中期最具成本效益的方案，似乎最受青睐。

复习题

1. 讨论 Williams 提出的电子商务发展四阶段模式。

2. Web 2.0 在多大程度上重塑了电子商务市场的格局，尤其是运用“长尾效应”的能力？

3. 讨论电子商务以及最新的移动商务消费者的轮廓变化。

4. 讨论网上购物的关键影响因素，并与选择传统的实体门店的影响因素进行对比。

5. 讨论在线杂货零售业中存在的电子交付问题，评价各种类型的交付模式和“最后一公里”问题的解决方案。

参考文献

Andrei, A. G. and Dumea, A. (2010) 'Economics of long tail: a challenge for branding', *The Annals of the Stefan cel Mare University of Suceava, the Faculty of Economics and Public Administration*, 10: 210 –216.

Berman, B. and Evans, J. R. (2010) *Retail Management: A Strategic Approach* (11th edn). Upper Saddle River, NJ: Prentice Hall.

Bezos, J. (2010) '2010 Letter to shareholders', Amazon. com Investor Relations: Annual Reports and Proxies, phx. corporate – ir. net/phoenix. zhtml? c = 97664&p = irol – reportsannual (accessed 30 November 2011).

Bigne, E., Ruiz, C. and Sanz, S. (2005) 'The impact of Internet user shopping patterns and demographics on consumer mobile buying behaviour', *Journal of Electronic Commerce Research*, 6 (3): 193 –207.

Brynjolfsson, E., Hu, Y. J. and Simester, D. (2011) 'Goodbye Pareto Principle, hello long tail: the effect of search costs on the concentration of product sales', *Management Science*, 57 (8): 1373 –1386.

Brynjolfsson, E. and Smith, M. (2000) 'Frictionless commerce? A comparison of Internet and conventional retailers', *Management Science*, 46 (4): 563 –585.

CACI (2000) *Who's Buying Online?* London: CACI Information Solutions.

Christodoulides, G., De Chernatony, D., Furrer, O., Shiu, E. and Abimbola, T. (2006) 'Conceptualising and measuring the equity of online brands', *Journal of Marketing Management*, 22: 799 –825.

Colton, D. A., Roth, M. S. and Bearden, W. O. (2010) 'Drivers of international e – tail performance: the complexities of orientations and resources', *Journal of International Marketing*, 18 (1) (March): 1 –22.

Department of Trade and Industry (DTI) (2001) @ *Your Home, New Markets for Customer Service and Delivery*, London: Retail Logistics Task Force, Foresight.

Doherty, N. F. and Ellis – Chadwick, F. (2010) 'Internet retailing: the past, the present and the future', *International Journal of Retail and Distribution Management*, 38 (11/12): 943 –965.

Ellis – Chadwick, F., Doherty, N. F. and Hast, C. (2002) 'Signs of change? A longitudinal study of Internet adoption in the UK retail sector', *Journal of Retailing and Consumer Services*, 9 (2): 71 –80.

Frow, R. and Payne, A. (2009) 'Customer relationship management: a strategic perspective', *Journal of Business Marketing Management*, 3 (1): 7 –27.

Hackney, R., Grant, K. and Birtwistle, G. (2006) 'The UK grocery business: towards a sustainable model for virtual markets', *International Journal of Retail and Distribution Management*, 34 (4/5): 354 –368.

Hippel, E. von (1986) 'Lead users: a source of. novel product concepts', *Management Science*, 32 (7): 152
791 –805.

Hippel, E. von (2005) *Democratizing Innovation.* Cambridge, MA: MIT Press.

IMRG (2011) 'United Kingdom e – business information', www. imrg. org (accessed 25 October 2011).

IMRG (2013) 'Top 100 online retailers in the UK, 2013', www. imrg. org (accessed 13 June 2014).

Institute of Grocery Distribution (IGD) (2011) 'Online grocery retailing: building capacity for a digital future', www. igd. com/index. asp? id = l&fid—2&sid—2&cid = : 1845 (accessed February 2012).

Jones, D. (2001) 'Tesco. com: delivering home shopping', *ECR Journal*, 1 (1): 37 –43.

Kucuk, S. U. and Krishnamurthy, S. (2007) 'An analysis of consumer power on the Internet', *Technovation*, 27 (1 –2): 47 –56.

Laseter, T., Houston, R., Ching, A., Byrne, S., Turner, M. and Devendran, A. (2000) 'The last mile to nowhere', *Strategy and Business*, 20 (September).

Lavin, M. (2002) 'Christmas on the web: 1998 V 1999', *Journal of Retailing and Consumer Services*, 9 (2): 87 –96.

Lim, H., Widdows, R. and Hooker, N. H. (2009) 'Web content analysis of e – grocery retailers: a longitudinal study', *International Journal of Retail and Distribution Management*, 37 (10): 839 – 851.

Manjoo, F. (2011) 'The great tech war of 2012', Fast Company, www. fastcompany. com/1788728/ the – great – tech – war – of – 2012 – ongoing – skirmishes (accessed 25 October 2011).

Morganosky, M. A. and Cude, B. (2002) 'Consumer demand for online food retailing: is it really a supply side issue?' *International Journal of Retail and Distribution Management*, 30 (10): 451 – 458.

Pentina, I., Amialchuk, A. and Taylor, D. G. (2011) 'Exploring effects of online shopping experiences on browser satisfaction and e – tail performance', *International Journal of Retail and Distribution Management*, 39 (10): 742 – 758.

Reynolds, J. (2002) 'E – tail marketing', in *Retail Marketing* (McGoldrick, P. J., ed., 2nd edn). London: McGraw – Hill.

Ring, L. J. and Tigert, D. J. (2001) 'Viewpoint: the decline and fall of Internet grocery retailers', *International Journal of Retail and Distribution Management*, 29 (6): 266 – 273.

Sahney, S. (2008) 'Critical success factors in online retail: an application of quality function deployment and interpretive structural modelling', *International Journal of Business and Information*, 3 (1): 144 – 163.

Tanskanen, K., Yroyla, M. and Holmstron, J. (2002) 'The way to profitable Internet grocery retailing — 6 lessons learned', *International Journal of Retail and Distribution Management*, 30 (4): 169 – 178.

Williams, D. E. (2009) 'The evolution of e – tailing', *The International Review of Retail, Distribution and Consumer Research*, 19 (3): 219 – 249.

Wilson – Jeanselme, M. (2001) 'Grocery retailing on the Internet: the leaking bucket theory', *European Retail Digest*, 30: 9 – 12.

Wrigley, N. (2010) 'Globalising retail and B2C e – commerce: a report commissioned by the OECD Trade Policy Linkages and Services Division for the OECD Experts Meeting on Distribution Services, Paris', *European Retail Digest*, 30 (17 November 2011), 9 – 12.

Zentes, J., Morschett, D. and Schramm – Klein, H. (2011) *Strategic Retail Management: Text and International Cases* (2nd edn). Wiesbaden: Gabler Verlag/Springer Fachmedien.

7 产品管理

学习目标 153

学习本章后，学习者应能够：

- 理解网络发展对零售业产品管理的影响。
- 评估零售业产品管理方法的性质和价值。
- 理解有助于建立高效产品管理团队的五大职能。
- 分析零售产品管理过程中趋势判别、供应商选择和采购预算的重要意义。

7.1 新时代的产品管理

互联网已经改变了零售企业产品管理的方方面面。但也许最主要的变化在于，有了互联网之后，以前不可知、不可获得的一切，现在都成了已知的、可获得的。消费者在网上看到的每种商品都有可能被买到，而消费者购物的网站就成了零售企业的竞争对手。我们如今生活在采购与推销的新时代。

（英国百货集团采购总监）

在过去十年中，随着互联网的发展，消费品和服务的购买与消费方式发生了根本转变。互联网拉近了买家和卖家之间的距离，如今消费者可随时访问一家跨国零售门店的网站主页。互联网对零售产品管理的影响深刻，主要表现在三方面：

第一，消费者现今可轻松获得多样化的信息及其特征。自从零售产业结构正式确立，配送系统实现正规化和稳定性以来，消费品和服务的相关信息大部分由零售企业管控。消费者其实只能了解当地零售企业按照自己意愿提供的产品和服务，以及零售企业所选择的存货。因而，消费者所能了解的产品信息非常有限，信息来源也很少，与新产品的接触也仅局限于他们购物的零售企业门店的范围内。产品信息高度依赖于零售企业提供的信息。

大众广告活动的诞生确实在某种意义上引发了权力转移。制造商不断通过电视和印刷 154

广告来向消费者介绍新产品，其实是想推翻由零售企业所独揽的产品信息权力，这样它们就能够直接向顾客提供自己的新产品和品牌信息。随着制造商品牌传播活动的增加，零售企业的部分（而非全部）权力发生了转移。消费者或许可以更及时地了解制造商的新产品和替代性产品，但还是要依靠零售企业批量采购该产品，这样才方便他们购买。目录零售的发展虽然为消费者提供了一种替代性信息获取渠道，却远未达到有店铺零售企业那种市场渗透程度。

所以，在“互联网时代”到来之前，消费者获取替代性产品和服务信息的渠道非常有限，还要受到管控和限制。互联网改变了信息流动的路径，让消费者可以更加轻松地获得产品信息。

第二，除了使获取产品信息的途径得以改进，互联网的出现也为消费者购买新产品提供了一种前所未有的便捷途径。随着交易网站不断改进、安全性和可靠性提高、在线支付基础设施的改善（比如涌现了 PayPal 等支付平台），消费者现在不仅能够了解到产品，还可以从本国和世界范围内的卖家那里安全轻松地购买产品。

国际电子商务公司（如亚马逊网站）能够将迥然不同的产品按照方便快捷且美观诱人的方式整合在一起，从而进一步增强获取产品的便利性。如今消费者可以自信轻松地从世界各个地方获取产品。他们不再单单依靠当地零售企业来提供可选择的海外产品。

第三，互联网创造了许多重要且极具影响力的消费信息共享社区。随着各式各样的社交媒体平台的发展，消费者抓住了这样的机会，互相交流自己的品牌、产品和服务体验。他们可以随意坦率地表达个人观点和看法。消费者是品牌、产品和服务的直接用户，他们的观点在诚信方面极具说服力，因而，也能够对其他消费者产生影响或冲击。

过去，消费者只能参考一小部分资深用户的体验和建议，通常包括朋友、同事或家人，这些个体表达的观点和看法通常很有影响力，但不一定涵盖所有的品牌或产品领域。正因为如此，消费者还要参考各种媒体上发表的观点和看法，比如社论和报纸文章中的表述。有些媒体舆论无疑属于独立见解，但大多数则是在报酬驱使下产生的广告软文。因而，消费者愈加怀疑广告及产品服务相关文章的真实性和完整性。正是在这种“产品怀疑主义”背景下，人们抓住了互联网提供的沟通机会，消费者管理的在线讨论社群便应运而生了。最初的沟通途径是创建的非正式聊天室、博客和论坛，而后是社交网站，这些已经发展成为最具说服力的消费者影响形式——消费者自己对当前消费行为的影响。

155 为了体现消费者评论和交流的纯粹性、可感知权威性、真诚坦率和完整性，许多零售巨头为消费者提供机会，允许顾客对特定产品和服务直接公开地发表评论。虽然许多零售企业对评论区持中立态度，但消费者并不相信它没有受到零售企业某种程度上的控制和审查，这也是可以理解的。

无论是否能够在零售企业设置的评论区随意自主地发表意见，互联网提供了一个发表对产品和服务看法的重要媒介，从而维护了消费者权力和影响力，这一点是显而易见的。

总的来说，互联网对以下几个方面有着重要影响：当代消费行为，信息的获取，直接访问产品供给源，自由表达对品牌、产品和服务的看法。由此可见，互联网带来的最根本的变化在于消费过程实现了民主化，至少从广义上来讲是如此。

这些变化已经改变消费者购买的物品，以及消费者购买品牌、产品和服务的方式与渠道，并将继续对之产生影响。但是本章的重点在于阐明互联网引领的变化对零售采购和推销活动的作用、功能和范围产生的重大影响。

7.2 网络对产品管理的影响

互联网对采购和推销的影响是一个长期过程，这种影响还远未终结。互联网业务的渗透和能力范围在不断拓宽，它对零售企业的产品管理方式的影响也在不断深化。

从某种角度来看，要详尽阐明在线销售对采购和推销活动的所有影响是不可能的。不过，我们仍可以从四个方面分析互联网对采购和推销活动产生的影响。

第一，正如上一节所述，在线销售的兴起带来的一个重大变化是对消费者获取信息方式的影响。其中包括最新市场动态、最新产品创新、新品牌的推出和产品理念等方面的信息，这样的例子不胜枚举。之前是由买手和采购员来管理此类信息，他们对根据自身情况过滤而得的信息具有专属获取权。不过现在顾客通常能够了解同样的信息，甚至可以获得更多的信息。这体现出很重要的一点：互联网实现了信息全球化。此前消费者仅可以了解地区或者至多本国的趋势、产品或创新，而现在互联网可以分享各种可能性，发布各种最新动态，吸引全球消费者的关注。买手因此承受着巨大压力，他们必须保证可以获知全球信息，还必须要像潜在顾客一样深度了解产品信息。

第二，互联网影响着变化趋势类信息的产生和传播方式。之前变化趋势类信息的交流零散不集中。这类信息早在当季之前就制定出来了——时装业尤为如此，然后通过展示
会、趋势分析、图书和贸易展会进行传播。获取这类信息的费用很高，而由于这类信息早 156
在当季产品发布之前就制定出来了，其中的预测信息并无法涵盖最新的市场动态。

互联网彻底改变了预测、趋势和其他预估分析的形成、构建和向买手传播的方式。数字摄影成了及时捕捉街头潮流的一大推手，而这些信息在网上传播的即时性也是前所未有的。例如，在时装和美容领域，英国在线潮流趋势预测分析服务提供商沃斯全球时装网（Worth Global Style Network，WGSN）通过现实生活中的众多时尚达人获取及时的时尚潮流分析。然后，WGSN 利用一系列的实地反馈信息，向设计师、买手和采购员提供实时的趋势解读。

互联网不仅改变了知名趋势预测分析服务提供商收集信息、向零售企业传达信息的方式，也为设计师和买手提供了一种强大的新型可视化渠道，便于他们及时掌握市场趋势和发展动态。各种社交网络和微博网站应运而生，如 Tumblr、Pinterest、Facebook 和 Instagram 等，零售企业可以直接访问其中非正式的趋势信息资源库，此外，零售企业只要直接加入各种主要博客频道或创建自己的公司网站，便能够测试顾客对研发中的理念和产品的反应，洞悉顾客感兴趣的领域。因此，这类非正式渠道既是一种获取市场趋势新见解或

相关知识的途径，又是测试顾客对拟开发产品和理念的反应的手段。

第三，互联网影响着产品、品牌供应商和制造商之间关系的识别、选择和形成。之前，零售企业通过已有的经验、口碑推荐、代理人、交易调查、出席展会活动，有时是偶然的会面等，来确定合适的供应商。国际大型零售企业寻找外资供应商时，由其国际采购中心负责或委托第三方中间商进行。大多数零售企业仍在使用这种方法确定非本土供应商，开展关系管理。由此可见，互联网不仅为消费者提供了解新产品信息的途径，也为国际制造商和供应商提供了直接对接零售企业的机会。

凭借网络发展带来的机会，位于偏远地区的小规模专业供应商现在可以对外推广自己的资源和能力，并与从前难以接触到的零售企业建立紧密的合作关系。供应商受到向大型零售企业大规模供货的机遇的激励，同样地，零售企业也有兴趣与新的供应商建立合作关系。这里有三个主要原因：一是这些新的供应商可能具有按照零售企业产品分类来提供独家新型产品的潜力；二是这种关系可以是短期的，因而，零售企业能够灵活地决定开始和中断供货时间；三是从线上寻找新供应商是一种经济快速的搜索方法。重要的是，它可以避免因使用中间商而产生的附加成本。

157 第四，互联网直接影响着采购员的管理范围——具体而言，包括订单量的控制以及具体商店、地区和区域的库存分配。零售企业的在线分销渠道建立之后，便可以快速有效地试销新产品，并立即根据销售量、浏览量和顾客评论来估计顾客感兴趣的程度。这样一来，零售企业即可预估试用品的销售量，从而减少低估或高估需求带来的风险。

在线渠道本质上是即时的。顾客对产品的反应和兴趣也是立即体现的，在线渠道的反应速度远远超过实体零售店。此外，在线销售还能判断出可能对某种产品具有最强劲需求的地区。根据在线销售数据向某一地区的零售企业门店分配产品，零售企业决策的信心和确定性都大大提高了。

因此，互联网使零售产品的管理格局发生了显著变化，这在进入21世纪以来尤为明显。本章剩余部分将讲解零售产品管理的各个方面，并继续探讨在线渠道对采购和推销策略当前和未来的影响。

7.3 零售产品管理的含义

零售产品管理最恰当的定义是零售企业为尽量满足潜在顾客的诉求和需要而提供各种产品时所采用的计划、体系和行动。在多数情况下，消费者作出购物决定时，不仅会对产品的功能和性能作出评价，他们选中某种产品，更有可能是因为这种产品能使他们获得情感抚慰，因而我们将情感诉求排在第一位。

Pine和Gilmore（1999）在研究中指出（我们亦非常认同此观点），所有零售企业和消费者的“生存和活动”都处于体验式经济环境中，重要的是，我们还发现，这种“体验式经济”的“重心”是尚未被消费的产品。产品，或更具体地说，产品的销售是零售的核心和本质内容。零售企业能否取得成功在于它是否能够提供顾客最需要的产品。这是毋庸置疑的。

在此情况下，零售企业不能对产品品类建立和管理过程随意而为，必须要根据清晰的思维和良好的规划，采用一种结构化、可管控的方法。各个零售企业的采购计划和推销活动存在明显的差异。之所以它们选用的方法不同，很大程度上是因为企业规模、文化和市场各不相同。但我们仍可以总结出零售业中有效产品管理的共通之处或特点。

7.3.1　对消费者产品价值的准确理解

消费者产品价值（Customer Product Value）是顾客认为最重要的产品特征之一。这些特征是顾客最为需要的，他们根据这些因素作出购买决定。消费者产品价值不应当与价格 158
混淆。消费者产品价值包含“物有所值”的考量，但它还包括多种其他元素。例如，对食品零售企业而言，与速食食品范围相关的消费者产品价值主要包括制作便利性、营养平衡和食材的可追溯性。事实上，经济价值（即价格）并不十分重要，对高端市场定位的公司来说更是如此。

产品管理团队建立了核心消费者产品价值之后，才能以这种深刻认知来塑造（产品形象）、引导（消费者）作出购买决策。

7.3.2　产品范围

消费者对产品的需求通常复杂而广泛。影响消费者选择产品的因素体现在经济、文化和性别三个方面。此外，由于使用产品的环境不同，顾客的个人需求也不尽相同。例如，顾客在招待客人用餐时，可能选择更贵的酒，以便于给客人留下深刻印象。但如果是个人饮用，他们可能会选择购买不知名制造商的酒，价格更便宜。为了兼顾最多的可能性，最大限度地挖掘产品销售的潜力，零售企业需要研发/整合各种产品，这一点至关重要。但是在此过程中，零售企业必须确保同一系列中的每种产品的利润贡献率和商业成功率都是有保证的。

一个齐全的品类应具有宽度，即能够提供多种多样的产品。所提供的产品还要具有一定的深度，即每一种产品有数量充足的不同型号或花色。以酒为例，提供全系列红酒不仅能够提供较广的选择范围，例如，按原产地供应（法国、澳大利亚、意大利），还有极大的选择深度（即多种选择，如葡萄酒品种、价位，甚至酒瓶容量）。对许多零售企业而言，“高效”品类的发展至关重要，尤其是当今消费者将产品选择看作顾客服务的一个重要衡量手段。

根据购买的产品判定顾客最需要的产品价值以及产品组合中必须包括的产品系列之后，有效产品管理的第三、第四个特征分别是产品的供货来源和零售企业供应链中产品流的管理。

7.3.3 关键路径平台的使用

产品系列很可能是由多样化的全球供应商群提供的，需要进行大量协调和谨慎管控。对所有零售企业而言，大部分产品系列都是随季节而变化的。这意味着顾客需求往往集中在某一特定的时间段。因此，零售企业须认真规划、管理商品的上下架工作，以满足顾客当季的需求，这一点极其重要。这时，建立关键路径才是重中之重。

使用关键路径，可将产品组合的生产和交付所经历的不同阶段细分成具体而确定的时间框架。这样做是为了保证每一阶段都可按时完工，产品最终按时有序地到达零售企业的
159 供应链。关键路径属于资源集约型管理方式，但从成本管理和顾客服务角度来说是必不可少的。零售企业通常都有一个标准化关键路径平台，这一在线平台可由产品选择和供应过程涉及的所有人员共同使用。

7.3.4 既定供应商策略

供应商（包括品牌产品供应商、零售企业自有品牌产品制造商）是零售企业形成竞争优势的一种重要资源。与供应商选择和评估相关问题将在下文探讨，此处需要特别注意的是，对供应商的态度和接洽方式的形成通常是整体经营理念不可缺少的一部分。此处经营理念与零售企业定价和质量要求有关，或者说，供应商选择取决于供应商或制造商是否能够与零售企业自有的信息管理系统接轨。

7.3.5 品牌战略一致性

零售业中品牌的作用在第4章已有详细论述，此处需要注意的是，零售企业的企业品牌和产品品牌战略对买手的决策有重大影响。零售企业的品牌设定了公司希望在市场上为人所知的定位。品牌是零售企业身份的表达，体现了它的核心价值。此外，零售企业品牌还是其个性的表现方式。由此可见，零售企业品牌是实现竞争差异化优势的重要手段。

在此情况下，买手寻找并选择的产品与提供的服务必须符合其企业品牌的定位。例如，英国塞尔福里奇百货公司（Selfridges）是一个国际知名品牌，众所周知，其定位于高端市场，其目标顾客是最富裕且讲究时髦的人。该公司通过营造奢华的商店氛围，开展极具创造性的时尚广告活动和公关事件，实现了高端品牌的市场定位。最重要的是，它提供世界最奢侈、最值得拥有的产品和品牌，从而稳固地维持着高端/奢侈品牌定位。塞尔福里奇百货公司采用的产品管理方法就是仅采购那些符合其品牌定位的产品。

产品经理需要保证产品选择与品牌定位保持一致，这对拥有自有品牌产品的零售企业来说尤为重要。自有品牌系列为零售企业所有，因而成为实现差异化、赢得顾客忠诚的有力手段。自有品牌商品通常比制造商品牌商品更有利可图。这类商品还可让零售企业获得

设计和创造权力，对这类产品的分销也有完全的控制权。但是，这些优势也伴有一定的风险和责任。

自有品牌商品必须体现和维护与零售企业声誉及品牌形象相关的价值观。出现任何不
一致都是不利的，还会给零售企业的定位带来潜在损害。如果零售企业经营多个自有品 160
牌，每一产品系列均要明显支持其自有品牌代表的价值观，并与这种价值观保持一致。例如，玛莎百货的女装部有八个子品牌。每一个子品牌均单独命名，拥有独特的标识和目标顾客群。因此，玛莎百货的女装产品管理团队必须确保，这八个自有品牌的产品系列能够清晰一致地体现每一品牌的价值观和个性。同样重要的是，每一产品系列都足够与众不同，这样才能支持并凸显各个品牌的不同和差异。

零售业中的产品管理只是买手的责任，这样的看法是错误的。参与这一过程的还有多个领域的专业人士，每一领域的专业人士都对有效实现产品管理策略作出了独特而重要的贡献。参与产品管理过程的专业人士的职务和数量因零售企业而异，这取决于零售企业的规模和类型。尽管存在差异，仍可以十分有把握地确定参与产品管理过程的四类主要专业人员，即产品设计师（见本章第4节）、零售买手（见本章第7节）、采购员（见本章第8节）和品牌营销员/视觉呈现经理（见本章第9节）。

7.4 产品设计师

多数零售企业会参与其所销售产品的部分设计和开发工作，销售自有品牌产品的零售企业更是如此。这些零售企业之所以作出销售自有品牌商品的决策，就是希望按自身的需求直接定制产品的属性和特征。虽然这种策略可能存在较高风险，但自有品牌的成功能带来可观的回报。零售企业在设计、出售自有商品时，获得的毛利通常比购买制造商品牌商品高出许多，而且因为此类自有品牌商品是零售企业独家专营的，还可进一步增强顾客忠诚度。

当然，并非所有的零售企业都销售自有品牌产品，但它们仍可能对其所售的制造商品牌产品的某些（即使不是很多）特征产生影响。这种影响体现在包装大小、产品颜色或采用的原料，或者其影响范围可能更广，零售企业会对制造商产品的设计进行指导，这对产品形态和功能都会产生重大影响。

后一种影响主要来自在市场中具有重要地位和话语权的零售企业，它们往往具有公认的良好的声誉，占有较高的市场份额，并实现较高的业务利润率。

产品设计师有两大职责：第一，管理与市场趋势和发展情况相关的企业情报。某些市场调查活动是与零售企业买手共同进行的，但收集最新产品、竞争对手和消费趋势相关信
息这项工作则必须由产品开发商完成。第二，消化吸收一切相关市场数据，并以此为依 161
据，为零售企业提供新产品开发或产品升级的思路、理念、规格和方案。下面我们来讲产品设计师的主要职责。

7.5 趋势管理战略

在考察产品管理团队中设计师等人收集、宣传趋势信息所采用的方法之前，须注意这一过程已经发生了根本改变。互联网是导致零售业的情报收集技术发生变化的主要媒介。通过创建专业的趋势分析网站，设计师和产品管理团队只要按一下按钮，即可轻松及时地获取最新的全球趋势。新趋势出现时，使用这些网站，不仅可以立即获取趋势相关信息，还可以发表评论和分析。这样一来，设计师就可以快速有效地解读趋势并依照趋势采取行动。然而，互联网作为一种普遍的趋势来源，亦存在负面影响，由于许多零售企业是通过同一信息库获取信息的，这样就出现了市场同质化。

虽然在线趋势信息的出现提高了信息获取的速度和范围，趋势收集和解读的过程却变得更复杂了，主要原因有三方面：第一，该领域的创新速度。大多数产品类型出现的驱动力是一种持续的流程，包括新产品发布、产品后续改进、延伸和再发布这一持续的流程。也就是说，了解市场上产品的现状是一个复杂的过程，类似于一个“移动的目标”。

第二，产品创新和开发的竞争是由消费者兴趣和零售企业自身活力推动的。在消费者通过互联网获取新开发和创新产品的信息时，消费者对看到和买到新产品的强烈渴望成为许多产品市场的决定性特征。

第三，商品和服务全球化使消费意识以及消费者从全球获取的商品和服务的能力达到了前所未有的水平。在这样的背景下，产品设计师必须具有全球化思维，必然还要深入及时地把握国际市场趋势和发展情况。

因而，产品设计师必须开展深入而广泛的趋势研究，他们通常要考虑三个因素：产品、消费者和竞争者发展情况。下文将深入探讨这三个因素。

7.5.1 产品设计师分析

产品设计师通常是其产品领域的专家。他们可能学习过设计，高度关注其产品领域的最新发展动态。他们对趋势一直兴趣不减，通过互联网网站、杂志、社交媒体和个人消费来掌握趋势情况。

162 然而，产品开发是一个非常重要的过程，它不单单建立在非正式的深刻见解的基础之上。产品趋势分析需要正式的干预手段，这样设计师和产品管理团队才能获得可靠的洞察力和相关信息，并以此为依据作出决策，保证决策的可信度。产品设计团队的研究范围各不相同，这取决于零售企业所在的产品市场及其业务量、业务规模。产品研究方法主要有四种，考虑到上述变化因素，多数产品设计师至少会采用其中几种（即使不是全部）。下面详细介绍这四种主要方法。

7.5.1.1 产品趋势研究机构

每一类产品都有众多趋势研究机构，专门监控、记录产品开发情况（第一种方法）。这些机构在发现产品趋势后，据此预测、报告最可能的重要市场趋势。这些专业趋势研究公司可能是一对一地服务大型零售企业，为产品设计团队提供发展最好的领域的详细信息和建议；或者（除上述角色外）为零售企业组织定期的研讨会/研习会，它们将在会上列出自己认为应该会影响、决定零售企业新产品开发思维的趋势，这类研习会往往能够促成创意生成活动，进而保证可提升业务的产品不断涌现。

7.5.1.2 产品展览会

第二种方法，产品设计师和产品管理团队成员参加与其产品类别相关的、重要的一些国家/国际产品展览会。虽然互联网是获取产品趋势和开发情况最新信息的有力途径，但一年一度的产品交易会的时代尚未终结。展览会是用于展示新开发和创新产品的平台，设计师和买手在展览会上能够近距离了解最新产品创意，因而展览会在互联网时代仍具有一定的影响力。此外，设计师通过交易会可以与供应商和制造商面对面地交流想法、建立关系。

展览会涉及的品类包罗万象，如时装、珠宝、家居和玩具等。展览会大多在固定的地点举行，例如，巴塞尔世界（Baselworld）是全球钟表珠宝业的盛大展会，每年在瑞士巴塞尔举行。

在时装零售业中，每年两次在巴黎举行的第一视觉面料展（以下简称 PV 展），汇集了纺织面料、生产、科技和营销的最新发展情况，这些都影响、指导着时装零售企业的产品开发活动。

7.5.1.3 灵感之旅 163

在认识到零售业受全球趋势和发展动态影响之后，零售企业承认，收集有关新产品和服务的深度信息不能仅仅局限于国内市场的发展动态。相反，产品设计师会游览最具影响力且最“时髦”的地点，便于及时、近距离地深入感知最新产品（第三种方法）。

趋势总是变化不定，被选为灵感来源的城市和目的地也在不断变化。被食品零售企业选为灵感之旅的几个最重要的目的地城市包括纽约、孟买、东京和悉尼。相比之下，家居设计师在寻找设计创意时更喜欢游览哥本哈根、柏林、上海和吉隆坡。产品设计师在寻找设计创意时，除了访问制造商和供应商，还会拜访其他零售企业，对它们的产品进行评价之后，再考虑是否可以将它们的产品系列转化到自己的业务中。此外，许多设计师还会密切关注这些大城市的消费者及其消费模式，这也是为了激发创意和灵感。本章后续部分将进一步详细探讨产品设计师对竞争对手和消费者的看法。

7.5.1.4 新产品预测报告

产品设计师获取最新产品趋势信息的第四种方法，是订阅该领域内某家大型预测公司的趋势报告，这也是一种重要途径。一般而言，这些报告本质上具有技术性和专业性，在产品设计师了解样品和新产品预发布阶段所具有的性质和形态时，这些报告可以为其提供深度见解、参考方向和决策指导。

以上阐释了设计师获取最新发展动态信息的机制，接下来我们将探讨设计师和产品管理团队在为零售公司开发新产品时所考虑的具体因素。

需要注意的是，无论何种形式的市场趋势分析，产品管理团队的所有成员都必须参与进来，而非仅仅是直接参与产品设计的人员，因为市场趋势分析对所有成员都具有重要意义。因而，鉴于这些趋势决定着设计师提出的产品创意，将趋势分析看作零售企业产品设计团队的主要责任也是恰如其分的。

7.5.2　产品趋势分析

产品趋势分析通常需要考虑三个具体方面：预测与渠道开发的最新动态、即将发布和已发布的最新产品、现有产品系列的升级与延伸。下文将深入探讨这三个方面涉及的关键因素。

164 7.5.2.1　预测与渠道开发

零售企业最不愿意发生的情况是：主要竞争对手突然发布了新产品，自己却对此全然不知。竞争对手突然发布一款优良产品或服务，便能够赢得明显优势，这样，在消费者看来，落后企业似乎不接地气、低人一等。

为了避免出现这种情况，零售企业须认真审视竞争对手遵循的新产品发展的动态模式，以便于借此发现一些线索，为今后的发展方向提供指引。这就要认识到，多数新产品发展动态本质上呈递增模式，并以之前的业绩为基础。此外，零售企业还会通过其他信息渠道（如供应商、媒体和其他联系人）来获取预测发展动态的情报。

商业出版物是获取渠道开发动态最便捷、最廉价的途径，它是一种重要的信息来源，尤其是与初始开发动态的技术特征和市场可行性相关的信息，通常这种信息来自制造商或零售企业举办的新闻发布会。正因为如此，这类信息的积极作用和成功的潜力可能有被过分夸大之嫌。

在某些情况下，尤其在产品较复杂且具有一定技术含量的情况下，产品设计团队将借助咨询师的专业研究技巧——咨询师们会在全球范围内开展深入而广泛的研究——以发现新创意、与原产品相比的创新之处，进而评估它们的商业潜力。

发现新发展动态和渠道开发的最重要手段，或许是与供应商建立良好的合作关系。当零售企业对供应商至关重要时——也许是因为它们的声誉、业务规模和稳定性——制造商会选择分享新产品和创新方案。这样一来，供应商从早期阶段即可获得零售企业对各种产品发布的前期反馈，如商业可行性、消费者可能的兴趣以及改进产品创意会发挥作用的领域，供应商便能够从中受益。

在零售企业看来，值得信赖的供应商提供的创意是快速而低成本获取创意的重要途径。如果一种新产品理念从本质上看似乎具有商业可行性，零售企业和供应商便可以合作改进这种创意，在可能的情况下，在合适的时间及时将之推向市场。总而言之，供应商关系在产品开发早期阶段至关重要，这样新创意和创新产品投入市场之前，买手就能获取重要的第一手产品开发的动态信息。

7.5.2.2 即将发布和已发布的最新产品

社交媒体已成为零售企业定位国内外竞争对手和其他零售企业即将举行和正在举行的产品发布会的一种重要而有效的渠道。为了激发消费者兴趣、促进消费者互动，零售企业会放出高端产品发布的“预告片”。这类预告片形式不一，既可在社交媒体平台发布简单的公告，也可用较神秘的广告片引起顾客的好奇心。2012 年 11 月，H&M 宣布与马吉拉时装屋（Maison Martin Margiela）合作，在发布新产品系列前三周，H&M 先发布了一个 165
37 秒的视频片段讲解一条连衣裙，其中提到了马吉拉品牌。这段视频是为了“激发顾客的兴趣”，从而激发顾客对两者合作打造的时装的好奇心。H&M 与马吉拉时装屋建立合作关系给竞争对手带来了很大冲击，但竞争对手也无计可施，不过，许多竞争对手还是利用了这则预告片所含的创意来打造、指导自己的快时尚系列。

有些制造商则利用多种营销沟通技巧，让零售企业掌握它们即将举行的产品发布会的信息。从主办活动、展示新产品，到派发产品规格详情的宣传册，制造商一直在寻找一种新方法，吸引零售企业的兴趣，抢占零售企业的业务。越来越多的制造商选择在产品开发的早期阶段直接与零售企业合作，以了解零售企业的看法和投入情况。在很多情况下，这最终加强了零售企业和制造商之间的合作，进而在产品开发中利用两者的优势推出新产品。

在此情况下，许多产品设计师会密切关注竞争公司的合作动态。例如，英国 John Lewis 百货与多个成功时尚品牌建立合作关系，以增强男装业务。John Lewis 与 Barbour、John Smedley、Joe Casely - Hayford 等品牌合作生产独家产品系列，提升了它在时尚界的影响。为了应对这些发展动态，许多其他高街连锁店（包括玛莎百货）也采用这种发展模式来提升自己在男装系列产品中的信誉，比如名模戴维·甘迪（David Gandy）与英国玛莎百货合作推出的 David Gandy for Autograph 内衣系列。

7.5.2.3 现有产品系列的升级与延伸

零售企业很少提供一种市场上从未销售过的产品，这是合情合理的。大部分新发布产品都是现有产品的升级或延伸。设计师会密切监控产品升级和延伸活动。升级活动通常是呈渐进式变化，也就是按照顾客需求和兴趣进行改造。因而，分析竞争对手的升级情况能够有效地了解它们对市场变化、趋势和发展动态的预期。

分析零售企业的产品延伸业务也是重要的新产品信息和灵感来源。零售企业进入一种新产品类别，也许最能够清晰体现出某公司是否预先考虑到未来将取得新的发展。其还表明，零售企业是否相信公司具有利润提升的最佳机会，以及它们的顾客想要看到公司朝哪些方向发展和壮大。

随着互联网的诞生，零售企业不断探索利用互联网资源和分销能力的方法，开拓新的业务收入来源。许多零售企业借鉴网络零售企业（如亚马逊）的做法，与其他品牌建立合作关系，以延伸产品系列和范围。产品设计师还密切关注新创企业，因为这能够反映竞争者认为存在新市场机会的领域，并就竞争者认为可吸引顾客的商品和服务种类提供指 166
导。专栏 7.1 通过 Next 品牌的一次电商业务尝试——The Label 案例阐明了这一点。

专栏7.1　Next推出品牌延伸

自20世纪80年代末创立以来，Next Directory就成为Next成功故事的一个重要组成部分。Next Directory使用迷人的照片，制成高质量的宣传画册，使Next品牌实现了引人注目的形象和品牌定位。在Next品牌延伸到多种互补产品种类之后，该公司认识到有机会以Next Directory为基础建立有影响力的在线业务。它并没有撤销该目录，而是确保它与网上产品相衔接，Next能够维持邮购订单的分部，并通过该部门发展出强劲的电商业务，这也是它独有的能力。

在开拓大受欢迎的线上和邮购业务之后（这很大程度上得益于其遍布全球的分销系统），Next认识到需要有策略地保护和开发这些业务。该公司采用了进取型的开店策略，依托外地和城镇边缘地区的大型商店，它认识到，Next品牌的市场需求即将达到饱和状态。因而，从21世纪头几年开始，该公司在Next Directory及其网站上引入其他时装、家居和电器品牌。通过这样的产品延伸活动，Next取得了三项成绩：第一，它扩大了消费者的选择范围，如今它提供的品牌不再局限于Next。第二，Next通过管理其他品牌的分销业务，充分利用它的供应链能力。第三，为Next提供了额外的外部收益来源。

这些外部品牌在Next的电商网站和邮购平台上的销量逐步攀升。至2014年初，Next赶超玛莎百货成为英国盈利最多的时装和家居零售企业。为了避免过度依赖单一的Next品牌平台，拓宽Next的业务模式，使业务模式实现多样化，该公司于2014年3月创建了新的网站和目录。新业务名为The Label（包括网站目录中已有的外部品牌），采用了简洁新颖的设计风格。通过多样化经营，Next公司预期可实现三大主要优势：第一，将外部品牌和Next品牌区分开来，该公司更有可能吸引新的顾客群，否则，将无法对核心品牌Next作出可靠的可预测定位。第二，Next可以通过新业务获取顾客购买偏好与行为的市
167 场情报与洞察，这些顾客购买的是其他品牌，是该公司不了解的顾客。由于Next可密切监控实际销量，买手们能够获取可靠且有用的信息。第三，Next通过新的独立网站可以试验新的业务理念和计划，而不会有损害现有业务声誉和成功的风险。

资料来源：Goldfingle（2014）。

7.5.3　竞争对手趋势追踪

有人认为追踪竞争对手的行为仅是设计师的职责，这是不正确的，产品管理团队的所有成员都必须参与这一过程。但是，竞争对手分析的结果直接影响着设计团队领导的产品开发计划。因此，鉴于这种重要联系，需要通过“商业视角”来看待竞争者追踪话题。

了解竞争对手的活动——尤其是竞争对手如何吸引顾客购买其品牌产品，可以让零售企业（和设计师）制定适当的防御战略，维持顾客忠诚度。此外，充分理解竞争对手之后，能够利用它们的弱点，从它们的优势中获得灵感和创意，做好准备应对竞争对手可能采取的任何新计划。

与追踪消费者趋势一样，竞争对手分析也是一项持续活动，可通过正式和非正式的方式进行。电子商务的发展降低了竞争对手分析的难度，却也加大了其复杂程度。有了电子商务，零售企业对竞争对手的网站进行简单分析，即可快速发现竞争对手的发展动态，同时还节约了成本，从而降低了竞争对手分析的难度。但可供顾客选择的竞争者数量也增多了，因而加大了竞争对手分析活动的复杂程度。此外，许多在线零售企业提供的在线产品组合与实体门店的产品组合迥然不同。这意味着网络进一步加大了竞争对手分析过程的复杂程度。零售企业密切关注的竞争对手活动涉及五个方面，下文将一一详细叙述。

7.5.3.1　产品范围与组合

分析竞争者提供的产品时，产品设计者往往会考虑三个重要层面。第一层面，涉及竞争对手的产品系列结构。这需要考虑到产品广度（不同产品类型的数量）与产品深度（特定产品的不同花色品种的数量）之间的平衡。可根据制造商库存品牌的范围，以及零售企业自有品牌名义下售卖的品牌来考察品牌组合。

第二层面，特别是涉及自有品牌产品，对设计特征、质量标准以及技术或性能创新的 168
任何方面进行仔细审查。那些被认为是极具特色且能提供某些竞争优势的产品属性将被指出，以供将来考虑和采用。

第三层面，也许是最重要的一个层面，产品设计团队将查阅竞争对手的产品，以寻找竞争对手企业与外部各方之间有趣且具吸引力的合作。这是美国服装零售企业 J. Crew 所制定的一项战略，将其作为区分其产品战略的一部分。专栏 7.2 阐述了其合作活动的详情。

专栏 7.2　J. Crew 公司的“优势合作”战略

J. Crew 创立于 1983 年，最初是一家以产品目录为基础的时装企业。它专注于经典服饰，注重实用性。它并不特别以时尚为主导，产品也不包括童装。1989 年，它在纽约南街海港开设了第一家门店。2003 年聘请 Mickey Drexler 为公司董事长和 CEO 后，该公司迎来了转折点。Drexler 之前主导过将 Gap 从一家国内服装零售企业转变为国际知名时尚连锁店的变革。加入 J. Crew 后，Drexler 开始着手实现类似的转变。

在创造更好的零售店的同时，Drexler 还看到了优秀设计对时装业取得成功的重要性。他任命 Jenna Lyons 为创意总监，并鼓励她为 J. Crew 创造吸引人的设计美学，将最新流行趋势与穿戴舒适的设计相融合。在整合所有渠道和每个客户接触点的新型 J. Crew 美学时，Lyons 也认识到，与其他受信任和尊重的品牌合作，J. Crew 将从中受益。从市场营销的角度讲，这就是所谓的“晕轮效应”，即一个品牌通过与另一个成熟和受人尊重的品牌联合，并从该品牌的正面市场定位中受益。

正因为意识到 J. Crew 将从联合其他强势品牌中获益，尤其是在男装市场方面，J. Crew 启动了“J. Crew 优势合作”战略（“J. Grew in Good Company” Strategy）。该战略汇集了包括 Alden、Barbour、Birken - stock、Converse、Filson、Mackintosh、New Balance、Sperry Top - Sider、United Arrows 和 Vans 在内的 70 多个品牌。

J. Crew 在其网站上和选定门店中出售的这些品牌也包括 J. Crew 独有的产品，抑或是与 J. Crew 设计美学相符的产品。

“J. Crew 优势合作”战略为 J. Crew 品牌做到了三件重要的事。首先，它提高了 J. Crew 名牌的地位和名声。其次，它为 J. Crew 提供了接触不同客户群体的通道，这些客户可能不会把 J. Crew 作为选择，但在寻找其他著名品牌时发现了 J. Crew。最后，它为公
169 司提供了额外的收入来源，也提供了关于公司外部产品和品牌的实用的客户情报透视。

资料来源：Sacks（2013）。

产品设计者除了查阅竞争对手的合作活动之外，还将考虑其提供的任何限量版产品或仅供互联网的产品（即仅在网上销售而非在商店中销售的产品）。对这些产品的分析为其产品开发计划的“前进方向”提供了宝贵的前期情报。和常规产品相比，限量版和仅供互联网的产品通常具有高价格、高设计要求和高质量的定位。因此，这些产品通常可用作衡量顾客参与程度、兴趣和接受程度的试验。在这些产品线的销售业绩基础上，竞争对手将利用从这些产品中获得的知识来制造可以吸引更广泛消费市场的主流产品。通过确定和评估限量版和仅供互联网的产品线业绩，产品设计者也可以预测竞争对手在不久的将来会如何提升其产品系列。

7.5.3.2　定价策略

除了顾客（buyers）和品类管理员（merchandisers）必须清楚地了解竞争对手的定价，对于产品设计者来说，了解竞争对手的定价行为也是至关重要的。原因在于他们必须开发出与当前市场价格水平相适应的产品。

竞争对手定价有三个方面必须考虑：第一个方面是每个产品系列或目录的上市价格是最便宜的产品价格，也决定一个公司的市场定位。例如，对于爱马仕（Hermes）这类奢侈品零售企业，其 2014 年女士手袋的上市价为 2100 英镑左右。该上市价直接表明了爱马仕在市场中的位置。可见，上市价分析是了解零售企业市场定位的关键。特定市场内的零售企业通常会设定共同的上市价格，以便将零售企业之间此种形式的竞争影响降到最低。

第二个方面是价格排列定价法。价格排列定价法是指零售企业在特定产品系列内设定

的各种价位。例如，葡萄酒和烈性酒零售企业可能以五种价位供应香槟，比方说20英镑、25英镑、30英镑、35英镑和50英镑。这些不同的价位用于向顾客表明所出售的每个香槟品牌的差异之处，可能是质量、数量或声誉。考虑到竞争对手的价格排列定价法策略十分有效，因其从准备付出多或少的角度出发，提供了一些目标市场价格容忍度评估的深入见解。此外，它也表明了客户在某一产品系列或品类中可能期望的价格选择水平。

第三个方面与竞争对手价格在一定时期内的变化程度有关。为了进行这种分析，零售企业必须针对特定产品定期记录竞争对手的价格。被监测的产品通常包括需求量很大的产品、竞争对手的普遍产品以及客户对价格敏感的产品。价格监测在食品行业非常重要。而 170
且对许多零售企业来说，这是其竞争战略的核心。价格匹配是通过频繁监测竞争对手在网络和商店中列出的价格来实现的，而且这些信息常用于实时调整零售企业自己的价格。

商家和买家特别感兴趣的是竞争所带来的降价幅度和数量。这一点尤为重要，因其提供了竞争产品选择和定价策略是否获得成功的指标，也为观察特定产品和品类的消费需求提供了机会。

7.5.3.3 促销策略

大多数产品管理团队会为其业务建立季节性促销日历。该日历计划了一整年的促销流程，并用来确定可存放足够数量的产品的货架空间，以满足客户需求，使商机最大化。促销活动有助于创造需求，并为企业提供即时现金流。同样地，促销活动可以刺激滞销品的需求，从而减少产品积压。

一般来说，分析竞争对手的促销活动，可以评估参与促销活动的产品系列以及促销活动本身的情况。只要有可能，产品管理团队就会通过估算消费者对促销产品线的需求水平、促销活动的时长和未售出的产品数量，来评估竞争对手的促销是否成功。

许多零售企业建立了折扣零售渠道。在其发展初期，这些渠道用于出清滞销产品线，为新库存腾出空间。随着消费者对折扣零售的兴趣提高以及参与度的增加，许多公司已将其视为重要的收入渠道。因此，为了最大限度地利用这些渠道，许多公司还开发出专门在这些门店内出售的产品。因此，对竞争对手的监测也包括了把专为店内促销活动或折扣商品零售网站所设计的商品考虑在内。这样就可以为设计团队应该开发何种产品类型提供灵感。

7.5.3.4 门店环境

在零售企业之间的产品和品牌组合同质化的情况下，销售产品和服务的环境及情境变得更加重要。现在，零售企业的环境往往经过精心设计，以产生区别感与独特感。环境有助于支持和强调零售企业的形象，零售空间往往会显著强化品牌定位。

为此，门店环境要通过促进兴趣、刺激和诱导消费者购买更多产品，在向消费者“销售”产品中发挥关键作用。由于环境与产品之间的密切联系，产品设计者必须仔细考虑产品销售环境的特点，然后利用这些特点来形成产品设计决策。服装零售业中的两个例 171
子清楚地表明了这一点。

优衣库（Uniqlo）是一家日本独资的时装零售企业，以极具竞争力的价格销售高质量的基本款服装，开发出极其成功的业务。优衣库成功的秘诀之一就是创造了高影响力、光线明亮、色彩丰富的零售门店。逐个展示商品系列，按照类型、设计和尺寸，对产品的颜色和逻辑结构进行精心管理，由此使商品展示对顾客产生影响。商品展示的精心管理并非偶然，在其季节性商品系列开发的最初阶段，优衣库的产品管理负责人立即开始考虑如何在店内展示每个系列的产品。这就为公司内部的产品设计决策提出了一项准则，确保了一个系列中所有产品都是相关联的，并且减少了该系列中可能由于颜色、形状或质感匹配不佳而造成与其他产品的错误搭配。通过产品设计与产品展示考量的细致融合，优衣库能够创造出一个可以信赖的门店环境体验，对世界各地的许多顾客而言，可以更方便和轻松地购物。

同样，Inditex 集团旗下的西班牙时装零售企业 Zara 也是一个很好的例子，它展示了如何通过产品和店面环境设计的细致融合和共同管理，使品牌的市场地位得到加强和区分。尽管在全球拥有 2000 多家门店，Zara 却创造出了一致的门店体验，这一点至关重要，而且这些门店可以用合理的成本在全球推广。优衣库和 Zara 已经开发出了清晰的品牌美学，即精确、精致和精心控制。当产品设计师为 Zara 创作产品系列时，关心的问题是如何在 Zara 门店内展示产品系列和品牌系列。该公司设有可强调产品之间联系的模板，可以让客户方便地搭配美观又适合自己的服装。它并不是抱着只销售一种产品的想法进行设计。相反，它展示出商品，鼓励顾客购买能创造搭配组合的补充产品。这一点显然被 Zara 设计团队牢记心中，并决定了他们如何处理各系列产品的设计、构建和展示。

7.5.3.5　服务

从产品管理的角度出发，一个颇受关注的领域是竞争对手如何利用技术来吸引与支持顾客。在众多品牌中，英国的奢侈品牌博柏利是使用这一技术的先锋。通过开发集音乐、文字表意和时尚摄影于一体的电商业务，创造了令人梦寐以求、轻松愉快的在线体验，该公司也通过其“风衣艺术”网站形成了强大的在线社区。这个微型网站鼓励公众和街头摄影师们上传那些酷炫的时尚人士身着博柏利风衣的照片。该网站的用户遍布全球，有着成千上万的帖子和数百万关注者。它创造了一个博柏利消费者社区，如此一来，便为顾客
172 提供了一个机会，使他们有机会与更大的社区相“联系”，并让他们有机会从同好者那里获得如何搭配和穿着博柏利产品的指导和建议。除了非正式的支持与指导之外，该公司还为其电商顾客提供了更直接的指导形式，顾客可以与博柏利专卖店设计师预约会面，他们会协助顾客挑选博柏利产品和制作博柏利服装。该公司也设有“实时聊天”工具，顾问将在线为顾客提供指导和造型支持，帮助他们选择产品和混搭服装。

7.5.4　竞争对手顾客信息

产品管理团队，特别是产品设计师和买手，对了解购买竞争对手产品的顾客信息具有浓厚兴趣。这些信息的价值无法估量，特别是其有助于确定哪些客户可以争取，以及为了实现这一目标他们需要提供什么。

因此，在考虑竞争对手为了影响消费者行为所采取的各种干预措施的同时，有必要审视竞争对手，思考在任一特定时间内是哪些人购买了竞争对手产品。所以要通过个人观察法，将顾客数量、年龄和其他显著特征记录下来。关于后者，有些买手会尽可能记录竞争对手顾客所携带的包、停车场中的汽车类型及其购买的产品种类。果断的买手和产品设计师会与竞争对手顾客进行对话，了解他们为什么首先选择购买某个零售企业的产品，这种情景并不罕见。

7.6 顾客趋势分析

电子商务已彻底改变消费者行为的性质与模式，这毫无疑问。Shaw 和 Koumbis（2013）指出，互联网已经从根本上改变了零售产品市场，并使消费者能够轻松、廉价和高效地获取信息。人们可以在任何想要的时间、任何想要的地点购买任何想要的东西。也许最重要的是，互联网给大多数顾客提供了更多选择，因此，它提高了顾客对零售服务、产品可选择性和可用性的期望。

然而，从更广泛的角度来看顾客趋势，产品管理团队无疑希望把重点放在宏观和微观的消费趋势上，或许同样重要的是了解意见领袖在各自市场中的态度、价值观和行为。

7.6.1 宏观消费趋势

在广义上，宏观消费趋势与市场的人口、经济、技术和社会方面的变化有关。产品管
理团队对这些方面特别感兴趣，因其影响到他们的目标顾客群体，但他们的关注点必须扩
展到其他社会群体。原因有两个：首先，经验丰富的买手意识到顾客群之间的行为趋同， 173
而且一个细分市场内的发展往往会在其他顾客群中造成影响与变化。其次，借助这一意
识，当趋势在目标市场出现时，买手可以利用此趋势来开发新产品。

推动市场消费趋势分析的并不是形成一个当前和未来消费情景的一致性的期望。相反，更专业的产品管理团队将利用有关消费者人口统计、经济状况和社会状况等通用信息，对决定其消费性质和特点的因素进行全面了解。除了这些“硬性”事实之外，团队通常会将体现消费者态度和行为趋势细节的广泛的定性数据结合起来分析。将定性和定量数据汇总在一起，就有可能为其特定顾客构建出一个更全面的生活方式的形态。

生活方式形态的呈现方式多种多样。常用的一种方法是构建不同顾客群的**生活方式画像**（lifestyle portrait）。通常以叙述形式呈现，生活方式画像呈现了定性和定量数据的总和，目的是确定这些趋势如何解释其目标顾客群的态度和行为。从人口特征概述开始，生活方式画像尝试说明是谁描绘了顾客的态度、行为、愿望和需要。它考虑当前消费者生活方式的各个层面，并设法预测未来生活方式的变化。绘制生活方式画像的好处不仅在于将产品管理团队的注意力集中在界定、限制和决定人们消费方式的因素上，还有助于团队预

测哪些产品在现在和未来最能满足顾客的生活方式要求。

7.6.2 微观消费趋势

宏观层面的消费分析范围很广，而微观分析关注的是更具体的零售企业顾客情报。可以说，获得这种信息对于任何零售企业的成功都显得至关重要。它们必须清楚地了解目标客户群体在何地、何时、为何以及如何消费何种产品和服务。零售企业通常只能获得顾客在其店内如何互动的信息，很少能了解到顾客如何与竞争公司互动。为了做到这一点，它们需要通过由自己的研究团队所领导的调查研究或通过外部的市场研究公司来与消费者接触。

除了使用外部的消费者数据外，产品管理团队还将查询内部数据，作为确定其现有客户购买行为模式的手段。这些内部数据用于提供各个层面的信息。通常考虑的领域包括特定产品、品牌和产品变量（如尺寸、颜色或材料）的销售趋势分析。这项销售分析的范围可能更广，包括了产品品类之间的购买趋势比较。这类分析将考察其他一些因素，以便产生顾客购买习惯的相关信息，并详细列出顾客在每笔交易中花费的平均金额，可容忍的
174 价格水平，在何时、何地及如何购买商品，以及他们购买的产品组合信息。

除了通过分析销售历史数据产生情报外，产品管理团队也利用在线数据所提供的信息。他们尤其会考虑：

- 浏览产品的频率；
- 在一项单品上所停留的时间；
- 查看一件产品到下一件产品之间的过程；
- 产品间的比较；
- 失败交易（即放在购物车里但没有购买）；
- 成功交易的数量、价值和组合。

这类情报可以迅速获得，而且很准确。其提供了顾客关注点和购买行为的实时重要信息。

除了从上述宏观和微观层面研究调查中获得的信息之外，许多零售企业还通过追踪制造舆论的消费者的行为的定性研究来对调查结果进行补充。在互联网崛起前，关于意见领袖的态度、价值和行为的信息实际上只能远距离获得。市场研究人员或产品管理团队要走访不同的地点和场所，观察、采访以及默默接触那些似乎处于思想前沿、其意见可影响和引导市场的人士。

然而，随着“在线博主”（online blogger）的出现，通过翻阅他们的博客及其在不同品牌和产品营销中的参与，产品经理更容易获取并理解那些能影响消费者品位和行为的个体的想法和观点。假设这些有影响力的博主的消费特性将会“渗透”更广泛的社会群体，产品设计人员尤其要熟悉博主所表达的观点，以便相应地调整购买决策，这点至关重要。

把这些信息汇集在一起后，产品管理团队就会试着刻画出一个可识别、可预测和理解

其需求的消费者概况。对于所有零售企业来说，这是一项持续活动，但对于产品管理功能复杂的大型零售企业而言，这也是一个需要定期执行的过程。

零售企业对从消费者、产品和竞争对手的趋势分析中获得的全部情报进行分析和理解，而后结构化，形成产品设计、开发和产品系列创建决策的基础。

对于那些局限于销售制造商产品和服务的零售企业而言，趋势分析应该在以下方面为它们提供明确的指导：

- 需采购哪些制造商品牌，以及制造商各类产品中的具体型号；
- 产品系列从入市、退出和中间应该涵盖的价格范围（大部分报价通常所在的区间）；
- 外部品牌与自有品牌的组合比例以及每个品牌供货的百分比； 175
- 新产品与成熟产品之间的平衡；
- 每个品牌/品类所需的促销与服务支持水平。

趋势分析活动最重要、最有价值的一点也许是它应该为产品管理团队提供一个机会，即从制造商品牌、零售企业自有品牌或两者的结合来增强其业务的盈利能力。零售企业要开发自有品牌产品和系列，存在多种原因。其中包括了自有品牌能获得更高利润率以及更高的成本效益，因为自有品牌排除了第三方的参与。自有品牌也赋予了零售企业经销方面的专营权。如果自有品牌的产品系列与众不同，可以吸引客户，那么经销专营权也可以保证顾客的忠诚度（Elliott and Rider，2007）。

自有品牌开发流程的第一步要求对外部环境加以审视，与上文已详细讨论过的大致相同。审视的主要结果必须是为自有品牌提供机会，这一点是通过从趋势审视中所获见解而得知的。如果机会未能转化为零售企业自有品牌的明确产品主张，那么寻找机会的努力就毫无意义。因此，提出那些明确响应了确定的市场机会的新产品主张，是趋势审视的价值和产品设计团队对产品管理流程的主要贡献。

第二步是概念开发阶段，必须由产品设计者主导。第一阶段是创建情绪板，作为解释趋势分析结果的视觉呈现。更重要的是，情绪板包含了他们对市场未来情况的预测和预报。在展示情绪板之后，产品设计团队将以一系列产品设计方案的形式给出他们对这些趋势的解释，而这些产品设计方案可用于自有品牌，开发自己的产品系列。

在时尚零售领域，设计师将会创作一系列插图，直观地展示他们所提出的产品。他们将就配色方案、所使用的面料和装饰提出建议，在某些情况下，他们也可能会建议如何在商店中更好地呈现该产品系列。他们也可能针对如何向潜在顾客推销产品提出建议。

食品领域中的产品概念开发流程也极为类似。产品开发人员将制作食谱，在厨房进行样品测试，在品尝会上呈现之前进一步改进和开发产品概念。正如流程所指，品尝会就是零售企业产品开发团队的成员聚集在一起，品尝、评估和讨论产品概念。如果食谱被认为适合进一步考虑，即可进入下一阶段，对味道进行测试并审查。

决定想法和提议是否可以通过概念开发阶段的主要因素是零售买手。因此，在此时考 176
虑零售产品管理团队中买手的角色和影响再恰当不过。

7.7 零售买手

零售买手（retailer buyers）在所有零售企业的产品管理流程中扮演着重要角色，这一点毋庸置疑。他们的责任是通过开发、创造和购买的产品组合使零售企业的品牌形象成为现实。从事买手这一工作，需要各种技能和能力，但最重要的是能够理解和预测消费者的需求和想法，而后组合出可满足消费者需求的产品系列。

这项任务错综复杂。在每个市场中，预测趋势与预估消费者需求的流程都需要将创造性技能和分析技能相结合。它要求买手对市场趋势、消费者偏好的发展有着深刻的理解，同时也要牢牢掌握竞争对手的行动。然而，最具挑战性的任务是让买手解读所有这些信息，并为产品设计者制定简要的产品说明，以便准确地反映市场趋势，满足客户的期望和匹配竞争对手的报价（最好超过）。

虽然零售企业买手的角色如此全面而广泛，但仍可以确定买手在产品管理团队中的三个职责。第一点涉及待购买的产品系列的搭配。

7.7.1 产品系列搭配

一个产品系列必须做到三点。首先，必须满足顾客的需求，同时以产品、品牌、价格、产品质量和性能特征的变化为顾客提供选择。在特定顾客群和精确的产品品类中，买手力求通过汇集产品系列来满足每一个可能性，为顾客提供充分的选择。

其次，构建产品系列，最大限度为零售企业提供盈利机会。实现盈利目标是一项复杂的工作。通常情况下，买手将与品类管理员进行密切配合与合作，后者负责监督、控制和保证产品系列的财务表现。在合作中，买手和采购员将建立利润目标，决定零售企业可向供应商支付的最高价格以及零售企业必须向顾客出售的商品的价格/数量。利润管理是关键任务，并且是评估买手和采购员绩效的一个重要指标。

在品类管理员/财务团队要求的利润目标的基础上，买手必须创建满足下列因素的产品系列：

- 价格方面：给出满足顾客期望和预算方案的入市价格和退出价格；以及两个端点价格间的多种价格选择。
177
- 品牌方面：在适用的情况下，提出满足消费者需求的供应商和自有品牌选项的协调组合，同时能创造充分的利润贡献。
- 促销与降价方面：大多数零售企业会提供某种形式的促销折扣或季末降价。此类降价是为了满足客户买到“便宜”和“划算”产品的愿望。如果不妥善管理，促销和降价可能会对利润目标产生不利影响。因此，买手在购买周期开始时应尽可能地对降价进行规划，方可将其纳入财务预测。

- 产品可获得性方面：如果不能提供足够多的产量以满足消费者的全部需求，即使开发出一种优良产品也是毫无意义的。产品的不可获得性是产品盈利的天敌。因此，买手必须既考虑产品的可能需求水平（并依此评估可能的盈利水平），也要考虑其供应商是否能完全满足产品必须达到的可获得性目标，从而实现所要求的利润水平。

最后，产品系列必须为零售企业带来某种形式的竞争优势。仅仅将复制其他零售企业已供应的产品系列汇集在一起，对买手而言毫无益处。相反，他们必须确保产品系列为公司提供足够的差异度、区分度，并使公司受益。买手可以通过两种主要方式为公司保障强大的差异化优势：一是提供市场中独家产品，比如通过与一流制造商品牌合作来提供独家产品。只能通过特定零售企业才能购买制造商的独有产品，这是为该零售企业保证顾客忠诚度的有力手段。实现差异化同时能产生较高利润率的第二个方法是开发限量款产品。限量款产品——顾名思义——仅在限定时间段内以有限的数量供应。其短暂的“在架期”有助于保持客户的参与度，从而确保忠诚度。

综合考虑到客户需求、盈利能力和差异化优势，买手将据此制定采购计划，其中包含对要购买的产品和品牌类型的明确指导，以及所必须达到的利润水平相关信息。这些因素将指导与影响选择供应商的决策。

7.7.2 供应商的选择

识别、选择和构建与供应商的关系主要是买手的职责。选择供应商是一项复杂的任务。只有少数零售公司拥有自己的供应商群体。这些公司往往是进行了前向整合的制造商，将零售与分销作为其核心经营模式的一部分。

生产和零售的整合最常见于奢侈品零售业，路易·威登（Louis Vuitton）和爱马仕等
奢侈品公司最初是奢侈品制造商，随后将生产和零售整合在一起，以直接控制品牌的零售 178
渠道。其他奢侈品牌，如乔治·阿玛尼（Giorgio Armani）最初是一家设计公司，并使用第三方供应商和第三方经销商来制造和销售商品。然而，该公司很快发展到在全球拥有零售门店网络，此后开始收购重要供应商的股权。这一举动的原因有三点：第一，为了取得产品质量的控制权与稳定可用性。第二，直接所有权有助于保持排他性和防止竞争对手进入。第三，提高了响应市场机会的灵活性，从而提高利润。

零售企业拥有供应商的股权在零售主流市场中并不常见。其中，Inditex 集团是需要注意的一个例外。虽然现在是世界领先的时尚零售企业，但 Inditex 最初是一家传统的服装制造商，后来进行前向整合，通过母公司所拥有的商店来控制其全球经销业务。尽管该集团的大部分产品由 Inditex 自有工厂生产，但有些产品系列由外部公司生产。此类外部供应商往往把重点放在核心产品的制造上，而且大部分都位于西班牙北部拉科鲁尼亚的 Inditex 集团总部附近。

Inditex 集团拥有一家名为 Tempe 的制造子公司。这是一家鞋类设计与制造企业，为 Inditex 集团所有品牌供应鞋类产品。拥有这家子公司的所有权提供了两个重要益处：第一，

它为鞋类产品系列提供了与Inditex集团各个时尚品牌趋势相结合的机会。第二，也是最重要的一点，这使公司能够快速高效地应对消费趋势和购买模式（Inditex Group，2013）。

7.7.3 跨境采购

过去两代人已见证了发达经济体的零售企业的产品供应来源在地理区位方面的重大调整。劳动力成本的增加、生产能力的变化（技术和人力两方面）以及工人期望的变化，导致西欧、北美和日本等最发达经济体依赖其他经济体生产和供应在其零售门店中销售的商品（Pyndt and Pedersen，2005）。

在制定采购战略时，零售企业必须考虑多个方面，包括供应渠道的来源（供应商群体的地理位置），以及供应渠道是内部供应渠道还是外包供应渠道，并从组织的角度来看，需要确定与供应商的关系是长期战略性的关系还是短期机会主义的关系。

是使用单一供应商、双重供应商（一个主要供应商和一个较小的备用供应商），还是一个产品系列使用多个供应商，也是一个重要的战略决策。图7.1也指出，需就供应商是否集中在特定的国际地点，以及在产品来源国的广度和多样性方面作出决策。

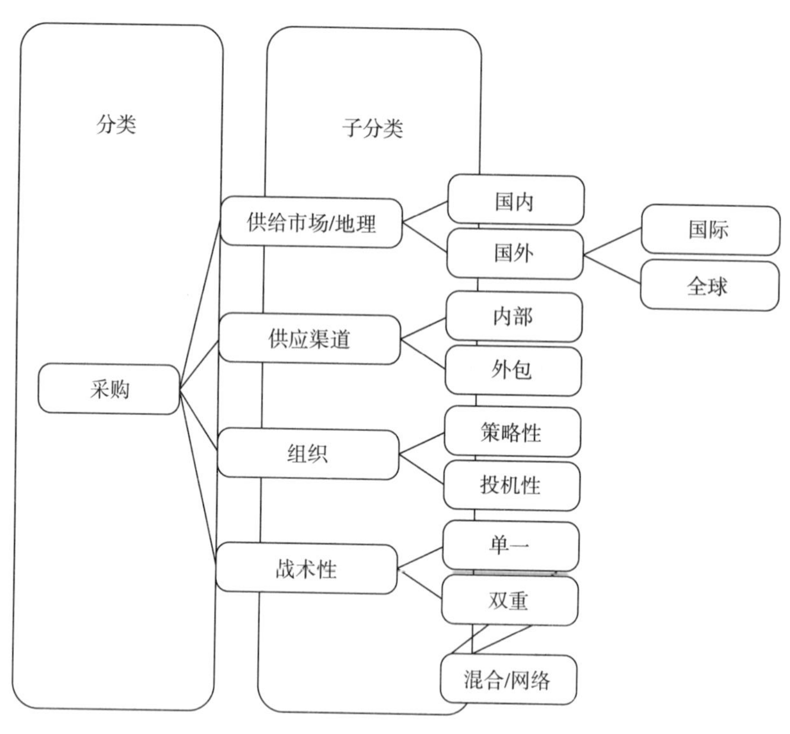

图7.1 国际时装零售企业中心

资料来源：Fernie等（2009）。

179 Trent和Monczka（2005）确立了理解该行业从国内转移到国际采购的阶段方法。他们提出，第一阶段是小型零售企业从国内市场采购。第二阶段和第三阶段是逐步向国际采购发展，主要是由于国内市场缺乏合适的供应商。他们对采购方法的评估在很多方面不成熟，未能认识到在第一阶段无法保证小型零售企业是从国内制造商处采购。相反，它们很可能是从批发给小型零售企业的代理商或经销商那里购买在国际市场上制造的商品。阶段方法也未考虑国际品牌在本地发展的力量，事实上可从多个国际地点进行采购。也许他们所做工作的最大意义体现在第四阶段和第五阶段，即考虑了零售企业如何迈向全球采购。在这一点上，决定将供应商群体的组织和控制从国内市场中转移出来，将这一责任转交给采购中心。

Fernie 等（2009）提供了一份针对国际采购中心及其在主要零售公司采购策略中扮演 181
的关键角色。最简要地说，国际采购中心是指位于重要采购地区内或附近的管理和行政中心。国际采购中心承担四项功能。

第一项功能是为零售企业识别在其地理区域（可能覆盖多个国家）内的潜在供应商和制造商，而后向零售企业产品管理团队提出建议。第二项功能是代表团队评估潜在供应商的能力、专业程度与适合性。第三项功能——一旦供应商获批成为零售企业的正式供应商——是制定供应条款，例如质量标准、生产率与服务协议。第四项功能是有责任监督地区内供应商的持续绩效，并为未来寻找潜在供应商。

7.7.4 发展新的供应商关系流程

图 7.2 阐述了买手在挑选新供应商时可能会经历的几个阶段。从二手资源、市场推荐

180

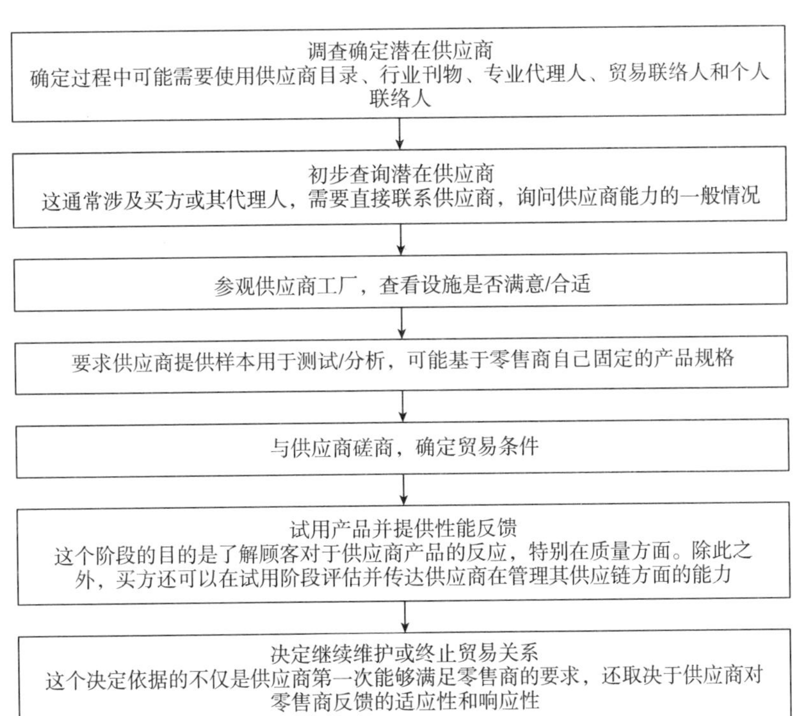

图 7.2 新供应商的选择过程

和以往的经验中获得信息，完成供应商的初步调查后，买手将直接或通过其国际采购中心，初步接触潜在的供应商，以期拜访工厂并获得产品样品。

零售企业往往为潜在供应商的评估制定标准流程。在过去，此类标准仅限于关注与业务相关的事项，很少考虑供应商经营企业的方式与方法。近年来，受企业社会责任议程推动，在其供应商选择决策过程中，零售企业更仔细地考虑供应商的道德和环境表现。2013年拉纳广场（Rana Plaza）发生灾难，孟加拉国一个制衣厂倒塌，造成1000多名工人丧生。这个事件让供应商选择的道德考量变得更为重要。这一“暴行”激起了全球愤慨，许多时尚企业宣称它们会更仔细地审视供应商的道德标准。

过去十年间，零售企业社会责任的转变十分剧烈。来自瑞典的全球时尚零售企业H&M在采用可持续经营战略方面处于领先地位。有关其可持续发展战略的详情如专栏7.3所示。

专栏7.3　H&M的可持续经营活动

2002年，H&M开始正式报告公司所采取的可持续性行动，以解决公司、投资者和消费者关注的企业行为对环境和人类影响的许多关键问题。在“H&M Conscious”项目中，该公司一直在寻找一种方式，让时尚变得可持续，让可持续变得时尚。

182 为了实现这个目标，公司已许下七项有利于社会、环境和企业的承诺：

我们的承诺

（1）为顾客提供时装

（2）选择并奖励负责任的合作伙伴

（3）合乎道德

（4）气候友好

（5）减排、再利用、回收

（6）认真负责地利用自然资源

（7）巩固社区

借助上述承诺，H&M确定了一些关键要求，形成并确定了公司如何选择和保留供应商，以及公司如何影响其供应商群的行为。作为新供应商选择流程的一部分，H&M要求所有新工厂必须进行全面审核，以确保其符合H&M在工人工资和工作条件、健康与安全规定、技能发展和工会代表方面的标准。

资料来源：H&M（2013）。

7.7.5　新供应商选择标准

除了关注潜在供应商的可持续性绩效相关的因素之外，买手还将评估供应商的六个关键领域。

7.7.5.1 供应商声誉

供应商声誉是所有买手考虑的一个关键因素。声誉审查将包括供应商高级管理人员和员工的声誉、质量、交付和利润目标记录以及安全与道德标准等领域。或许可以通过审查供应商目前的客户组合，得到潜在供应商声誉的最佳证明。其客户的数量与声誉，以及这些客户在多大程度上可能成为重要竞争对手，无疑会对供应商的声誉和市场地位评估产生重大影响。

7.7.5.2 产品组合

大部分买手不愿意从一个供应商处购买单一的产品。如果供应商能够提供更广泛的产品，则可以确保更大的规模经济以及更高的利润率。因此，虽然起初可能不会购买，但买
手有兴趣了解新供应商现在和未来可能提供的产品类型。买手也关注供应商的产品开发能 183
力（因为如果供应商有能力开发出好的产品，这就为一些新创意的实现减少了阻碍）。供应商的质量标准评估也至关重要，而供应商提供独家产品系列这一因素也是那些需要差异化产品的零售企业所关注的。

7.7.5.3 交易条件

在选择供应商的过程中，所有买手考虑的一个核心要素是供应商的定价结构。如果买手代表大型权威的零售企业，那么对潜在供应商的财务评估（的重要性）将很有可能超出对其能否提供具有竞争力价格的考虑。这些买手将对两家供应商进行对比，评估其在多大程度上可以提供财务支持，以便为实现销量目标而进行营销活动、促销、降价和折扣。

7.7.5.4 技术与供应链能力

买手也将对任何新供应商的技术能力进行评估，不仅对机械、产品设计、生产规模和质量控制方面，也对信息和供应链有效协调方面加以评估。买手还希望供应商拥有高效和有效的库存管理系统，以确保供应商能够在库存可用性、质量控制和转移支付系统方面提供优秀的顾客服务。

7.7.5.5 营销支持

在竞争激烈的市场中，至关重要的是确保最大限度的产品和品牌曝光。在所有成熟市场均竞争激烈的食品零售行业，主要零售企业现在都期望供应商能为其产品和服务的营销与推广提供大量支持。供应商，尤其是制造商品牌商品的供应商，也被期望为零售企业提供回扣，以换取完成商定的销售目标。在食品杂货行业，尤其是大品牌供应商为了获得超市门店的最佳位置而相互竞争。供应商可能被要求支付上架费，以确保其产品由零售企业出售，而这里并未包括用于资助和支持促销活动的费用。这些举措的目的是促进供应商产品的销量。供应商得到的益处是，所销售的产品越多，工厂的效率就越高。

7.7.5.6 供应商绩效评估

买手会持续监督供应商的效率与成效。该评估考虑了多个方面，包括考虑供应商可提
供的质量与服务标准。如果供应商的表现不稳定或滞后，并造成营业收入损失，那么合作 184

关系就无法继续。如果制造商未能遵守约定的合同条款（如满足产品规格要求或提供足够的营销支持），则可能导致例如罚款/处罚等制裁，甚至可能导致关系终止。

7.8 采购员职责

采购员是产品管理流程中的关键角色。采购员对四个核心领域负责：采购预算和商品计划的财务绩效管理；管理关键路径来控制货物流动；通过“采购限额”确保产品的可用性以满足需求；有效地分配产品以满足零售企业经销渠道的客户需求。下文将对这些重要职责依次进行分析。

7.8.1 控制采购预算与商品计划

买手主要是决定购买什么产品并将其包含在产品系列内，而决定实际购买产品数量的是采购员。虽然可能是买手负责管理采购预算，但实际上这种情况很少存在。采购活动的财务管理往往是采购员的责任。

在每个采购季节的开始阶段，会预测特定产品、产品组、产品类别的销售情况并预测整体的采购活动。销售预测是基于过往的销售历史和表现，对未来市场需求的预测。每个零售企业必须涵盖全部成本并确保实现充足的收入盈余。如果零售企业是上市公司，销售和利润预测的精确性尤为重要，因为盈利水平将直接影响财年结束时股东可获得的股息水平。

在此情况下，零售企业——尤其是针对预测计划——在销售水平和盈利水平的基础上受到驱动、激励和审查。没有一家上市零售企业想让股市知道它对业绩预测错误、最初预测的销售水平和盈利能力无法实现。为了达到所要求的收入和盈利水平，采购员要与公司内部的财务管理部门合作，为整体采购活动确定采购预算，然后将其分解到每个主要采购领域。专栏7.4展示了采购员计划中包含的核心维度的相关细节。

185 **专栏7.4 采购计划：核心维度**

- 采购总预算：根据当前收入和盈利能力预测，零售企业可用于购买产品的金额。
- 采购毛利：商品成本与零售价格之间的差额。毛利率的计算方式是：（商品销售价格－商品成本价格）/销售价格。

- 投入利润：用于表示商品成本与其零售价格之间的差额。
- 降价：在指定销售期结束时，买手计划为减少多余库存而降低价格。
- 售出率：以全价出售的某种特定商品所占的库存百分比。
- 产出利润率：计算所有成本和降价后的最终利润贡献。
- 销售额与预算比：与计划销售水平相比的销售额。
- 年度同比：库存商品实际销售业绩与上年同期销售业绩的对比。
- 销售额与计划比：实际销售业绩与预测销售计划的对比。
- 周销售存货数：相对于当前每周销售水平的库存可用性。

7.8.1.1 采购营利性管理

从本质上讲，采购员有责任就采购预算的分配方式向买手提供建议并与之合作，且有责任明确每个商品/品类必须达到的利润。他们还必须规定所需的库存量，以满足顾客需求并保证足够的盈利水平。最终，采购员有责任确保产品系列一经设计、制造和购买，就能够符合财务绩效目标。实现全价产品销售目标、控制降价水平和监控库存可用性都直接有助于实现利润目标。

上述每项活动都涉及采购过程的绩效衡量。但是，衡量本身不应该是目的，而是在目标绩效有要求时——特别是绩效不佳时——为迅速果断地采取行动提供一个方向。如果所购买的产品系列相比计划绩效存在差距，则采购员可能会提出以下建议：

- 重新配置产品组合：这可能要求产品团队关注绩效不佳的原因，而且可能会导致采购平衡的改变。例如，在价格竞争激烈的情况下，采购员可能会建议减少滞销的高 186
价产品线，保持或增加能够弥补利润损失的大批量、更便宜的产品。
- 检查产品定价和利润结构：在某些情况下，为了提高销售额、现金流和盈利能力，可能需要减少表现不佳的产品线，或将零售企业之间高度竞争的产品线的零售价格调低。
- 销售额和利润预测的调整：如果一个产品类别似乎无法实现其预测，那么采购员可能会决定修改这个产品线或类别的预测，转而寻找可弥补利润损失的其他产品加入组合。通过直接改变商品组合，即毛利率较高的高需求产品在品类中占比较大，初步的毛利率估算仍可能实现。
- 或者，采购员（特别是来自大型权威零售企业的采购员）可决定通过与供应商重新协商（或强制）降低原始价格来补偿毛利率的下降，或者提高售价。在困难情况下，采购员可能需要“双管齐下”。

7.8.2 关键路径管理

采购员将直接与供应商建立关系。他们将从两个方面监察供应商的绩效：一是生产与交付的时间安排。二是利用采购关键路径，采购员负责确保从供应商至零售企业业务流程符合与供应商议定的关键阶段日程表。专栏 7.5 展示了牛仔裤买手采购关键路径的一个案例。

专栏 7.5　秋冬季女装牛仔裤的采购关键路径

2 月 2 日　将关于设计、尺寸、颜色、面料和装饰的产品规格发送给供应商。

2 月 12 日　提供产品规格的首个样品给买手。

2 月 16 日　完成首个样品的审核，发送更改指示。

2 月 28 日　发送修改后的样品给买手。

3 月 4 日　买手同意最终样品。

3 月 15 日　将金封样发送给买手（此为所有质量控制和合同协议的标准样本）。

3 月 22 日　发送批量样品给买手，由质量经理检查批准。

3 月 25 日　15000 件全部开始生产。

187 4 月 28 日　15000 件可供发货。

6 月 30 日　抵达港口，进行海关和国内货物税审查。

7 月 15 日　抵达仓库。

8 月 15 日　开始分发到门店。

8 月 25 日　秋冬产品上市：进行销售与营销活动。

7.8.3　采购限额管理

对大部分零售企业而言，采购年度分为两个不同时期。对于时装公司、家居用品以及鞋类和配饰零售企业来说，采购年度分为春夏季和秋冬季。食品零售企业的划分大致相同，而且对于几乎所有的零售企业而言，圣诞节前的三个月的客户需求都是最重要的事项。然而，在每个采购季节开始时产品管理团队就花掉所有采购预算这个假设并不正确。

相反，它们将保留一定比例的预算用于季节内的采购，而不是在开始前用尽所有的预算。剩余未消费的金额称为“采购限额”（open to buy）。控制采购限额的主要原因有两个：第一，它可以灵活地立即响应消费者行为的最新趋势。例如，如果在女性时装市场上某种礼服造型突然出乎意料地变得非常受欢迎（也许是名人效应），那么零售企业可以使用采购预算储备金来购入本季的最新的流行趋势，方能把握住时机。第二，采购限额预算为产品团队提供机会，延迟将全部花费投入到未经测试的新品牌或产品系列，直到最初的销售趋势证明市场反应的性质。如果销售额强劲，采购限额预算可允许购买额外的数量。

无论控制采购限额的原因是什么，必须先满足某些条件后，才能被视为一个可行的选择。首先，由于采购预算是在一个季节内完成的，而且采购的产品需快速获得以便快速销售，供应商必须能够快速生产和交付。这通常意味着获益于采购限额订单的制造商在地理上必须靠近零售企业的主要市场。例如，英国的女装时尚零售企业 Dorothy Perkins 实施采购限额政策。这使得品牌快速响应当季流行，如此一来最大限度地增加了市场机会。然而，为了实施采购限额政策，Dorothy Perkins 产品团队就无法利用采购限额从现有的生产大部分当季产品系列的供应商处采购，因为这些供应商位于孟加拉国或中国。这些供应商需要很长时间才能制造出所需的产品，然后将产品运到英国。相反，该公司花费其采购限额预算向位于伦敦的有现货的批发公司采购。此类供应商通常在英国生产较小批次的产品，并且已经准备好产品以供产品团队立即购买，在几天之内交付给商店。

与提前购买和向远程供应商购买商品时可获得的利润相比，这些产品的即时可用性所 188
产生的结果是获得利润较少。但是，由于这些产品正当流行，公司可以更加确定的是需求将会强劲。因此，虽然投入利润可能较低，但产品以全价销售的水平较高，降价幅度较低，所以最终产出利润应该可弥补较高的成本价格。

7.8.4 库存分配管理

并非所有的零售门店都处于同等水平。在大城市地区的零售企业可能产生最大的销售量，而位于极富裕城镇的商店可能为零售企业带来更高的盈利水平。因此，采购员必须确保在既能产生高水平销售量又能产生所需盈利水平的门店提供库存。

谈及库存分配时，门店的重要性存在一个层次结构。十年前，任何零售企业旗下最重要的门店都是其核心旗舰店。这家门店会收到每一款产品，并且在初始配货阶段和补货阶段均会被优先考虑。现在，零售企业最重要的门店很可能是它们的网上商店，也正是这些网上商店目前要求库存完全分配以及随后的补货分配“优先权”。

网上商店获得优先权的原因显而易见。首先，网上商店往往吸引最多的顾客，因此给予网上商店优先分配具有良好的商业意义。产品最有可能在网上商店售卖一空。其次，库存可用性不仅对于在线网站的成功至关重要，而且也是外部代理商（尤其是客户）查看产品是否可购买的最显眼的地方。网站频繁显示产品不可购买表明其客户服务水平差，从而将会损害零售企业的声誉。为此，网上的库存可用性理应被视为优先事项。

门店网络内的库存分配和分布可采用多种分配流程。最常用的库存分配法是门店评级制度。门店评级要求将商店网络分为子集或群集。群集的数量取决于网络中的门店数量以及这些门店之间存在的差异。对于经营 50 多家门店的零售企业来说，它们通常将其门店分成三个或三个以上群集。通常在其销售额、门店规模与位置（如市中心、城外与本地社区）方面特征相似的门店将共享同一个群集。门店获得的评级直接决定随后分配到店的产品的广度与深度。许多零售企业认识到它们需要让分配和评级程序更具灵活性，以最大限度地提高销售和利润潜能。因此，最成功的零售企业在全面保证分级制度所要求的严格性的同时，也允许采购员自由地（尽管在有限制的基础上）将产品线分配到门店而不论其等级。在有可能的情况下，开发市场潜力的愿望很大程度上促成了此类决定，并且认
189 识到在某些情况下，采用严格的分配分级其实忽视了存在于同类专营店之间的消费者需求的差异。

同样重要的是，应当注意门店分级是可以改变的。零售企业，特别是食品行业的零售企业，为了响应新的市场参与者、门店整修或应对竞争对手的崛起，常常会对门店进行重新分级（如果某商店对于公司而言变得更具商业重要性，通常其级别是向上调整的）。表 7.1 阐释了英国时尚零售企业使用的门店分级方案。

表 7.1　英国时尚零售企业门店分级方案

门店类型/等级	产能分配
数字旗舰店	全部系列 + 网店专供、限量版/试验产品线
旗舰店	全部系列 + 专供
三 A 门店	全部系列
双 A 门店	产品系列的 85%
A 级门店	产品系列的 75%
B 级门店	产品系列的 50% ~70%，取决于门店规模

7.9　品牌视觉呈现经理的职责

在大多数零售市场，盛行一些常见情况。第一，可供消费者选择的比他们实际需要或实际想要的更多。第二，他们的产品选择决策很可能是基于情感维度，与理性维度同等重要。第三点与第二点相联系，显而易见，他们在店内和在网上作出的消费决定受到消费环境的显著影响和引导。

因此，考虑到消费者所拥有选择的显著水平，并且认识到他们的选择受购物环境体验和这些环境可能引发情绪的影响，产品管理团队必须认真考虑如何在店内和线上将其产品呈现给消费者。产品管理团队的责任是确保零售企业的产品、品牌和产品系列在竞争激烈的市场中脱颖而出。此外，他们必须确保创造出的购物环境能够强化与支持产品系列的定位、吸引力和信誉。

为此，品牌视觉呈现经理（brand visual presentation managers）力求创造出旨在让顾客以更具情感和想象力的方式参与品牌互动体验。因此，消费者不仅是购买产品，还想进行某些体验，如果发展良好的话，这些体验将有助于扩大他们购买的产品系列的价值、独特性和提供的利益。

品牌视觉呈现经理有三种关键方法来增强和推进消费者产品选择的状况，概述如下：

7.9.1 品牌环境方案 190

鉴于门店环境和体验对产品系列可用性和吸引力评估的影响，零售企业必须开发令人印象深刻的品牌体验，这种体验既支持也扩大了所出售的产品组合的吸引力。

品牌视觉呈现经理负责销售环境的创建、开发和实施，从而实现三个关键目标。首先，品牌环境方案必须以独特、可信和令人难忘的方式为品牌创造个性。这一点可通过精心选择且一致地使用共同的配色方案、图形、固定装置和配件以及家具来实现。其次，除了独特性之外，方案必须清晰展示品牌的定位和价值。例如，如果一个品牌定位高端，那么环境维度必须清楚地表现出高端身份。最后，方案必须在所有相关门店、加盟店和精品店中可以被复制。该方案必须具备灵活性，以应对不同的地点与文化以及在规模、建筑和空间特征上的区别。专栏 7.6 阐述了玛莎百货（Marks & Spencer）开发的支持其 Indigo 女装品牌的计划。

专栏 7.6 玛莎百货 Indigo 门店体验

玛莎百货的 Indigo 品牌在公司内的定位是休闲女装品牌，目标群体是 30～40 岁的女性消费者。牛仔是该品牌的主力产品，专注于提供舒适、时尚和日常的产品。另外，该品牌强调产品层次，其精髓是女性气质与休闲别致。品牌形象与加州氛围、时尚品位相结合，因为那里的氛围放松、友好，并结合了休闲的生活方式。由于与加利福尼亚州之间的联系，该品牌的参照标准是海滩、公路旅行和美式复古风情。

考虑到这些品牌特性，该公司的品牌视觉经理制定了一个店内计划，该计划与玛莎百货商店内的其他品牌空间截然不同。通过四个主要方式来实现：把空间想象成加利福尼亚州的沙滩小屋。周围墙壁采用白色油漆的木材和裸露的横梁，力图表现出自然户外之感。铺地材料使用“之”字形打印设计的海滩地毯。地毯由天然、耐用材料制成。照明以海洋为参考，外形复古，而所有的 Indigo 标牌都使用了 Strangelove 字体设计，营造出一种随意、亲近和手写的感觉。通过在墙壁和地板中间使用大幅面照片，品牌的氛围得到了最佳体现。照片是 Indigo 为品牌创造个性体验的核心方式。这些照片通常在加利福尼亚州的地点拍摄，图像包含了清晰传达品牌起源及特征的场景和环境。 191

资料来源：Marks 和 Spencer（2014）。

7.9.2 产品展示策略

所有的零售空间都是一种成本，因此企业必须尽可能有效地利用这个空间。在食品行业内，零售企业非常清楚有效利用空间的重要性。通过仔细的调查与销售分析后，他们了解门店哪个部分、哪个过道、哪个货架和货架上的哪个位置获利最多。记住这项洞察和情报后，食品零售企业会就产品在零售企业店内的空间选择以及空间大小与食品供应商进行谈判。

同样，在百货公司行业，零售企业多年以来都心知肚明，盈利能力最强的楼层是一楼，主要因为一楼是顾客进入门店的楼层。这一层的产品和品牌确保了最大程度的顾客曝光，因此百货公司总是在这层安置其美容/化妆品部门，因为这两个是高利润和高销售量的产品类别。在百货公司看来，世界领先的化妆品和香水企业正在争夺世界顶级商店内最畅销的空间。通过取得最重要的一楼销售空间，化妆品品牌在目标顾客群体中获得了更高的知名度，并获得了更高的销售收入，即便租金成本高昂，这些品牌仍愿意保有最佳的一楼空间。

无论这是否与在服装店放置 Ralph Lauren 的销售场地、在百货商店安置 Tom Ford 的柜台或者是在超市中摆放亨氏番茄汤的决定相关，重要的是零售企业制定了可以在它们的零售产业中普遍应用的标准展示策略。这是为了确保两件事：第一，与供应商签订的合同中规定其产品的确切放置和展示要求的条款得到完全满足；第二，顾客在购买商品和服务时享受到连贯一致的体验。

7.9.3　视觉支持

面对店内的一系列产品时，消费者面对的购物情境可能会变得复杂甚至令人望而生畏。顾客需要帮助与支持，以便了解在售产品，并使他们自信地作出购买决定。因此，品牌视觉呈现经理的职责是在为产品提供的视觉支持方面实现三个目标（传递三条信息）。

第一个目标是必须要引起顾客的兴趣。确保客户参与的最有效方法是提供视觉线索，引起他们的注意，这通常是通过销售点指示标牌实现的。有两条信息尤为重要：一条是向
192 顾客指出哪些产品是**新品**，可以激发高度的好奇和兴趣。另一条是可以指出产品现在**有折扣**。在所有市场中，价格敏感性是一个共同特征，许多零售企业都知道价格信息是保证客户关注的有力手段。

第二个目标是告知顾客产品的特性。这可以通过标牌、视频信息和现场使用产品的演示来实现。在食品行业内，美食试吃和烹饪示范的弹窗等活动为顾客提供有关产品的特征和积极属性的信息，且产品可供销售。此外，这些方法可以用于促进与其他产品的绑定销售。

第三个目标是必须要认识到品牌视觉呈现经理的作用也包括引发顾客对产品的情绪反应。通过使用照片、道具摆设、图像、音乐和气味，店内的视觉景观可以在消费者中产生情感反应，通过满足和吸引他们的感官来增加他们对品牌的接触。“Urban Outfitters”和“Anthropologie”这两个品牌通过引人入胜的品牌环境，非常成功地接待和吸引了它们的顾客（见专栏7.7）。

专栏 7.7　Urban Outfitters 与 Anthropologie 品牌门店环境

Urban Outfitters 成立于 1970 年，目前在美国、加拿大和欧洲拥有超过 130 家门店，是一个面向 30 岁以下消费者的品牌。其品牌形象是受城市生活、幽默和折衷主义启发而建立的。Urban Outfitters 的定位是“酷炫”，为了传达这一形象，品牌的视觉团队利用他们对当代艺术、音乐和时尚的兴趣，创造独特的购物环境和体验。因此，门店的感觉是原始和朴素，空间显得随性自然。虽然对环境进行了细致思考，但未进行设计。店里呈现出一种仓库的感觉，并且感觉物品未按照规划来呈现，所以在 Urban Outfitters 中发现的产品感觉更像是意外之喜，而不是有预谋的购买。

Anthropologie 是 Urban Outfitters 的姐妹品牌。该公司成立于 1992 年，在美国、加拿大和英国有经营门店。Anthropologie 是一个强调美丽、设计和工艺的女性生活品牌。该品牌工匠氛围浓厚，自信地向消费者展示鲜明的设计品位。其门店反映出这一定位。店内的色彩、纹理和灯光体现着复古感、女性气质和整体设计灵敏之感。商品的呈现方式宛如一个美丽的市场摊位。尽管呈现方式随意，但也展示了清晰的自信与智慧，这有助于巩固该品牌在纽约、芝加哥和伦敦等城市的购物商场和主要购物街道的地位。

通过精心设计出的体验的不断发展，两个品牌都试图创造目的地型门店，而不仅是出售服装。这意味着顾客既会积极造访商店以享受门店带来的体验，也会在门店中购买产品。 193

资料来源：Rupp（2013）。

7.10　总结

在过去十年间，产品管理的面貌发生了显著变化。数字时代的来临为消费者提供了前所未有的获取市场、产品和趋势信息的方式。它也为客户提供了即刻接触全球市场选择的机会，使负责零售产品管理的人员受到了深刻的影响。因此，这些专业人员必须比对手更快、更好、更敏锐。他们必须做到比以往更具吸引力、创造性和创新性，才能确保顾客的光顾。绝不夸张地说，任何零售企业的成功最终都取决于产品管理团队的能力、经验和技巧。

复习题

1. 简述网络零售的出现为什么以及如何改变了零售产品管理团队的角色。
2. 评估零售业所采用的产品管理方法的范围、目的和优势。
3. 指出零售企业选择新供应商时需要考虑哪些关键因素。

4. 在零售产品管理团队中，采购员和买手的角色区别是什么？
5. 概述产品管理团队为什么能够、如何为构建零售企业的竞争优势起到重要作用。

参考文献

Elliott, R. and Rider, J. (2007) *Retail buying Techniques.* London: BSSA.

Fernie, J., Maniatakis, P. A. and Moore, C. M. (2009) 'The role of international hubs in fashion retailers' sourcing strategy', *International Review of Retail, Distribution and Consumer Research*, 19 (4): 421-436.

Goldfingle, E. (2014) 'Next to launch branded fashion spin-off website label', *Retail Week*, 10 March.

H&M (2013) *H&M: Conscious Actions Sustainability Report*, 2013.

Inditex Group (2013) *Inditex Group: Annual Report*, 2013.

Marks & Spencer (2014) *Marks Spencer Annual Report*, 2014.

Pine, J. and Gilmore, J. H. (1999) *Work is Theatre and Every Business a Stage.* Boston, MA: Harvard Business School Press.

Pyndt, J. and Pedersen, T. (2005) *Managing Global Offshoring Strategies: A Case Approach.* Copenhagen: Copenhagen School Press.

Rupp, L. (2013) 'Urban Outfitters to supersize Anthropologic stores', www.bloomberg. com/news-Sept26.

194 Sacks, D. (2013) 'How Jenna Lyons transformed J Crew into a cult brand', *Fast Company*, 13 April.

Shaw, D. and Koumbis, D. (2013) *Fashion Buying: From Trend Forecasting to Shop Floor.* London: Fairchild Books.

Trent, R. J. and Monczka, R. M. (2005) 'Achieving excellence in global sourcing', *MIT Sloan Management Review*, 47 (1): 23-32.

8 跨境采购与企业社会责任

学习目标 195

学习本章后，学习者应能够：

- 评估零售企业可用的各种采购策略——跨境采购、外包、通过中间商采购或直接采购。
- 将采购的概念模型应用到国际时尚零售业。
- 讨论因全球采购而产生的供应链问题，即权衡成本、交货前置时间和灵活性问题。
- 以斯里兰卡作为案例，分析在跨境采购中企业履行社会责任的结果，以及如何在商业和道德之间取得平衡。

8.1 引言

本章的目的是探讨零售产品的跨境采购，特别关注企业社会责任方面的问题。2013年，孟加拉国首都达卡的一家制衣厂坍塌，这场事故造成1100人死亡，很多西方国家的零售企业受到牵连，并且引发公众关注产品采购中成本和交货时间压力相关的道德问题。因此，本章为上一章的采购活动和下一章物流管理者面临的挑战起到了衔接作用。

西方国家的零售企业从海外采购大部分非食品产品，并在世界各地建立了国际离岸中心，以协调和整合来自特定地区（特别是亚太地区）工厂的产品。例如，2008年乐购拥有9个支持中心，为全世界40多个国家供应食品和非食品产品。大多数物流活动都以位于中国香港的乐购国际采购（Tesco International Sourcing，TIS）办事处为核心。TIS负责50000条乐购产品线的设计、采购、监督生产、质控和海关手续。最近，乐购开始从中欧采购更多产品，2000条食品产品线来自中欧，且服装市场也呈增长趋势。这个案例表明了国际采购在零售企业业务中所占的比重和重要性。本章的大部分内容围绕国际时尚零售供应链以及零售买手与全球独立承包商网络之间错综复杂的关系而展开。首先，有必要说 196
明零售企业所采用的各种采购策略和模式的背景。

8.2 采购策略

采购可被定义为获得商品的方式、地点和时间的一个过程（Lee et al.，2004）。Zenz（1994，p. 120）作出了一个超越传统观点的更全面的定义，即采购是“如何选择供应商的一种战略理念，使供应商成为其采购的特定组件或部件的一个组成部分”。换言之，采购不只是以理想的价格获得产品的业务功能，而是组织战略的组成部分（Zeng，2000）。传统意义上，采购战略具有两个主要层面：供应市场（采购地理位置）和供应渠道（是否将供应产品的任务外包）。然而，图 8.1 展示了另外两个层面，即“组织”和“战术”。组织层面包括战略性或机会主义性采购。例如，选择集成技术的大型供应商的采购促成了持续性零供关系（retailer-supplier relations），提高供应的可靠性或促进品类管理，这与在市场上寻找“良好交易”的机会主义性采购相反。战术层面包括单一、双重或混合/网络采购（分别指的是向单一供应商采购；主要向单一供应商采购，以第二供应商作为备用供应；或向多个供应商采购——此种方式适用于低价位产品，并且存在多个供应商、买手可以轻松且低成本更换供应商的前提下）。

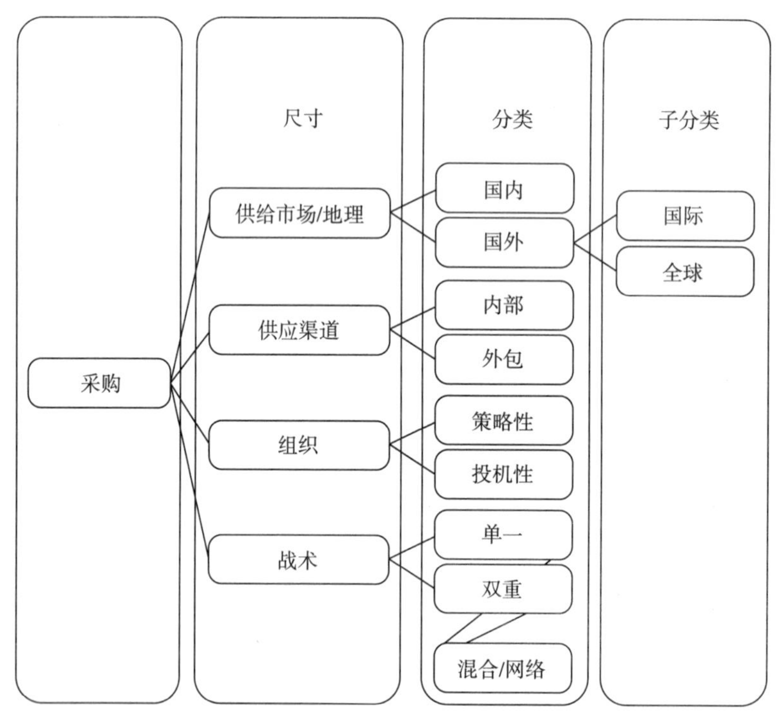

图 8.1 采购的四个维度及其类别

资料来源：Fernie 等（2009）。

有关全球采购的文献出现于20世纪70年代初，即大家意识到全球采购的利益之后（Matthyssens et al.，2006）。这类文献最早认为采购成本是决定性因素；Leontiades（1971）和Leff（1974）认为，生产转移到国外（欠发达国家）的原因是这些国家的生产成本低（Matthyssens et al.，2006）。

Swamidass（1993）、Monczka和Trent（1991）、Trent和Monczka（2003，2005）等研究提出了其他一些理论模型。Monczka和Trent（1991）提出从国内采购到全球采购的四阶段过程模型，在其后续研究中又增加了第五个阶段（Trent and Monczka，2003，2005）（见图8.2）。小型零售企业在国内进行第一阶段采购。第二阶段是仅在有需要时采用国际采购，即产品无法在国内市场采购（被动式采购）。第三阶段是积极国际采购，即将其作为整体采购战略的一部分。第四阶段是两个将全球的潜在采购地点进行整合的全球采购战略中的第一个，它要求公司领导层具有全球视角，也需要有经验的员工、先进的信息系统和能够协调全球运营的组织结构。第五阶段的特点是全球采购战略不仅在全球地理区位维度上进行整合，还要求不同产品开发或营销等职能部门之间进行整合，这是采购与工程、运营和营销等职能部门之间的横向联系。产品设计、产品开发和采购等活动被分配给世界 197
各地能力最强的公司。要实现这一阶段，需要产品设计、产品开发和采购方面具备全球化能力。

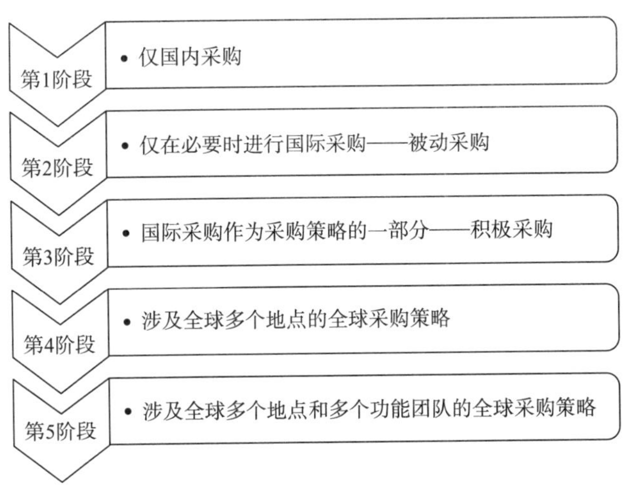

图8.2 国际采购的五个阶段

资料来源：Fernie等（2009）；Trent和Monczka（2005）。

零售企业从多个国家或国家群采购其大部分产品。中国供应了英国零售商店销售的绝大部分的非食品类产品——大约80%的行李箱和玩具，而且在21世纪第二个十年的早期，超过70%的数码相机来自中国。印度次大陆是世界第二大采购源，以印度为主，还包括孟加拉国、巴基斯坦和斯里兰卡。随着越南的成熟和柬埔寨的兴起，东南亚成 198
为越来越重要的制造业采购区域。因位置接近英国，土耳其已经发展成为邻国的区域采购中心，该国拥有优良的基础设施和良好的道德与生态资源。另外，中东欧的运输成本更低，生产响应时间也更短。由于时区相近（业务更方便）和地理位置接近，拉丁美洲在北美的零售企业采购中处于有利地位，但对于英国和欧洲零售企业的吸引力不大。

国际采购以及外包非核心功能已被大型零售企业所采用，以通过降低产品供应成本实现盈利。Pyndt 和 Pedersen（2005）构建了一个框架，展示了外包和跨国采购的不同组合（见图 8.3）。

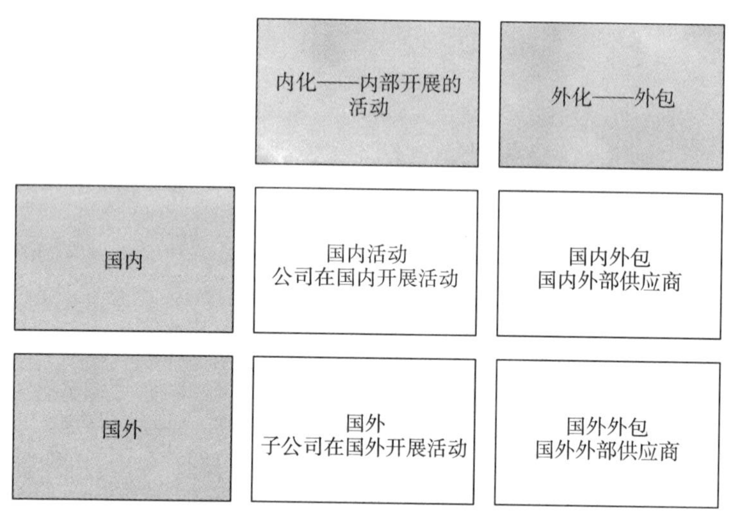

图 8.3 处理跨国外包的不同组合框架

资料来源：Fernie 等（2009）；Pyndt 和 Pedersen（2005）。

8.3 国际采购管理

零售企业主要通过两种方式管理国际采购活动。首先，它们可以直接通过设立在本国的国际采购中心，或者在其他国家建立国际采购中心进行管理。采购中心可以直接从供应商处采购，从而保持强有力的控制，也不产生与“全包”式（full-package）外包中间商相关的成本。国际采购中心的作用包括对供应商进行识别和评估、获得产品样本、实地考察、处理运营问题以及协调供应商。其次，它们可以通过第三方专业组织（外包采购进口或出口中间商，如贸易代理、出口管理公司、外贸公司、出口商和采购组织）进行采购。

关于向第三方专业组织的采购，这些中间商的主要区别在于他们的总部是设在客户所
199 在国家（进口中间商），还是设在供应商所在国家（出口中间商）。此外，也有跨国贸易

公司在其客户，或更常见的是在其供应商所在国家，或在两地皆设有办事处。跨国贸易中间商的一个典型案例是总部位于中国香港的利丰集团（Li & Fung），该公司在 40 个国家拥有 12000 个供应商，在发达国家（基于客户）和发展中国家（基于供应商）设有办事处（Magretta and Fung，1998；Fung，2010）。它们的角色正在发生变化，以应对当今市场的挑战。例如，在当代的时尚产业环境中，对供应链的效率要求以及快速响应战略的实施促进了“全包”中间商的快速发展（Hines，2007）。这些采购专家可以承担零售前的所有运营活动，并处理供应商的协调问题。“全包”一词是指其所提供的服务范围涵盖了从原材料选择到最终产品的标签和包装。

由中间商履行的一些常见职能如下所示（Fung et al.，2007；Ha-Brookshire and Dyer，2008）：

- 产品开发与设计；
- 采购活动；
- 识别与评估新供应商；
- 通过实地考察等方式对供应商产品和流程进行质量控制；
- 运输管理和配送。

此外，它们同时与供应商和客户进行谈判，以确定订单、减少库存和分散风险。Ha 和 Dyer（2005）认为采购中间商还具有一些传统上与零售企业活动相关的其他功能，如市场调查、分类计划以及客户服务。它们总的业务范围是开发符合最终客户需求的竞争性 200
供应链，这是通过其深入详尽的知识和丰富的市场经验来实现的（Fung et al.，2007）。可以说，正是这种知识和经验推动了它们的存在。

对于直接采购来讲，其优势有：通过消除中间成本降低价格、可以从供应商处获得更好的服务、更好地控制生产和交付时间（Palpacuer，2006）。执行直接采购的最简单方式是总部统一采购。通过此方式，母公司直接与供应商联系。然而，纺织服装制造业具有零散性特点，除了产品种类繁多外，还有众多生产环节，这就要求母公司与大量的供应商建立联系。另外，生产分散在不同国家，甚至是不同的大陆，形成了很难由一家公司总部管理的复杂网络。采购中心可以为上述的纺织服装供应商的难题提供解决方案。但直接采购也成为一种趋势。Braithwaite（2007，p. 334）指出：“全球贸易的激增是更多公司进入市场直接采购——取消中间商——的结果。”这一趋势的结果是既增加了利润也提高了风险。换言之，从财务角度出发最好是直接向制造商采购，但处理问题的复杂性增加了供应链中断的风险。

采购中心可为上述问题提出解决方案。采购中心的运作模式允许直接向供应商采购，而无须牺牲两个国内组织的直接合作。从根本上说，采购中心代表了采购关键职能的内包（insourcing）机制，并且可以完全替代出口中间商。Trent 和 Monczka 的研究将国际采购中心的运营视为全球采购的潜在关键成功因素：“致力于全球采购的组织应认真考虑将国际采购办事处作为其组织架构的一部分。”（Trent and Monczka，2005，p. 31）

8.4 跨境采购与国际时尚产品供应链

纺织品供应链的演变可以由图8.2和图8.3来说明，原因是直到20世纪70年代至80年代初，许多采购仍然处于Trent和Monczka（2005）模型的早期阶段，而且本质上是国内采购。但是，诸如Zara、Benetton和Burton（位于英国）等是垂直一体化型公司，它们只为自己的门店供货；相比之下，玛莎百货一直被称为没有工厂的制造商，因为它向英国供应商采购，并在其营销活动中强调其“购买英国产品”的特质。然而，在过去的二三十年间，这一状况发生了巨大变化，大多数时装零售企业承认向外部供应商进行跨国采购是首选模式（玛莎百货后来亦是如此）。因其独特的商业模式，Benetton和Zara以及一些奢侈品牌时装屋成为这个规则的例外。

从历史上看，奢侈品市场以垂直一体化的方式构建，以使奢侈品牌能够对商品质量和排他性保持控制，从而可以以更高的价格出售（Brun et al.，2008）。因此，法国的香奈
201 儿和爱马仕等时装商店倾向于将生产功能内部化（internalize），以保持对质量的控制，并保护支撑奢侈品定制生产的工匠技能，这对于保护品牌价值至关重要。2012年，香奈儿收购了其在苏格兰的羊绒长期供应商（BBC，2012），而近年来，包括Kering（原PPR）和LVMH在内的奢侈品集团已收购了许多外国皮革供应商和顶级制革厂作为确保高质量原材料可持续供应的战略举措之一（Socha，2013）。然而，奢侈品时尚行业绝不是同质化的（Caniato et al.，2011），而且网络结构也有一些变化。例如，据报道，2011年意大利高级时装品牌普拉达产品中高达20%的衣服、鞋子和手袋在中国制造，土耳其和罗马尼亚也承担了一部分生产（Sanderson，2013），与博柏利案例中所讨论的使用全包式海外供应商的趋势相似（Tokatli，2012）。全球化、竞争加剧、信息技术的进步和奢侈品消费者特征的变化导致市场更加复杂和动荡。因此，灵活的模块化组织有时被认为比垂直一体化更加有效（Djelic and Ainamo，1999）。

在中端细分市场中，垂直一体化模式并不多见。随着全球生产向新兴市场转移，零售企业不得不做出回应，进而形成价格进一步下行的压力。地缘政治（取消配额制度）、市场需求（竞争加剧）和技术进步（信息技术和运输改进）等原因促进了大规模外包（Azuma and Fernie，2004；Djelic and Ainamo，1999）。例如，2014年快时尚连锁品牌H&M使用了来自全球1964个工厂的872个供应商（H&M，2014）。世界最大的零售企业沃尔玛拥有10万多个供应商（Walmart，2009）。Zara不再是生产全球化中的例外，虽然一直在西班牙和葡萄牙进行采购，但Zara已经扩大其供应商群，将摩洛哥、土耳其和印度等成本较低的国家包括在内，并且发现这些国家的供应商能够快速响应并达到要求的标准（Tokatli，2008）。

因此，零售企业和制造商品牌日益转向“设计/采购/分销”模式，将重点放在产品设计、品牌运作和零售等核心竞争力上，生产功能则外包给全球独立供应商网络，如图8.4所示。

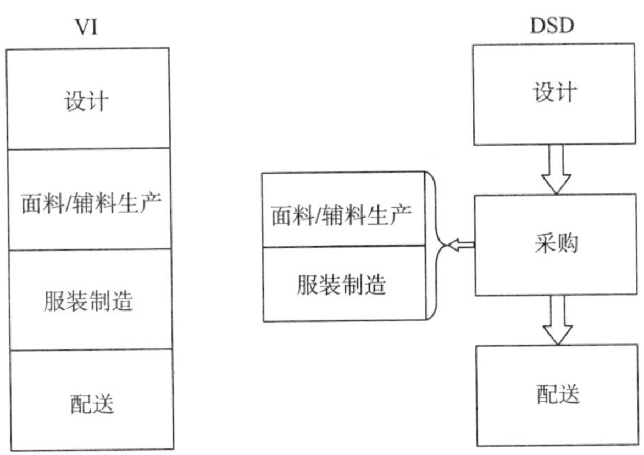

图 8.4 时尚业供应链模式：垂直一体化（VI）和设计/采购/分销（DSD）

许多国际服装零售企业与主要供应商建立了强有力的合作关系，或者允许“中间商”在海外市场开展采购、协调和后勤服务。在“超市”的大众化服装领域，沃尔玛通过与在土耳其的阿斯达（George and Atila Turkmen，GATT）建立关系，进入拉丁美洲市场（*Retail Week*，2006 年 12 月 8 日）。这说明了一家土耳其企业如何与当时的 George Davies 以及后来的阿斯达合作开发业务，并通过分享设计、生产和服务的想法来发展业务。Turkman 的业务现在已发展到不仅为 George 和其他服装零售企业生产，也能够协调在土耳其、罗马尼亚、埃及和中国的 75 家工厂的生产。

Masson 等（2007）在全球时尚产品供应链案例的论文中，讨论了英国服装零售企业如何管理中国和罗马尼亚两个市场的离岸生产，以及在英国的分销。他们在研究中发现，
“零售企业利用第三方/专业机构（许多时候被称为中间商）间接采购已是通行的准则， 202
将采购业务的复杂性消弭于无形”（Masson et al.，2007，pp. 244 - 245）。这些中间商充当代理商，协调供应商网络以满足全球零售企业的需求。Masson 等（2007）也将这些公司中的一部分归类为综合服务提供商，因其提供了从产品设计到生产、物流配送到其客户（即零售企业）的全部服务。

许多公司希望对采购活动保持控制，因此，在跨境采购时，它们往往利用国际采购中心在海外市场上保有一席之地。许多时尚零售企业设有关键战略中心来协调采购和分销职能，以便从供应商处获得更好的服务，并可通过关键战略区位分销商品。Fernie 等（2009）结合图 8.2 和图 8.3 分别呈现了 Pyndt 与 Pederson，以及 Trent 和 Monczka 提出的分类法，分析了国际采购中心在英国时装公司采购策略中的作用。该案例研究中的公司致力于跨境采购，但希望通过采购办事处和国际采购中心维持对采购活动的控制。在 Trent 和 Monczka 的模型中，前两个阶段没有相关性，但第四阶段相当于公司的一体化国际采购中心架构。每个中心都担负有一项战略职责：其意大利中心专注于定制夹克等高价值产品的设计和创新，土耳其中心提供成本和敏捷性优势以应对变化趋势，而中国香港中心代表了 T 恤、背心等基础单品的低成本生产与精益供应模式。

203 这证实了早先对英国时装公司采购的研究，Birtwistle 等（2003）曾评论道：远东的基础产品线可提前三个月订购，东欧和北非的供应商在三周内增加了季节性产品线，而英国公司生产重制产品的生产周期较短。经过一系列案例研究后，Bruce 等（2004）也展示了英国公司如何采用精益、敏捷和“精捷”方法来降低跨国采购的生产成本，同时保持与本土水平接近的产能，以便能够灵活应对日益动荡的时尚市场需求。

全球生产向发展中国家转移的主要推动力是成本，因为服装生产具有劳动密集性特点，且劳动力成本差别巨大。由于织物的柔韧特性，成衣制造不适合高度自动化。同时，成衣制造的低技术含量意味着劳动密集型的缝纫操作可以放在劳动力供应充足的地方，并且可根据业务要求从一个低成本国家（或地区）向另一个低成本国家（或地区）转移（Sethi，2003）。随着大多数国家（或地区）逐步实现工业化和经济不断发展，劳动力成本上升，基于成本的竞争优势逐渐转移到下一个劳动力更便宜的新兴工业化国家（或地区）（Singleton，1997）。例如，中国香港、韩国和中国台湾曾是低成本制造业劳动力的热门来源，但到了20世纪90年代初，内部劳动力成本的上升意味着它们单就成本讲已不再具有竞争力。近来随着中国沿海地区劳动力成本的增加，交货时间较长的成衣制造业务已转移到较便宜的内陆地区（Zhu and Pickles，2013）。同样地，由于土耳其的成本增加，一些成衣制造商已将交货时间短的产品的生产转移至邻近的埃及（Tokatli and Kizilgün，2010）。为应对这种“逐底竞争”（race to the bottom），个别供应商或更大的经济体“转向更有利可图的或技术精密、资本和技术密集型国家市场”——这在理论研究中被称为“产业升级”（Gereffi，1999，p. 52；Neidik and Gereffi，2006）。

在某些案例中，成衣采购决策可能受历史性的区域性专业化优势影响。这些优势不易被复制，并使某些国家成为特定类型服装的制造中心：面料织物的质量（如印度南部的丝绸）、接近织物来源（如中国棉花）、设计和生产专业化（如意大利的皮具和剪裁）及某些高度娴熟的缝纫细节（如印度手工刺绣和装饰）（Dunford，2006；Fernie and Perry，2011）。有时，专门的劳动技能优势与成本优势相结合，例如，东欧和中欧服装业熟练工人的存在使该地区在相对高价值的定制服装业中取得了良好声誉，是其成本和市场邻近优势的有力补充（Begg et al.，2003；Kalantaridis et al.，2008；Smith et al.，2008）。然而，尽管存在地区性专业化，供应商仍面临着来自低成本发展中国家的价格压力。

除了成本和交货时间的压力之外，在复杂和分散的全球采购网络中，管理道德问题是近年来的另一大挑战（Hughes et al.，2007）——在21世纪初期的经济低迷时期更为明
204 显（Hughes，2012）。虽然很多行业中都有可能发现剥削工人的情况，但时尚行业尤其处于风险之中，因为它是吸引全球媒体和公众关注的消费市场（Jones，1999）。例如，2010年媒体对印度服装供应商进行调查发现，时装零售企业 Gap、Next 和玛莎百货对传闻中的非人道的工作环境（如长时间工作、薪资违规和强迫劳动）实行了强力的媒体监督（Chamberlain，2010）。最近，引言中提及的孟加拉国达卡制衣厂建筑倒塌的悲剧，凸显了零售买手和供应商应在商业成本和交货时间压力之下的道德平衡问题。我们现在要思考企业社会责任在国际时尚供应网络中的重要性。

8.5 国际时尚供应网络的企业社会责任

根据世界企业可持续发展委员会的规定，企业社会责任是指企业对其所在社区肩负的义务。即：

……持续承诺坚守行为道德，为经济发展作出贡献，同时改善劳动力及其家庭，以及当地社区与整个社会的生活品质。

[世界企业可持续发展委员会（WBCSD），1999，p. 3]

在时尚供应链推行企业社会责任倡议时，需要零售企业考虑到其业务运营对工人和当地社区等利益相关者在社会和环境层面的影响。污染和消耗自然资源等环境问题主要涉及纺织品生产，但社会问题主要是服装制造领域的工人福利。企业社会责任的社会层面问题可以进一步分解为工资、工作时间和工作条件三大领域（Sethi，2003）。由于在企业社会责任的社会层面缺乏普遍的法律法规，这些问题需要通过公司自主设立的标准，如零售企业自身的道德行为准则，或通过多方利益相关者，如道德贸易联盟（ETI）加以解决（Christopherson and Lillie，2005；Tallontire，2007）。

尽管人们对时尚供应链中道德问题的认识不断提高，但在全球时尚供应链的背景下，企业社会责任的履行仍受到多方影响，如商业成本与交付周期的压力、恶劣工作条件、低下的合规性监管，以及欠发达国家生产过程中时常遭遇的腐败问题（Schwartz and Tilling，2009）。在全球化作用下，发达国家的跨国公司能够利用欠发达国家的标准实现利润最大化（Werther and Chandler，2005），因为欠发达国家有关污染、歧视和工资等问题的监管标准门槛总会低于跨国公司母国的公认标准。因此，在成本与交付周期的商业压力及改善工人福利的要求之间是存在矛盾的（Ruwanpura and Wrigley，2011）。

交付周期、灵活性与成本，这三个方面对供应商坚守道德要求的能力存在消极影响 205
（Acona，2004）。由于市场需求不可预测，且产品生命周期不断缩短，零售买手尽可能在当季下单以降低购买不足或过量购买的风险；然而，交付周期短、不切实际的交货计划却增大了供应商加班赶制订单的可能性。如缺乏对订单的先期承诺和对供应商灵活性的要求，供应商规划业务资源需求和招聘长期员工的能力将受到影响，供应商反而需要聘用移民等弱势社会群体的临时工。削减服装成本的压力也可能迫使供应商降低工资，无法支付加班费。付款期限被延长到 30 天至 160 天不等，这也给需要按时支付工资的 CMT（cut，make and trim）（剪裁、制作和后整理）的供应商带来了更大的压力，特别是那些必须提前支付面料和后期整理费的全包供应商。例如，2013 年，英国时尚零售企业 Monsoon Accessorize 要求所有供应商提供 4% 的追溯性折扣，并将付款期限延长到 60 ~ 90 天（Hurley，2013）。同样地，Laura Ashley 要求供应商立即提供 10% 的成本价格折扣，包括已经下达的订单（Cookson，2013）。鉴于这些竞争性需求，Pickles 等（2006）指出，由于斯洛伐克西部的订单量和合同制造价格下滑，供应商行为准则方面的合规性（compliance with codes of conduct）将更受影响。印度沃尔玛供应商的工厂经理在Hearson（2009，p.7）的研究中，对管理的商业要求和道德要求之间的冲突进行了简要总结：

> 沃尔玛自然拥有众多合规标准（compliance standards）。但如果我们试图推行所有标准，我们就只能坐在家里，工厂将无任何生产活动……要求我们根据行为准则完成生产是一回事，而具体实施则是另一回事。

此外，出口加工区宽松的劳动法规可以证明，国家法律法规可能被有意放宽，以增加和吸引外国购买商（Miller，2004；Arnold and Han Shih，2010；Hancock et al.，2010），而这又与国际劳工组织（International Labour Organization，ILO）提出的尊重工人结社自由与集体谈判权的核心公约存在冲突。在行业面临商业压力、全球生产网络复杂化，以及行为准则与政府外商直接投资激励措施规定的劳工标准不一致的背景下，工厂层面的企业社会责任倡议的实施变得非常困难。

全球复杂分包关系导致了时尚供应链中道德问题的透明度与控制力下滑。尽管已制定道德行为准则和审计程序以指导企业社会责任的实践，但鉴于全球时尚供应链的复杂性，这些措施的有效性仍然存疑（Welford and Frost，2006；Mares，2010）。由于该领域的竞争性挑战，引发了众多的零售企业旨在最大限度地降低采购行为的分析，同时削减成本和增加出货频率，因此有必要将企业社会责任的实施、对道德问题的关注与时尚行业的竞争挑战进行相互协调。

206 研究表明，某些供应链管理措施可能对这些相互冲突的目标起到协调作用（Perry and Towers，2013）。Frenkel和Scott（2002）对亚洲运动鞋制造商进行实证研究发现，合作型交易关系是一种先进的动态联合学习与创新，而对于合规型（compliance-type）关系来说，功能性目标的设定仅仅促成了目标的实现与维持，而未能推动进一步改进。从CMT到全包装制造的产业升级可能会赋予供应商某种程度的权利，也可能为改善就业机会和工作条件带来可能（Palpacuer and Parisotto，2003），但这一观点的证据仍然复杂（Bernhardt，2013）。Perry（2011）对斯里兰卡服装生产行业的企业社会责任实施情况的研究也反映了这一点。她向西方国家的零售企业建议与供应商（尤其是全包装生产商）建立长期信任关系，提升企业社会责任合规性的方法。斯里兰卡在发动“无罪成衣”（Garments Without Guilt）运动方面表现独特，得以向买方作出道德证明（见专栏8.1）。2006年，斯里兰卡纺织服装行业协会发起了一项运动，将斯里兰卡誉为在道德声誉上排名世界第一的服装采购地，以利用其日益增长的道德声誉，从全球时尚零售企业那里获取更多的业务。

由于斯里兰卡不生产快时尚产品，只生产时尚基本款产品，所以零售买手可以更准确地预测并减少过度购买或购买不足的问题。斯里兰卡由于在服装的道德和生态制造方面具有优势，可向时尚零售企业提供全包式服装供应解决方案和低风险采购服务，因此在竞争激烈的市场中实现了可持续性的差异化优势。

专栏8.1 斯里兰卡服装生产的企业社会责任

斯里兰卡因其高度的社会责任感和道德采购准则的高合规性而享有声誉（Ruwanpura and Wrigley，2011；Loker，2011），此外，它还是众多西方品牌和零售集团的服装生产商，其中包括维多利亚的秘密、丽诗加邦、拉夫劳伦、耐克、Next、Gap和玛莎百货等。在休闲服、运动服和内衣等主要产品类别中，斯里兰卡因其高品质产品、按时交货和良好的顾客服务而赢得零售买手的广泛赞誉（Tait，2008）。对于零售买手来说，斯里兰卡的竞争优势建立在相对低成本的劳动力、劳动力受教育程度、高水平劳工标准、有利于投资的政府政策和战略基础上。对向后整合的持续再投资已推进复杂服装行业的发展，使这一行业从合同制造转向了更高附加价值的供应链解决方案（Knutsen，2004）。取消配额之后，速度、响应性和灵活性的重要意义表明了斯里兰卡大型供应商垂直一体化的趋势：由于接近于当季下单，迫切需要提供生产所需的原材料，以便供应商协调面料与配件生产的上游功能。

尽管斯里兰卡无法与孟加拉国、巴基斯坦、柬埔寨和越南等其他亚洲成衣制造国开展 207
纯粹的成本竞争，但斯里兰卡能够为重视道德合规性的中高档零售企业提供高质量的全包服务（Montlake，2011；Loker，2011；Ruwanpura，2012）。2006年，斯里兰卡纺织服装行业机构发起了一项运动，将斯里兰卡誉为在道德声誉上世界排名第一的服装采购目的地，以利用其日益增长的道德声誉，从全球时尚零售企业处取得更多的业务。“无罪成衣”运动向买家作出保证，斯里兰卡生产的所有成衣皆是在符合道德准则的条件下制作的。根据计划，工厂经过独立认证和监督，以确认其未使用童工或强迫性劳工，并为员工提供良好的工作条件。尽管价格下行压力增大，服装生产向劳动力成本较低的国家转移，但斯里兰卡凭借产业升级和低伦理风险的服装制造业的声誉，在竞争激烈的全球服装业中占据了独特地位。

Perry（2011）通过七个研究案例中供应商的数据发现，向中高端休闲服装零售企业提供全包供应与合同制造服务为长期互利的零供关系提供了证明，而该合作关系的特点是承担、信任与持续改进。长期以来，斯里兰卡服装供应商与美国、欧盟零售企业建立了牢固的关系：10～20年的贸易关系十分常见。尽管并无证据表明未来订单的正式承诺，但根据关系的持续时间和过去令人满意的表现，可作出一个不成文的连续性假设。案例研究中的众多公司是零售买家的关键供应商，因此构成合理供应基础的一部分。没有证据表明传统的对抗关系具有持续时间短、遵循公平原则、竞价投标、多重采购或基于短期成本作出决策等特征。尽管在2010年前后，由于市场条件变化引起顾客要求降低成本的压力，但大型全包供应商的价格下行压力却低于合约制造商。已发现的主要负面问题是由于近期不利的市场状况（部分情况下长达90天）导致买方付款条件增加，随后影响到供应商的现金流。然而，众多供应商的规模发展和日益复杂化（产业升级）引起了权利失衡进而重新分配，使供应商在一定程度上能够就零售企业条款与之协商，而不仅是被动接受。例如，一旦零售企业坚持90天的付款期限，则全包供应商可拒绝向Zara供货，因为其掌握着来自专门从事高科技面料领域的其他零售买家的更多订单。

208 零售买家和供应商之间的协作和协调更加强化，这有助于降低成本，并通过开发更接近需求的时尚产品以提高敏捷性：多数大型全包供应商皆设有专门的产品开发中心，买家可以在这里与生产团队一同工作，加快推进产品开发进程，缩短交付周期，避免对工人福利造成不利影响。供应商通过产品开发过程中与零售买家进行合作，或者将设计与产品开发融入采购任务，可降低不确定性与交付周期，从而减少订单更改或取消订单的可能性。从全包式垂直一体化供应商处采购产品降低了供应链的复杂性，从而提高了社会合规性问题的可见性和可控度。大型供应商的规模和复杂性，及其在市场中的竞争地位以其道德认证作为依据，可在一定程度上（而非绝对）保护它们免受长期持续下行的价格压力。

8.6 总结

本章探讨的是零售企业运营中最具争议性的一个方面，即采购策略在很大程度上适用于非食品范围的采购。本章的前半部分在Trent和Monczka，以及Pyndt和Pederson开发的理论框架下探讨了零售企业可以使用的采购策略。上述研究者强调了采购过程中的不同阶段，其中最受关注的则是全球货物采购和跨境采购地点管理。零售企业面临的关键决策之一是能否直接通过总部和国际采购中心维持管控，或者将此职能外包给全包中间商。

这些概念被应用于国际时尚供应链，以展示时装零售企业如何在各个国家和大陆建立庞大的供应商和工厂网络。尽管大多数关注焦点集中在快时尚零售企业及其寻找廉价采购地点方面，但相关情况显示，奢侈品牌零售企业也越来越多地选择跨境采购。实际上，由制造商和零售企业开发并由Zara与奢侈品零售企业共同培育的传统垂直一体化模式正逐渐让位于快时尚零售企业所推出的设计/采购/分销模式。

随着零售企业在成本、交付周期、灵活性与道德标准等问题之间实现平衡，如此复杂的分散型全球采购网络已带来重大的管理挑战，特别是在2010年前后的经济紧缩时期。鉴于工作环境恶劣、未成年员工和超时加班等问题的曝光，时装界始终在媒体宣传的关注之下，在高街市场展现出愈加低廉的产品价格与不断推陈出新且花样繁多的产品范围。为尽量减少过度购买或购买不足的情况，零售企业将尽可能在当季下单，因此迫使供应商进行工作分包，而工人也必须加班加点。

209 商业压力与改善员工福利的要求之间有着内在冲突，导致外界开始对道德行为准则、审计程序和企业社会责任实施的有效性产生担忧。本章的最后部分就这些相互矛盾的目标着重讨论了相应的协调举措。研究表明，当合作伙伴之间存在信任关系时，这些公司的实际执行情况将好于基本的合约约定的合规水平，并且在规划、设计到产品的最终交付方面采取了联合行动。当全包制造商获得一定授权，可就零售企业的条款进行协商，而非单纯地接受时，情况尤为如此。斯里兰卡的案例研究提出了这一主题，斯里兰卡将自己定位为道德采购的首选国家。这可以归功于政府坚持遵守道德标准的承诺，以及对高质量“慢时尚”产品（如内衣、便装和运动装系列）的专注。这意味着供应商所面临的压力小于快时尚同行，因其可以在短时间内降低成本并改变订单。

复习题

1. 采用本章介绍的概念模型，讨论过去30年来零售企业采购策略的演变方式。

2. 在影响设计/来源/分销模式的情况下，向跨境采购的转变将在多大程度上导致垂直一体化供应模式的退化?

3. 评估跨境采购地点选择的关键驱动因素。

4. “逐底竞争”（race to the bottom）一词常被用于解释服装制造业的地理变化，讨论服装生产网络的演变。

5. 评论跨境采购相关的企业社会责任关键问题。

6. 在发展缓慢，但仍在供应商市场保持强有力道德标准的消费者市场中，管理者拥有价格竞争力，请讨论管理者所面临的相互矛盾的压力。

7. 斯里兰卡在多大程度上调和了问题6中所确定的诸多压力?

参考文献

Acona（2004）*Buying Your Way into Trouble? The Challenge of Responsible Supply Chain Management.* London：Acona.

Arnold，D. and Han Shih，T. （2010）‘A fair model of globalisation? Labour and global production in Cambodia’，*Journal of Contemporary Asia*，40（3）：401－424.

Azuma，N. and Fernie，J. （2004）‘The changing nature of Japanese fashion：can Quick Response improve supply chain efficiency?’ *European Journal of Marketing*，38（7）：790－808.

BBC（2012）‘Chanel buys Hawick cashmere mill Barrie’，www. bbc. co. uk/news/uk－scotland－scotland－business－19968231（accessed 16 July 2013）.

Begg，R.，Pickles，J. and Smith，A. （2003）‘Cutting it：European integration，trade regimes and the reconfiguration of East－Central European apparel production’，*Environment and Planning A*，35（12）：2191－2207.

Bernhardt，T. （2013）‘Developing countries in the global apparel value chain：a tale of upgrading and 210
downgrading experiences’，Capturing the Gains Working Paper 2013/22，Manchester：University of Manchester.

Birtwistle，G.，Siddiqui，N. and Fiorito，S. S. （2003）‘Quick response：perceptions of UK fashion retailers’，*International Journal of Retail & Distribution Management*，31（2）：118－128.

Braithwaite，A. （2007）‘Global sourcing and supply’，in Global Logistics—*New Directions in Supply Chain Management*（Waters，D.，ed.，5th edn）. London：Kogan Page.

Bruce，M.，Daly，L. and Towers，N. （2004）‘Lean or agile—A solution for supply chain management in the textiles and clothing industry?’ *International Journal of Operations and Production Management*，24（2）：

151 - 170.

Brun, A. , Caniato, F. , Caridi, M. , Castelli, C. , Miragliotta, G. , Ronchi, S. , Sianesi, A. and Spina, G. (2008) 'Logistics and supply chain management in luxury fashion retail: empirical investigation of Italian firms', *International Journal of Production Economics*, 114 (2): 554 - 570.

Caniato, F. , Caridi, M. , Castelli, C. and Golini, R. (2011) 'Supply chain management in the luxury industry: a first classification of companies and their strategies', *International Journal of Production Economics*, 133 (2): 622 - 633.

Chamberlain, G. (2010) 'Gap, Next and M&S in new sweatshop scandal', *The Observer*, 8 August.

Christopherson, S. and Lillie, N. (2005) 'Neither global nor standard: corporate strategies in the new era of labor standards', *Environment and Planning A*, 37 (11): 1919 - 1938.

Cookson, R. (2013) 'Laura Ashley seeks 10% supplier discount', *Financial Times*, 25 March, p. 22.

Djelic, M. L. and Ainamo, A. (1999) 'The coevolution of new organizational forms in the fashion industry: a historical and comparative study of France, Italy, and the United States', *Organization Science*, 10 (5): 622 - 637.

Dunford, M. (2006) 'Industrial districts, magic circles, and the restructuring of the Italian textiles and clothing chain', *Economic Geography*, 82 (1): 27 - 59.

Dyer, B. and Ha - Brookshire, J. E. (2006) 'Apparel import intermediaries' secrets to success—redefining success in a hyper - dynamic environment', *Journal of Fashion Marketing and Management*, 12 (1): 51 - 67.

Fernie, J. , Maniatakis, R. A. and Moore, C. M. (2009) 'The role of international hubs in a fashion retailers' sourcing strategy', *International Review of Retail, Distribution and Consumer Research*, 19 (4): 421 - 436.

Fernie, J. and Perry, P. (2011) 'The international fashion retail supply chain', in *Fallstudien zum internationalen management* (Zentes, J. , Swoboda, B. and Morschett, D. , eds) . Wiesbaden: Gabler Verlag, pp. 271 - 290.

Frenkel, S. and Scott, D. (2002) 'Compliance, collaboration, and codes of labor practice: the Adidas connection', *California Management Review*, 45 (1): 29 - 49.

Fung, P. K. O. , Chen, I. S. N. and Yip, L. S. C. (2007) 'Relationships and performance of trade intermediaries: an exploratory study', *European Journal of Marketing*, 41 (1/2): 159 - 180.

Fung, S. (2010) 'An assessment of the changing world of manufacturing', Drapers Fashion Summit, London, 16 - 17 November.

Gereffi, G. (1999) 'International trade and industrial upgrading in the apparel commodity chain', *Journal of International Economics*, 48 (1): 37 - 70.

Gereffi, G. and Memedovic, O. (2003) *The Global Apparel Value Chain: What Prospects for Upgrading by Developing Countries?* Vienna: United Nations Industrial Development Organization (UNIDO) .

Ha, J. E. and Dyer, B. (2005) 'New dynamics in the US apparel import trade; exploring the role of import intermediaries', *International Textile and Apparel Association Proceedings*, www. itaaonline. org/ template. asp? intPageId = 95.

Ha - Brookshire, J. E. and Dyer, B. (2008) 'Apparel import intermediaries—the impact of a hyperdynamic environment on US apparel firms', *Clothing & Textiles Research Journal*, 26 (1): 66 - 90.

211 Hancock, P. , Middleton, S. and Moore, J. (2010) 'Export Processing Zones (EPZs), globalisation, feminised labour markets and working conditions: A study of Sri Lankan EPZ workers', *Labour and Management in Development*, 10: 1 - 22.

Hearson, M. (2009) *Cashing In: Giant Retailers, Purchasing Practices, and Working Conditions in the Garment Industry.* Amsterdam: Clean Clothes Campaign.

Hines, T. (2007) 'Supply chain strategies, structures and relationships', in *Fashion Marketing: Con-*

temporary Issues (Hines, T. and Bruce, M., 2nd edn). Oxford: Butterworth – Heinemann, pp. 27 – 53.

H&M (2014) 'Our supply chain', www. hm. com/supplychain (accessed 8 July 2014).

Hughes, A. (2012) 'Corporate ethical trading in an economic downturn: recessionary pressures and refracted responsibilities', *Journal of Economic Geography*, 12 (1): 33 – 54.

Hughes, A., Buttle, M. and Wrigley, N. (2007) 'Organisational geographies of corporate responsibility: A UK – US comparison of retailers' ethical trading initiatives', *Journal of Economic Geography*, 7 (4): 491 – 513.

Hurley, J. (2013) 'Dressing down Monsoon in discounting', *The Daily Telegraph*, 24 February, p. 2.

Jones, M. T. (1999) 'The institutional determinants of social responsibility', *Journal of Business Ethics*, 20 (2): 163 – 179.

Kalantaridis, C., Slava, S. and Vassilev, I. (2008) 'Globalisation and industrial change in the clothing industry of Transcarpathia, Western Ukraine: a microlevel view', *Environment and Planning A*, 40 (1): 235 – 253.

Knutsen, H. M. (2004) 'Industrial development in buyer – driven networks: the garment industry in Vietnam and Sri Lanka', *Journal of Economic Geography*, 4 (5): 545 – 564.

Lee, E. J., Lee, K. B. and Moore, M. (2004) 'Global sourcing and textile and apparel import values: a four – country study as an application of global commodity chains theory' *Journal of Textile and Apparel, Technology and Management*, 3 (4): 1 – 10.

Leff, N. H. (1974) 'International sourcing strategy', *Columbia Journal of World Business*, 6 (3): 71 – 79.

Leontiades, J. (1971) 'International sourcing in the LDCs', *Columbia Journal of World Business*, 6 (6): 19 – 26.

Loker, S. (2011) 'The (r) evolution of sustainable apparel business: from codes of conduct to partnership in Sri Lanka', jaafsl. com/neNvs/500 – the – revolution – of – sustainable – apparelbusiness – from – codes – of – conduct – to – partnership – in – sri – lanka.

Magretta, J. and Fung, V. (1998) 'Fast, global, and entrepreneurial: supply chain management, Hong Kong style', *Harvard Business Review*, September – October.

Mares, R. (2010) 'The limits of supply chain responsibility: a critical analysis of corporate responsibility instruments', *Nordic Journal of International Law*, 79 (2): 193 – 244.

Masson, R., Iosif, L., MacKerron, G. and Fernie, J. (2007) 'Managing complexity in agile global fashion industry supply chains', *The International Journal of Logistics Management*, 18 (2): 238 – 254.

Matthyssens, P., Pauwels, P. and Quintens, L. (2006) 'Guest editorial', *Journal of Purchasing & Supply Management*, 12 (4): 167 – 169.

Miller, D. (2004) 'Preparing for the long haul: negotiating international framework agreements in the global textile, garment and footwear sector', *Global Social Policy*, 4 (2): 215 – 239.

Monczka, R. M. and Trent, R. J. (1991) 'Evolving sourcing strategies for the 1990s', *International Journal of Physical Distribution & Logistics Management*, 21 (5): 4 – 12.

Montlake, S. (2011) 'Brandix adapts to Sri Lanka's post – civil war world', www. forbes. com/global/2011/1205/companies – people – ashroff – omar – brandix – apparel – sr i – lankan – montlake. html.

Neidik, B. and Gereffi, G. (2006) 'Explaining Turkey's emergence and sustained competitiveness as a full – package supplier of apparel', *Environment and Planning A*, 38 (12): 2285 – 2303.

Palpacuer, F. (2006) 'The global sourcing patterns of French clothing retailers: determinants and implications for suppliers' industrial upgrading', *Environment and Planning A*, 38 (12): 2271 – 2283.

Palpacuer, F. and Parisotto, A. (2003) 'Global production and local jobs: can global enterprise networks 212
be used as levers for local development?', *Global Networks*, 3 (2): 97 – 120.

Perry, P. (2011) *Garments without guilt? An exploration of Corporate Social Responsibility within the con-*

text of the fashion supply chain: case study of Sri Lanka, unpublished PhD thesis, Heriot – Watt University.

Perry, P. and Towers, N. (2013) 'Conceptual framework development: CSR implementation in fashion supply chains', *International Journal of Physical Distribution & Logistics Management*, 43 (5/6): 478 – 501.

Pickles, J., Smith, A., Bucek, M., Roukova, P and Begg, R. (2006) 'Upgrading, changing competitive pressures, and diverse practices in the East and Central European apparel industry', *Environment and Planning A*, 38 (12): 2305 – 2324.

Pyndt, J. and Pedersen, T. (2005) *Managing Global Offshoring Strategies: A Case Approach.* Copenhagen: Copenhagen Business School Press.

Ruwanpura, K. (2012) 'Ethical codes: reality and rhetoric—a study of Sri Lanka's apparel sector', Working Paper, Hampshire: School of Geography, University of Southampton.

Ruwanpura, K. N. and Wrigley, N. (2011) 'The costs of compliance? Views of Sri Lankan apparel manufacturers in times of global economic crisis', *Journal of Economic Geography*, 11 (6): 1031 – 1049.

Sanderson, R. (2013) 'Manufacturing: consumers push big luxury names to account for supply chains', *Financial Times*, 3 June, p. 4.

Schwartz, B. and Tilling, K. (2009) ' "ISO – lating" corporate social responsibility in the organizational context: a dissenting interpretation of ISO 26000', *Corporate Social Responsibility and Environmental Management*, 16: 289 – 299.

Sethi, S. P. (2003) *Setting Global Standards: Guidelines for Creating Codes oj Conduct in Multinational Corporations.* Hoboken, NJ: Wiley.

Singleton, J. (1997) *The World Textile Industry.* London: Routledge.

Smith, A. (2003) 'Power relations, industrial clusters, and regional transformations: pan – European integration and outward processing in the Slovak clothing industry', *Economic Geography*, 79 (1): 17 – 40.

Smith, A., Pickles, J., Bučec, M., Begg, R. and Roukova, P. (2008) 'Reconfiguring "post – socialist" regions: cross – border networks and regional competition in the Slovak and Ukrainian clothing industry', *Global Networks*, 8 (3): 281 – 307.

Socha, M. (2013) 'Kering acquires tannery France Croco', *Women's Wear Daily*, 205 (60) (25 March): 2.

Swamidass, P. M. (1993) 'Import sourcing dynamics: an integrated perspective', *Journal of International Business Studies*, 24 (4): 671 – 691.

Tait, N. (2008) 'Textiles and clothing in Sri Lanka: profiles of five companies', *Textile Outlook International*, 133: 59 – 81.

Tallontire, A. (2007) 'CSR and regulation: towards a framework for understanding private standards initiatives in the agri – food chain', *Third World Quarterly*, 28 (4): 775 – 791.

Tokatli, N. (2008) 'Global sourcing: insights from the global clothing industry—the case of Zara, a fast fashion retailer', *Journal of Economic Geography*, 8 (1): 21 – 38.

Tokatli, N. (2012) 'Old firms, new tricks and the quest for profits: Burberry's journey from success to failure and back to success again', *Journal of Economic Geography*, 12 (1): 55 – 77.

Tokatli, N. and Kizilgün, Ö. (2009) 'From manufacturing garments for ready – to – wear to designing collections for fast fashion: evidence from Turkey', *Environment and Planning A*, 41 (1): 146 – 162.

Tokatli, N. and Kizilgün, Ö. (2010) 'Coping with the changing rules of the game in the global textiles and apparel industries: evidence from Turkey and Morocco', *Journal of Economic Geography*, 10 (2): 209 – 229.

Trent, R. J. and Monczka, R. M. (2003) 'Understanding integrated global sourcing', *International Journal of Physical Distribution & Logistics Management*, 33 (7): 607 – 629.

Trent, R. J. and Monczka, R. M. (2005) 'Achieving excellence in global sourcing', *MIT Sloan Management Review*, 47 (1): 23 – 32.

213 Walmart (2009) 'Walmart announces sustainable – product index', walmartstores. com/pressroom/news/

9277. aspx (accessed 20 January 2012) .

Welford, R. and Frost, S. (2006) 'Corporate social responsibility in Asian supply chains', *Corporate Social Responsibility and Environmental Management*, 13 (3): 166 - 176.

Werther Jr. , W. B. and Chandler, D. (2005) 'Strategic corporate social responsibility as global brand insurance', *Business Horizons*, 48 (4): 317 - 324.

WBCSD (World Business Council for Sustainable Development) (1999) 'Corporate social responsibility', Geneva: WBCSD Publications.

Zeng, A. Z. (2000) 'A synthetic study of sourcing strategies', *Industrial Management & Data Systems*, 100 (5): 219 - 226.

Zenz, G. J. (1994) *Purchasing and the Management of Materials* (7th edn) . New York: John Wiley & Sons Inc. .

Zhu, S. and Pickles, J. (2013) 'Bring in, go up, go west, go out: upgrading, regionalisation and delocalisation in China's apparel production networks', *Journal of Contemporary Asia*, in press.

9　零售物流

214 ## 学习目标

学习本章后，学习者应能够：

- 从各种理论角度理解供应链管理的性质。
- 讨论有效消费者反应和供应链关系管理。
- 分析供应链概念在国际市场中的应用。
- 探讨零售物流的未来挑战。

9.1　引言

物流和供应链管理背后的基本原则并不是一个新的概念。几个世纪以来，供应链的管理元素早已被纳入组织机构的范畴之中。例如决定商品储存的地点、数量，以及如何配送库存商品等决策，以及从整体上权衡这些决策已成为物流管理的核心内容。然而，直到最近几十年，物流才在企业董事会讨论的议题中占据重要地位，主要原因在于供应链技术的应用对于公司竞争地位与盈利能力的影响越来越大。零售企业一直将最佳实践原则应用于其业务第一线，英国杂货零售企业也被公认为是物流管理的创新者。本章的讨论涉及如下方面：

- 物流和供应链管理（Supply Chain Management，SCM）概念的基础理论框架；
- 快速反应（Quick Response，QR）/有效消费者响应，以及供应链关系管理；
- 供应链概念在国际市场中的应用；
- 零售物流的未来趋势，尤其是电子商务对物流网络的影响。

215 ## 9.2　供应链管理：理论角度

供应链管理成为一门学科，要归功于管理大师彼得·德鲁克（Peter Drucker）于1962

年在《财富》杂志上发表的一篇重要文章。当时，他认为分销（distribution）是企业经营的核心业务之一，企业运营效率的提升和成本节约都与分销有关。在接下来的 20 年里，供应链仍被视为一系列相互分离的职能。因此，物流管理也被描述为两种独立的思想流派，第一是物料管理（工业品市场），第二则是实物分销管理（消费品市场）（见图 9.1）。在营销职能方面，研究侧重于买卖关系，例如从对抗转变为以信任为基础的关系（参见 IMP 小组工作，如 Ford et al.，2011）。与此同时，也出现了另一种类型的理论文献，即从制造企业驱动的角度转向零售企业驱动的角度来认识零售物流［McKinnon，1989；Fernie，1990；Fernie and Sparks，1998。另见 Fernie 等（2010）关于英国零售物流发展的文献综述］。

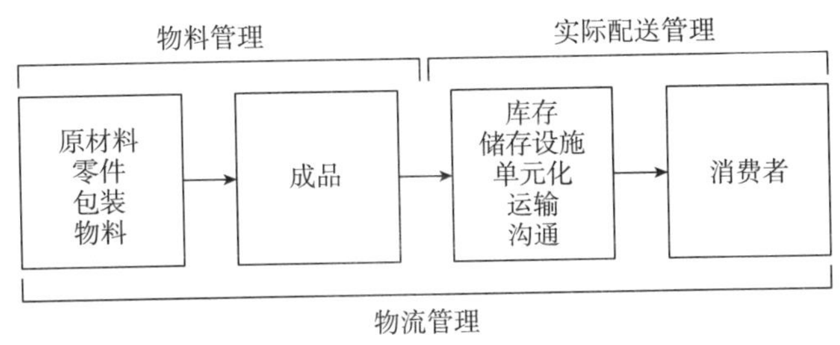

图 9.1 物流管理

在工业品和消费品市场上，有几个关键问题开始显现：

- 从推动转向拉动，即需求驱动的供应链；
- 顾客在营销渠道中获得更多的权利；
- 信息系统对供应链控制能力的提升；
- 消除供应链中的不必要库存；
- 注重核心能力，提升将非核心业务外包给其他专业性公司的可能性。

为实现供应链的最大效能，必须“在一个系统内将以往分散的业务活动连接起来”进行整合（Slack et al.，1998，p. 303）。这意味着公司必须审视其内部组织，以消除可能
存在的机构重复，并确保能够削减总成本，而不是通过一项项单独的职能活动（包括营 216
销），采取次优的方式进行成本控制。同样地，也可以通过与供应链上的贸易伙伴建立持续关系，实现供应链整合。

在 20 世纪七八十年代，工业品营销领域的关注点集中在提升制造效率过程中所发生的变化。全面的质量管理、业务流程再造和持续改进等实践应用，使日本的经营思想开始在西方国家的制造业中进行实践。Womack 等（1990）的《改变世界的机器》（*The Machine That Changed the World*）一书使日本企业的管理实践得以广泛应用。毫不奇怪的是，买卖关系方面的大部分文献都针对汽车制造业进行研究。

在 20 世纪 90 年代，在美国与英国，精益生产没有得到足够的重视，这是因为企业过

度依赖于效率测量，而不是对市场的创新性反应。Harrison 等（1999）因此开发了敏捷供应链模型（见图 9.2），该模型对市场需求的响应度较高。为应对日本在精益生产方面所取得的成就，美国提出了敏捷供应链（agility）概念。敏捷生产能够发挥美国的创业精神以及信息系统的优势。Harrison 等（1999）认为，利用信息技术获得“实时”（real time）数据方面的改进，也就意味着更少地依赖于预测，同时这种改进也可以在交易双方之间创建一个虚拟供应链。通过信息共享，那些关注自身核心能力的交易伙伴之间就能够实现业务流程整合。敏捷供应链的最后一个连接是交易双方之间的联盟所形成的网络结构，协调并管理这种关系以满足顾客需求。

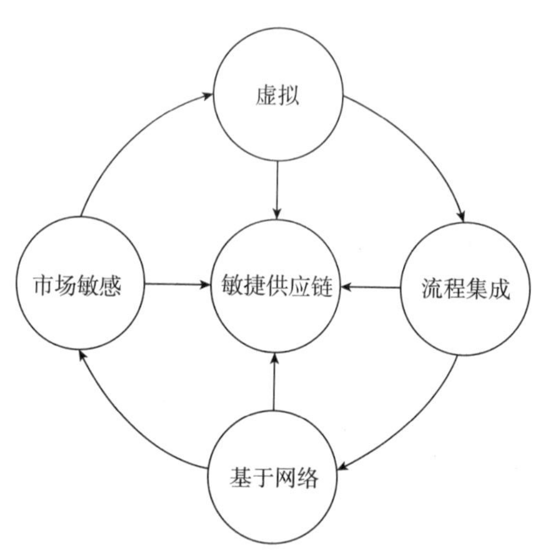

图 9.2　敏捷供应链

资料来源：Harrison 等（1999）。

217　当然，这两种方法都有其支持者。然而，供应系统没有理由不同时采用精益生产和敏捷供应链这两种方法，可以分别在不同的情况下选择一种最适用的方法，即所谓的“精敏”方法（Mason-Jones et al.，2000；Naylor et al.，1999；Towill and Christopher，2002）。精益（lean）、敏捷（agile）和精敏（leagile）供应链的比较汇总如表 9.1 所示（Agarawal et al.，2006）。可以看出，不同供应链方法可在各种特定情况下发挥作用。

表 9.1　精益供应链、敏捷供应链和精敏供应链的比较

区分属性	精益供应链	敏捷供应链	精敏供应链
市场需求	可预测	反复无常	反复无常和不可预测
产品种类	低	高	中
产品生命周期	长	短	短
顾客驱动因素	成本	发货周期与可用性	服务水平

续表

区分属性	精益供应链	敏捷供应链	精敏供应链
利润率	低	高	中等
主要成本	实体成本	适销性成本	两者兼有
缺货罚金	长期合约	即时与不稳定	没有地方出货
采购政策	购买货物	分配容量	供货商管理库存
信息强化	高度理想的	强制性	基础性
预测机制	算法	咨询	二者/其一
典型产品	商品	时尚产品	满足顾客要求的产品
交货周期压缩	基础性	基础性	符合需求的
消除浪费（废弃物）	基础性	符合需求	任意的
快速重新配置	符合需求	基础性	基础性
稳健性	任意	基础性	符合需求
质量	市场合格者	市场合格者	市场合格者
成本	市场胜利者	市场合格者	市场胜利者
交付周期	市场合格者	市场合格者	市场合格者
服务水平	市场合格者	市场胜利者	市场胜利者

资料来源：Agarawal 等（2006，p. 212）。

从供应链管理理论演变的角度来看，很显然，供应链管理在理论上借鉴了一系列其他学科的知识。在早期时候，大部分研究旨在开发算法和空间分配模型，以确定库存成本最低的地点，以及向最终顾客分销货物的最佳交付路线。地理学、经济学、运筹学和数学等学科为供应链管理问题提供了众多解决方案。

随着供应链管理已经发展成为一个在组织内部和组织之间寻求业务功能整合的综合概
念，实证研究中引用的理论已经越来越多地来源于战略管理或经济学文献。供应链管理的 218
关键概念与理论有：

- 价值链的概念；
- 企业资源基础理论（the Resource-based Theory，RBT）；
- 交易成本经济；
- 网络理论。

这些理论的主旨都是如何通过更有效的供应链管理取得企业竞争优势。价值链的概念最初由 Michael Porter（1985）提出，他的思想已经由 Martin Christopher 等物流专家进一步发展（Christopher and Peck，2003）。图 9.3 中举例说明了一个供应链模型，该模型展示了如何通过制造、品牌、包装、门店展示等方式使产品增值。同时，在每个阶段增加不同的成本，例如生产成本、品牌推广成本以及整体物流成本。对公司来说，其关键是对供应链进行管理，以可接受的成本为顾客创造价值。这种被称为“渠道”（pipeline）的管理一直是物流专业人员面临的一个关键挑战，尤其是当他们意识到缩短时间不仅可降低成本，还可提高竞争优势时。

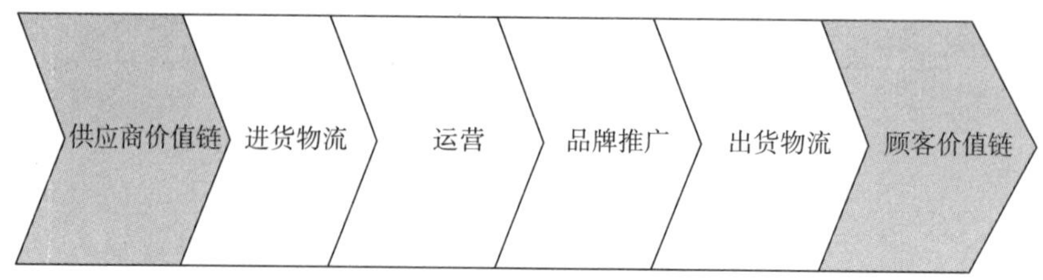

图9.3 扩展价值链

资料来源：Christopher（1997）。

根据Christopher和Peck的观点，如果企业的目标是对市场变化做出有效反应，那么基于时间的竞争就存在三种维度，必须对这三种维度进行有效管理。

- **上市时间**：将一个商业机会变成现实的速度。
- **服务时间**：完成顾客订单的速度。
- **反应时间**：调整产出以应对需求波动的速度。

企业可以利用上述原则，针对战略性交货时间制定管理策略。通过对在一个集成的供应商网络中的产品交付时间的理解，他们认为可以绘制出一张**渠道图**（pipeline map），以展现供应链流程中产品如何从原材料到顾客的每一阶段。在这些地图中，区分“水平”和“垂直”时间非常有用：

219 - **水平时间**是指在制造、组装、运输或订单处理等流程上花费的时间。
- **垂直时间**是指没有任何生产性活动的时间，没有价值增值，仅有成本以及产品（材料）作为库存。

在时尚产品市场，基于时间的竞争（time-based competition）概念最具意义，因为时尚潮流变化的时间窗口往往很短。另外，近20年来的趋势是跨国采购，地点通常是低成本的环太平洋国家，而这种情况延长了实体供应链渠道的长度。这些因素综合在一起，就能够说明供应链管理中必须作出的权衡，以及如何与供应链伙伴发展更为紧密的工作关系的必要性。Christopher和Peck通过美国The Limited公司的案例对加速“上市时间”进行说明。公司通过设计、订购和接收来自东南亚的产品，在几周内对服装供应链理念进行了革新（其竞争对手却花费了数月时间）。全新生产线在试销店进行测试销售，并通过电子数据交换（Electronic Data Interchange，EDI）向供应商进行订单交付，这些供应商也得以从计算机辅助设计/计算机辅助制造（CAD/CAM）技术中获益。这些贴有标签并标明价格的产品在中国香港进行整合，747包机将货物运送至俄亥俄州的哥伦布，然后再送往门店。较高的货运成本可以通过较少的折扣和较长的库存周转得到补偿。

与The Limited公司一样，美国嘉思明咨询公司（Kurt Salmon Associates，KSA）在20世纪80年代开展了一系列关于如何缩短产品交付时间（lead-time）的分析工作。美国服装供应商曾委托KSA调查如何与远东地区的供应商展开竞争。结果显示，美国供应商的供应链时间较长（从织布机到门店出售历经1.25年），协调性差，且效率低下（Christopher and Peck，1998）。鉴于此种情况，快速反应（quick response）得以提出，并用来缩短产品交付时间，改善整个服装供应链的协调性。在欧洲，快速反应原则已经应用于整个服装零售行业。供应基地合理化已成为过去十年的一大特点，这是因为众多公司已大大减少供应商数量，并与剩余供应商紧密合作，确保市场响应能力得以提高。

资源基础观点（resource-based perspective）建立在Porter教授提出的价值链模型基础上，其关注企业内部的各种资源，使其能够有效地开展市场竞争。资源、能力和核心能力是这一理论的关键概念。从供应链角度来看企业竞争优势，扩大了企业用于经营决策的资源基础，并且这一理论与交易成本和网络理论高度相关。因此，企业必须就其业务的垂直一体化程度、生产环节的“制造或外购”决策，以及后勤支持服务所需的外包程度等方面作出选择。在Williamson（1979）开创性工作的基础上，Cox（1996）在修正高资产专用性和“沉没成本”概念，并认为这些是企业的核心能力的观点基础上提出了合约理论。因此，拥有物流或生产核心技能的公司会选择内部合约，中等程度的专用型资产的辅助职能将在伙伴关系的基础上进行外包，而低资产专用性的职能将在“公平原则”的市场交易合同基础上进行外包。

关系多样化的本质创造了所谓的**网络组织**（network organization）。为对市场需求变化 220
做出及时反应，并建立一条敏捷供应链，供应链灵活性发挥着至关重要的作用。从资源基础理论的角度进行延伸，网络视角假定企业依赖于其他公司控制的资源，只有通过与这些公司的合作才能获取相应资源，从而形成价值链伙伴关系和后续网络。网络理论着重于建立基于信任、跨职能团队合作和组织间合作的伙伴关系。

在工业品市场，特别是汽车和高科技产业，形成了一个复杂的关系网络。受此影响，Christopher和Peck（1997，p. 22）宣称“有理由相信任何一家公司不再是与其他一家公司竞争，而是各自公司所在的供应链与供应链之间的竞争”。针对一些特定的零部件，已经形成了多个层次的供应商体系，同时，其他供应商形成一个群体，来协调供应链收益。这类业务活动的趋势是购买而不是自己制造，并且将非核心业务外包出去。

贝纳通公司被称为典型的网络组织的案例，但是该公司目前正通过增加供应链的垂直一体化和拥有资产所有权的方式，减缓供应链网络化这一趋势的发展（Camuffo et al.，2001）。在维持网络结构的同时，贝纳通公司还从产品设计到门店分销的全程对网络进行完善（见专栏9.1）。在基于时间的竞争中，贝纳通与Zara是最常引用的例子，但它们的商业模式相对较为独特（Tokatli，2008；Lopez and Fan，2009；Fernie and Perry，2011；Bhardwaj and Fairhurst，2010）。在快时尚领域，它们的竞争对手（H&M、Topshop、Primark和New Look等公司）目前并未设置自己的工厂，在全球范围内共有数百家合作供应商，相较之下，贝纳通与Zara的垂直一体化程度非常高。

Zara打破了高街品牌主打的四季系列和“慢”时尚传统。到20世纪90年代，Zara已在信息与物流基础设施方面进行了大量投资，使其能够迅速响应最新的时尚潮流（Ferdows et al.，2004）。通过对全新想法与时尚趋势进行评估，Zara从30000份设计中选择了约11000个项目。其后，Zara与邻近的西班牙和葡萄牙供应商签订劳动密集型加工合同，完成内部产品生产。交付周期为三周至六周，门店每周从50万平方米的分销中心（总部设于拉科鲁尼亚）收取两次商品。更重要的是，门店经理通过手持式监视器监控销售情况，以便在门店产品组合中安排正确数量的库存。这意味着Zara提供的产品范围更加广泛，但库存数量却低于竞争对手。其发挥了产品新鲜与原创的理念，从而创造出独占权的感觉。因此，顾客访问Zara门店的频率超过其竞争对手也就不足为奇了。

Zara公司及其商业模式的成功，使外界预期跨境外包的转移趋势可能遭到扭转，在已经工业化的经济体中实现生产制造功能的复兴。Tokatli（2008）认为外界预期过高，这是因为到21世纪初期，除其传统的伊比利亚（Iberian）生产基地之外，Zara已生产了超过一半的产品，且随着门店网络的全球化，这种情形更加明显。此外，鉴于加利西亚（Galicia）和葡萄牙的裁缝工资低于一般行业水平，Tokatli还从道德立场对公司选择国内生产的道德立场提出质疑。

221

专栏9.1 贝纳通集团

贝纳通集团在120个国家拥有约6500家门店，且在欧洲、亚洲、中东和印度设有制造工厂，年收入超过20亿欧元。贝纳通已放弃其运动服装品牌，目前全力关注时尚服装领域（以休闲装为主）。全色彩的贝纳通（United Colors of Benetton）、贝纳通内衣（Undercolors of Benetton）和希思黎时装（Sisley）皆为贝纳通旗下的主要品牌。

直到20世纪90年代，贝纳通的成功大部分归功于其创新的运营技术，及其与供应商和分销商之间的强大网络关系。贝纳通率先推出“延期原则”，即尽可能延长服装染色周期，以便根据市场趋势作出服装颜色的相关决定。同时，分包商（中小企业）网络为贝纳通工厂提供了劳动密集型的生产服务（剪裁、整理与熨烫），而贝纳通则在意大利东北部的Treviso持续运营资本密集型业务（织造、裁剪、染色与品控）。在分销方面，贝纳通借助代理商销售其产品，而各代理商负责开发一个市场区域。这些代理商与负责销售的产品所有者建立起类似于特许经营的合同关系。

贝纳通当前开始通过网络结构的方式进行业务转型，但却改变了该网络的性质。与大多数竞争对手不同，贝纳通正在提高业务的垂直一体化程度。随着产量的增加，贝纳通在总部附近的卡斯雷特（Castrett）设立了一条生产线。为利用更加低廉的劳动力成本，贝纳通开始根据卡斯雷特模式设立外国或地区生产线，最初为西班牙、葡萄牙（现已关闭）、匈牙利、克罗地亚、突尼斯、印度与土耳其等地，近期则为中国内地（亚太子公司）与东南亚（中国香港与曼谷）等地。卡斯雷特提出了地区性的生产设计。这些国外生产中心往往将重点放在某种产品上，同时利用该地区的相应技术。

为缩短整条供应链的时间，贝纳通借助纺织品与丝线供应链的整合，提升了上游的垂直一体化程度，使公司控制了这类产品85%的供应数量。从原材料供应商到生产线，从意大利到全球零售网络的最终分销，这意味着贝纳通得以提升原材料的流动速度。

零售网络及其提供的产品也经历了众多变化。贝纳通已在大多数市场中提出了产品的标准范围，但允许其范围内20%的产品为特定国家市场定制。当前，为表现出单一的全球化形象，贝纳通在各产品系列中仅允许5% ~10%的差异化。此外，贝纳通还精减了其品牌数量，专注于全色彩的贝纳通与希思黎时装的发展。

贝纳通也正在改变其门店网络，使其能够与国际竞争对手展开有效竞争。在可行条件 222
下，贝纳通正扩大其现有的门店规模，以适应其全系列重要品牌的发展。在不可行情况下，其将专注于特定的细分市场或产品。最终，贝纳通已在全球范围内开设有100多家超级购物门店，以全方位销售的形式专注于高端造型的服装产品。这些门店完全由贝纳通所有，其亲自管理可确保公司维持对下游的控制，并且能够快速响应市场变化。

9.3 快速反应与高效消费者反应

随着高效消费者反应概念的出现，通过准时化和快速反应原则实现的基于时间的竞争概念，已在快速消费品（FMCG）行业得到进一步的认可。时尚供应链提出快速反应概念的目的是缩短上市时间，特别是在美国市场，此举被视作与低成本进口商品竞争的生存策略。针对这种情况，美国的纺织品、服装和零售业于1986年成立了自愿性跨行业商业标准（Voluntary Interindustry Commerce Standerds，VICS）协会，共同努力简化供应链，同时大力促进在正确的时间、正确的地点推出适当的时尚风格，既能保证种类繁多，又能做到物美价廉。在基本的时尚品类中，相对稳定的需求是主要的市场特征，因此美国的快速反应概念更加注重零售企业与服装制造商之间的合作关系。

然而，快速反应的执行情况却不尽如人意，这一点从过去十年的研究中可见一斑。Birtwistle等（2003）在研究英国服装零售业的快速反应策略的实施时指出，纺织品供应链的外部整合进展缓慢，绝大部分收益来自技术利用和内部流程方面。即使在美国，快速反应实施的经济效益也存在不确定性。Brown和Buttross（2008）曾在研究中针对实施了快速反应策略的公司进行财务业绩分析，研究发现，采用该策略的公司在收益率、成本效率或库存水平方面未取得明显优于没有采用该策略的公司，他们认为运输成本增加、生产线数量较多、合作伙伴之间的企业文化问题等是可能的原因。

在确立众多快速反应的目标之后，自愿性跨行业商业标准协会实施了一项协同规划、预测与补货（Collaborative Planning，Forecasting and Replenishment，CPFR）计划，以一种更加紧跟潮流的方式使供应链与市场需求波动相同步。通过在供应链成员之间建立牢固的合同关系，并允许它们分享关键信息，CPFR将使预测、生产与补货周期更加接近于市场的实际需求（VICS，1998）。虽然这种美国商业实践在服装行业的快速反应与供应链管理计划中发挥出主导作用，但大部分成功却来自基础性时尚领域，而制造阶段通常是第一个被转移至海外的职能活动。从这个意义上说，在工业化经济体中，快速反应成为时尚制造

223 业生存策略的理念尚未实现。虽然美国服装业主要是在基础性时尚领域以成本为基础进行竞争，但其他国家却采用了与之不同的方式。例如，日本企业在具有设计与营销专长的“服装企业”的带领下，在工业区（*Sanchi*，或中小型企业集群）的工艺专家分包网络中，以弹性专业化的方式取得了时尚领域的成功。这更类似于之前讨论的贝纳通模型。总的来说，快速反应计划在国内服装行业中的应用有限，向百货门店供货的基础性服装行业的成功率最高。即使在这一领域，快速反应计划也主要由韩国与中国的海外供应商来实施。

Perry 等（2011）的研究展示了斯里兰卡服装企业与美国和欧盟零售企业之间实施快速反应计划的方式。随着跨境采购的发展，时尚买手已寻找到拥有大量廉价劳动力资源的市场，用以制造服装行业的劳动密集型产品。斯里兰卡的地理位置离欧洲和美洲市场较远，使该国专注于生产周期相对较长的高质量休闲服装。此外，政府的“无罪成衣”运动（参见上一章）也确保供应商符合严格的企业社会责任法规。研究结果显示，供应关系持续 10～20 年是最常见的，全包供应商设有专门的产品开发中心，买家可以与生产团队协同合作，加快产品开发过程，缩短交付周期。供应商可通过在产品开发过程中与买家进行合作，或者将设计与产品开发融入采购任务，降低不确定性与交付周期，从而减小订单更改或取消订单的可能性。

高效消费者反应最早于 20 世纪 90 年代初提出，自愿性跨行业商业标准协会于 1993 年发布了一份供应链报告《高效消费者反应》（*Efficient Consumer Response*），以回应美国工业界在面对传统行业日益激烈的竞争时所发出的效率评估的呼声。从它们之前在服装行业的工作中可以看到这样的趋势：存货过多、供应链长且不协调（从拣选线到门店采购长达 104 天），预期可压缩的成本是 300 亿美元，占销售额的 10.8%。

与欧洲相比，高效消费者反应计划从未获得美国的完全接受。在欧洲与供应链相关的众多协会的支持下，欧洲执行委员会最初于 1994 年成立了欧洲品牌协会（AIM）、食品企业论坛（CIES）、国际物品编码协会（EAN International）以及欧洲零售和进口商协会（Eurocommerce）。

在 1994 年，欧洲开始了一项研究，以确定供应链效率低下的程度，并制定供应链绩效的提高计划（见表 9.2）。ECR Europe 将高效消费者反应定义为“以供应链—供应商、制造商、批发商和零售企业为中心的杂货业的全球性运动，各方通过紧密合作，以更优质、更快速及更低成本的方式满足杂货消费者不断变化的需求”。

表 9.2　供应链研究的范围与成本节约对比

供应链研究	研究范围	估算成本节约
嘉思明咨询公司（1993 年）	美国干杂货行业	营业额 10.8%（财务 2.3%，成本 8.5%）。供应链总额 300 亿美元，干货领域仓库供应商 100 亿美元。供应链从 104 天减少至 61 天（下降 41%）

续表

供应链研究	研究范围	估算成本节约
可口可乐公司供应链	127 家欧洲公司	2.3 ~ 3.4 个百分点
合作（1994 年）	重点从生产线末端转移至成本削减	品类管理占销售额的比例较小（零售企业为 60%，制造商为 40%）
ECR Europe（1996 年之后）	15 项价值链分析研究（10 家欧洲制造商、5 家零售企业）；15 个产品类别；7 个分销渠道	5.7 个百分点的营业额（营业成本 4.8%，库存成本 0.9%）。供应链节约总额 210 亿美元。英国节约金额 20 亿美元

资料来源：Fiddis（1997）。

由 Coopers 和 Lybrand 开展的早期研究，确定了 14 处可以实施高效消费者反应原则的
改进领域。这些领域被划分为产品补货、品类管理和赋能技术三个方面（见图 9.4）。这 224
些亟待改进的领域，在过去大都曾进行了有效管理；问题是如何将这些概念视作一个整体而不是个别的行动领域。

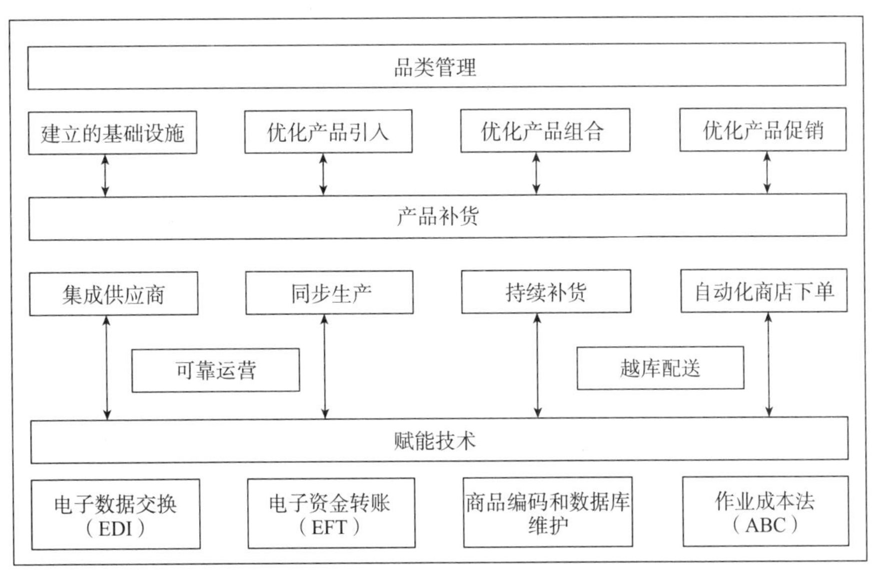

图 9.4　高效消费者反应的改进概念

资料来源：Coopers 和 Lybrand（1996）。

随着 ECR Europe 运动开始走向高潮，所开展的大部分工作的关注点逐渐从供应侧技术（产品补货）转向以需求为导向的策略（品类管理），近期关注的则是一体化方法。早期的高效消费者反应项目报告涉及有效补货、运输优化和单位负荷识别。而在 20 世纪 90 年代末 21 世纪初，该项目开始侧重于在针对特定顾客的营销活动中整合消费者价值、有效的促销策略和高效的产品介绍。

在过去十年间，尽管强调可持续发展议程，但角度却更为全面。与这种角度变化相对应的是 ECR Europe 年会上讨论的主题变化。当该组织于 1996 年在日内瓦成立时，高效消费者反应概念正在制定中，而有效补货计划在议程中占据突出地位。随后的会议往往强调的是需求主导的策略，以及诸如电子与移动商务、新技术、货架有货率、产品与包装浪费等新兴议题。

可以说，早期的工作重点是提高供应链的**效率**（efficiencies），随后则强调了供应链的**有效性**（effectiveness）。因此，目前关注的重点是如何实现利润增长，这是因为如果产品组合错误，并展示于门店的不恰当位置，那么产品交付就几乎失去了意义！

ECR Europe 年会在 20 世纪 90 年代末 21 世纪初取得了非凡成功，ECR Europe 随后颁
225 布了一系列倡议，鼓励开展更多的国际合作。高效消费者反应运动开始分享最佳实践原则，特别是将美国、欧洲、拉丁美洲和亚洲的不同版本的计分卡汇集在一起，形成一种全球计分卡。计分卡曾被用于评估交易关系的表现。这些关系分为四类：需求管理、供应管理、赋能因素（enablers）与整合因素（integrators）（见图 9.5）。图 9.4 与图 9.5 的比较显示了高效消费者反应适应市场环境变化的方式。全球商务倡议联盟（Global Commerce Initiative，GCI）曾是全球计分卡的发起者，这一点并不奇怪，这是因为其主要目标之一就是倡导颁布通用数据与通信标准，如全球网络交换相关的通用标准等。GCI 已经与 CIES 及全球执行长论坛（Global CEO Forum）合并，共同创立消费品论坛。

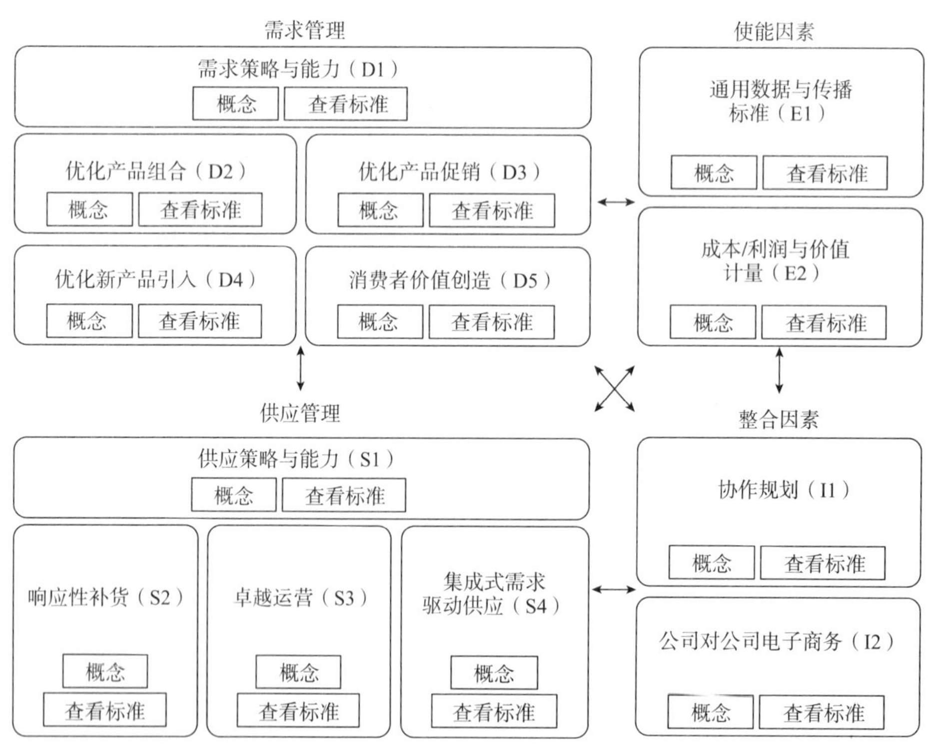

图 9.5　高效消费者反应概念

资料来源：The Consumer Goods Forum，经许可再版。

Aastrup 等（2008）提出的一个理论模型，将高效消费者反应活动成功的先决条件、高效消费者反应活动本身以及后果进行了整合（见图 9.6）。先决条件都属于行业层面或者公司层面的因素。行业层面的先决条件包括可适用的标准和工具、临界质量以及规范共识。企业层面的先决条件包括对高效消费者反应概念的态度、信息分享的协同程度，以及如何实现成本和收益方法的一致性。此外，公司制定高效消费者反应计划的能力也很重要，例如，高层对高效消费者反应的承诺，以及开展此类计划的技术能力。

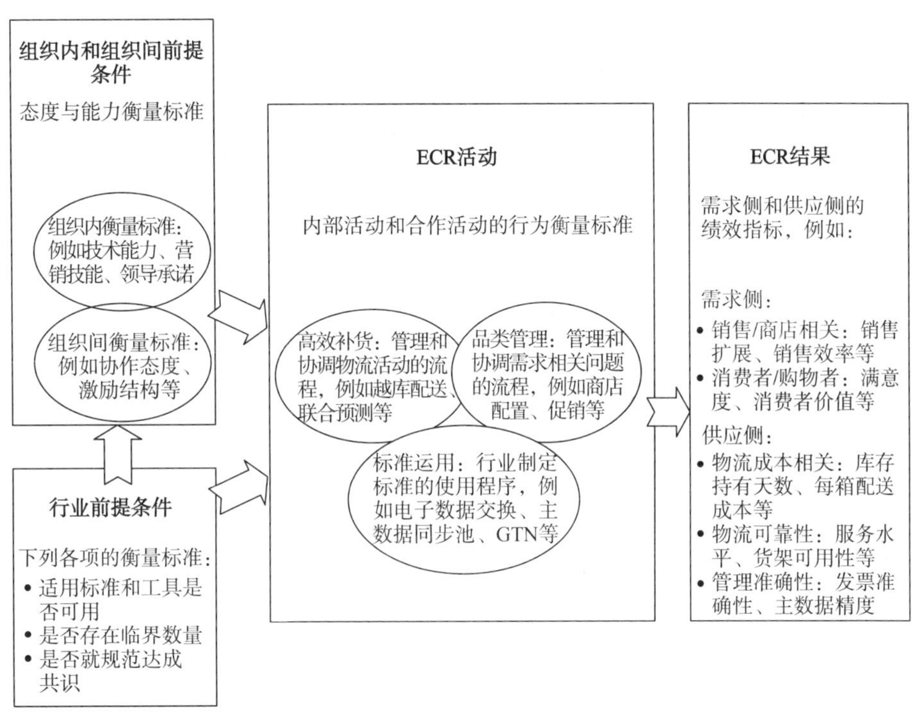

图 9.6　高效消费者反应的指标结构

执行高效消费者反应活动时，可利用与需求和供应相关的指标对其成果与绩效进行评 226
估。需求相关的指标分为销售额或者与门店有关的变量，以及消费者和购物方面的指标。后者主要关注的是消费者满意度，前者则侧重于“硬”数据，如品类销售额、每平方米销售额、直接产品盈利性（DPP）或作业成本法（ABC）指标。供应相关的指标可以分为三大方面：物流成本、物流可靠性（服务水平与货架有货率）和管理准确性（发票准确性和主数据准确性）。

9.4　英国杂货零售供应链

高效消费者反应计划的实施已被确定为英国杂货物流发展的第四阶段（也即最后阶

段）。Fernie 等（2000）将其归类为关系阶段，即经过数十年的不协调之后转变为更具协作性质的供应链管理方法。英国通常被认为拥有世界上最高效的杂货供应链，这也是其杂货零售企业实现正常利润率的关键因素。

四大阶段包括：

- 供应商控制（1980 年之前）；
- 集中化（1981～1989 年）；
- 准时化（1990～1995 年）；
- 关系（1996 年至今）。

227 第一阶段是**供应商控制**，目前在许多国家普遍存在，在 20 世纪六七十年代也曾是英国门店分销的主要方式。供应商在英国各地的工厂或仓库中制造与储存大量产品。店铺直送（Direct Store Deliveries，DSD）通常由第三方承包商（整合一系列工厂的产品）负责，每 7～10 天交付一次。门店管理者与供应商进行协商，将货存置在“后室”（the back room）。

第二阶段是**集中化**，现已成为很多国家的零售物流的一大特征，而在 20 世纪 80 年代，这也是英国的主要特征。杂货零售企业在此时主动创建了专门的大型区域配送中心（Regional Distribution Centres，RDC），将供应商产品在此进行组合，以便后续交付给门店。这一阶段标志着供应链从供应商控制开始转向零售企业控制。从零售企业的角度来看具有明显优势：

- 库存减少；
- 交付周期从几周缩短到几天；
- 腾出的“后室”可用来营业；
- 更高的有货率；
- 来自供应商的“批量折扣”；
- 更少的发票、更低的行政成本；
- 更高效的员工利用率。

228 然而，集中化需要在区域配送中心、车辆、物料处理设备和人力资源方面投入大量资金。分销的集中化也意味着购买的集中化，要管理这些变化就需要新设立一个职能总部，这样一来门店店长的自主权就越来越少。在这一时期，第三方合同市场也出现热潮，零售企业开始考虑是否投资于物流以外的其他零售业务领域。当时的“四大”杂货零售企业（Sainsbury's、乐购、阿斯达和西夫韦）都在 20 世纪 80 年代中后期将众多区域配送中心承包给物流服务提供商。

第三阶段是**准时化**。通过对初始网络的改进，提高了效率。较大的杂货连锁店专注于特定产品的区域配送中心，大多数需要温度控制的产品则通过第三方承包商经营的众多小型仓库进行配送。到 20 世纪 90 年代初，需要温度控制的产品被纳入由超级门店经营者开发的复合型配送中心网络。复合型配送中心支持所有温度范围内的产品，通过多温度仓库和车辆系统进行分销。随着交付频率的增加，零售企业可以减少门店库存。此外，更为精简的系统不仅提高了效率，而且减少了“短货架期产品”（short-shelf-life products）的浪费，从而为顾客提供更优的产品质量。

尽管目前正在努力改善二级分销网络，但过去创建的原始项目，已将初级分销与二级分销进行相互整合。1989 年，西夫韦公司在苏格兰贝尔斯希尔开设一家大型复合配送中心，其中包括一处资源回收中心，用于清洗门店的可回收托盘与打包纸板。该公司还提出了一项供应商收集计划，在 20 世纪 90 年代节省了数百万英镑。大多数次级网络的建立是为了提供高水平的顾客服务。然而，返回区域配送中心的回程车辆的利用率往往很低，过去曾采用多种措施以努力减少此类“空转”，如携带供应商产品返回区域配送中心，或从门店收取设备/回收废物等。

尽管对初始网络进行了改进，但区域配送中心仍然存在两周以上的非易腐（non-perishable）产品库存。为提高库存水平并转向准时化体系，零售企业开始要求供应商以更小的批量和更高的频率进行交货。玛氏食品代表人 Whiteoak（同时也代表供应商的利益）曾于 1993 年写到：这些措施给零售企业带来了明显的收益，但却以供应商的成本增加作为代价。为应对这些变化，目前已在区域配送中心的上游设置集散中心，使供应商能够提高工厂的车辆利用率。

目前正在进行的是最后一个阶段，即关系阶段。如果要从供应链中削减更多成本，这一阶段至关重要。在前面的第三阶段，Whiteoak 已经指出，在 20 世纪 90 年代初的准时化阶段之前，从供应商控制到零售控制网络的转变已经为供应商与零售企业实现了成本节约。到了 20 世纪 90 年代中期，零售企业开始意识到，在净利润率的提升方面，当时并未实现 20 世纪 80 年代“集中化”那样的“快速获胜”。如果零售物流管理将发生另一大变化，则必须通过供应链合作来实现。高效消费者反应的出现，以及由食品杂货批发协会（IGD）的进一步推动，促进了供应链成员之间的进一步合作。

在 21 世纪前十年，影响杂货供应的最激进措施是由多家大型零售企业实施的出厂定 229
价法（Factory Gate Pricing，FGP）。出厂定价法概念由乐购与 Sainsbury's 提出，指的是零售企业支付给供应商的产品价格中不包括从产品装运点至零售企业区域配送中心的运输成本。实质上，这就是“特别”回程（“ad hoc” backhauling）与合并装载（consolidating of loads）的下一步。理论上，出厂定价法可以优化整条供应链的整体运输网络，主要通过合并运输资源以最大限度地提高车辆利用率，而不是在物流服务提供商（LSP）与零售企业/制造商之间签订一系列双边运输合同。大型零售企业与物流服务提供商可以了解到出厂定价法的优势。随着国际采购的不断增加，物流服务供应商始终热衷于提供产品管理方面的服务（各国和各大洲都处于低谷）。现有技术可以跟踪这种变化，而成本透明性应有助于提升谈判的开放性。目前英国的大部分杂货零售企业皆拥有一个进货后勤网络和一个完全整合的初级与次级分销网络。有趣的是，乐购最初是通过与冷冻食品供应商合作的方式推行出厂定价法概念。乐购及其竞争对手随后开始建设冷冻食品配送中心，并开始从最初的复合理念转向设有区域配送中心和全国配送中心来供应门店（用于运输较慢的商品）。与之相对应的则是英国零售企业开始从物流服务供应商转向自己内部管理零售物流活动。

9.5 国际市场中物流文化的差异

20 世纪 90 年代发起的高效消费者反应计划在促进企业间的合作精神方面发挥了重要作用。企业开始适应和接受高效消费者反应的理念，并消除已经积累了数十年的对抗导致的竞争。英国一直是实施高效消费者反应的先锋，乐购与 Sainsbury's 宣称在 20 世纪 90 年代末和 21 世纪前十年已借此节省了数亿英镑。在各大国际市场中，公司推行高效消费者反应计划的比例各不相同。如表 9.2 所示，KSA 曾报告称，希望美国的产品从生产线到消费者的供应链时间能够从 104 天降低至 61 天。GEA Consulenti Associati（1994）对欧洲市场的比较研究表明，欧洲主要国家在供应链中的库存量非常少。1997 年，Mitchell 论证得出欧洲最大的零售企业（主要为德国与法国公司）很少热衷于高效消费者反应。法国与德国零售企业中许多是私营或特许经营者，而且在战略定位上往往受到产品数量与价格的驱动。相比之下，英国与荷兰企业基本上为公开报价，而以利润主导的零售企业对供应商关系则采取了更具建设性的方法。虽然接受欧洲市场存在的重大差异，但总体而言，美国与欧洲市场在交易状况方面也存在着不同之处。Mitchell（1997，p. 14）指出：

- 美国杂货零售交易更具有分散性质，并不像欧洲的部分地区那样集中。
- 与许多欧洲国家相比，美国的自有品牌发展还表现欠佳。
- 制造商与零售企业关系中的权利平衡在美国与欧洲大不相同。

230 • 由于批发商在美国扮演着更重要的角色，因此交易结构也存在差异。

- 相较于欧洲，远期买入（forward buying）等交易实践在美国的根源更深。
- 交易促销协议与消费者促销优惠券的使用是美国的独有做法。
- 立法（特别是反托拉斯立法）可能有碍于供应链合作。

尽管沃尔玛现已渗透美国的新兴市场，自有品牌产品的增长模式已然被竞争对手所借鉴，但是其中众多因素在现今仍然发挥着作用。虽然法律以及在定价与竞争方面的政策对美国零售企业仍然有较大的影响，但对于地点、规划和门店选择等问题的控制影响却明显不足（参见第 1 章）。此外，由于欧洲市场更加受到法律管控，存在着较高的固定成本，这也导致美国零售企业能够在每平方米销售额（坪效）远低于欧洲的情况下仍然能够盈利。

为理解不同国家的物流结构的演变方式，有必要先了解消费者选择的性质以及零售业态的类型，然后再通过零售企业与供应商的关系、其成本结构以及其他运营方面的因素来理解支持门店运营的物流系统的本质。

9.5.1 消费者选择与零售业态

来到欧洲的美国游客在与其本国情况进行比较时，可能会对当地门店的开放时间和门店选择的限制感到困惑。尽管整个欧洲的门店营业时间已经可以由门店自己决定，但门店的规模和位置规划方面仍然受到严格的限制。有关消费者如何选择门店的多项跨国调查显示，在法国与德国市场，商品的价格对消费者选择哪家门店的影响效应大于英国。而在英国市场，商品价格因素比门店便利性、产品组合范围、产品质量和顾客服务等因素的影响效应更小。经济衰退、阿尔迪与历德等折扣门店的兴起，以及沃尔玛在英国的影响力，都促使消费者对上述的门店因素进行重新评估。在美国，价格与促销也是消费者作出门店选择的强大驱动因素；然而，美国消费者使用美食优惠券的方式众多（如外出就餐等），比欧洲更为常见。事实上，KSA 启动对高效消费者反应的调查是由于仓储会员店和沃尔玛之间的竞争已进入到了传统的超市行业。

对于 KSA 在调查中提到的高库存水平，其部分原因在于美国消费者的大批量购买。随着外界对价格与促销越来越关注，消费者开始货比三家，并在房屋的车库和地下室储存干货。相较于缺乏空间和业态选择的欧洲同行，美国消费者拥有自己的家庭“后室”仓储区域。

在欧洲，业态发展模式确实表现出南北不同。尽管一些规模较大的跨国零售企业（参见第 5 章）进入市场，但地中海南部和东欧市场依然是小型独立门店占主导地位。在北欧，零售企业已开发出大型的门店业态，但所采用的方式不同。德国有着强大的折扣文化，这一点可以从市场上存在大量的超级市场和直接折扣门店体现出来，但德国消费者也 231
会在本地市场购物。作为超市业态大本营的法国，大型零售业态与“超级市场”及本地市场业态并存，而英国与荷兰的业态类型则较少，主要是超级门店（superstores）和超级市场两种业态。直到 21 世纪前十年，人们才更加关注较小的零售业态，各大公司纷纷进入便利市场业态，甚至是折扣市场业态（如阿斯达收购英国内托等）。

在北欧国家，不同的物流网络也按照业态发展的形式进行演变。正如本章之前所讨论的，英国众多大型连锁超市旗下设有超级门店，更开发出复合分销（composite distribution）模式以提高整条供应链的效率。所有产品类别（生产、冷藏与环境条件）在同一区域配送中心进行整合，以便后续通过组合挂车配送至门店，而所述挂车也可搭载不同种类的产品。在荷兰，Albert Heijn 利用冷冻和环保型仓库向其小型超市供货，而德国与法国的零售企业则拥有众多产品类别的仓库，向多种零售业态供应商品（对于超市业态来说，具体情况取决于门店范围，产品可直接由供应商交付）。

9.5.2 零售企业与制造企业的关系

欧洲零售业变化的一个主要特点，是由少数几家大型企业整合大部分零售业务。在欧洲，众多杂货零售企业是 30 年前的小型私人家族企业，过去曾被跨国品牌供应商所压制。这种情况当前已不复存在。一部分零售企业可能仍然是私人所有企业，但是其已与上市公司一起，共同成长为经济实力较强的国际公司，足以向国际品牌的制造企业供应商发起挑战。尽管规模较大的公司主要来自德国与法国，但在荷兰与英国市场集中度较高。事实上，在 21 世纪前十年，竞争委员会对英国多家零售杂货公司进行的一系列调查证明了权力开始从制造商向零售企业转移。

可以说明欧洲零售企业的权利增长的一个指标是它们能够要求供应商在什么时间将产品交付到特定地点。零售商品中出现了越来越多的零售企业的品牌。在英国，这点非常重要，杂货连锁店始终遵循玛莎百货的策略，在高附加值品牌产品上直接与制造商品牌进行竞争。

零售企业与供应商之间权利关系变化的影响就是制造企业一直在放弃或者失去控制的供应链责任。与欧洲其他地区相比，英国的供应链已经从制造企业驱动向零售企业控制系统转变。如前所述，英国绝大多数零售企业不仅通过区域配送中心集中了 90% 以上的产品，而且还建立起集装中心，向供应链提供进一步支持，以最大限度地减少工厂与门店的
232 库存。出厂定价法的实行，以及初级与次级网络的一体化整合强化了零售企业控制供应链的趋势。虽然这种控制程度与其他欧洲与美国市场相比并不明显，但在 20 世纪 90 年代末和 21 世纪前十年，并购活动激增，零售巨头（沃尔玛、家乐福与乐购）以其各自业态进行扩张，涉足全新的地域市场，从而不断推动物流国际化的发展。

尽管权利平衡存在这种变化，但人们普遍认为，在实施高效消费者反应策略时，欧洲零售企业面临的最大挑战是打破组织内部的文化障碍，将对抗性文化转变为合作性文化。组织将从传统的职能型的“内部”结构入手，将其转变为多功能型的“外部”结构。不断变化的组织形式如图 9.7 所示，其中介绍了传统“领结”（bow tie）和新式跨职能团队方法。为实现高效消费者反应报告所提出的高水平供应链节约，公司不得不改变态度，但鉴于过去数十年间的政治与固有竞争，这一文化变革将耗费数年的时间。

9.5.3 物流成本结构

为对高效消费者反应策略做出响应，组织变革的一个重要方面是如何共同分担高效消
233 费者反应的收益和成本。直到 20 世纪 90 年代中期，物流成本的重点主要集中在公司或产业渠道成本上，而不是整体供应链成本。

在图 9.4 中提到的赋能技术（enabling technologies）之一——**作业成本法**（ABC）的出现使得可以采用过程方法开展供应链活动。例如，在产品补货方面推行的多种方法对零售企业都有明显的好处，但需要额外的工作（也意味着额外成本）来进一步提高供应链效率。因此，在上文中提到的文化变革可促使零售企业建立基本规则（ground rules）来确定收益和成本的产生源头，达到提高供应链效率的目标。尽管这类工具正在用来改善目前的实践做法，但从整个国家层面来考虑物流组合（logistics mix）中的成本平衡才是合适

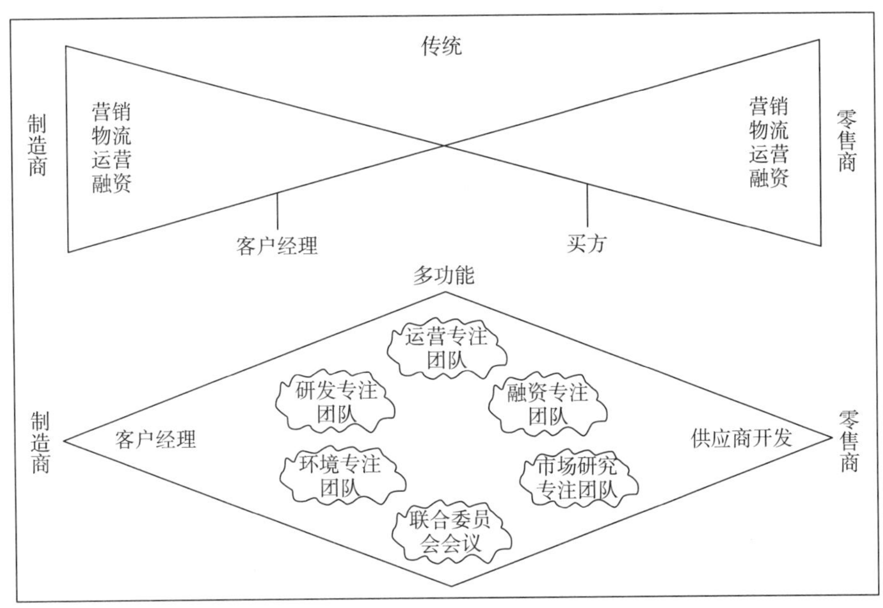

图 9.7 制造企业与零售企业之间的界面变化

资料来源：Fiddis（1997）。

的。物流组合中的运输、仓储、库存以及行政管理等方面都存在劳动力成本。随着劳动力成本的上升，企业对自动化与机械化技术的依赖也在逐步增加（斯堪的纳维亚国家由于劳动力成本高昂而始终处于创新的前沿）。同样可以这样说，英国零售企业（特别是杂货零售企业）存货成本较高，因此也是高效消费者反应原则的创新者，而导致存货成本上升的主要原因则是 20 世纪 70 年代和 80 年代的高利率影响。土地和物业成本也是如此。在日本、美国和比荷卢经济联盟国家，零售地产的高成本是促进销售空间最大化和门店存货最小化的驱动因素。在法国与美国，相对较低的土地成本使企业选择开发基本仓储，以容纳预先购买和促销库存。

9.5.4 物流服务提供商的作用

有一个领域的合作常常遭到零售企业和专业物流承包商的忽视。从历史上看，向各国零售企业提供第三方服务的情况各不相同。在英国，分销的集中化出现较早，因此，区域配送中心管理就成为第三方服务商的一个新的市场。欧洲其他国家最初表现出“合同外包”（contracting out）热情较低，企业倾向于保留“内部”仓储，但有可能将运输服务进行外包。不同国家的金融惯例有所不同，例如在德国，相较于英国，表现亮眼的资产负债表被认为更能体现积极的信息。同样地，资本的机会成本（对比零售资产，其主要投资于物流基础设施）导致零售企业更可能自己投资物流基础设施，而不是将这些职能外包。

近年来，物流服务提供商的作用不断增强。这可以归因于零售和运输业务的国际化，以及供应链活动需要更加协调性的需要。当前的供应链比以往更加复杂。零售企业正在优化运输装载率，以最大限度地减少空载运输，同时推进物流供应商的回程载货，并从回收中心收回包装废弃物。随着有效补货计划的实施，初级分销网络内部需要进行合并装载。与制造商或零售企业相比，物流服务提供商可以更好地进行计划管理。此外，零售业务的国际化使现有供应链得以延长，第三方服务提供商可以为此类全新市场带来专业技术。部分英国零售企业利用物流公司在新市场开设门店。同样地，全球最大零售企业（沃尔玛）
234 也曾利用英国物流公司（Tibbett & Britten）的专业技术为其加拿大收购的门店提供后勤支持。当前，包括 Tibbett & Britten 在内的众多英国公司已经成为全球物流服务提供商的一部分，除了向门店提供分销服务之外，还提供来自国际市场的货物拼装服务（consolidation of loads）。

9.6 物流实践的国际化

我们针对物流文化差异展开讨论的目的，是希望说明最佳实践原则在不同的地域市场执行中存在差别的现象。然而，“专有技术”（know-how）在企业和国家两个层面的正式与非正式的跨国转移，推动了物流实践的国际化。欧洲高效消费者反应会议、赞助组织与国家行业协会都要求旗下的成员公司应当采用最佳实践原则。这些组织发起的众多会议都要求对当前最先进的配送中心进行实地考察，以从业务方面介绍高效消费者反应策略的要素。在更为正式的层面上，公司在其子公司内部进行“专有技术”的转移。

零售巨头以“大卖场”业态向新的地域市场的扩张，也引发物流实践的国际化。知识转移的方式在很大程度上取决于这些大型集团所采用的全球化零售业务模式。Wrigley（2002）将这些零售企业分为两种：一种是“积极型工业”模式，另一种是“智能型联邦”模式（参见第5章表5.3）。沃尔玛和乐购（程度较低）可以划归为第一种模式，重点在于采购的规模经济，以及企业文化和管理实践的强势推行。因此，乐购已在爱尔兰推行集中配送，并且采用冷藏的“复合”式基础设施，同时采取在英国兴起的高效消费者反应的最佳实践。在东欧和亚洲等发展中市场，乐购必须向分散程度较高的供应商不断强化质量管理的原则。在这些市场实行集中分配之前，必须为小型供应商推行发展计划。然而，沃尔玛是积极型工业模式的最好例子。例如在欧洲，沃尔玛曾试图在德国与英国市场整体供应链上进行收购。沃尔玛的问题在于其在德国市场的规模，沃尔玛采购的商品数量不足以取得供应商的大量折扣，因此也无法证明集中配送的合理性（Fernie et al.，2006）。很明显，沃尔玛计划在德国进一步扩大门店规模，从而达到相应的规模经济水平，但其所做的收购努力却一无所获。最初被收购的两家连锁店分布较广，导致两处配送中心的运输成本升高。最终，在八年都没有实现收支平衡的情况下，沃尔玛选择退出德国市场，并于2006年将门店出售给麦德龙。

在英国，沃尔玛对阿斯达物流的影响主要体现在强化了其信息技术等基础设施，以及配送网络的重新配置，目的则是发展非食品生产线。沃尔玛计划在 2005 年之前建立 20 个超级配送中心，其中 50% 的空间用于非食品产品（一般商品、服装和电器等）。此外，由于信息技术系统的增强，现有门店已经为此类产品线释放出更多的空间。沃尔玛在 2000 年开始的“突破性项目”（Project Breakthrough）中对阿斯达的电子销售点（EPOS）和库存数据系统进行了革命性改革，并于 2002 年底推广至门店、仓库和阿斯达总部（Asda 235
House）。沃尔玛零售连锁系统的加入使从收银台到供应商的信息协调性得到提高，在降低成本的同时提高了产品的可用性。

相反，阿霍德公司坚持采用智能型联邦模式。阿霍德通过零售联盟关系，及其与子公司网络的协同作用实现了物流业务的转型。在美国，阿霍德保留了收购后的当地门店名称，并采用了各家子公司的最佳做法。此外，其自有品牌的非杂货配送设施也支持共享。

9.7 未来挑战

显然，在过去的 25 年间，零售物流已经发生了变化。集中化、在物料和信息处理方面的新技术、高效消费者反应策略以及最佳实践原则的实施使物流成为零售业的关键管理职能。但是未来呢？我们即将经历零售物流的演变还是革命？在 21 世纪前十年，高效消费者反应运动主要侧重于货架有货率和可持续供应链等方面。本章中讨论的众多计划皆应提高产品的可获得性，例如协作与技术改进等。同样地，减少碳排放足迹（carbon footprint）的方法也包括提升网络整合度（以最大限度地减少车辆的空载运行），或建设最先进的“碳中性”（carbon-neutral）配送设施等。除在日益发展的在线市场中管控电子交付情况之外，国际采购的性质和国际零售网络的规模等主要领域未来仍将构成后勤人员的关键挑战。如果中国和印度经济持续发展，增加的物流成本水平将使这两个国家逐渐转型成为更接近于消费区域的采购源。

零售企业面临的最大挑战是如何应对电子商务带来的市场机遇。如第 6 章所示，订货流程的创新激发了消费者“任何时间、任何地点”的购买心理，而零售企业都会为顾客提供大量交付（和退货）的选项。这意味着零售企业可以提供更加紧凑的交货时间窗口，同时支持“点击提货”（click and collect）选项（顾客承担运输成本）及一系列收货/退货点（主要为便利店）。部分单一业务零售公司（如 ASOS）还可提供免费送货服务，因为它们将送货成本看作营销成本而非物流成本。

可以说，提供杂货送货上门服务的公司目前正面临着最大的物流挑战。它们通常必须在 12 ~24 小时内，从总计 10000 ~25000 件产品中挑选出包含 60 ~80 件产品（横跨三种温度梯度）的订单，并在 1 ~2 小时的时间段内将其交给顾客。例如，乐购目前每周平均拣选和交付 25 万个这样的订单。Enfield 公司的在线门店在高峰期一天内需要拣选 14.5 万件产品，必须设计全新的物流技术以向这种规模的电子杂货零售提供支持。非食品产品的网上购物较少要求进行物流创新。一个订单包含少量的物品（通常只有一件），订单拣选
236 集中在国家或地区层面。很大一部分订单是通过大型包裹运输公司或邮购公司的“辐射式”网络进行运输。然而，大约30%送货上门的非食品产品最终将返回电子零售企业（而传统的实体零售企业则为6%～10%）。这便需要采取一项重要的逆向物流操作，其中涉及退回产品的检索、检查、重新包装和重新配送。目录邮购公司在送货上门方面拥有较多的经验，而一部分高街零售企业（high street retailers）在传统上将送货上门视作其提供服务的一个关键要素。然而，在线购物却新增了众多物流需求。首先，必须处理的货物数量大大增加，因而需要建造全新的配送中心和更大规模的运输车队。其次，许多在线零售企业的服务对象来自传统邮购顾客群体，社会经济背景各不相同。由于他们生活在不同的社区，送货上门的地理格局也正不断发生变化。最后，在线购物者通常对物流抱有较高期望，要求在其方便的时间进行快速可靠的交付（Xing and Grant，2006）。

在过去10年间，研究者曾就交付模式的相对优点开展了众多讨论。目前，杂货电子商务主要有两种物流模式：基于门店的订单拣选模式和专用的订单拣选模式。基于门店的系统由乐购提出，利用现有配送资产，通过区域配送中心将产品送往门店，再由门店的店员根据顾客订单进行拣选与配送。该系统的优点是实施速度快，初始投资成本相对较低。该系统可为顾客提供当地门店的全系列在售产品。然而，由于在线购物者与实体店顾客的竞争，可能导致“缺货”情况的发生。该系统还允许在传统市场和在线市场之间汇集零售库存，提高库存与销售的比例。

乐购采用的方法十分有趣，因为这不禁让人联想起阿斯达迟迟无法接受集中配送。20世纪70年代，阿斯达决定不像其他地区竞争对手那般实施集中化发展，这意味着阿斯达可以快速实现全国层面的渗透（当时的全国行业领导者Sainsbury's于2000年才在苏格兰开设区域配送中心）。乐购选择从门店“直接”交付产品，以替代集中化的电子商务运营，这是因为乐购在运营的第一个十年中曾取得较高的市场渗透率。

传统零售与网络零售之间的冲突可能会在门店后部以及“前端”得到强化。后备仓库区域主要开展送货上门订单的组装与包装工作，今后这一区域将变得越来越拥挤。在过去的20年里，随着店内库存水平的下降和快速反应补货成为常态，零售企业已逐渐形成减少门店后备仓储空间的趋势。这一趋势目前限制了零售企业门店为在线交付中心发挥额外作用的能力。

此外，根据估计，配送成本的50%发生在门店内。我们对商品交付选项的分析，也就是所谓的“最后一公里”问题。尽管存在准时化补货技术，但由于后备存储的杂乱性质，生产区缺货曾是21世纪初的一个主要问题。理货员难以找到产品和履行在线订单，加剧了这一问题的严重程度（Fernie and McKinnon，2003）。虽然Sainsbury's遇到的问题经常被突出强调（Zentes et al.，2007），但缺货问题也曾是当时行业的一个普遍问题，成为ECR UK和IGD等行业组织研究的焦点。通过门店仓库为互联网订单进行专用空间的分

配或建造，用来解决网上零售的产品交付问题（Fernie and Grant，2008）。荷兰零售企业 237 阿霍德曾创造出“商品储藏室”（wareroom）一词，以描述与传统超市同处一地的专用拣选设施。

专用的订单拣选模式利用电子交付中心，按照顾客订单进行拣选与交付。该系统的优点是仅服务于电子商务顾客，缺货率低，且交货频率高。此类交付中心可专门设计用于在线订单的多次拣选，结合机械化拣选系统，为入站和出站车辆提供更有效的接收设施。然而，其适用的产品范围较小，需要全负荷的工作来证明投资成本的合理性。由于其库存仅分配给在线市场，家庭购物者可以在订购时对产品的可用性抱有更大的信心。在非食物产品领域，现有部分公司借此模式取得巨大成功（如 ASOS. com）。

最终，提货中心模式将成为在线杂货交付的长期解决方案。但问题在于，从短期来看，订单交付的经济性和交付结果较差，大多数公司已放弃这种方式，或者已经破产，如美国 Webvan。在 21 世纪初的英国，阿斯达曾在伦敦关闭两处提货中心，而 Sainsbury's 则提出了一种混合模式。那么为什么所谓的最低效率交付模式却被证明是一种成功做法呢？答案很简单。在投资建设昂贵的基础设施之前，需要首先创造市场需求。当销售量足够大，能够证明提货中心的资金投入处于合理水平时，就能达到盈亏平衡点。乐购于 2006 年在克罗伊登开设第一处网络设施时达到了盈亏平衡。2013 ~ 2014 年，其已经开设了另外六个站点，这些站点服务于人口稠密的英格兰东南部地区，而该地区的销售量与订单密度都很高。相比之下，沃尔玛正处于网络创新的最初阶段，部分原因在于美国市场与英国的性质差异。实际上，在英国的业务表现落后于乐购的阿斯达却为沃尔玛提供了电子商务方面的最佳商业实践。尽管如此，这家全球最大的零售企业在 2013 年宣布开展多项计划，旨在收复失地。沃尔玛打算在美国使用其 4000 多家门店作为在线订单交付中心，并在 12 家门店试行一项储物柜提货方案，以提供“点击提货”（click and collect）选项。此外，沃尔玛还更为激进地考虑将门店购物者纳入交付机制，让线下购物者将产品交付给网络订单的顾客，从而换取购物折扣［《零售周》（*Retail Week*），2013 年 4 月 12 日］。

9.7.1 “最后一公里”问题的解决方案

在英国，据估计，订单处理、分拣与交付的平均成本大约是每订单 13 英镑。由于向顾客收取的费用通常是每订单 5 英镑，很显然，除非订单价值较高，否则每一次交付，零售企业都会遭受损失。

产品交付活动的成本受到交付时间限制的显著影响，尤其是顾客在家中下单时的“时间窗口”宽度。确定在线购物者的时间窗口宽度时，电子零售企业必须在顾客感知便利性与交付效率之间取得竞争性平衡。从顾客的角度来看，理想的做法是在极为有限的时间间隔内收到产品，减少对其生活方式的影响。然而，提供这种“指定时间”交付服务 238 的成本却十分高昂。Nockold（2001）曾建模研究伦敦地区不同时间窗宽度对送货上门成本的影响。最初，作者将时间窗口设定为3个小时。其后，Nockold分别将其减少了25%与50%的比例，直至最终消除了这一时间限制。这种不同方案可以达到削减运输成本的效果，削减程度分别为6%～12%、17%～24%和27%～37%。他得出的结论是，通过完全开放的交付时间，可以节省高达1/3的成本。通常情况下，为实现这种灵活性，必须做到在无人在家收货的情况下能够完成订单交付。据估计，英国有50%～60%的家庭，在工作日期间无人在家，12%的送货上门服务因此失败，致使运营商产生额外成本，也给在线购物者带来不便（IMRG，2006）。

无人值守的产品交付可以采取各种形式。2000年的市场调查显示，2/3左右的英国家庭的首选方案是将产品交予邻居保管（Verdict Research，2000），而这也很可能是当前的首选。鉴于产品体积和冷藏的需要，目前很少有在线杂货订单交由邻居保管。相反地，以家庭为基础的接收箱（或“投件箱”）已获得推广，成为解决无人值守交付问题的技术解决方案。这些箱子可分为三大类：

- **一体箱：**一般安装在消费者家中；
- **外部固定箱：**安装在外部墙壁；
- **外部移动箱（或“投件箱”）：**移入家中或从家中移出，并通过连接至电子终端的钢缆等部件进行临时固定。

这些箱子有各种尺寸，也提供不同类型的电子接入渠道。绝大多数都经过完全绝缘处理，足以在6～12小时内保持冷冻与冷藏产品的温度。在比较固定箱与移动箱时，Punakivi等（2001）认为，假设后者仅在下一次交付时方才提货，那么两者的运营成本便是类似的。然而，移动箱具有资金成本优势，这是因为其为众多顾客共享，可以实现更高的利用率。

在美国，Streamline开创了无人看管的接收服务，但并未成功。他们的Stream箱一般位于顾客的车库，配备了键盘输入系统。家庭接入系统无须使用接收箱。在21世纪前十年，英国曾试用推行了数种家庭接入和移动接收箱，但没有一种在商业上可行。

为削减运输成本，更切实可行的办法是将货物运送至当地的提货点，而非送至家中。这些提货与交付点（Collection and Delivery Point，CDP）可以是现有的门店，如街角门店、邮局或加油站、专用中心或公共接收箱。现有门店少有多余空间或制冷设施以容纳在线购物订单的货物。某房地产开发商因此建议专门设计提货中心（或“电子站”）网络，以处理一系列食品与非食品产品。另一种较为廉价的选择是在订单存放与提货的社区中央位置处，安装接收箱存放柜。一家公司已经将行李寄存柜改装为家庭订购产品的提货点。
239 然而，大小、形状和冷藏条件的不足使其用于在线购物订单提货的适用性受到限制。使用提货点时，可通过大幅减少交付地点的数量和增加货物合并装载的程度以节省运输费用。但是，其要求在线购物者前往提货点提货，是以牺牲顾客的便利性作为代价。如果可以在现有路程中提货，如从工作场所下班，或前往加油站的路上提货，则便利性受到的影响也许可以接受。

在可预见的未来，提货与产品交付点的战略性位置可能处于交通终端或加油站附近，

“加油站 + 便利店”最具有商业可行性。“Collect + ”是交付公司 Yodel 与支付集团 PayPoint 于 2009 年共同成立的合资企业，其利用超过 5250 家便利店和加油站所组建的网络，对零售企业订单进行交付、退货和追踪。此举在电子零售企业（如 ASOS）和多渠道零售企业之间得到广泛使用，也似乎在顾客便利性、交付效率和安全性等相互矛盾的要求之间取得合理的平衡。它们还可以整合企业对消费者（B2C）和企业对企业（B2B）订单的流程，以实现充足的货物周转量水平。亚马逊曾采用这种方法解决“最后一公里”问题，在 21 世纪第二个十年初期，亚马逊存放柜曾出现在美国与英国的各大购物中心和便利店。阿斯达现已在伦敦地区的火车站与地铁站推出存放柜服务，目标群体为通勤人员。维特罗斯还计划在门店和偏远地区推行温控存放柜。尽管通过当地门店而非第三方地点提货，但这种“点击提货”的方式在英国消费者之间非常流行，也得到了各行业零售企业的欢迎。事实上，英国长期以来的多渠道零售企业 Argos 于 2013 年底宣布推行一项试点计划，允许 eBay 商家通过其门店进行产品提货。

9.8 总结

本章概述了供应链管理的基础理论结构及其在零售领域的应用。研究表明，时间概念作为竞争优势的驱动因素，体现在制造业的准时化、时尚行业的快速反应，以及杂货行业的高效消费者反应等领域中。如需通过更好、更快且更低成本的方式满足消费者需求，从而实现高效消费者反应的目标，则企业之间与企业内部将需要进行供应链整合。

在过去的几十年里，上述目标已经取得了相当的进展。The Limited、Zara 和贝纳通等时尚零售企业通过供应链的高效管理，现已取得竞争优势。在 20 世纪 90 年代和 21 世纪前十年，食品零售企业和供应商之间的传统对抗也随着高效消费者反应计划的实施而弱化。在英国杂货物流的发展过程中，自 1996 年以来，该计划已经被认为进入了关系阶段。

从国际市场的讨论中可以清楚地看到，英国高效消费者反应的合作与实施已然领先于其他国家。在不同的市场中，物流网络的差异可以用零售企业与制造企业错误关系以外的其他因素进行解释，例如零售业态的范围和空间分布，与土地相关的物流成本变化、劳动 240
力和运输成本，以及物流服务提供商市场的相对复杂性。

然而，如乐购、沃尔玛和阿霍德的案例所示，全球零售市场的整合及零售巨头的进一步国际化将导致更多的全球采购和国际市场采用物流最佳实践原则。

最终，零售企业未来面临的主要挑战将是如何发挥电子商务的潜力。第 6 章介绍了市场的发展方式，但大多数的网络故障都是由于交付问题而导致的。在消费者订单方面，本章讨论的两种模型通过与提货中心模型的比较，概述了基于门店模型的优缺点。尽管门店模式在当前最为成功，但乐购的例子表明，一旦某一地区的需求水平足以支持所需大额资本投资的合理性时，就应该建立提货中心。“最后一公里”问题将继续给零售企业带来挑战。大多数零售企业提出的 2 小时交付时间窗口标准并未在最大程度上提高车队的利用率。因此，现已试用了各种技术解决方案（包括无人值守接收箱）以降低成本。但提货点与交付点（包括点击提货）似乎是顾客青睐的选择。

复习题

1. 讨论供应链管理的关键概念与理论，及其在时尚零售业中的应用。
2. 讨论快速反应和高效消费者反应的演变，及其在不同地域市场的实施情况。
3. 与其他市场进行比较，评估英国杂货物流的四个阶段。
4. 讨论向家庭购物者提供产品的"最后一公里"问题的各种解决方案。

参考文献

Aastrup, J. , Kotzab, H. , Grant, D. B. , Teller, C. and Bjerre, M. (2008) 'A model for structuring efficient consumer response measures', *International Journal of Retail and Distribution Management*, 36 (8): 590 – 596.

Agarawal, A. , Shanker, R. and Tiwari, M. K. (2006) 'Modelling the metrics of lean, agile and leagile supply chains: An ANP – based approach', *European Journal of Operational Research*, 173 (1): 211 – 225.

Bhardwaj, V. and Fairhurst, A. (2010) 'Fast fashion responses to changes in the fashion industry', *International Review of Retail, Distribution and Consumer Research*, 20 (1): 165 – 173.

Birtwistle, G. , Siddiqui, N. and Fiorito, S. S. (2003) 'Quick response: perceptions of UK fashion retailers', *International Journal of Retail Distribution Management*, 31 (2): 118 – 128.

Brown, T. and Buttross, T. E. (2008) 'An empirical analysis of the financial impact of quick response', *International Journal of Retail Distribution Management*, 36 (8): 607 – 626.

Camuffo, A. , Romano, R. and Vinelli, A. (2001) 'Back to the future: Benetton transforms its global network', *MIT Sloan Management Review*, Fall: 46 – 52.

Christopher, M. (1997) *Marketing Logistics*. Oxford: Butterworth – Heinemann.

241 Christopher, M. and Peck, H. (1998) 'Fashion logistics', in *Logistics and Retail Management* (Fernie, J. and Sparks, L. , eds). London: Kogan Page.

Christopher, M. and Peck, H. (2003) *Marketing Logistics* (2nd edn). Butterworth – Heinemann, Oxford.

Coopers & Lybrand (1996) *European Value Chain Analysis Study – Final Report*. Utrecht: ECR Europe.

Cox, A. (1996) 'Relationship competence and strategic procurement management: towards an entrepreneurial and contractual theory of the firm', *European Journal of Purchasing and Supply Management*, 2 (1): 57 – 70.

Drucker, P. (1962) 'The economy's dark continent', *Fortune*, April: 265 – 270.

Ferdows, K. , Lewis, M. A. and Machura, A. D. (2004) 'Rapid – fire fulfilment', *Hazard Business Review*, 82 (11): 104 – 110.

Fernie, J. (1990) *Retail Distribution Management*. London: Kogan Page.

Fernie, J. and Grant, D. B. (2008) 'On shelf availability: the case of a UK grocery retailer', *The International Journal of Logistics Management*, 19 (3): 293 – 308.

Fernie, J. , Hahn, B. , Gerhard, U. , Pioch, E. and Arnold, S. (2006) 'The impact of Wal – Marts entry', *Agribusiness*, 22 (2): 247 – 266.

Fernie, J. and McKinnon, A. C. (2003) 'Online shopping: the logistical issues', in *The Retail Book* (Freathy, P. , ed.). Maidenhead: Prentice Hall.

Fernie, J. and Perry, P. (2011) 'The international fashion supply chain', in *Case Studies in International Management* (Zentes, Z. , Swoboda, B. and Morchett, D. , eds). Wiesbaden: Gabler.

Fernie, J. , Pfab, F. and Marchant, C. (2000) 'Retail grocery logistics in the UK', *International Journal of Logistics Management*, 11 (2): 83 –90.

Fernie, J. and Sparks, L. (1998) *Logistics and Retail Management.* London: Kogan Page.

Fernie, J. , Sparks, L. and McKinnon, A. C. (2010) ‘Retail logistics in the UK: past, present and future’, *International Journal of Retail of Distribution Management*, 38 (11/12): 894 –914.

Fiddis, C. (1997) *Manufacturer – Retailer Relationships in the Food and Drink Industry: Strategies and Tactics in the Battle for Power.* London: FT Retail and Consumer Publishing, Pearson Professional.

Ford, D. , Gadde, L. – E. , Hakansson, H. and Snehota, I. (2011) *Managing Business Relationships.* Chichester: John Wiley.

GEA Consulenti Associati (1994) *Supplier – Retailer Collaboration in Supply Chain Management.* London: Coca – Cola Retailing Research Group Europe.

Harrison, A. , Christopher, M. and van Hoek, R. (1999) *Creating the Agile Supply Chain.* Corby: Institute of Logistics and Transport.

IMRG (2006) ‘E – tail delivery cost benefit analysis’, www. imrg. org.

Lopez, C. and Fan, Y. (2009) ‘Internationalisation of the fashion brand Zara’, *Journal of Fashion Marketing and Management*, 13 (2): 279 –296.

Mason – Jones, R. , Naylor, B. and Towill, D. R. (2000) ‘Lean, agile or leagile? Matching your supply chain to the marketplace’, *International Journal of Production Research*, 38 (17): 4061 –4070.

McKinnon, A. C. (1989) ‘The advantages and disadvantages of centralised distribution’, in *Retail Distribution Management* (Fernie, J. , ed.) . London: Kogan Page, pp. 74 –89.

Mitchell, A. (1997) *Efficient Consumer Response: A New Paradigm for the European FMCG Sector.* London: FT Retail and Consumer Publishing, Pearson Professional.

Naylor, J. B. , Naim, M. M. and Berry, D. (1999) ‘Leagility: integrating the lean and agile manufacturing paradigms in the total supply chain’, *International Journal of Production Economics*, 62 (1): 107 –118.

Nockold, C. (2001) ‘Identifying the real costs of home delivery’, *Logistics and Transport Focus*, 3 (10): 70 –71.

Perry, P. , Fernie, J. and Towers, N. (2011) ‘The impact of the internationalisation of apparel sourcing on fashion retail supply chain relationships: the case of Sri Lanka’, European Association of Retail and Commercial Distribution Conference, Parma, July.

Porter, M. (1985) *Competitive Advantage: Creating and Sustaining Superior Performance.* New York: Free 242
Press.

Punakivi, M. , Yrjola, H. and Holmstrom, J. (2001) ‘Solving the last mile issue: reception box or delivery box’, *International Journal of Physical Distribution and Logistics Management*, 31 (6): 427 –439.

Retail Logistics Task Force—DTI Foresight (2000) *@ Your Service: Future Models of Retail Logistics.* London: DTI.

Retail Logistics Task Force—DTI Foresight (2001) *@ Your Home: New Markets for Customer Service and Delivery.* London: DTI.

Slack, N. , Chambers, S. , Harland, S. C. , Harrison, A. and Johnson, R. (1998) *Operations Management*, 2nd edn. London: Pitman.

Tokatli, N. (2008) ‘Global sourcing: insights from the global clothing industry—the case of Zara, a fast fashion retailer’, *Journal of Economic Geography*, 8 (1): 21 –38.

Towill, D. and Christopher, M. (2002) ‘The supply chain strategy conundrum: to be lean or agile or to be lean and agile?’ *International Journal of Logistics*, 5 (3): 299 –309.

Verdict Research (2000) *Electronic Shopping, UK.* London: Verdict.

VICS (Voluntary Interindustry Commerce Standards Association) (1998) *Collaborative Planning, Forecasting and Replenishment Voluntary Guidelines.* Lawrenceville, NJ: VICS.

Whiteoak, P. (1993) ‘The realities of quick response in the grocery sector: a supply viewpoint’, *Interna-*

tional Journal of Retail Distribution Management, 21 (8): 3 – 10.

Williamson, O. E. (1979) 'Transaction cost economics: the governance of contractual relations', *Journal of Law and Economics*, 22, October: 223 – 261.

Womack, J. P., Jones, D. and Roos, D. (1990) *The Machine that Changed the World: The Story of Lean Production*. New York: HarperCollins.

Wrigley, N. (2002) 'The landscape of pan – European food retail consolidation', *International Journal of Retail Distribution Management*, 30 (2): 221 – 243.

Xing, Y. and Grant, D. B. (2006) 'Developing a framework for measuring physical distribution service quality of multi – national and "pure player" internet retailers', *International Journal of Retail & Distribution Management*, 34 (4/5): 278 – 289.

Zentes, J., Morschett, D. and Schramm – Klein, H. (2007) 'Case study: Sainsbury's', in *Strategic Retail Management: Text and International Cases*. Wiesbaden: Gabler.

10　零售服务提升顾客价值

学习目标 243

学习本章后，学习者应能够：

- 以四种不同的方式定义顾客服务。
- 了解顾客服务在提高服务质量中所担任的重要角色。
- 评估顾客服务管理的战略选择。
- 评估消费者业务管理的四个关键方面。
- 在零售环境中规划和实施卓越的顾客服务。

10.1　引言

零售企业中有两种主要角色：Daffy（2011）认为零售企业直接服务于顾客或者服务于为顾客提供服务的员工，因为满意的员工会为顾客提供更好的服务。顾客服务的定义表明这一概念的广泛含义，即便不是大多数顾客，很多顾客仅是将其等同于积极且易于操作的退货流程和投诉程序。除了零售企业提供的额外服务（从打包装袋到提供托儿所、产品信息和产品安装等）越来越多之外，顾客服务也与顾客对服务质量的感知联系在一起。从某种定义来说，这就是零售企业存在的原因。

服务的无形性与其他服务特征（不可分割性、所有权、异质性和非持久性）为零售企业带来了挑战，特别是在制定明确的顾客期望和长期服务质量体验方面。在竞争激烈的市场中，开发顾客异常困难，这些特征可被用于组织或门店品牌差异化等方面。在人口不断老龄化的情况下，通过服务得以维系的顾客被认为具有重要意义，这是因为随着时间的推移，新客户的数量会随之下降（Rust and Oliver，1994）。

服务质量的定义是组织“始终如一地满足并超越顾客期望”的能力（Christopher et al.，1991）。如果服务质量与顾客满意度之间的主要差别在于前者涉及服务质量管理，后者则涉及顾客对服务交付质量的期望和体验，那么改善顾客服务便意味着提供由顾客定 244

义的服务质量需要改进。

SERVQUAL 模型是零售管理者寻求服务质量改进和提高顾客满意度的有效工具，探索了服务期望与感知服务体验之间差距的根源。

消费者服务管理包括：

- 服务种类的更新；
- 服务接触点系统的定位；
- 服务合同的利用；
- 策略性地应用信息权力的能力。

此外，还涉及组织中顾客服务的计划、组织、实施和控制。

10.2 顾客服务定义

顾客服务可以通过四种方式进行定义（Baron et al.，1991，p.55）。

10.2.1 零售业务存在的原因

零售企业通过向顾客提供服务而获利。零售的所有功能（定位、产品组合、整批拆售、提供库存与营销等）皆会增加顾客所购买产品的价值。在增值过程中，每一项功能都在为顾客提供服务。可以说，零售企业在产品增值过程中所发挥的作用也为零售企业创造出利润。

通过准时化和电子数据交换（EDI）等系统进行物流简化，可以提高供应链管理的效率，也可以以更低的价格向顾客提供更优质的服务。然而，很少有零售企业认为投资此类系统是为了提高利润率。一般来说，顾客服务水平越高，顾客愿意支付的价格越高，而零售企业的利润率就越高。

随着时间的推移，顾客保留还可创造出额外的利润。可以通过以下方面取得相当可观的额外利润（Reichheld and Sasser，1990）：

- 购买量随着时间增加：单人家庭数量不断增加，且收入随着年龄的增长而提高。
- 运营成本降低：随着消费者在零售企业购物方面变得更加有经验，他们所需要的信息或购物协助就更少，他们认可零售企业的品牌，并对其抱有信心，随着时间的推移他们更有可能前往零售企业购物。
- 顾客推荐：口碑是吸引新顾客的有力工具，这种力量也通过社交媒体得以增强。
- 产品溢价：往往不得不通过促销或折扣吸引新顾客，但长期的、忠诚的顾客更有可能以正常价格购买产品。

10.2.2 由零售企业提供的设施、活动、利益与环境等增强商品与顾客支出之间的关系 245

目前零售企业提供的服务与设施种类繁多。其中包括：

- 接受信用卡付款；
- 改变商品；
- 手推车；
- 儿童保育；
- 展示商品；
- 信息服务；
- 提供积分；
- 组装商品；
- 分袋包装；
- 更衣室；
- 商品陈列；
- 金融服务；
- 返还现金；
- 送货服务；
- 分袋携带；
- 餐厅；
- 货物取样；
- 在线订单积分。

零售企业向消费者所呈现的环境各不相同，这是因为成功的零售企业会利用市场细分技术来决定目标市场，开发顾客档案，并创建符合目标顾客群体需求的商品组合。这使大型食品零售企业能够根据不同的产品和购物需求量定制不同的零售业态，从而出现前院零售（forecourt retailing）和机场零售等创新型零售业态。

专栏10.1 零售企业简介：J Sainsbury PLC

很多大型零售企业拥有多种零售业态，每种零售业态采用了不同的名称。例如，J Sainsbury PLC一度曾经营了六种业态的门店，旨在服务不同的细分市场：

- Sava中心（savacenter）；
- 超级门店；

- 超级市场；
- 城郊购物小镇；
- Sainsbury's 中心店；
- Sainsbury's 区域店。

246 此外还经营了两种试验型门店：

- Sainsbury's 资质乡镇企业；
- 在线下单。

Sainsbury's 的目标是“使 Sainsbury's 的品牌尽可能被更多的顾客所接受，从而最大化其价值并获得竞争优势”（J Sainsbury plc，1999，p. 15）。该企业曾针对不同细分市场开发出多种业态。这种方法是“由改善我们的地理分布和改变生活方式的愿望共同推动的……我们已引入多种业态以满足不同的顾客需求”（J Sainsbury plc，1999，p. 15）。

鉴于这一点，开发位于城郊小镇的门店是为了满足小城镇购物者，而 Sainsbury's 中心店则是为了满足市区购物者的需求。Sainsbury's 区域店是 Sainsbury's 集团采用的一种便利店业态。各种业态的商品范围和服务范围均针对目标顾客的需求量身定制。

通过 Sainsbury's 的在线业务，第一个目标得到强化，而该业务也已发展成为提供广泛商品的零售门户网站。“顾客在各种渠道购物的趋势仍然存在——超市、便利店和网上商城，不论是家中或是在旅途中”（J Sainsbury plc，2014，p. 13）。Sainsbury's 众多业态的门店可划分为便利店与超级市场两类，但 Sainsbury's 超级市场的规模不一，小规模超市可以归类为便利店，超过 90000 平方英尺的超市则可归类为超级门店。截至 2014 年，Sainsbury's 便利店的数量已超过其超级市场的数量。在线业态与之互补，同时公司向顾客提供更大的产品范围，并通过扩展银行、手机、医药与学习中心等其他服务以支持未来的发展机遇。

企业过去关注的是门店业态细分与开发，但现已被真正的多渠道服务所取代，该服务为顾客在购物方式和地点上提供了多种选择：“通过各种渠道帮助人们决定购物地点、时间与方式，这是顾客忠诚度的关键驱动因素，而顾客在三种渠道进行购物的总消费额是只在超市购物的顾客的总消费额的两倍多。”（J Sainsbury plc，2014，p. 13）

资料来源：J Sainsbury plc（1999，2014）。

顾客行为分析推动了品类管理的发展。对于顾客来说，品类管理减少了消费决策时
247 间，而零售企业则可实现市场上大量产品与品牌的合理化（Molla et al.，1997）。如果顾客服务被认为增强了零售企业与顾客之间的交换关系，那么品类管理便决定了零售企业向顾客提供的服务与环境的范围和质量，是使自己从市场竞争中脱颖而出的关键因素。

10.2.3　潜在顾客对企业可能提供的零售设施、活动、利益与环境等方面的感知，零售企业提供这些设施活动等是为了支持与顾客的交易关系以及顾客保留，或者是为了顾客“一揽子”购物体验

顾客期望会影响他们对零售企业提供的服务的感知。例如，Sainsbury's 的消费者会对以下方面有所期待：整洁的空间、热情明亮的环境、训练有素的热心员工以及货架上丰富的商品。他们还希望门店设有停车位，提供手推车，并按要求进行分袋包装。作为回报，他们愿意多付一定金额，但如果服务不达标，顾客会感到失望，甚至生气。历德超市的顾客期望值可能较低，他们期望门店设有停车位，但会对有限的商品范围、基本的配件和服务，以及购物时间或购物地点的限制等方面感到满意。

顾客对所体验的服务的期望受到几个因素的影响，包括：

- 以往在该零售企业购物的经验；
- 在其他竞争企业的购物体验；
- 零售企业通过企业形象、广告和其他促销形式提供的信息；
- 口碑。

这意味着零售企业必须小心维持或提高服务与商品标准，以避免令顾客失望。玛莎百货就是一个在这方面失败的案例，这是一家专门从事服装与食品零售的英国零售企业。

凭借提供高质量商品，以及广受欢迎的宽松退货政策，玛莎百货享有较高的声誉，并采取了高端定位的价格策略。在几十年的成功发展之后，玛莎百货的服装产品质量有所下降，声誉开始受损。其产品主要来自英国供应商，品质要求近乎苛刻，且价格独具竞争力，玛莎百货以此而闻名，但随着其开始在国外采购产品，质量也随之下滑。这意味着感到失望的顾客将开始在别处购物。不仅如此，随着供应商遭遇困境或破产，导致大量失业，各种负面新闻报道也层出不穷。尽管习惯使用信用卡购物和管理现金的人数不断增加，而且信用卡取代旅行支票成为游客在国外消费的主要支付方式，在其他大型零售企业早已接受这种付款形式之后，玛莎百货在很长一段时期内仍然拒绝使用信用卡。尽管作为服装零售企业，玛莎百货也未在众多门店内提供更衣室，反而是采用宽松的退货政策。所以，在产品质量下滑的同时，服务质量也落后于竞争对手。随着顾客纷纷放弃自己原来喜 248
欢的“高端街区”零售企业，玛莎百货开始迅速陷入危机。

顾客对零售企业质量水平的感知也要求零售企业的形象和推广活动能够真实反映其所提供服务与商品的质量。否则，顾客会再次感到失望。直至 1999 年，玛莎百货主要依靠其形象、声誉和口碑来传递所提供产品与服务的质量水平。当产品与服务质量水平下降、企业形象遭到损害时，零售企业不得不采取措施改善商品的质量和范围，此外还必须进行大力投资，主要针对营销活动。该公司随后任命了一位营销总监，开始增加广告投入，吸引顾客重新光顾门店。目前，更衣室是服装零售企业的必备设施，也被认为是消费者作出购买决定的地点。玛莎百货在 2013 年 12 月的营业时间内短暂地关闭更衣室，就曾引起顾

客的愤怒。

10.2.4 零售企业明确提供以下服务：产品改装、定制、后期保养等设施，以及投诉处理程序

许多人把良好的顾客服务等同于一项无条件退货政策。这种政策能够鼓励顾客对购买决策产生信心，并倾向于增加重复购买的次数。

通过提供保修、配件（如购买厨房、浴室和卧室产品）和技术热线（如购买电脑）等服务，零售企业可借此增加消费者在购买大件物品时的信任感。这些零售企业认识到，在顾客离开门店时，顾客服务并不会结束。通过识别购买后的需求和行为，零售企业会鼓励顾客作出购买决定，并以有利方式延续与顾客的关系。

例如，Dixons Retail 在 2014 年 8 月与 Carphone Warehouse 合并之前，是英国电子与家居用品零售企业 PC World 和 Dixons 的母公司。该公司意识到顾客对安装和设置复杂电子产品的技术需求不断增长，便开发出一项名为 Tech Guys 的专门服务业务，为其创造了新的收入来源。后来这项服务更名为诀窍（Knowhow），简化并融合了之前 Coverplan 提供的保险业务。对于购买了先进昂贵产品的顾客，这一联合服务将提供交付、安装、延长保修和技术支持等服务。其投诉处理程序扩大了退货政策的范围，退货及其他投诉往往由专门的顾客服务柜台办理。

以顾客为中心的零售企业应鼓励顾客在不满意时提出投诉，原因在于这是了解顾客对所获服务持有何种看法的有效手段。通过倾听顾客，零售企业可以改善商品组合、运营和服务流程。如果对顾客的投诉进行礼貌与迅速的处理，也可以改善顾客关系，使顾客产生品牌忠诚度。

249

10.3 服务特征及其对顾客服务的影响

服务与产品的许多不同方面的特征差异都对消费者存在不同的影响，通过了解服务特征，零售企业可以学习解决服务提供商所面临的问题。零售本身就是一项服务：零售企业在某一地点向顾客出售各种商品、介绍信息、展示商品、提供资金及一系列附加服务。服务特征包括：

- 无形性；
- 异质性；
- 非持久性；
- 所有权；
- 不可分割性。

10.3.1 无形性

无形性（Intangibility）意味着“不能通过触觉来感知”（www. oxforddictionaries. com，2014），即顾客无法触摸或者完全拥有服务。零售顾客可购买有形（可触摸）商品，但提供商品、出售商品、介绍信息和交付商品的服务是不能通过触觉来感知的。

鉴于顾客可以持有、食用、品尝其购买的优质苹果，顾客可以用这种方式衡量其质量和价值，而零售企业所提供的采购、展示和销售产品的服务质量则通过感知、观察与沟通进行评估。这就是零售企业需要提供令人愉悦的购物环境的原因，也说明了员工态度和沟通对于零售企业提供其期望的顾客服务质量的重要作用。

10.3.2 异质性

异质性被定义为“特征或内容的多样性”（www. oxforddictionaries. com，2014）。同一位消费者在不同的场合，通过不同的方式体验到的服务是不一样的。同样地，不同的消费者在同一时间体验相同的服务时也会产生不同的体验。

作为顾客，当您进入一家门店时，在不同的场合，商品展示、人员、货物、交流等方面的体验都会有所不同，但具体原因也包括自身的心情差异、所遭遇的停车问题，或不同的同伴等。在同一家门店里，每一次服务的经历都可能与其他的购物经历有所不同。例如，考虑的因素可能包括门店的拥挤程度、库存变化、缺货率、结账等待时间、季节性的温度差异、自身时间的紧迫程度、友人或儿童陪伴等。

为使顾客感受到优质的服务体验，零售企业通常会试图在门店的各个方面营造积极体 250
验，以降低异质性的程度。其中一种方式是在情况允许的条件下以标准化措施降低异质性。例如，使用标准化的设备让顾客选择过程和交易过程标准化。员工经常接受培训，使用标准技术处理问题，与顾客沟通。着装规范与装饰外观标准化，以提高企业形象，加强零售品牌的影响力。

也可以说，零售企业在开发多个渠道（即市场）时利用了这种服务特性，以便顾客可以通过电话、邮购、交易网站、应用程序和社交媒体等方式进行购物。

10.3.3 非持久性

非持久性（perishability）可以定义为“短暂的生命或意义”（a brief life or significance，or transitory）（www. oxforddictionaries. com，2014）。体验或提供服务的机会一旦消失，将永远无法重来。例如，作为一位顾客，您可以购买并储存某一商品，使用该商品，并经常重复使用。但服务却不是如此。如果您去门店购买一个苹果，您会在特定的时间点，于某一处地方拥有某种**服务体验**。但这种服务机会永远不会再出现。您无法在不同的时间购买到相同的苹果，也无法通过购买另一个苹果体验到完全相同的服务。如果您或其他顾客决定不购买苹果，或在其他地方购买苹果，那么零售企业将永远失去这些特定的服务机会。

零售企业通过努力实现顾客服务机会的最大化，以应对非持久性的特点。实体店提供服务的时间是有限的。因此，较长的营业时间可以提供更多的服务机会，在一天即将结束时降价并提供额外服务的情况也是如此，例如向不能到店购物的顾客提供送货服务。在线与移动零售企业则通过提供全天候的顾客服务，抓住服务机会。Zara 等快时尚零售企业开发出在较短销售季内提供流行时尚商品的物流系统，以吸引人们更为频繁地购物，从而利用了这种非持久性特征。而 Groupon 等在线交易提供商也创造出“机不可失，失不再来”的氛围，促使人们购买产品。

10.3.4 所有权

所有权（ownership）是指“拥有的权利、状态或行为”（www. oxforddictionaries. com，2014）。零售可以说是一种无形的服务，为人们提供购买有形商品的机会，就零售服务而言，这意味着虽然顾客可以拥有一种产品，但是他们不能拥有提供产品过程中所附带的服务或零售企业所需的任何其他相关服务。

当您购买苹果时，您可以把它拿走，做您想做的。但您不能拥有零售企业为您所提供的采购和销售苹果的服务。您不能拥有工作人员将您引导至显示屏的相关服务，或接收显示屏所传递信息。

251 您带回家的产品及其他相关物品，例如包装袋、收据和保修文件［提及服务营销组合时被称为“外围证据”（peripheral evidence）］，代表着顾客所体验到的服务质量。零售企业以可靠方式尝试提供产品，准确传达其期望向顾客提供的服务质量。顾客购买的产品的外围证据也被用于提升品牌形象。产品的可靠性和服务质量是发展顾客与零售企业信任的关键手段。如果随着时间的推移质量下降，顾客将产生不满，从而前往其他地方购物。

10.3.5 不可分割性

不可分割性（inseparability）被定义为“无法与其他人或事物分割开来的人或事物”（www. oxford dictionaries. com，2014），在服务方面，这意味着您作为顾客，您所体验到的服务与零售企业提供的服务是分不开的。

当您购买苹果时，您所体验到的服务与提供服务的人有着内在的联系，尤其是那些在门店中与您进行交流的人员，同时还与那些通过无形方式帮助提供产品与服务的人员有关。

对于零售企业来说，这就是员工在提供服务的过程中发挥着重要作用的原因。门店员工的态度与培训可以改善顾客的服务体验，而向顾客提供产品所需的运营团队合作，则需要关注最终顾客的服务质量。不可分割性的特点解释了为何顾客服务培训是现今员工和管理人员的必要要求。

可以认为，当顾客远离零售企业时，例如在公共汽车上使用智能手机购物时，不可分割性这一特点显得尤为重要。在这种情况下，购物的便利性和信任度与网站的设计和安全性密切相关，顾客信任产品交付与退货服务的可靠性，尤其是出现问题时，顾客也相信承担“顾客服务”职能的员工将提供优质的沟通服务。

10.4 改善顾客服务质量

顾客对零售企业服务质量的看法取决于他们在购物过程中所感知的满意程度（Oliver，1981）。他们对购物体验的**期望**，以及**实际**体验都会影响他们的满意度。如果顾客所体验的服务水平超过预期，那么他们会认为零售企业提供了高质量的服务。如果顾客所体验的服务水平低于预期，零售企业将被认为提供了低水平的服务质量（Bell et al.，1999）。如果服务质量与顾客满意度之间的主要差别在于前者涉及服务质量管理，后者则涉及顾客对服务交付质量的期望和体验，那么改善顾客服务便意味着要改进由顾客定义的服务质量。SERVQUAL 模型可以作为考虑具体行事方法的依据。

10.4.1 SERVQUAL：改善服务质量模型 252

作为衡量服务质量的方法，SERVQUAL 模型得到了广泛的应用（Parasuraman et al.，1985）。在这一模型中，**服务差距**（GAP5），即顾客期望的服务质量水平与其实际经历的服务水平之间的差距，由四种指标来表示（见图 10.1）。这四个指标分别是：

- 顾客期望的服务质量与管理者认为的顾客期望的服务质量之间的差距——**认识差距**；
- 管理者所认为的顾客期望与他们制定的服务标准之间的差距——**标准差距**；
- 管理者制定的服务标准与实际提供服务标准之间的差距——**交付差距**；
- 实际提供服务的标准与告知顾客的标准（使顾客对未来即将体验到的服务水平产生最初期望）之间的差距——**沟通差距**。

服务差距的大小（感知服务质量与实际体验的服务质量之间的差距）会影响零售企
业顾客满意度。根据该模型，零售企业可以通过消除或缩小这四种差距来提高服务质量， 253
从而提高顾客满意度。但这一理论也受到了批判，尤其是因为：

- 它过分简化了顾客与服务提供者之间的关系；
- 未考虑到顾客与服务提供者之间的关系，而这是服务体验不可分割的组成部分。

然而，对零售实践者来说，SERVQUAL 模型是有效的，因为它提供了一个易于使用的框架以改善顾客服务与整体服务质量。应当指出的是，SERVQUAL 的研究与应用已历经多年，其他版本的模型也已完成开发，其中包括七差距模型（Luk and Layton，2002）。

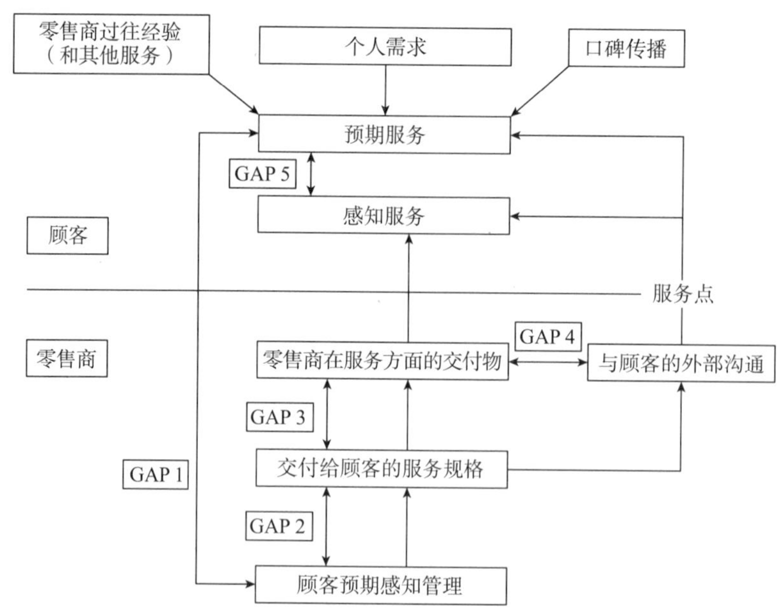

图 10.1　服务质量差距

资料来源：Parasuraman 等（1985）。

10.4.2　消除认识差距

一般认为顾客满意度的衡量指标是销售额，所以零售管理者往往忽略了这种潜在的差距。如果销售低于预期，那么所采取的举措通常是通过重组、削减员工人数、采购更廉价的产品或提高供应链效率等方式节约成本。

事实上，这一问题往往取决于顾客期望的变化。此外还受到一系列其他因素的影响，包括：

- 顾客在一段时间对零售服务的感知（即使服务质量经过一段时间的细致维护），而经过一段时间之后，顾客也将习惯目前零售服务质量的水平。这将成为一种常态。令顾客满意的方法是改善购物**体验**，使之超过对购物体验**预期**，并通过提供零售服务，维持**顾客满意**的状态（Piercy，1997）。因此，零售企业必须谨慎地大幅提高服务质量水平，或持续不断地小幅度提高服务质量水平。可以采取的形式包括扩大零售企业提供的服务范围、改变在售产品/服务组合、改变零售环境质量或提高购买后服务水平等。例如，Homebase 列出了可以提供帮助，或安装门店所购商品的商家名单，从而为顾客提供额外的服务。
- 针对零售企业所提供的产品与服务质量水平，顾客感知也受到其他竞争企业的影响。零售企业经常使用服务质量作为其与竞争对手在零售业务方面的区分手段。玛莎百货与 Sainsbury's 就是这样。

近期的经济衰退严重影响了顾客对产品与服务质量的要求。随着失业率上升，许多人都寻求低价，大量顾客转而选择低价零售企业，这是一种趋势，这一趋势为折扣零售企业提供了机会，也影响到其他商家的盈利能力。其他顾客则放弃品牌商品，转而选择低价的零售企业自有品牌产品。零售企业选择削减成本，以支持产品价格下调，并维持较长一段 254
时间。员工数量被削减，导致减少了为顾客提供的帮助，以及降低了门店安全性。在英国，临时工合同的数量不断增加，这意味着员工的收入得不到保障，一部分人需要国家救助。反过来，他们也不太可能成为有能力提供优质服务的技能型忠诚员工。与此同时，互联网零售的销售额正在快速增长，市镇区域以外的门店的购物吸引力也越来越低，这是因为顾客可以在网上购买产品，并选择送货上门服务。随着经济从衰退走向复苏，部分零售企业开始遭遇身份危机（identity crisis），这也就不足为奇。

莫里森超市就是一个很好的案例，它是一家大型食品零售企业。在经济复苏的时候，这家零售企业却正陷入困境。多年的成本削减导致员工水平低下，众多曾经广受欢迎的品牌被取消，取而代之的是感知品质较低的零售企业自有品牌商品。类似于分袋包装和顾客服务台等相关服务皆遭取消。与此同时，服务与价格水平较低的折扣门店当时正在改善产品质量。因此，莫里森超市的产品与服务均处于较低水平，实际向顾客提供的价值不及阿尔迪与历德等折扣门店。由于它们很晚才进入在线零售业，这使情况更为糟糕。

除了经济衰退的年份之外，顾客对服务质量的期望随着时间的推移而普遍提高。消费者普遍见多识广，具有媒体素养，不仅能够对比当地竞争性零售企业的产品/服务，还可以将其与国内或国际零售企业在线提供的商品与服务质量进行对比。成熟顾客的期望值提高，意味着在未来高水平的顾客关怀将成为零售业的标准：为区分服务质量，零售企业必须不断创新，使服务质量水平令顾客感到惊喜或满意。

管理者可以通过市场调研（包括顾客服务数据的分析）了解顾客对服务水平的期望与看法。每天花费时间与顾客和门店工作人员直接交流。在企业内部发展门店员工的沟通路径。他们还需要根据这些研究和交流的结果，迅速采取行动，实施改进。

10.4.3 消除服务质量标准差距

通过改进服务质量标准以满足顾客日益变化和复杂的期望，对零售企业来说可能较为困难。针对零售管理者的培训大部分是由企业自己提供的，或者根本没有培训。首先，关于管理者需要什么技能方面存在认知偏差；其次，员工一般都是在已有的基础上获得管理技能。在任何情况下，为提供顾客所期望的服务，管理者都很难制定服务质量的绩效标准。此外，众多零售企业不得不追求短期利润水平以满足股东的要求，但这将有碍于制定零售管理者和顾客所期望的服务水平。

因此，为弥补服务质量标准差距，高层管理团队必须就服务质量作出承诺。只有这样，人力、财力和物力资源才能真正用于发展正式的品质体系。品质体系应确定服务质量 255
目标的正式流程，并明确员工在这些流程中所扮演的角色。只有对高层级的服务质量标准作出明确承诺，管理者才有信心在其职权范围内制定和实施服务质量标准。服务质量成就奖励制度将加强员工和管理层对标准实施、实现或超额兑现的承诺（Zeithaml et al.，1988）。

通过技术应用进行流程标准化，使质量标准的实现变得更为容易。硬件技术在零售业中广泛用于商品检查、展示和结账程序，而软件技术包括工作方法的细化——例如通过团队协作快速解决顾客问题，以及通过结账操作员执行商品包装。

10.4.4 消除交付感知质量差距

商品交付服务感知质量标准与实际交付服务质量之间的差距是由多种原因造成的——例如质量标准不切实际、标准缺乏透明度、具体的标准与制定标准的意图传达不够准确、员工激励不足、监督不力、缺乏人力、财力或物质资源。为缩小这种差距，管理者可以把重点放在以下几个方面（Lovelock，1991，2001；Lovelock and Wirtz，2011）：

- 就质量标准与员工角色进行澄清和沟通，帮助员工了解他们的工作环境，了解顾客的期望与看法；
- 员工参与制定标准，让其作出坚守质量承诺，并严格执行；
- 选拔和培训员工，以便满足既定标准；
- 鼓励团队合作（包括跨职能服务团队）以保证质量；
- 通过授权的方式激励员工，将负责处理顾客反馈的职能转移至企业中的较低层级；
- 定期开展现场绩效评估，使员工习惯于按照既定标准参加工作与评估；
- 确保员工拥有的技术、材料和设备达到规定标准；
- 创建良好的内部沟通和内部顾客服务，以协助直接服务于顾客的员工；
- 实现需求与生产能力的平衡。

10.4.5 消除服务沟通感知质量差距

服务沟通感知质量差距是指实际向顾客提供的服务标准与零售企业通过外部营销渠道向顾客告知的服务标准之间的差异。

传达给客户的信息应准确反映所提供的服务质量。应该准确无误地展示商品以及告知商品的可获得性，价格标识准确，交付时间固定。为在线购物者、国内居民购物者，以及国外顾客提供不同的零售服务方面很容易出现由于考虑不周导致的顾客不满意。例如，
256 PC World曾在门店中以某种价格出售电脑，但在线零售价格却与此不同。同样地，相关捆绑商品（安全软件和其他软件及选定的外围设备）的销售价格也不一致。与此同时，该公司保证，在七天内如发现某款商品出现降价，公司将补足差价。因此，一位顾客前往门店购物时，可以打印出在线价格，则其购入某款产品的价格便将低于同一时间购物的另一位顾客。

众多企业之所以存在沟通差距，是因为其推销活动由营销部门或代理商负责开展。因

此，员工编制宣传资料的工作与门店实际的宣传活动是脱节的。通过减少类似的这种内部沟通差距，可以更为准确地将零售产品呈现给顾客。过去曾长期担任 Dixons 和 PC World 首席执行官的 John Clare 是统一定价的坚定倡导者，他主张在多个渠道应该采用相同定价，以简化沟通，降低由于顾客在不同的购物渠道上支付不同价格而导致对零售服务质量的不满意给公司造成的风险。

减少内部沟通差距的第一种办法是让门店员工参与到宣传材料的创作、编制或审核工作之中；第二种方法是安排营销人员参与运营工作；第三种方法则是通过内部营销、跨职能团队或共享培训计划以改善内部沟通情况。在上面的 PC World 案例中，员工可以轻松检查在线报价，并验证降价情况。然而，这对于公司和其他等待服务的顾客来说却属于一种时间成本。员工和顾客都有不满意的风险，因为前者会感受到额外任务带来的时间压力，而后者不得不等待更长时间的服务。

其他缩小沟通差距的方法还包括将促销计划的内容重点放在零售产品或服务的关键方面，即对于顾客来说最为重要的方面；实现整个零售企业的服务水平标准化；为不同的价格区间制定不同的服务质量标准。

在服务质量管理方面，虽然消除感知服务质量与实际服务质量之间的差距是关键点，但其并未能解决顾客对服务质量不断上升的期望。为了在服务质量方面取得成功，需要卓越的服务，这意味着进一步的鸿沟：客户体验到的服务质量和他们真正想要的。为此，零售企业必须密切倾听并迅速响应顾客的需求。

专栏 10.2　研究重点

Bell 等（1999）曾对食品零售业的服务质量进行研究，其研究结果同样适用于现在的门店。英格兰东南部两家超级门店的顾客曾总计参与超过 1000 次的采访。采访要求顾客回顾近期感到特别满意的服务场合，及其对服务特别不满意的场合。收集的事件分类标题如下：

- 实体环境；
- 价格；
- 人际关系； 257
- 商品；
- 流程；
- 非核心服务。

研究人员发现，超过 50% 的负面事件产生于购物过程中。过程分为数个小类：

- 出行交通；
- 到达与进店；
- 选择产品；

- 结账；
- 携带产品离店；
- 评价。

他们认为，门店设计的改进，以及对服务交付的主动关注可以提升零售企业的竞争优势。结论如下：

由于购物体验开始于门店（出行）之外，所以需要关注入口道路、停车场、安全性与清洁度等方面。

在进入门店时，顾客喜欢以某种方式受到欢迎或问候。在进店时，顾客还可在“减压”（decompression）区域稍事放松，然后开始他们的购物体验。

在顾客聚集之处需要设置额外空间，如特殊陈列室与店内面包房等，保证顾客流动不受阻碍。

对于顾客而言，产品缺货是一个重要问题，即使过了很长一段时间也不会忘记。研究人员认为，缺货产品会降低准时化（JIT）体系中的销售额，这是因为补货是基于现场销售而作出的，而非潜在需求。

购物时间延长也会导致门店在闭店时间内大量补货的问题。顾客不喜欢手推车和箱子堵塞过道。

为满足不断变化的顾客需求，将员工从库存岗位调换至结账岗位会导致当天营业结束时出现库存积压问题——而延长营业时间又会加剧这一问题。

顾客确实喜欢快速与高效的结账操作。装袋与打包服务是目前能够让“顾客满意”的措施，但未来有可能被变成一项必须有的标准业务。

一次性扫描购物篮中所有商品将是加快结账与补货的一种手段，因此，消费者的支出也应该会改变。

资料来源：Bell 等（1999）。

258

10.5 顾客服务管理

10.5.1 战略选择：标准化和定制

标准化的方法与机制可以提高服务体验的效率和效果，因为顾客往往希望拥有独一无二的感觉，因此服务的个性化被视作建立与维护顾客的措施。服务的标准化与定制是一条线段的两端，两端之间是连续的（见图 10.2）。

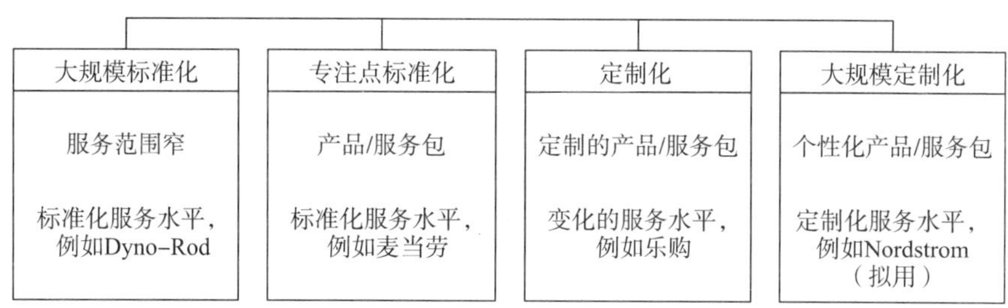

图 10.2 服务标准化与定制化的连续图谱

很多零售业务建立在标准化的前提上。英国主要的杂货零售企业都已提出标准化的业态以攫取市场份额。顾客在门店中受到预先设定的流程引导，员工则根据标准化程序问候顾客，并处理相应事宜。自动化与标准化是当今顾客在购物过程中享受高级服务体验的基础。

如果标准化是卓越零售的基石，那么定制则是零售差异化的关键。定制化服务是针对顾客需求定制的服务体验，在零售业内一直存在（如高级定制服装和优质餐饮等）。此外，部分门店提供的额外服务，支持自助顾客享受到一定程度的定制化服务——例如，在杂货店洗衣、吃饭、购买汽油、照看孩子与装袋打包等。随着送货上门和网上购物的形式越发多样，定制范围也在不断扩大。

近年来，在信息技术和供应链企业整合的支持下，随着定制化成本的降低，零售企业逐步向大规模定制方向发展。大规模定制意味着每位顾客都可以获得适合个人需求的独特服务。随着信息通信技术（ICT）的发展与融合，购物方式不断增多，大规模定制战略变得更加可行。

在服务营销之前，大规模定制的概念首先应用于有形产品。Gilmore 和 Pine（1997）分析了四种方法：

- 透明化定制：通过观察顾客行为进行商品与服务定制，例如亚马逊基于过去的购买模式推荐书籍。
- 适应性定制：标准、可定制产品与服务可由顾客自行定制。例如，ethreads. com 为顾客提供定制手袋的机会；耐克支持顾客的运动鞋定制。服务选项包括选择交付时间和在线购买场所。 259
- 化妆品定制：标准化产品与服务专门针对不同类型的顾客进行套餐设置，例如 Sainsbury's 区域店的门店旨在吸引那些需要便利商品和快捷短时消费体验的顾客。
- 协作定制：顾客与产品服务设计师之间开展对话。苹果零售店是最早邀请顾客进店的零售企业之一，让顾客与产品和员工进行互动，该门店还开展培训、研讨会等活动鼓励员工与顾客进行更深入的互动（见专栏 10.3）。

在其他购物选项中，个体顾客现在可以使用移动电话扫描条形码，将商品添加至个性化购物清单，在网上门店处理这个清单，并选择便捷的交付时间；或者他们可以通过电脑在网上门店购物，并安排在门店取货；或根据购物需求水平，访问一系列业态实体店中的一种，而如果实体店中无法买到某种商品，顾客通常可以在线选购，并安排便捷交付服务等。

协同定制的概念以最近出现的零售观念作为基础，包括零售剧院，其将门店概念以舞台形式引入，而顾客则是观众/参与者；零售企业开发门店，通过鼓励顾客与门店之间空间上的互动，以促进和鼓励顾客投入更多的消费时间。

专栏10.3　零售企业简介：苹果门店、协同定制和体验导向零售

苹果公司属于制造商而非零售企业，但其首席执行官很明智地聘请了零售专家负责苹果零售店的开发。一个由不同背景人员组成的焦点小组也参与了零售业务的设计。当向该小组询问其遇到的最佳服务（而非零售）体验时，几乎所有人都曾在酒店经历过最佳的服务体验。苹果零售高级副总裁评论道：

> 这是意想不到的。但很明显：酒店服务台不会出售任何东西，仅仅用于提供帮助。"我们说，'那么，我们应如何开设一家门店，使其具有四季酒店的友善特点呢？'"答案是："我们在门店里设置一个吧台。但我们提供的不是酒水，而是建议。"
>
> （Useem，2007）

"天才吧"（Genius Bar）是一项独具吸引力的创新。"天才吧"的工作人员经过特别培训，可以帮助苹果顾客解决他们在产品范围内遇到的各种问题。当然，"天才吧"的参
260 观者也会在最新款商品面前走过，并产生试用的兴趣。苹果零售店还开展培训研讨会与研习班、实地考察与购物等活动，从购买全新iPhone到讨论创业的最佳软硬件，再到接受如何使用商品的培训，为顾客提供高度个性化的体验。

苹果公司精心整合了零售业中的三大关键服务营销元素：有形展示、流程与人员，这些营销元素被整合到一起，为商品销售、顾客吸引和关系维护创造出一个独具吸引力的环境。然而该公司采取了一种类似于制造业的方法来设计零售门店的模式，打造一家原型门店，并在设计完成之前花费数月的时间进行修正。时任苹果首席执行官的史蒂夫·乔布斯曾说道：

> 人们不愿意将这么多的时间、金钱或工作投入在门店成立之前的阶段……"顾客是否知道这一点并不重要。他们只需要感受它，感受到其中的细微差别"。
>
> （Useem，2007）

产品设计师Jesse James Garrett（2004）认为，其他零售企业可以从苹果零售店的设计中学到很多东西，包括如何围绕消费者在门店内使用产品的行为来设计门店。例如，将数码相机、照片打印机和苹果公司的iPhone软件进行集中设置，有助于顾客考虑如何将这些产品融入生活之中，并应用于自己的生活。Garrett还认为，苹果公司营造出了一种正确的门店体验，吸引顾客进入门店参观，与商品及员工进行互动，甚至（通过壮观的玻璃楼

梯）上楼查看。苹果公司创建的门店与产品及公司个性相一致，这获得了 Garrett 的称赞。不过，Garrett 认为，苹果公司尚未实现人文因素与其他特点的相互一致。

记者 Alex Frankel 针对 Gap、星巴克和苹果零售店的一线员工开展了一项为期两年的暗访项目（undercover project），推出了一本有关一线员工经历的著作（Frankel，2008）。他在著作推广的专题文章中写道："工作人员似乎不太卖东西，只是挂出和发放信息。流通的商品数量也十分荒唐：每个月，苹果公司员工平均每平方英尺卖出价值 4000 美元的产品。当员工成为信息的共享者而不是产品的销售者时，顾客就会做出反应。"（Frankel，2007）

尽管如此，Frankel 声称销售人员在销售技巧方面也需要经过非常严格的培训。

不幸的是，从 Garrett 的经验来看，一部分员工并未以顾客为导向，这会导致顾客将在其他门店消费所形成的服务期望与苹果零售店进行比较，更易引起顾客严重的失望情绪。

苹果的产品创新和设计背景构成了零售成功的基础。这意味着苹果公司曾从多种角度 261
理解零售业务，首先，设计创新性的解决方案解决技术问题；其次，将实际的门店及相关服务的设计与计算机硬软件的设计进行比较；最后，苹果公司管理层有足够的信心向公司外部人员，以及公司内部市场营销部门寻求意见与建议。关注顾客如何购物、精心设计顾客/零售服务界面、培养员工的技术素养，以及促进顾客/公司信息交流，都可为公司创造利润。苹果零售连锁店采取了积极的店面扩张战略，年度销售额的增长达到零售行业史无前例的水平，在短短数年内便达到了 10 亿美元的年销售额。

尽管如此，协同定制和体验式零售必须关注顾客互动行为，这意味着训练有素且积极主动的员工将成为顾客满意度和忠诚度的基础。

10.5.2 顾客服务策略：管理消费者组织（consumer organization）的关键因素

面向个体消费者的业务管理的四大关键方面值得考虑（Allen，1991，p. 145）：

- 服务更新；
- 服务接触系统的定位；
- 服务合同的利用；
- 策略性地使用信息能力。

10.5.2.1 服务的更新

在零售方面，修改和更新服务项目的需求，源自经营地点和基础设施的大量投资，而这与服务的非持久特征形成了鲜明对比。因此，经营地点与供应链基础设施高昂的固定成本也与顾客流量及需求的波动形成对比。即使是完全在线经营的零售企业，也需要在货物的仓储与配送方面进行大量投资。

零售企业必须具有创造性，在最大程度上提高顾客购物的机会，同时对顾客与市场需求的变化保持敏感性与响应。针对不断变化的市场所提供的机遇，服务的扩展和增强是应当予以考虑的应对手段。服务扩展的零售实例包括：实体零售企业提供的互联网信息与建议、直接交付、安装及金融服务。在拓展零售企业服务的同时，通过托儿服务、更衣室、洗手间、装袋打包和信用积分等相关服务增强服务内容。在线服务改进包括：建议互补性商品，使在线购物更有趣更便捷，提供快速便捷的结账服务，以及提供多种交付与退货选项。

262 拓展并增强零售服务的途径是通过积极的市场调研了解消费者关心的问题，并相应地作出服务变更。这是因为相较于消费者希望从服务中获取的利益，消费者更能够清楚地表达他们的不满与问题。零售企业现已利用社交媒体的发展进行商品促销，同时也借此方式促进“电子口碑”的影响效应。零售企业必须迅速地利用和响应这一点。一个简单的例子即可说明“电子口碑”的力量。英国男装零售企业 Topman 曾被迫召回两款印有标语的T恤，其上的标语原意是传达轻松愉快的观念，但实际却令人反感。社交媒体网站涌现的批评意见（企业的宣传博客上极为明显）吸引了传统媒体的关注，企业随后迅速从网站上删除了这两款T恤。如今，零售企业不但应迅速处理顾客的投诉，采取措施防止情况再次发生，还应鼓励顾客为自己的问题发声，因为这可以作为增强和区分它们提供的服务的基础。

在不断变化的市场中，如果服务审核与升级程序的制定与修订是创造性响应的关键，那么顾客服务接触点的定位便是提高顾客拦截率的一种方式，有助于增加零售企业顾客数量与顾客价值。

10.5.2.2 服务接触系统的定位

根据服务管理理论，如果在需要服务的时间与地点拦截顾客，他们将购买服务。因此，如果便利店位于顾客附近，并且在顾客需要购物时营业，便利店将会吸引顾客进店，也因此可以收取高价。另一个例子则是快餐式交货，其通过可靠与快速的交货服务克服了购买距离障碍。

20世纪90年代，零售业分化为**目的地**与**邻近**两种模式（destination and proximity formats）（Dawson，1995）。前者基于商品组合、商品选择及相关的价格质量与服务水平，可以吸引远距离顾客——例如詹纳斯百货、爱丁堡百货门店或宜家门店。后者基于顾客拦截，主要是位于潜在顾客自然聚集的地方——例如前院（forecourt）和航运、铁路和机场终端零售。一些杂货零售企业成功通过前院门店进行服务点定位，并提高市场渗透率，例如乐购与 Sainsbury's 开发的小型便利店业态：Tesco express 和 Sainsbury's 区域店，两者可以在较小的街区提供杂货，或由邻近的门店提供。

直邮、电视和互联网零售企业主要拦截的是在家或办公室的潜在顾客。近期，移动零售业务成功实现了顾客接触点的设计，以交互模式进入顾客的家庭与移动环境。但是，由于在未获所有权的情况下进行服务消费（参见第10.3节关于服务特征的内容），这意味着零售企业提供的服务也必须包含商品交付。因此，不同于门店内部及附近消费的服务，互联网零售企业所提供的服务无法完全集中在网站设计与内容上，商品交付也是其关注点之一。 263

在一项研究中，网络购物者将便利性、可靠性、内容和响应度作为满足其需求的最重要因素，但除此之外的重要因素还包括用户友好界面、营销沟通及信息管理与维护（McGoldrick et al.，1999）。这些因素有助于顾客拦截，并已纳入网站的设计与管理之中。近期所面临的挑战是通过移动电话与平板电脑促进商品零售，而这需要开发更为专业的，且适用于小屏幕、限制击键和个人消费者购物偏好的业态。一项研究显示，42%的顾客曾放弃在移动设备上购物，原因在于其过于复杂。为通过互联网和移动渠道进行服务定位，零售企业还必须简化物流、配送和退货服务。

10.5.2.3　服务合同的利用

管理消费者服务的第三个关键方面是利用服务合同，这意味着建立了留住顾客的基础，并防止顾客选择其他竞争零售企业。

英国的大型零售集团已广泛实施这种策略。为留住顾客并增加消费，在竞争激烈的英国零售市场，零售企业必须设立并维持壁垒，最大限度地减少顾客转向竞争对手的理由。

通过扩展与增强服务内容可以建立顾客之间的分享与忠诚度，会员卡计划和会员卡扩展计划（如目录、邮件和直接交付）即是如此。然而，在竞争性企业较多的地区，顾客往往相互混杂，持有众多门店的会员卡。在这种情况下，管理者必须把重点放在更换门店的障碍之上，比如加分值、双重积分和奖励金等。其他障碍则包括促销活动（广告和销售宣传），以及与竞争零售企业的合作或收购。

会员卡计划旨在根据顾客所花费的金额，向所有会员提供公平的优惠。虽然此举可能增加顾客的消费额，但企业管理成本也较高，而且零售企业也需要专注发现并留住消费额最高的顾客（即关键顾客），此外还需为他们制定专门的保留策略。此类策略曾在航空公司得以成功实施，主要通过不同的服务合同提供各种水平的忠诚度奖励，如高管俱乐部会员等。

有人认为，忠实顾客奖励计划会使顾客对奖励计划产生忠诚度，而非零售企业。由于管理费用昂贵，部分零售企业已然放弃这种策略。例如，英国食品零售企业西夫韦（其后被莫里森超市收购）曾放弃使用ABC卡，将由此节约的资金用于高级/低级促销策略。真正的顾客忠诚度是存在的，即尽管价格与其他激励因素存在变动，但某一顾客仍在一段较长时间内忠于某家零售企业。这种忠诚度不仅耗费时间，还消耗精力与金钱。例如，玛莎百货曾在数十年时间内赢得大量忠诚顾客，但在20世纪90年代末，随着产品与服务质量不断下降，直至低于竞争对手所设置的阈值，以及忠诚顾客可以接受的水平，顾客的忠诚度也随之消失。

随着越来越多的零售企业跟踪消费者的在线和离线购物行为和习惯，它们可以针对消费者提供个性化的信息以增加其消费水平。一项调查显示，大多数消费者可能阅读其熟悉的品牌消息，并有50%左右的可能性购买其商品（*The Marketer*，2014）。 264

10.5.2.4　策略性地利用信息的功能

顾客服务体验感知质量与服务提供质量及服务人员素质具有密切关系，主要是由服务特征（不可分割性、异质性、非持久性和无形性）决定的。

Feargal Quinn（爱尔兰杂货零售企业 Superquinn 的前任首席执行官），以及以顾客为导向的零售业早期从业者认为，零售企业应当鼓励推广聆听文化，采用各种聆听体系。聆听顾客的观点至关重要，从市场调查到焦点小组、意见表与投诉程序等各方面皆有不同的做法。例如，Superquinn 规定管理者每月应在家购物一次，从顾客角度观察门店，此外还鼓励门店员工反馈顾客提出的信息。其他反馈路线包括市场调查、焦点小组、顾客投诉和“扫楼”（walking the floor，即挨户推销）。为了实现服务优势，快速响应不仅应用于供应链，还应用于实施基于客户驱动的服务改进（请参阅本章末尾的案例研究）。

顾客与供应商之间的密切关系意味着服务业可以从信息通信技术的指数级发展中受益。其有助于个性化服务、服务质量管理和服务产品的扩展。在 20 世纪 90 年代中期，乐购曾是首批提供线上业务的英国零售企业之一，随着时间的推移，互联网提供的产品与服务也越来越广泛。

一些大型英国零售企业在互联网零售方面已拥有近 20 年的历史，并且有能力利用新媒体所带来的机遇。同时，这些零售企业还开发实施了自有的会员卡计划，以此收集老顾客的个人信息与消费信息。一方面，它们已开发出多种基础设施与方法，向远程顾客提供高质量服务；另一方面，它们正在提出战略性信息资源，开发多种渠道。这意味着顾客将可以随时随地购物，无论他们想要什么。

传播媒体的发展速度很快，同样提供了多种顾客沟通的途径与渠道。不过有趣的是，专门从事“电子零售”的企业仍然通过电视、报纸、杂志，甚至公交候车亭等传统媒体提高品牌知名度。

在广泛应用网络购物之前，一些品牌价值较大的英国零售企业可以专注于使用新媒体进行服务开发、定制与沟通，并开展市场推广。在美国，沃尔玛分析顾客在购物后于社交媒体上分享的信息，以提供更优质的个性化产品推荐（Bolger，2014）。

信息通信技术的发展也为小型零售企业提供了机会，使其能够扩大现有的服务范围，提升市场潜力。小型零售企业由于缺乏利用传统媒体打造品牌意识的财务实力，一些较小
265 的零售企业反而更专注于与客户展开对话。因为难以通过传统大众传媒建立品牌知名度，因而更倾向于与顾客进行直接对话。但是，众多小型零售企业在信息通信技术方面仍然有所欠缺，无法收集顾客的信息。

10.6 在零售业中实施良好的顾客服务

作为一种差异化战略，良好的顾客服务的成功实施要求零售企业认识到，顾客服务可以在企业内部和外部共同应用。上一节强调了倾听顾客意见的重要性，并介绍了在企业内部引入的顾客与员工反馈路线。实施良好的顾客服务需要管理层将员工视作内部顾客（反之亦然），并为他们提供资源，从而以有效且具有竞争力的方式满足顾客的需求。

零售企业的管理包括构成业务的“硬件”因素（正式结构、流程与程序）的管理，以及“软件”因素（非正式经营方式）的管理。“硬件”因素包括：

- 目标与战略的正式声明，以及正式的规划流程；
- 组织架构；
- 正式沟通制度；
- 正式流程；
- 正式程序。

“软件”因素包括：

- 共同的规范与愿望；
- 组织文化；
- 非正式的沟通网络（用以修改正式政策与信息流）；
- 既定的行事风格；
- 员工的技能、知识和专门技术。

软件因素“与人有关”，而不是“与流程有关”，这是因为顾客对良好服务的感知与顾客和员工之间的互动紧密相关。尤为重要的是，零售管理者应认识到企业非正式文化与正式战略及结构之间的“契合度”。如果“契合度”较差——例如，当员工面临流程与程序变更时，如果变更后的流程及程序与既定的工作方式存在冲突，或使其具备的技能与专业技术受到影响，员工便会产生压力，从而影响到顾客服务。对于专栏 10.3 中提到的苹果零售店，产品设计师 Garrett（2004）曾在其参观的一家门店内，因遇到一位冷漠的门店员工而感到郁闷。如此经历与门店的外观和感觉形成鲜明反差，即使在设计档次与繁华程度不及此处的其他门店，他的不满情绪也未曾达到如此程度。

当然，良好的沟通、培训和员工参与将使计划与政策制定所出现的冲突有所减少。实施正式的战略、政策、流程与程序（Stone and Young，1994）要求管理者：

- 与员工进行沟通——向他们告知目标和政策，不仅是内容，还包括具体原因； 266
- 培训员工——确保他们了解流程与程序的内容与执行方式；
- 给予员工获得成功所需的支持；
- 向他们提供合适的设备与其他资源以取得成功；
- 安排足够的时间以完成设定的工作。

在企业内部应用上述策略要求公司将卓越的顾客服务当作重要事项。此举必须得到高层管理团队的支持——从最高层面嵌入组织内部架构。这应该是一种明显的形式：经理服务于顾客，与顾客和员工互动，听取意见和要求，根据他们的发现实施变革。

应当制定顾客服务目标，以及实现目标的战略。同时还应编制书面的顾客服务政策或章程。这需要与员工及顾客进行共享，以提高企业的服务水平，满足顾客与员工的期望。

顾客服务的正式规划周期应予以明确（见图 10.3），顾客服务的组织结构也必须建立起来，为专门的承担顾客服务职能的员工和其他员工确定其角色和活动范围。制定和实施关键的顾客服务任务标准时，必须与相关员工进行沟通。事实上，关于顾客服务的沟通

（侧面、对角与组织上下）有助于将顾客服务理念植入企业内部。

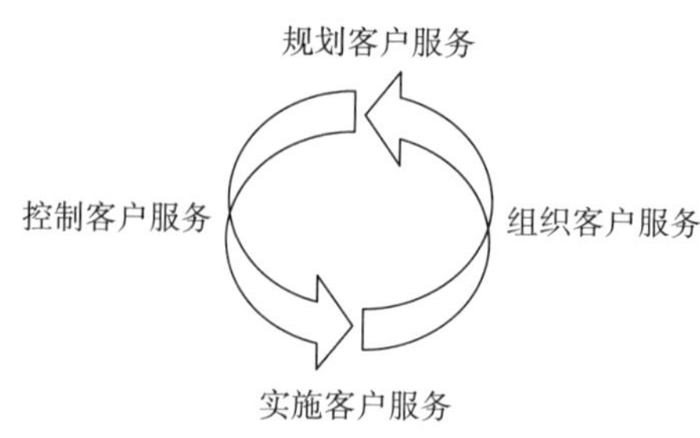

图10.3　顾客服务的规划周期

应安排员工参加顾客服务流程与程序方面的培训。员工必须清楚在何种场合以何种方式对自己的表现进行衡量与控制。此外，奖励制度应有助于在整个企业提高顾客服务的水平。在规划周期结束时，应将绩效反馈用于制定新的目标。

诺德斯特龙是美国领先的时尚零售企业之一。该公司的顾客服务因其卓越的表现而备受认可。该公司坚持聘用以顾客为导向，且独具创业精神与工作动力的员工。员工随后将接受培训，获得公司授权以作出各类决策，确保每位顾客在离开门店感到满意（参见专栏10.4）。

267 尽管经历网络革命与全球经济衰退，但诺德斯特龙却未受影响，仍然保持对顾客服务的关注。英国的约翰·路易斯百货也是一个类似的例子。

专栏10.4　诺德斯特龙通往卓越客户服务的途径

20世纪，诺德斯特龙（Nordstrom）从无到有，发展成为美国最重要的时尚零售企业之一，门店遍布全美各地，主要面向中高收入顾客销售服装、鞋子、化妆品和家庭配件等产品。该公司始终坚持服务、质量、选择与物有所值的原则：

> 诺德斯特龙销售人员将尽其所能，确保顾客在离开门店时感到满意，帮助顾客在产品、尺寸、颜色与价格方面皆作出正确选择……
>
> （Spector and McCarthy，1995，p.25）

该公司的价值源自创业型的采购风格。强硬的采购谈判可保证企业获得最大的价值，采购方通过与制造商合作，确保能够获得各种不同款式的产品，并以分别不同的价格销售，同时严格把控产品质量。购物者可自由采购任何商品以及附近门店持有的库存品，这样就可以在不同地域提供风格不同的商品，并且购买少量的商品也避免了出现库存断货的可能性（由于购买数量巨大）。购物者也需要在门店逗留一定时间，以密切留意所有为顾客提供的市场信息。

诺德斯特龙公司库存商品的深度与广泛性在市场上的声誉，建立在这样的信念基础上，即对每一位顾客来说，客户服务水平和顾客满意度与库存商品数量有关。因此，企业需要提供从经济型到昂贵型的各种款式，以及各种尺寸的商品。如果顾客喜欢某种商品，但是尺码不合适，顾客便不会感到满意。

作为一家以顾客为导向的企业，诺德斯特龙拥有强大的服务文化，员工有权利自己作出与门店内所有顾客服务以及商品相关的决策，他们就像“创业店主”（entreprenrurial shopkeepers）一样开展工作（Spector and McCarthy，1995，p. 100）。门店管理者有自主权聘用员工与购买商品。诺德斯特龙坚持“亲自动手”（hands-on）的管理风格，管理人员在门店现场为顾客服务，这对员工来说是一种激励。所有员工在作出决策时应把顾客放在企业之前，而相应后果则由企业承担。

员工选拔对于企业的成功来说至关重要。员工需要真诚待人，并在服务顾客的过程中找到满足感。门店员工需要具备创意与创新能力，他们也必须乐于在一种不设限的环境下 268
主动开展工作。诺德斯特龙认为，只有各类限制与官僚作风处于最低水平时，员工方可做到最好。

员工的工资是基于个人的能力，并以佣金的形式支付，同时，员工创造了成功的绩效后会得到晋升以及担负更大的责任，公司相信内部晋升是一种激励员工的工具。设定的销售目标是扣除退货后的净额。同时，公司作出承诺，无论什么原因，只要顾客对购买的商品不满意都可以退货。这意味着销售人员不是为了达到销售目标而强硬地向顾客推销，而是要满足顾客的需求，避免发生退货情况。业绩较好的员工都针对他们所服务的顾客建立数据库以及个人信息，以便随着时间的推移能够为顾客提供更好的服务。因此，员工也将通过顾客关系管理增加自己的收入。另外，无法达到销售目标的员工会得到特殊指导，以帮助他们实现目标。

在新设门店开业时，诺德斯特龙将安排正式员工参与，以将企业文化传播至新设门店。由于在文化转型方面存在困难，企业不会采用收购或兼并作为扩张战略。企业结构类似一个“倒金字塔”，管理层始终为服务于顾客的销售人员提供支持。

其他折扣商店以及竞争对手对诺德斯特龙构成的威胁已经通过多种方式得到解决。首先，创业型的采购策略可以确保企业将折扣商店无法复制的时尚单品纳入库存。其次，诺德斯特龙并非着眼于利润率的提高，而是通过自有品牌为顾客实现价值。最后，企业开发出自有的自助服务门店：Nordstrom Rack 折扣店，以便解决正常门店中的清关商品和甩卖品。此类门店负责向顾客与员工介绍诺德斯特龙概况，并为员工提供入门级培训。Nordstrom Rack 折扣店的数量现已出现强势增长。

企业认为有必要开展进一步创新，以满足未来消费者的需求。诺德斯特龙早期曾开展个性化的互动式的购物体验，使用多样化沟通媒介的顾客（非门店购物者）由诺德斯特龙销售人员直接对接，他们所享受到的服务与店内的顾客完全相同。Nordstrom Direct 目前包括在线门店和邮购门店，同时配备有中央总部、顾客联络中心和交货/退货设施。在线门店提供生活时尚、美容和婚礼等方面的设计师建议，以及在线的服务帮助。以往被视为广告附加手段的邮购也被拓展成为一种直销渠道。2011年，Nordstrom Direct直销渠道的销售增长幅度超过传统的门店渠道。在经济严重衰退时期，许多零售企业纷纷倒闭，该公司仍然保持对顾客的关注，不仅未受到经济环境的影响，反而扩大了不同类型的门店的组合。

资料来源：Spector和McCarthy（1995，2012）。

269 良好的顾客服务需要一些管理输入，包括：

- **增值**：鼓励员工为所做的一切增值，并以身作则。
- **赋予所有权**：在可能情况下，向提供优质顾客服务的员工授予职责与所有权，以便服务进展能处于全程监督之下。
- **提升员工的创造力**，鼓励员工主动工作，包容员工在真正进步与改进的过程中出现的错误。
- **鼓励团队合作**，因为这有助于改善沟通，利用员工的能力与知识产生协同效应。
- **投资人才**：除了专门的客户培训外，所有员工（包括经理）都将从建设性的评估和自我发展机会中获得信心和能力。
- **沟通**：良好的正式与非正式沟通渠道可以增进员工之间、员工与管理者之间的关系，并帮助员工与顾客开展更优质的对话。因为反馈具有即时性，所以应尽可能直接交流。

然而，卓越服务需要的不仅是管理的灵活性。根据Zeithaml等（1990，p.5）的观点，需要向从事服务工作的人员提供令人相信的愿景、挑战自我的成功文化、培养与支持人才的团队意识，以及引领前路的榜样人物。而这便是领导层的事情。

10.7 总结

在零售业中，顾客服务可以通过四种方式进行定义。第一，零售企业的存在是为了向顾客提供商品，通过将商品整合在一起增加其价值，向顾客提供商品信息，并促使顾客作出购买决定。第二，零售企业为增加基本交换关系价值（一手交钱一手交货）而提供的各种服务已成为顾客服务的固有部分。第三，顾客感知和体验到的零售服务影响顾客满意度水平。第四，顾客服务还包括购后设施与服务，以及投诉与退货政策。

五大服务特征（无形性、异质性、非持久性、所有权和不可分割性）是顾客服务体验的固有框架。通过逐一分析，零售企业可借此改善顾客服务体验。服务的无形性意味着零售企业必须将重点放在品牌上，比如向顾客提供会员卡与手提袋等。零售经验的异质性

问题可以通过程序、培训与服装的标准化进行克服，但企业也可以对异质性进行利用，即
通过信息通信技术定制零售产品以满足个人或小群体的需求。服务的非持久性使零售企业
得以在最大程度上为顾客提供购物机会。所有权是一种服务特征，意味着零售企业必须努 270
力实现服务条款与可靠产品供应之间的一致性。不可分割性这一服务特征要求零售企业确
保员工具有积极的态度与行为，接受适当培训，充分了解相关信息，这是因为对于保证顾
客满意度来说，员工与客户之间的互动非常重要。

SERVQUAL 模型是一种有效工具，零售企业可借此专注于有待提高服务质量的领域。通过分析服务中的认识、标准、交付与沟通差距，可缩小顾客服务期望与实际服务感知水平之间的差距。如此可提高顾客体验满意度。

顾客服务策略的范围从标准化到大规模定制——零售企业必须就具体实施策略作出决策。然而，随着信息通信技术的融合，定制化的成本也在下降，大规模定制的机会将有所增加。

消费者业务的管理分为四个关键方面。首先，零售企业管理者应更新服务产品，以促使顾客产生兴趣，建立顾客关系。零售企业可通过服务扩展和服务强化以实现这一目标。其次，零售企业应进行服务接触系统的定位，即考虑在传统门店的范围之外拦截客户的途径与方法，提升顾客的购物便利性。再次，企业应加强对服务合同的利用。零售企业需要考虑如何提高顾客忠诚度与消费支出，专注于向关键顾客提供优质服务是实现该目标的一种方式。最后，零售企业有能力利用信息通信技术的进步进行顾客信息管理，以定制个性化服务、开发服务扩展/增强，以及管控服务质量。

实施良好的顾客服务涉及正式结构、流程和程序、硬件因素，以及与人员相关的软件因素的管理。提出共同规范与愿望，营造理想的企业文化，以及管理员工的技能、知识和专门技术时，领导力是关键。制定顾客服务的规划周期有助于在公司内部植入顾客服务理念，而多种沟通渠道对于周期性实施来说至关重要。招聘、培训和留住优秀的零售人员需要较高的成本，但为使团队达到必要标准，这些举措都将带来回报。请重新查阅第 10.6 节，了解良好顾客服务的管理投入。如果领导能力较高，投入不一定很高或繁重。

复习题

1. 思考消费者业务管理的四个关键方面。思考你认为以顾客为导向的零售企业，说明该零售企业如何“更新服务业务”和“利用服务合同”。

2. 将服务特征应用于你经常购物的零售企业，零售企业如何利用这些特征？

3. “零售是指以某一价格购买商品，并以更高的价格将商品售出。零售企业存在的主要原因是利润——就是如此简单纯粹。”这是两家门店的老板所说的话。请参照零售业的定义，讨论这句话的弱点。

271 案例研究：Superquinn

Superquinn 是一家著名的爱尔兰杂货连锁店，从 1960 年的一家门店发展到 2010 年的 23 家大型门店和 9 家购物中心。其所有人 Feargal Quinn 因对顾客服务和创新的承诺而享誉国际，并以此作为通向卓越服务的途径，甚至还撰写了一本关于该主题的书。该企业的使命是“成为以生鲜食品与顾客服务而闻名于世的全球一流团队”——这也准确总结出了这位企业家对其业务的态度。

Feargal Quinn 坚持认为，该公司将保持“贴近顾客”的优质服务和创新，而这一顾客同理心为 Superquinn 在服务质量与市场领先地位方面的卓越声誉打下了基础，取代以往占据主导地位的其他大型零售企业。

Feargal Quinn 是一个以身作则的人，他喜欢在现场视察门店的时候召开会议，而他的经理办公室却有意采取小规模设计，这是因为他认为办公室无须占用过多空间。Quinn 认为商业是一个愉快有趣的概念，他热衷于发布有形的激励符号，如形状类似于回旋镖的领带别针（以提醒员工，顾客保留是一项关键目标），或铭文“YCDBSOYA”（据说是“你不能坐在你的扶手椅上做生意”的缩写）。通过每两周举办一次的顾客小组会议，向顾客征求对服务改进的看法，非正式的方式则是积极通过装袋打包服务向顾客征询意见。

在 Superquinn 公司，在人才上投资（investing in people）并不仅意味着为所有员工制定培训和评估计划，还包括对单个员工进行投资，使其有能力提供高质量的顾客服务，即鼓励顾客退货，为此提高了成交量，足以抵消由此产生的额外成本。此举具有社会包容性——例如，企业还积极鼓励残疾人员参加就业和培训。在爱尔兰首创的忠诚度计划也致力于推动顾客保留：SuperClub 是一个基于顾客的简单积分系统（积分按照收据登记，奖励积分被称作 SuperCents，1 欧元价值 100 积分），且具有使用灵活性（积分增加可按照产品、天数，甚至是特定顾客进行划分）。

注：Musgrave 集团于 2011 年收购了 Superquinn，而被收购的门店在 2014 年更名为 SuperValu。

资料来源：http：//www. superquinn. ie.

问题：

1. 解释 Superquinn 为什么将成功实施良好顾客服务的策略视为一种差异化战略。
2. “我的两个儿子都在 Superquinn 参加兼职工作，他们受过很好的训练。有一天，我的一个儿子正在清扫地板，公司创始人 Feargal Quinn 走过来说‘那不是扫地的方式’，并且向他示范了应该如何清扫。我的儿子感到很高兴。”引用于 Superquinn 顾客的这句话展现出 Feargal Quinn 在门店内采用了良好顾客服务的哪种方法？

272 参考文献

Allen, M. (1991) ‘Strategic management of consumer services’, in *Services Marketing* (Lovelock,

C. H., ed.). London: Prentice Hall.

Baron, S., Davies, B. and Swindley, D. (1991) *Macmillan Dictionary of Retailing*. London: Macmillan.

Bell, J., Gilbert, D., Lockwood, A. and Dutton, C. (1999) 'Getting it wrong in food retailing: the shopping process explored', 10th International Conference on Research in the Distributive Trades, Stirling, August.

Bolger, M. (2014) 'Digital disruption', *The Marketer*, July/August: 30.

Christopher, M., Payne, A. and Ballantyne, D. (1991) *Relationship Marketing*. Oxford: Butterworth - Heinemann.

Clements, A. (2000) *Retail Week*, 21 January.

Daffy, C. (2011 [1999]) *Once a Customer Always a Customer* (3rd edn). Cork: Oak Tree Press.

Dawson, J. (1995) 'Retail trends in Scotland: a review', *International Journal of Retail Distribution Management*, 23 (10): 4 - 20.

Frankel, A. (2007) 'Are your frontline employees going to save or kill your most important quarter? At Apple nothing is left to chance', www.fastcompany.com/60838/magic - shop (accessed 5 January 2015).

Frankel, A. (2008) *Punching In: The Unauthorised Adventures of a Front Line Employee*. New York: Harper Collins Publishers.

Garrett, J. J. (2004) 'Six design lessons from the Apple Store', *Adaptive Path*, www.adaptivepath.com/ideas/e000331/ (accessed 13 July 2014).

Gilmore, J. H. and Pine, B. J. (1997) 'The four faces of mass customization', *Harvard Business Review*, 75 (1): 41, 91 - 101.

Lovelock, C. H. (ed.) (1991) *Services Marketing*. London: Prentice Hall.

Lovelock, C. H. (2001) *Services Marketing: People, Technology, Strategy*. London: Prentice Hall.

Lovelock, C. H. and Wirtz, J. (2011) *Services Marketing: People, Technology, Strategy* (global edn). Upper Saddle River, NJ: Pearson.

Luk, Sh. T. K. and Layton, R. (2002) 'Perception gaps in customer expectations: managers versus providers and customers', *The Service Industries Journal*, 22 (2 April): 109 - 128.

The Marketer (2014) 'How to perfect the personal touch', *The Marketer*, July/August.

McGoldrick, P., Vazquez, D., Lim, T. Y. and Keeling, K. (1999) 'Cyberspace marketing — How do surfers determine website quality?' Proceedings of the 10th International Conference on Research in the Distributive Trades, Stirling, August.

Molla, A., Mugica, J. and Yague, M. (1997) 'Category management and consumer choice', Proceedings of the 9th International Conference on Research in the Distributive Trades, Leuven, July.

Oliver, R. L. (1981) 'The measurement and evaluation of the satisfaction process in retail settings', *Journal of Retailing*, 57 (Fall): 25 - 48.

Oxford Dictionaries (2014) www.oxforddictionaries.com (accessed 7 July 2014).

Parasuraman, A., Zeithaml, V. A. and Berry, L. L. (1985) 'A conceptual model of service quality and its implications for future research', *Journal of Marketing*, 49 (Fall): 41 - 50.

Piercy, N. (1997) *Market - Led Strategic Change: Transforming the Process of Going to Market*. Oxford: Butterworth - Heinemann.

Reichheld, F. F. and Sasser, W. E. Jr. (1990) 'Zero defections: quality comes to services', Harvard Business Review, October.

Rust, R. T. and Oliver, R. L. (1994) *Service Quality, New Directions in Theory and Practice*. Thousand Oaks, CA: Sage.

J Sainsbury plc (1999) *Annual Report and Accounts*, www.j - sainsbury.co.uk/investor - centre/reports/1999/annual - report - and - accounts - 1999/ (accessed 1999).

273 J Sainsbury plc (2014) *Annual Report and Financial Statements*, www. j – sainsbury. co. uk/media/2064053/sainsbury_ s_ annual_ report_ and_ accounts_ 13 – 14. pdf (accessed 4 July 2014).

Spector, R. and McCarthy, R. D. (1995) *The Nordstrom Way: The Inside Story of America's No. 1 Customer Service Company*. New York: John Wiley.

Spector, R. and McCarthy, P. D. (2012) *The Nordstrom Way to Customer Service Excellence: The Handbook for Becoming the 'Nordstrom' of Your Industry*, 2nd edn. Hoboken, NJ: Wiley and Sons Inc..

Stone, M. and Young, L. (1994) *Competitive Customer Care: A Guide to Keeping Customers*. Kingston – upon – Thames: Croner.

Useem, J. (2007) 'Apple: America's best retailer', *Fortune*, 6 March, archive. fortune. com/magazines/fortune/fortune_ archive/2007/03/19/8402321/index. htm (accessed 13 July 2014).

Zeithaml, V. A., Berry, L. L. and Parasuraman, A. (1988) 'Communication and control processes in the delivery of service quality', *Journal of Marketing*, 52: 35 – 48.

Zeithaml, V. A., Parasuraman, A. and Berry, L. L. (1990) *Delivering Service Quality*. New York: Free Press.

11　零售视觉营销与销售

学习目标 274

学习本章后，学习者应能够：

- 了解视觉营销与销售对零售销售量的影响。
- 了解视觉营销与销售之间的关系。
- 理解商品视觉管理的几种主要方式。
- 将零售销售人员在积极进行销售时所参与的时间数与质量联系起来：
  - · 产品分类；
  - · 购买决策类型；
  - · 购买过程中的阶段。
- 讨论零售销售过程中涉及的各种销售角色与活动。
- 了解促销组合中零售销售的作用。

11.1　引言

非人员销售意味着销售过程不存在（或者少有）人为干预。在零售业内，网络购买方式的多元化和混合商品超市的增长意味着部分顾客将难以在现实生活中遇见一个积极参与销售的零售销售人员。众多零售教科书将视觉营销（visual merchandising）作为购买与营销功能的一部分，用以讨论购买与分配库存的问题。我们这里讨论的是商品陈列的视觉效果在创造销售额过程中的作用。视觉营销被称作“无声的销售人员”，这是因为其主要用以吸引顾客进入和穿过门店，并鼓励他们作出购买决定（Kaur，2013）。

在许多门店中，零售销售人员在库存补货、整理和清洁展示方面都扮演着视觉营销的角色，同时由于零售销售人员仅负责处理采购事宜，其角色影响极小，也相对较为被动。尽管如此，零售企业越发希望销售人员能够在结账时“出售”或积极推销商品。

竞争日益激烈的市场意味着零售销售（retail selling）对于所有零售企业来说变得越来

越重要，且不仅局限于高价值复杂产品的零售企业。特别是实体门店与销售人员经常代表
275 着更为广泛、更具价值的在线零售服务，在实体营业范围以外的在线流量与销售量方面产生影响时，情况就更是如此。

零售是一种服务，零售销售与顾客服务的职能同样重要。事实上，两者之间相互联系，不仅是因为这两种职能在很多零售企业内部都由相同的员工来负责，还因为顾客服务与销售人员作为零售企业和顾客之间的连接点，发挥着重要作用。顾客对企业形象和风采的理解受到两者之间关系的性质及其与零售人员的接触情况的影响。

从事以市场为主的服务性业务的零售企业需要根据顾客的需求，量身定制零售策略：采购产品的类型与采购决策的类型。它们还需要考虑顾客在购买决策过程中的购物动机和所处的阶段（Merrilees and Miller，1996）。因此，零售销售需要对所销售的产品有着良好的了解，明确目标顾客的形象，进一步在商品销售和购物体验上理解顾客的需求。

零售销售的性质和深度与一系列因素有关，包括产品类型，顾客对产品品质、用途和属性的理解，产品的复杂性和价值，品牌忠诚度，以及顾客希望参与购买过程的程度。作为零售促销组合的唯一一个组成部分，零售销售也依赖于其他元素的成功实施，应当被整合到一个完整的促销计划之中，以培养顾客的满意度。

11.2 商品视觉管理的维度

视觉营销关注的是创造一种门店环境，一方面其始终代表着零售企业及其品牌对于消费者的价值，另一方面满足消费者对零售企业的需求和期望。事实上，正如 Lea Greenwood（1998）指出的那样，视觉营销的目的既在于将零售企业的定位即刻传达给市场，也反映出潜在顾客的期望。

在门店环境的创建与管理方面，其内在的过程非常繁杂。事实上，真正科学的门店氛围已经出现，其旨在设计门店环境的视觉、听觉、嗅觉和触觉方面，以影响顾客的感知与后续行为（Kotler，1973）。因此，学者们开展各式各样的研究，将这些有趣的零售方式纳入考虑范围，其中包括门店设计对消费者决策产生的心理影响（Green，1986），门店氛围对品牌发展和定位的作用（Sherry，1998）；而更多的近期研究表明，门店氛围的主要目的是以戏剧性的方式为消费者提供娱乐（Kim，2001）。在网络环境中，门店氛围可以包括：主页独特的外观与感觉，及如何邀请顾客进入“门店”等元素；单一页面的布局及相互之间的链接；商品的展示，如全系列产品或定制产品组合、主题展示，以及销售
276 商品的链接；结账过程（Berman and Evans，2010）。交货与退货程序的突出特性、聊天设施的可用性，以及投诉程序则是后续的一系列要素。

视觉营销战略的开发与实施需要耗费较高成本，要求零售企业投入大量的资本。例如，Mintel（1999）估计，英国门店的设计与装修每年需耗费15亿英镑。

鉴于门店设计与视觉营销功能的复杂性，本章将主要讨论一系列关键要素，其中

包括：

- 视觉营销与消费者行为之间的关系；
- 视觉营销的关键商业目标；
- 影响布局和展示的因素；
- 门店布局的原则；
- 零售企业使用的店内陈列的常用方法。

11.2.1 视觉营销与消费者行为

零售企业为门店氛围所做的投资是以一个明确假设作为基础，即顾客购物的环境会对他们的购买行为产生重大影响。此外，其基于的另一个假设是，重要的有价值的顾客决策往往是无计划决定，并且是在店内购物时作出。

各项研究［如购买点广告研究所（POPAI）于 1977 年和 1986 年开展的杜邦公司调查］发现，2/3 的购买决策实际上是在门店内作出的。他们的研究将购买决策分为四类：

- **专门计划**：顾客在进入门店之前已了解他们想要的产品和品牌，并且购买时并未偏离这一定位。
- **普通计划**：顾客了解他们想要什么产品，但是他们在购物时未考虑到具体品牌。
- **代用品购买**：顾客购买的产品与其原来的意图不同。
- **意外购买**：顾客在购买之前无购买意图。

1986 年研究结果显示，33.9% 的购买决策是专门计划决策，10.6% 是普通计划决策，2.9% 是代用品购买，52.6% 则是意外购买。

多个理论模型被用来解释消费者的行为。其中最重要的是由 Nicosia（1969）、Howard 和 Sheth（1969）以及 Engel 等（1990）共同开发而成。其中每一种模型都表明，外部代理商（例如零售企业）有机会影响购买决策过程，从而刺激购买过程或影响买方作出的最终决定。因此，正是由于他们希望积极影响顾客的决策，零售企业才决定在视觉营销领域投入可观的资本。

11.2.2 视觉营销的关键业务目标 277

Lea Greenwood（1998）指出，视觉营销的关键业务目标是：吸引顾客的注意力；鼓励顾客增加在门店内花费的时间与金钱；将零售企业与竞争对手区分开来；强化公司营销传播战略中的必备信息。Schimp（1990）坚持认为，视觉营销的作用是：

- 提高消费者对产品的认识，并提供相关信息；
- 让顾客意识到有关产品的好处和可用性；
- 鼓励顾客购买特定产品或品牌；
- 最大限度地利用空间，同时为消费者提供尽可能简单的购买体验；

- 加强零售企业的宣传活动；
- 协助顾客搜寻、评估和选择产品。

在这种情况下，Harris 和 Walters（1992）认为，视觉营销应该协助：

- 加强公司在竞争环境中的营销定位；
- 唤起顾客兴趣以及鼓励他们相互比较，促使顾客作出购买决策；
- 将商品整合为一种连贯的价值主张，提供经整合一致的宣传信息。

同样地，Varley（2006）认为，视觉营销在沟通和区分消费者零售服务方面起着至关重要的作用，并且主张门店的视觉维度必须符合零售企业在市场上的整体定位。

11.2.3 影响布局与展示的因素

影响门店的布局和展示的因素多种多样（见图11.1）。成本因素包括布局和展示的成本以及布局和展示所使用的固定装置和配件成本。这些成本可能很高：一方面考虑百货公司设计和安装时尚橱窗的时间，另一方面考虑超市展示商品所用的货架、冰柜和冰箱设备。

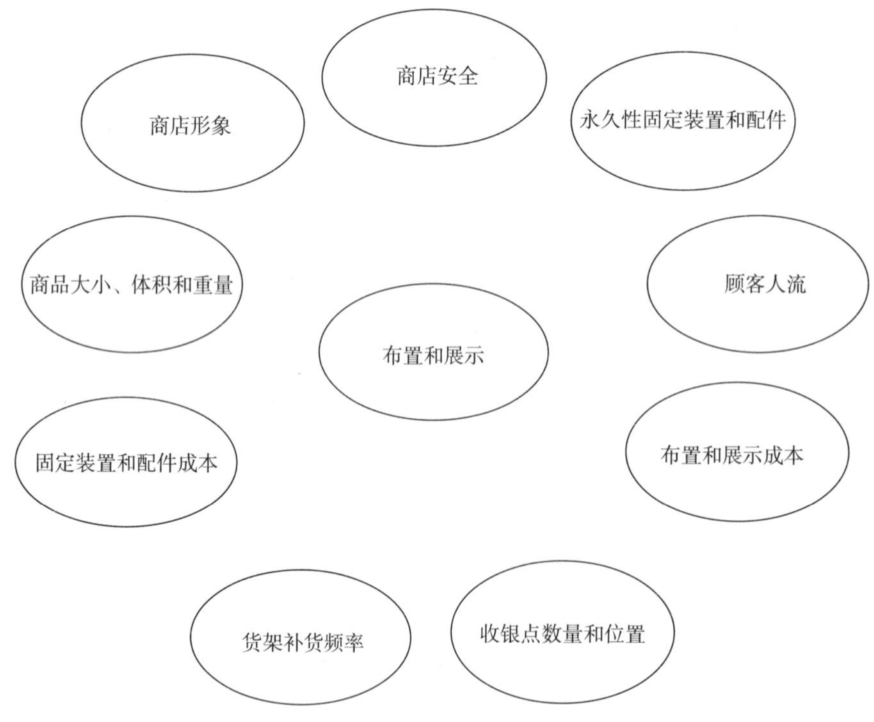

图11.1 影响布局与展示的因素

门店布局和商品陈列通常是为了描绘门店形象以及反映期望的企业品牌。继续上文的例子，百货门店橱窗展示店内销售商品的质量，同时也通过陈列设计水平和陈列配件的质量来传达门店形象，吸引目标市场。超市内的货架是“永久性”装置，不仅为自助购物的

顾客方便地展示商品，还引导店内的顾客交通流量，使客户能够查看最大数量的商品并进 278
行自行选择，鼓励其选择自有品牌或优选供应商。商品的大小、体积和重量也会影响展示的地点和方式。例如在超市里，像在厨房和卫生间使用的卷纸这类大件轻质物品可以堆放在特殊的陈列架或放置在高处搁架上，但这个方式对六瓶装饮料这类笨重易碎的物品则太过不便和危险。存放安全是另一个重要的因素——将贵重珠宝展示在为廉价和冲动之下会购买的珠宝首饰自助服务而设计的装修中并不明智；贵重商品可陈列在安全的展示箱内，对于高价位的杂货物品，可借助电子监视、视频监控或工作人员的控制。收银点数量和位置同样影响布局和展示。布局和展示的主要目的之一就是促进销售，所以必须设有足够明显和数量充足的付款点支持高峰期的预期顾客数量，即超市中的收银柜台或者百货公司的不同商品部分设置标识明确的付款点。

11.2.4 门店入口的布置与展示

在顾客进门之前，门店的视觉效果就开始发挥作用。例如，想一想纽约时代广场苹果门店的入口——这是一个很多人拍照的玻璃立方体，它吸引着人们进入位于地下的门店，
进入方式是走下玻璃螺旋楼梯。由于大部分购买并无计划，所以在顾客沿着街道或购物中 279
心行走时将其拦截很重要，当顾客沿着购物中心行驶或在浏览互联网时亦是如此。

因此，我们可以认为视觉营销从门店之外就开始了。实体门店的设计和地点——位于显眼的角落、位于交叉路口、位于为同一个目标客户提供品牌的零售企业之间——可用于在视觉上拦截潜在客户。对于实体店而言，为了吸引顾客注意力并引起兴趣，可使用各种类型的橱窗（例如平行、拐弯、成角度、凸出）来展示商品。门店招牌使用易辨认的标志、字体、标识和颜色，呈现门店品牌的“概要形象”。灯光是店面设计的另一个要素。门店入口应该是所有人都可进入，并且可以融入橱窗展示或用于商品或花盆的特殊展示，此类设计既可以传达门店形象，又可以促使顾客开始一段购物体验。

门店入口类型多种多样。标准的入口处将橱窗与门隔开。门可设计为自动打开，方便购物者浏览门店。遮阳篷有时用于吸引顾客注意力到入口处。当然，遮阳篷也可以用来保护橱窗展示物免受阳光照射，使橱窗展示物在晴朗天气下更容易被看到，或者为橱窗购物者遮蔽雨雪。标准的入口处可以提升独特性，并经常设置在城镇的高档购物区。带有最小侧面展示橱窗的开放式入口也许是最受欢迎的入口类型，虽然存在安全问题，但可以几乎毫无视觉障碍地进入门店。此外，开放式入口为橱窗展示提供很少空间或不提供空间，并且减少了招牌可用的空间，这为呈现门店形象带来问题。在市内购物商场的主要门店中通常会看到这种情况，商场走道“直接进入”门店，吸引顾客浏览商场中的门店，并最终进入门店。商场安全防御系统补足了门店的安全性，减少了盗窃的可能性。半开放式入口是将橱窗展示区域与开阔入口相结合以吸引顾客进入门店的一种方式，这种类型的入口在购物街和商场中很常见。漏斗形入口将一个或两个侧窗展示区域与被遮盖的“门厅”相结合，吸引顾客浏览延伸范围的商品，同时覆满关键要素（门店在街道上），但无须进入

门店。拱廊门店的前部呈现着散布展示窗的“门厅”，这往往会让路过的购物者放慢脚步。漏斗形入口的设计有时加入带角度的窗户，展示可将顾客“引导”到门店中的商品。

11.2.5 店内布局原则

视觉营销的一个重要层面是店内布局设计。零售企业采用的布局取决于许多因素，包括：

- 零售企业业务经营所在细分市场——例如，食品零售企业会采用与独家时装零售企业不同的布局方案；
- 店铺自身的建筑结构；
- 280 零售企业的市场定位——例如，折扣零售企业会采用将空间最大化的布局，并确保店内展示尽可能多的产品。

如零售管理的多数方面一样，大多数公司采用标准化的店内布局方式，并由总部的视觉营销团队进行管理和控制。这确保了在零售连锁店内采用的布局计划保持一致，形成公司直营店形态（Lea Greenwood，1998）。

店内布局形态主要有四种。第一种是**网格布局**。网格布局主要针对食品零售企业以及经营大规模仓储式业态的零售企业，如 DIY 和电器零售企业。网格布局涉及逐排布置商品陈列台。成排的商品中间由过道隔开，让顾客可以通行。在各个商品陈列台的末端，顾客可以从一排商品走到另一排商品，这片销售区域通常称为“热点”区，陈列着促销商品。之所以称之为“热点”区，是因为大批顾客都会注意到这片区域。此外，由于零售企业广泛设置“热点”区（hot spot），似乎顾客会习惯期望在“热点”区陈列的商品是能让他们产生特别兴趣的。

根据 Varley（2006）的观点，网格布局实现了可用空间最大化，做到将各类出售商品按逻辑布置。在很多情况下，网格布局会向顾客展示尽可能多的商品。在食品零售业中，通过在店铺中心和过道中间放置像面包和牛奶这样的高需求产品，就能实现上述目标。这种技巧试图操纵顾客在店铺内的走动，确保他们尽可能大范围地浏览店铺。

但是，这种店内布局方法存在一些负面影响。例如，一些顾客可能会因受到网格布局的操纵而感到不爽。此外，这种布局也可能因为缺乏灵活性，使购物者体验感单调而颇受批评。

另一种可选的店内布局方法是**自由流布局**。这种布局针对时装店，并且商品货架布置更不拘一格。这种方法使顾客能够在货架之间自由走动，边浏览边挑选商品。McGoldrick（2002）指出，尽管这种方法在视觉上更具吸引力，但是自由流布局减少了占用空间并加大了成本，如果商品展示无法做到协调，那么可能造成整体效果比较混乱。

精品店布局与自由流布局相似，但店内布置区分不同细分产品区，以产生“店中店”之感。百货公司旗下品牌经常采用这种方法，因为这样有助于促进品牌的统一标识。对于批发销售的某些时装品牌来说，采用精品店布局是供应的先决条件。这是因为这些时装品

牌要保护自己的独有标识，确保其他品牌不会侵犯自己的业务。虽然这种布局方法允许针 281
对特定的消费者群体，并为消费者提供各种不同的品牌体验，但必须承认，这种布局无法做到经济地利用销售空间。

瑞典家具零售企业宜家（IKEA）由于采用**控制流布局**而出名。由此布局形成了一个单向跑道系统，顾客不会偏离这个系统，从而严格控制顾客在店内的走动。这个系统力求让尽可能多的顾客接触尽可能多的商品。如所有寻求严格控制顾客走动的布局形式一样，顾客可能会因为这种方法造成行动不自由而感到不快。

无论零售企业采用何种店内布局方法，显然都必须确保在保证空间充分利用与为顾客带来灵活性和兴趣的需求之间达成平衡。

电子零售店的设计和布局在传达公司或店铺形象（与其他促销组合要素）以及产生销售额方面也起着双重作用。Dennis 等（2004）认为，实体店的规模比门店设计和布局更加重要和影响深远，因为店铺规模也包含了与销售人员互动所涵盖的因素，而且顾客在购物过程中扮演着重要的角色。导览性是最重要的因素（见第 6 章），从商品到完成购买会采取不同方式引导入店顾客。Vrechopoulos 等（2004）分别对电子零售店的网格布局和自由流布局进行了测试，发现电子零售店采用网格布局更简单且易操作，而电子零售店采用自由流布局则更有利于顾客寻找产品，增添乐趣，吸引顾客逗留更长时间。Dennis 等（2004）认为，电子零售店设计的另外两个重要因素为互动（零售企业与顾客，顾客与顾客）和网络氛围（视觉、音响、优惠、评论等）。

11.2.6 店内陈列方法

许多零售企业分配大量的资源用于产品陈列和展示。事实上，高档百货公司，例如哈罗德百货等零售企业因创新的商品展示而颇负盛名，正是凭借这种创新的商品展示，吸引了众多顾客入店参观最新陈列。橱窗展示被认为是一个非常重要的营销传播手段，研究发现，橱窗展示的积极影响是顾客选择首次入店的主要原因（Lochhead and Moore，1999）。

鉴于橱窗展示对于产生和传达品牌标识这一过程的重要作用，许多零售企业决定由总部的视觉营销团队负责，统一管理橱窗展示的建设、实施和控制过程。作为确保橱窗展示一致性的一种手段，如今许多零售企业选择在店铺橱窗中展示产品的大幅照片而不是产品本身。然而，越来越多的零售企业除照片外，还另添加实际产品，以避免造成产品展示枯燥、可预测和缺乏细节的印象。

商品展示有两种形式。标准商品展示针对大批量产品。特殊商品展示针对玻璃陈列柜
里的特定产品（可能是季节性或正在促销的产品）。 282

11.2.6.1 标准商品展示

在零售店内销售的每件产品都遵循某种展示原则。展示的方法可以是采用货架的形式，也可以是采取悬挂的形式。在大多数情况下，陈列组织体现出某种形式的内部逻辑，比如价格、尺寸、颜色或用途等方面。零售企业利用的组织逻辑通常是基于对顾客如何实际挑选产品

行为的了解。因此，了解顾客的主要挑选准则至关重要。如果零售企业不清楚顾客与产品的互动方式，则很有可能零售企业的陈列布置非但没起到帮助作用，还可能会阻碍产品挑选过程。

例如，时装零售企业 Next 依据产品的主要特征展示男士商务衬衫系列。例如，所有的长袖衬衫全部与短袖衬衫分开展示，而双袖口衬衫则与单袖口系列分开展示。该公司还区分 100% 棉制衬衫和混合纤维衬衫。在各分类中，衬衫按照同系列尺寸由小到大展示。Next 的产品展示方法所体现的原则是尽可能方便顾客挑选和评价产品。通过简化展示流程，Next 相信会给顾客带来既重要又有价值的服务。

11.2.6.2　特殊商品展示

对于零售企业特别要强调或宣传的商品，可以采取多种展示方案：

- **活动展示**。这也许是最常用的展示形式。将与活动、假期或节日有一定联系的商品一起展示，以最大限度地发挥产品系列的影响。活动可能包括圣诞节、复活节、情人节或母亲节。这类展示通常位于门店入口附近，目的是呈现零售企业用于支持此类活动的商品系列。它通常被用作给顾客带来想法和灵感的手段。
- **桌面展示**。这类展示涉及在桌面上展示商品，目的是鼓励顾客与产品进行系列互动，在某些情况下从展示中挑选购买产品。意大利针织品零售企业贝纳通成功开创了这项手段。
- **热点区展示**。热点区是指在顾客高度密集区展示促销商品。通常情况下，商品之间相互“堆叠”，给人以产品货源充足的印象，同时确保促销效果最大化。
- 283 **生活方式展示**。这类展示利用与特定生活方式相关联的道具来创建产品系列与生活方式印象之间的关联。美国时装零售企业拉夫劳伦（Ralph Lauren）通常利用与英国乡村生活相关的工艺品的生活方式展示，将其 Polo 品牌与英国的乡村生活方式联系起来。事实上，纽约的拉夫劳伦旗舰店将生活方式展示上升到了另一个层面，让店铺具有英国绅士俱乐部的风味。
- **品牌展示**。这类展示统一呈现品牌系列内的商品，以向顾客展现丰富多样的品牌系列。例如，英国德本汉姆（Debenhams）百货公司在自动扶梯下面和店铺入口处展示编辑款的德本汉姆设计师系列产品。

零售企业逐渐认识到，有效的视觉营销作为在市场中形成差异化的一种手段十分重要。其重要性从英国一家大型时装连锁总经理发表的言论中可见一斑：

> 近十年来，人们购物的理由发生了变化。对于许多人而言，购物不再只是一件琐事，而是变成了愉快的休闲活动。因此，零售企业需要在视觉营销方面加大投入，以建立零售剧院和乐趣。未来，视觉层面的重要性将堪比产品本身。

11.3　零售销售和产品分类

销售员花费在积极销售上的时间和质量首先取决于零售企业库存的商品类型。商品可分为以下几类：

- 便利商品：定期购买的相对便宜的商品，购买时不会过多顾虑，因为消费者对产品质量、用途和属性比较有信心。便利商品的例子包括牛奶、鸡蛋、面包、卫生纸、保鲜膜、地板清洁剂和其他“日常”物品，消费者对此类商品的品牌忠诚度往往较低。顾客通常在超市或便利店购买便利商品，基本不需要销售员的导购。在这种情况下，视觉营销对于店内促成销售起着重要的作用。通过店内布局和陈列以及免费提供的购物车和购物篮，鼓励顾客选择他们想要购买的物品。在结账时，可以通过建议和提醒，鼓励顾客购买额外的或相关的物品。例如，可以建议蛋糕或馅饼搭配面包、奶油或含牛奶的奶酪，或者可以非强迫的方式提醒顾客更大尺码或“买一送一”特别优惠。
- 偏好商品：定期购买的相对便宜的商品，购买时不会过多顾虑，且顾客对此类商品保有合理的品牌忠诚度，但对所需产品属性不甚确定。茶、咖啡、香烟、软饮料和洗发水等商品往往属于这一类，通常在杂货店或便利店购买。通过广告和促销等其他宣传活动，逐渐建立品牌偏好，品牌推广使此类商品在店内更加显眼。同样，几 284
  乎不需要销售人员提供帮助，不过销售人员可以推荐延伸品牌和关联商品，或者展示新的替代品。
- 选购商品：顾客想要与店内店外竞争商品或互补商品进行比较的更昂贵和更复杂的商品。顾客通常对此类商品的属性、质量和用途都比较有信心，但品牌忠诚度不是很强，因此想要“货比三家”来比较质量、价格和功能。尽管顾客愿意花时间购买此类商品，但他们并不总是热衷于逛店进行比价。此类商品通常从小型专营店购买。衣服、鞋子、配饰和卡片等商品通常属于这一类。视觉营销对品牌宣传非常重要，销售人员可以提供关于当前价格的比较特征、优点和质量的信息，帮助顾客作出决定。
- 特殊商品：更加昂贵和复杂的商品，例如许多电子产品，顾客对于此类商品的属性、质量和用途不确定，但他们愿意花时间和精力选购，包括愿意前往专营店购买。销售人员在帮助顾客挑选商品并作出购买决定方面起着重要的作用。
- 非搜寻商品：通常是昂贵和复杂的商品，消费者不一定想要购买，因此对商品属性不确定，品牌忠诚度也较低。尽管越来越多的非寻求商品是通过传统的零售渠道进行销售的，但仍有许多是挨家挨户兜售。例如保险、窗户、温室和厨房。销售人员在帮助顾客作出购买决定方面起着相对重要的作用。但是，偶然情况下与便利商品和偏好商品摆放在一起的商品也可以说归于“非寻求”一类。其中一个例子就是乐购超市的“电力通道”，这里鼓励消费者在进店购买杂货的同时，浏览大众电子产品、家庭用品和季节性商品之间交错变化的商品组合。在这种情况下，可以通过大力促销定价或通过销售流程向顾客提供信息，鼓励作出购买决定。针对上述两种情况，销售人员都将通过保修/退货政策保证，帮助顾客作出决定。

以上属于大致分类，零售企业需要了解各自的目标顾客如何看待其所销售的产品，这一点受年龄、收入、财富和购买经验等因素影响。一些消费者会对某些便利商品存在强烈偏好，而另外一些消费者则会把某些选购商品当作特殊商品。顾客与销售人员之间的直接沟通可以快速确定消费者需求。

11.4 零售销售和购买决策类型

购买决策的复杂性与以上各节中介绍的各种因素有关。购买决策的范围可分为以下几类：

285 • 例行性购买决策：往往与反复购买便利商品或偏好产品相关，不论是因为习惯较少参与购买，还是因为对品牌建立强烈偏好，都有助于决策。
• 有限性问题解决型购买决策：在这种情况下，顾客往往会更积极参与决策，购物花费的时间更长。需要一些信息或刺激来帮助作出购买决策。例如，当某个全新品牌或延伸品牌上市，或者对于某个相对简单、便宜的商品，买手可能对其产品类别比较陌生。
• 扩展性问题解决型购买决策：在这种情况下，顾客愿意花时间和精力购物，也许是因为产品比较复杂或新上市，或价格昂贵，或在其他方面对顾客产生高价值，或者顾客对于该产品所属品类了解较少。

销售员的作用与购买过程的复杂性密切相关。过程的复杂程度可能因顾客个人而异，而了解目标顾客群的个人信息有助于确定所需人员推销的程度。例如，电脑属于复杂和昂贵产品，许多顾客可能需要导购。然而，如今许多人都比较精通电脑，对于购买比较有信心，或者已经形成强烈的品牌偏好。

11.5 零售销售和购物动机

人们购物存在各种动机：

• 必需品；
• 娱乐；
• 乐趣/消遣；
• 刺激；
• 社交；
• 体育锻炼。

因此，尽管购买的商品是购物体验的最主要影响因素，但对于大多数顾客来说，整体的购物体验会影响顾客满意度。作为服务管理设计的早期研究者之一，Shostack早在1984年就表示，公司应该“结合有形展示”。零售服务包括两类有形展示：核心展示（作为服务本身一部分所体验到的展示）和有形展示（作为服务结果的展示）。整体购物体验包括零售服务的各个方面，如氛围、店面设计、陈列、价格、位置、分类和购物动态等视觉营销成分。上述各个方面的体验会因顾客和购物场合而异。除了购物场合会存在基本要素变化之外，情绪、员工遭遇、其他购物者人数等方面也存在差异。顾客还可以获得零售服务的有形展示，不仅表现为顾客所购买的商品形式，而且还包括包装、购物袋、收据、门店
会员卡等。最成功的零售企业往往会“无形服务结合有形展示”，以向顾客宣传一致而可 286
靠的品牌和预期的产品以及服务质量水平。

即使购物的动机是购买一件必需品，人们也普遍认为整体购物体验而不是商品本身影响着销售额。当购物是为了消遣、娱乐或社交互动等时，购物体验的动态性则显得更加重要，而营造好玩、刺激、有趣、快乐的购物环境的重要性更甚。

购物动机因人和场合而异。同样，从零售销售的角度来看，这也说明了需要了解目标顾客群的信息。几乎每个进店的人都是潜在的顾客，但是销售对于促进整体购物体验的作用不应该被忽视。销售员可以迅速估计购物动机并做出相应的回应。他们还可以通过向顾客展示产品或提供商品样品，帮助创造“刺激的”购物体验。即使他们只是帮助引导顾客至另一家门店或目的地，他们也帮助塑造了“顾客友好型”企业形象，未来可能会使顾客经常光顾。

11.6 零售销售和购买过程

购买过程可通过以下两个模型说明。AIDA 模型最容易记忆，本章可考虑其作用性，因为它被广泛用于开发将销售作为一大贡献元素的促销活动：

注意、兴趣、欲望、行动（Awareness，Interest，Desire，Action）。

潜在消费者首先注意到自己需要特定的产品、品牌或产品组。**注意**（awareness）可通过即时的产品短缺刺激，例如牛奶喝完，或者意识增强，比如大笔汽车账单，预示着需要开始寻找另一辆汽车。注意意味着潜在消费者有意识地或潜意识地开始搜索产品。

下一个阶段为对寻找所需产品越来越感**兴趣**（interest），表现为搜索和收集产品信息。所寻找的信息类型和范围随着产品分类、购买决策类型，甚至是潜在消费者的性质、信心、经验和智慧而变化。然而，针对选购商品和特殊商品将收集更多信息，其中可能包括产品属性、竞争品牌、竞争门店、价格、特征和资金来源等。潜在消费者将从媒体、门店、亲友等处收集信息。

对信息进行研究，并不断完善收集到的数据可以让潜在消费者更清楚地了解所需的产品或品牌。消费者从众多可用信息中缩减和细化所需数据的方法之一，是可以用被称为“激活域”（evoked set）的概念来说明。对于每个产品品类，消费者会逐渐形成一个偏好的、最有可能从中挑选的一系列品牌的集合。例如，在超市饼干过道上的消费者可以在
McVitie 的 Ginger Snaps、Rich Tea Biscuits 或 Hobnobs、Nestlé 的 KitKats 和 Traidcraft Geo- 287
bars 之间做决定，自动筛除超市自有品牌等品种。此外，对于激活域的各成员，顾客了解和比较各种特征和优势（价格、热量、味道、大小），从而促进替代品的选择。**欲望**（desire）是指购买需求和购买能力的加总——所以昂贵产品需要寻找资金来源。顾客已

经做好购买准备，但对于品牌、型号、替代资金来源和产品特征定位可能还存在一些疑问。

行动（action）是指潜在顾客作出购买决定。付款方式、条款和合同尚待解决，但是决定已经作出。

AIDA 模型的缺点在于无法确定购买决策后会发生什么。后来的 AIDA 模型增加了“确信”（conviction）或“满意度”（satisfaction）作为第五个元素（变成 AIDAS）。

AIDAS 消费者购买过程模型通过将购买过程分为五个步骤，前四个步骤与 AIDA 模型大致相同：

- 问题识别；
- 信息搜索；
- 方案评估；
- 方案选择；
- 购后评价。

购后评价（post-purchase evaluation）是指消费者承诺购买决定，通过持续浏览替代品，询问朋友，比较其他店铺产品等方式，尽力确定之前的购买决策是正确的。**购后失调**（post-purchase dissonance）用来表示对购买决策是否正确存在隐隐焦虑，购后评价可以减轻这种购后失调，如果消费者确定购买决策在当时的情景下是足够好的决策，而不是错误的决策。

零售销售的优点之一是顾客有时只需一次光顾，零售企业可以影响潜在顾客体验购买决策过程的所有步骤，加快和促进顾客作出购买决定。当然，根据所销售商品的类型和购买决策的类型，销售员在购买过程的每个阶段都可以发挥作用（见表 11.1）。

表 11.1　与购买决策过程相关的销售人员活动

过程阶段	销售人员活动
问题识别	推介新的型号或即将推出的产品开发；可以联系以前的买手，表示当前的型号老化或过时；接触店内顾客以评估需求
信息搜索	提供有关备选型号、店铺的信息；指出信息来源
方案评估	突出强调备选型号的特征和优点，满意顾客例证
方案选择	突出强调备选型号的特征和优点，满意顾客例证；指出特别优惠、资金、保证等，帮助顾客作出购买决定
购后评价	打电话或写信确认满意度；可以邀请顾客回店参加展览、预览和其他特别活动；可以提醒顾客适时再次光顾

不过，由于零售销售主要是一对一的活动，因此对企业来说成本是较高的，销售人员能够最有效利用的时间是在方案评估和方案选择阶段。在许多销售情况下，成功实施其他促销组合可以缩短在购买过程其他阶段花费在顾客身上的销售时间。例如，一项研究发

现，视觉营销在75%受访者的购买决策中起到了积极的作用（Kaur，2013）。

值得注意的是，AIDA、AIDAS和购买决策过程是销售培训中沿用几十年的旧模型。

11.7　零售销售的作用 288

销售员在促进和加强购买决策过程中起着重要的作用。此外，他们可以代表和加强门店形象，为顾客提供鲜活的购物体验，建立与顾客和潜在顾客的直接联系。

销售员主要起到两个作用：

- 接受订单；
- 创造订单。

大部分销售员都属于**订单接受者**。也就是说，他们负责处理最简单层面的顾客购物决定，只是在结账付款阶段才经手商品。这种情况往往发生于便利商品和偏好商品，以及例行性购物决策的情况。尽管如此，这些销售员在订单处理速度方面仍起着重要作用，并且可以通过高效率（或低效率）影响销售。其他订单接受者可能会向顾客展示商品位置，从库存中拿取商品，或者提供一些有限的信息来帮助评价和选择。

销售选购商品和比较商品，但是以牺牲顾客服务水平为代价来提供零售服务的门店通常会控制销售人员数量，只提供最基本的订单处理销售活动。这些零售企业依靠折扣、价格、促销和价值刺激购买决定。

渐渐地，零售企业鼓励订单接受者通过在结账时建议顾客购买额外的商品，或者提供送货服务或提供优惠等手段来增加销售量。

订单创造者是指主要处理选购商品和特殊商品的非例行性购买决策的销售员。此类销
售人员往往负责价格较高或复杂商品的销售，更积极地参与获取和提供信息、说服和达成 289
交易（Berman and Evans，2010）。销售人员承担此角色的巨大优势在于他们能够直接与顾客沟通，并能够估计顾客的购物动机、与商品的关系以及购买过程中的阶段。例如，一家服装店的销售人员必须积极参与到销售过程中，找出购物者真正需要的东西，以便为他们找到解决方案（Levy and Weitz，2009）。

这些销售人员将在销售过程中接触潜在的顾客，为他们提供信息，引导他们，帮助他们在现场或未来某个时间作出购买决定。订单创造者有时被称为销售助理，按佣金获得部分（或甚至全部）报酬，这可能是比较有压力的工作环境，而对销售人员保持顾客导向相冲突。解决这个问题的一个办法是将佣金不单单与销售额挂钩，还与退货产品的价值挂钩。以顾客为导向的销售将顾客关注放在销售过程的关键接触点，并致力于建立长期的顾客关系，从而提高对所购买产品、销售人员、零售企业和制造商的满意度（McGoldrick，2002）。由于订单创造者更广泛地参与直接的顾客交流，他们在影响顾客对零售企业的认知以及顾客满意度水平方面发挥着主要作用。

11.8 销售过程

销售过程包括表 11.2 中概述的阶段。“订单创造”型销售员积极参与销售过程的各个阶段，另外，他们还制作核心零售活动的有用清单。

表 11.2 购买过程、销售过程和销售人员活动

购买过程阶段	销售过程阶段	销售人员活动
问题识别	预期	制作潜在顾客名单
	准备	了解顾客资料；学习产品特征/优点和其他相关信息；匹配资料
信息搜索	接触	接触顾客，确定购物动机和需求；找出所需的产品以及所寻求的优点
方案评估	展示	提供考虑中产品的信息；展示并在必要时演示特征和优点
	克服反对意见	找出考虑中产品购买决定的保留意见和障碍；回答提问；尝试试探性成交法
方案选择	成交	询问购买决定
购后评价	跟进	建议额外或补充商品；突出强调未来活动；确认顾客对产品和服务体验的满意度

潜在顾客是指有潜力购买商品或服务的任何个人。来源包括：

- 以前的顾客；
- 顾客和员工转介绍；
- 流失的顾客；
- 直邮等促销手段；
- 展览和演示；
- 影响力中心（center of influence method）——利用当地/地区/国家名人宣传门店/组织。

准备工作包括了解目标顾客群，以及如何处理不同类型的顾客，包括难应付顾客。另外，还包括了解商品及其附件、用途、性能、护理、背景和相关服务。销售员还需要了解营业时间、付款、退货和送货方面的门店政策（Dunne and Lusch，1999）。

寻求帮助，尽力引人注目，或密切关注商品的顾客是销售人员的最佳潜在顾客，建议销售员直接与他们打招呼，友好大方地接近他们。销售人员必须通过开放性问题快速确定顾客的需求，但要记得让顾客有时间畅谈，同时注意倾听、理解、回应和总结。在与顾客
290 接触的过程中，销售人员必须体现出广博的产品知识，表现出满足顾客需求的真切欲望，以及积极的服务态度。

确定顾客的需求和价格范围后，销售人员向顾客**展示商品**。AIDA 模型的结构可以作为销售人员向顾客展示商品的流程，销售人员概述或展示商品特征、优点和对潜在顾客的好处，将这些方面与顾客的具体需求相关联。允许顾客试用或操作商品有助于建立欲望，

证明某一特定产品将为顾客节约支出或超出顾客需求。开放性问题允许顾客表达保留意见或进一步需求，封闭性问题允许销售人员确定理解、事实和感兴趣程度。目标不是为了向顾客“销售”，而是为了帮助顾客购买最满意的商品。

保留意见和反对意见阻碍作出购买决策，如果这些意见真的对顾客重要，则必须先处理完才能进行销售。在展示产品前最好先预测顾客经常提出的反对意见，以防止后面的负面影响。处理顾客保留意见的其他方式包括：

- 回避反对意见：绕开这个话题。如果再次提出，则表示比较重要，需要加以解决。
- 提问：找出潜在顾客的顾虑。
- 重新表述顾客提出的反对意见：总结对顾客保留意见的理解。这会花费思考时间。
- 弥补顾客提出的反对意见：概述产品特征和优点，让产品显得值得购买。 291
- 否定顾客提出的反对意见：如果顾客的保留意见是基于一种误解，承认他们的意见和顾虑，然后解释正确情况。
- 利用证言或第三方意见：针对顾客提出反对意见进行解释，直到顾客满意。

反对意见一一答复完毕后，销售人员应该确认是否已经解决，通过封闭性问题确定顾客是否同意。这种方法有时被称为试探性成交法。如果反对意见无法解决，则必须承认现实，然后说明产品的优点如何超过缺点，或者在适当情况下，展示替代产品。

达成交易是在直接询问顾客是否想要购买的时刻。购买信号是指表明对购买真正感兴趣的行为，例如阅读保修或用户手册，试用产品，详细检查商品，询问颜色、款式、交付、配件以及对产品发表正面评价。如果误解购买信号，顾客拒绝达成交易，则有可能需要确定和满足进一步的保留意见。或者，可能有其他产品或型号可以满足他们的需求。然而，重要的是不要向顾客施压强迫购买。

跟进销售可以多方面促进额外销售：可以向消费者建议替代商品和附属商品；或者可用于下次购买的折扣优惠，或者将顾客添加到未来潜在顾客名单中。通过电话或卡片查询顾客对任何昂贵或复杂购物的满意度是切实可行的。

11.9 零售销售和促销组合

人员销售是整个零售促销计划的一部分，还包括各种促销组合和明确的促销目标，并将这些目标传达给负责实现这些目标的销售人员。由于消费者购买过程的本质，各种促销要素需要整合使用。在购买过程的“信息搜索”和“方案评估”阶段时，消费者会有意识或无意识地获取和吸收零售企业以广告、宣传、促销或赞助形式提供的信息（以及从媒体、竞争对手和朋友等第三方获取的信息）。根据这些信息，消费者对于所寻求的产品、零售体验和销售体验会产生期望。如果期望与现实之间存在分歧，则可能出现不满。例如，如果广告预示降价，消费者会预期销售人员了解这一点并提供降价优惠。如果零售企业广告宣传某些待售产品，消费者会预期产品有现货。当零售企业在与高品质、高价位商品相关的杂志上刊登广告时，消费者会预期零售和销售体验同样出色。

与其他促销手段共同作用，人员销售构成零售业销售体验的基础——它们将吸引潜在顾
292 客，而它们越成功，顾客所需要的“推销”就越少。然而，员工所承担的销售职责，即销售过程本身，必须适应通过其他促销活动所提升的顾客期望。销售人员具备的知识及其销售目标、穿着方式、行为方式以及销售方式都必须与促销组合的其他要素以及零售企业的整体促销目标相关联。例如，高端零售企业会应用视觉营销元素，从橱窗展示到布局再到店内氛围，不仅通过店内商品组合，还通过网上业务推广目标品牌。在实体店内，销售人员在精心营造的门店环境中与顾客互动。他们的着装、态度、行为和销售方式应该通过选拔和培训、优良的领导力、传达明确的销售目标，以及适当的评估与奖励体系来控制。

11.10 零售销售和互联网

在虚拟门店中，销售过程没有任何人员参与；只有在顾客与公司联系时，例如提问、投诉或跟踪订单，才有可能产生销售职责。然而，许多人会先在网上搜索信息并了解所需产品，以及某个或某些品牌的偏好商品，然后再去实体店购物。他们会光顾各店铺购买这些产品。当潜在顾客已处于购买过程的方案评估阶段时，销售人员可以专注于展示合适的商品，说明商品特征和优点，促进选择和购买决策。网上信息加快了销售过程，并有助于提高销售人员的效率。

根据 Grewal 等（2002）指出的观点，一些产品类别传统上需要的人员推销比较有限，例如杂货和五金等商品，以及办公用品和电脑产品、CD、DVD、书籍和音乐等品牌标识较强的准商品。推销此类商品需要销售人员花费（大量）时间与顾客面对面沟通，提供信息和填写订单。互联网及相关技术提高了销售人员效率，不仅缩短了销售流程，而且还允许他们访问顾客资料，有针对性地重点展示商品，并向顾客提供商品不在店内但有现货的信息。当然，书籍、音乐、DVD 和软件等许多此类准商品，顾客现在都可以直接下载。对于销售顾客喜欢接触和感受的产品或独特的产品，人员推销显得更加重要。在这种情况下，销售人员承担顾问角色，说明产品优点，克服反对意见，顺利达成交易，减少购后失调。通过互联网也可以促进此类产品出售，例如建立一对一的关系和部署个人推销。互联网还可以用于向消费者和供应商传达趋势、脱销产品和定制订单。Net-A-Porter 和 ASOS 等交易零售网店开创了销售此类商品的成功先例，这些公司通过提供网上时尚和风格建议，将顾问式销售角色虚拟化。

293

11.11 总结

本章回顾了视觉营销与销售之间的关系。结合视觉营销与消费者行为之间的关系，思

考了零售企业店内商品视觉展示管理所固有的过程，并指出相当大比例的消费者购买决策是在门店作出的。

本章介绍了视觉营销的关键商业目标，以及与店内布局决策相关的原则。另外，概述了在零售环境中管理商品展示的最常见方法。

零售销售、顾客服务和顾客满意度之间有着密切的关系。从事以市场为主的服务性业务的零售企业需要根据顾客的下列需求，量身定制零售策略：

- 购买的产品类型；
- 购买决策类型；
- 顾客的购物动机；
- 购买决策过程中所处的阶段。

所需零售销售的性质和深度与产品的类型、复杂性和价值，顾客对产品品质、用途和属性的理解，品牌忠诚度以及顾客希望参与购买决策过程的意愿程度有关。

商品可分为便利商品、偏好商品、选购商品、特殊商品以及非寻求商品，但是任何一种商品的类别都会随着顾客的年龄、财富和购物经验等属性而变化。

销售员的角色和销售过程的性质会随着商品类别和目标顾客资料而变化。

零售销售的性质也随着顾客决策过程的扩展性而变化。在销售便利商品以及已经建立品牌偏好的商品时，需要销售人员减少干预。复杂和昂贵的产品需要扩展性推销，因为此类产品给顾客造成复杂决策。

销售员的角色和活动也取决于顾客的购物动机；如果购物是出于社交原因，或者出于乐趣和消遣，销售员可以促成充满活力和变化多样的零售体验。

顾客购买过程可以根据 AIDA 模型来描述，更常见的是购买过程的五个阶段模型。顾客在各个阶段的进展速度取决于个人特点，如年龄和背景、商品类别和购买决策类型。由于销售员是与顾客的直接沟通者，因此他们具有独特优势，能够通过简单询问，迅速确定任何一个顾客所处的阶段。销售员的活动会随着购买过程的各个阶段而不同，但是最有效地利用销售员的时间是在促成方案评估和方案选择阶段。

大多数销售员都具有接受订单的职责——顾客一旦选择了商品之后负责处理他们的订单。然而，销售员可以通过自己的效率，以及向顾客建议补充和附属商品，从而增加销售 294
量。订单创造者具有更宽泛的销售职责，通常与更复杂和更昂贵的商品相关联，此类销售人员将在销售过程中接触潜在的顾客，为他们提供信息，引导他们，帮助他们作出购买决定。

订单创造者经历的销售过程包括七个阶段：预期、准备、接触、展示、克服反对意见、达成交易、购后评价和跟进。上述阶段可以与购买过程的各个阶段相联系，这样销售人员在各阶段开展活动时可以有更多信息。

零售销售是促销组合的一个要素，有助于实现促销目标。但零售销售与其他促销组合要素需要相结合，满足在购买过程的信息搜索阶段通过促销活动建立的店内顾客期望。网店的增长意味着人员推销职责的减少；这也影响到店内的销售过程，提高了销售人员的工作效率，让他们可以专注于展示商品和促成选择，因为许多顾客已经有机会在进店前找到和评价购买相关信息并作出最后决策。

复习题

1. 确定视觉营销如何帮助零售企业实现其关键业务目标。

2. 在选择店内布局时，零售企业有哪些不同的选择？确定可能影响零售企业布局决策的因素。

3. 描述零售企业可用于展示和促销商品的方案。

案例研究：Conways

Conways 是英国一家私营高档食品零售商，拥有35家店铺，销售额达2.5亿英镑。随着规模和销售量的增长，公司老板决定启动一个名为“销售促成功”的项目。这个项目旨在创造一个更加注重销售的环境，按照董事长 John Conway 的说法，让公司“更像零售企业而不是库存商”。

开创“销售导致成功”项目是向基于销售的订购系统转变，所有店铺纷纷推出软件。公司老板认为，这个项目面向顾客需求，应该会提高销售量，尽管会因为停止供应需求量较低的产品而面临顾客不满的风险。项目的目标是扩大零售企业范围和提升顾客服务。

此外，该项目还通过培训公司员工，让他们在销售中发挥更积极的作用，从而开创销售文化。通过培训，员工将掌握更多的产品知识，提供更好的顾客服务，提高服务质量意识。

295 **问题**：探究顾客服务与零售销售之间的联系，解释建立“销售文化”如何不可避免地涉及人员推销和顾客服务方面的培训。

参考文献

Berman, B. and Evans, J. R. (2010) *Retail Management: A Strategic Approach* (11th edn). Upper Saddle River, NJ; Prentice Hall.

Dennis, C., Fenech, T. and Merrilees, B. (2004) *e – Retailing*. Abingdon and New York: Routledge.

Dunne, P. and Lusch, R. F. (1999) *Retailing* (3rd edn). Orlando, FL: Dryden Press.

Engel, J. F., Blackwell, R. D. and Milliard, P. (1990) *Consumer Behaviour*. Orlando, FL; Dryden Press.

Green, W. R. (1986) *The Retail Store: Design and Construction*. New York: Van Nostrand.

Grewal, D., Levy, M. and Marshall, G. W. (2002) 'How does the Internet and related technologies enable and limit successful selling?', *Journal of Marketing Management*, 18: 301 – 316.

Harris, D. and Walters, D. (1992) *Retail Operations Management — A Strategic Approach*. Hemel Hempstead: Prentice Hall.

Howard, J. A. and Sheth, J. N. (1969) *The Theory of Buyer Behaviour*. New York: John Wiley.

IGD (1997) *A Guide to Category Management*. Watford: Institute of Grocery Distribution.

Kaur, A. (2013) 'The effect of visual merchandising on buying behavior of customers in Chandigarh', *Inter-*

national Journal of Engineering Science and Innovative Technology (*ISJESIT*), 2 (3), May.

Kim, Y. (2001) 'Experiential retailing', *Journal of Retailing and Consumer Services*, 8 (5): 287 – 289.

Kotler, P. (1973) 'Atmospherics as a marketing tool', *Journal of Retailing*, 49 (4): 48 – 64.

Lea Greenwood, G. (1998) 'Visual merchandising — a neglected area in UK retail fashion marketing', *International Journal of Retail and Distribution Management*, 26 (8): 324 – 329.

Levy, M. and Weitz, B. A. (2009) *Retailing Management* (7th edn). New York: McGraw – Hill Irwin.

Lochhead, M. and Moore, C. M. (1999) 'A Christmas fit for a Prince's Square', in *European Cases in Retailing* (Dupuis, M. and Dawson, J., eds). Oxford: Blackwell, pp. 247 – 256.

McGoldrick, P. (2002) *Retail Marketing* (2nd edn). London: McGraw – Hill.

Merrilees, B. and Miller, D. (1996) *Retailing Management: A Best Practice Approach.* Victoria: RMIT Press.

Mintel (1999) 'Retail store design', *Retail Intelligence* (August): 1 – 112.

Nicosia, F. M. (1969) *Consumer Decision Process.* Upper Saddle River, NJ: Prentice Hall.

POPAI (Point of Purchasing Advertising Institute) (1977) *The* 1977 *Supermarket Consumer Buying Habits Study.* New York: POPAI.

POPAI (Point of Purchasing Advertising Institute) (1986) *The* 1986 *Supermarket Consumer Buying Habits Study.* New York: POPAI.

Schimp, T. A. (1990) *Promotion Management and Marketing Communications.* Orlando, FL: Dryden Press.

Sherry, J. F. (1998) 'The soul of the company store', in The Concept of Place in *Contemporary Markets* (Sherry, J. F., ed.). Chicago, IL: NTC Business Books, pp. 109 – 146.

Shostack, G. L. (1984) 'Designing services that deliver', *Harvard Business Review*, 62 (1): 133 – 139.

Varley, R. (2006) *Retail Product Management — Buying and Merchandising* (2nd edn). Abingdon: Routledge.

Vrechopoulos, A. P., O'Keefe, R. M., Doukidis, G. I. and Siomkos, G. J. (2004) 'Virtual store layout: an experimental comparison in the context of grocery retail', *Journal of Retailing*, 80: 13 – 22.

12　零售安全

296 学习目标

学习本章后，学习者应能够：

- 定义损耗并找出其主要原因。
- 讨论零售犯罪的主要类型。
- 评价英国零售犯罪的规模和性质。
- 知道如何应对店铺盗窃。
- 分析安全问题并制定零售犯罪预防策略。

12.1　简介

长期以来，大众一直淡化零售犯罪。门店盗窃者的刻板形象被设想为一个好玩冒险的“顽皮青少年”，一个顺手牵羊的领退休金的穷苦老人，一个只有可怜收入的低薪上班族，或者一个希望货物尽快脱手的吸毒者。人们普遍认为零售盗窃属于轻罪，从顾客那里获得巨额利润的零售企业应自己承担损失。较低的报告率和定罪率增强了人们的这种认知。例如，根据2004年的一项研究，零售企业抓获的盗窃者中只有不到一半的人被交给警方。Bamfield（2004）表示，主要原因包括：

- 占用太多的员工时间（特别是在自营店）；
- 起诉率低；
- 定罪程度低；
- 罚款/惩罚威慑力不足；
- 不愿起诉老人、青少年或精神病患者。

此外，零售企业对成功起诉顾客盗窃的信心似乎随时间逐渐降低。根据国家统计局（Office of National Statistics，ONS，2013）的数据，只有12%的顾客盗窃上报给警方，而根据英国零售企业协会（British Retail Consortium，BRC）2013年的研究，这个比例甚至更低，仅为9%。

定罪程度低是造成报警率低的一个重要原因，加上将门店盗窃者成功定罪需要花费员 297
工大量时间，更加剧了这种现象。2001 年，被抓获的顾客盗窃者中，不到一半的人被定罪（BRC，2001）。2004 年，针对初次入店行窃和入店所窃财物价值不高的人，实行罚款（定额罚款通知）。当时零售企业提出抗议，这项措施不足以阻止再次犯罪。事实上，许多犯罪者忽视罚款：从2008 年起的五年内，有一半罚款无人支付，大部分未付罚款都没有受到盘查（Whitehead，2013）。虽然入店行窃罪的定罪率（英格兰）后来有所改善，但大多数被定罪的人都是惯犯（Mistry of Justice，2010）。

零售业在经济发达国家是一个重要的经济部门，但是直到近期，零售安全才被认为是零售业的一个重大问题。这是因为需要关于损耗、犯罪和安全措施等可靠的和经过比较的数据，来巩固、加强和协调打击犯罪的行动。这在零售产业比较成熟和企业控制权集中的情况下比较容易实现，即大部分的门店都是由一个统一的大企业来控制。这些企业还需要经济和政治影响力，借此支持其提出的提高整个零售产业安全性的主张。

零售损耗和零售犯罪经常被混淆。零售损耗是指由于切实的管理失误造成的库存损失，除了犯罪活动（如员工和顾客盗窃及供应商欺诈）造成的损失之外。通常用占营业额的百分比来表示损耗的大小。损耗率是以库存购买和接收为基础的零售价格库存记录价值，减去门店和配送中心零售价格库存价值，再除以计算期间的零售额计算出来的。

然而，并非所有的零售企业都以同样的方式来定义损耗。例如，在接受调查时，所有零售企业都将内外部盗窃以及由于过程缺陷造成的损失包括其中；然而，只有大约一半的零售企业将供应商和快递员盗窃包括其中（BRC，2009）。在下面提到的各项调查中，报告的损耗和犯罪水平存在巨大差异（这与所用的调查方法和措施有关）；不过，它们提供了关于零售损耗的程度和原因的概述，以及零售犯罪的主要源头。

如今，比较零售损失的模式是容易的，所涉及范围不单局限于一家公司所拥有的各个店铺，还包括各种类型和规模的店铺以及整个零售产业。美国是最早收集零售损耗和犯罪数据的国家，1992 年出版了第一份全国零售犯罪调查（Hollinger and Hayes，1992）。第二年，在多家英国大型零售公司的资助下，英国零售企业协会（BRC）成立了零售犯罪倡议组织（Retail Crime Initiative）。同年，英国零售企业协会开展了第一次年度零售犯罪调查。

正如 Hollinger 和 Hayers 在美国发行的出版物所述，英国零售企业协会将调查并公布零售犯罪的规模，增强公众对这一问题的认识，并形成用于分析和未来采取行动的基础。零售犯罪信息共享能帮助零售企业、政府、警察和司法体系了解零售犯罪问题的规模。零售企业可以利用这些年度调查作为衡量业务经营中的损耗和犯罪的程度，并且这些调查能
影响整个零售行业制定预防犯罪计划的基础。最近，英国零售企业协会把注意力转向在线 298
零售方面的犯罪，对从事超市、百货公司、时装、健康与美容以及混合零售等一系列零售行业的企业进行调查（BRC，2012b）。

2002 年，第一个“欧洲零售盗窃晴雨表”（European Retail Theft Barometer）发布，旨在确立全欧洲范围内的损耗、犯罪统计和犯罪预防的比较。第一批关于欧洲境内零售犯

罪的半年一次的研究是基于 424 家大型欧洲零售企业的调查（CRR，2002a）。后来的调查扩展到波兰、匈牙利、捷克共和国、斯洛伐克和波罗的海等中欧国家和地区。2007 年，零售研究中心（CRR）发布了第一个“全球盗窃晴雨表”（Global Theft Barometer），调查了北美和拉丁美洲、欧洲、非洲、亚洲和亚太地区超过 900 家大型的零售企业（Bamfield，2007）。这些突出了零售犯罪的程度和性质，并且让相关机构介入这些调查，同时在整个零售业内分享信息，这一做法在降低损耗率方面发挥了作用，并且从 2003 年到 2008 年经济衰退这段时间损耗率一直保持稳定（但也带来了入店行窃率的上升）。随着零售企业开发综合安全计划并加大减少犯罪的各种投入，损耗率稳定下降。

12.2　损耗率及其原因

在欧洲，从 2001 年至 2006 年的六年期间，平均损耗率从占营业额的 1.42% 降至 1.23%，英国的平均损耗率从占营业额的 1.76% 降至 1.33%（在欧洲范围属于最高）。美国的损耗率为 1.52%，略高于上年（Bamfield，2007）。在全球经济衰退期，英国和美国零售业损耗率分别高达 1.37% 和 1.59%（CRR，2012）。

在大型零售企业中，店铺损耗率是评价店铺管理有效性的一项关键绩效指标。例如，英国百货公司德本汉姆根据店铺的规模和位置，将目标的损耗率设为 1% ~1.5%。

除了管理政策和实践之外，损耗还受零售企业的细分产业和规模的影响。例如，服装和纺织品、专业食品商和百货门店等领域的损耗率最高，而鞋类和皮革零售企业、超市和大卖场以及杂货店/折扣店等领域的损耗率最低（CRR，2005）。所遭遇的盗窃程度（以及预防犯罪所耗费的金额）也与店铺的规模有关。在英国，百货公司和杂货超市等大型企业吸引了越来越多的有组织盗窃者（CRR，2009）。

零售研究中心定义了全国零售犯罪和安全调查中零售损失的四大主因：

- 顾客；
- 员工；
- 厂商/供应商；
- 行政管理（内部错误）。

大部分损失是由于与顾客、员工和厂商相关的犯罪行为造成的，行政管理仅占总损耗
299 率的 15%（Bamfield，2007；CRR，2012）。厂商（供应商）欺诈占 6%，剩余部分与员工和顾客盗窃相关。与中小型零售企业相比，大型零售企业存在更多的行政错误和更高的员工犯罪率。

在一项英国零售犯罪调查中，零售企业被要求对未记录犯罪造成的不明原因库存损失［不包括因行政管理错误、破损和厂商（供应商）欺诈造成的不明损失］进行估值。这项调查发现，50% 的不明库存损失归因于顾客盗窃，39% 归因于员工盗窃。

毫无疑问，所有调查都强调，零售企业所遭遇损耗的主要源头是顾客和员工犯罪。然

而，根据“全球盗窃晴雨表”，不同国家的顾客和员工犯罪数量各不相同，美国、加拿大和澳大利亚的大部分犯罪是员工所为，而世界其他国家则是顾客所为（Bamfield，2007）。很明显，员工和顾客串谋从零售企业处获取利益的现象普遍存在，但具体程度尚不清楚。

英国和美国的高损耗率都被发现与下列因素有关：

- 报酬率较低；
- 不存在分红制；
- 员工流失率较高；
- 兼职人员比例较高；
- 店铺管理不善。

上述均为零售业的普遍特征，因此零售业的人力资源管理似乎与增加安全措施一样重要。员工配备是 Hollinger 提出的一大问题。他的研究显示，2008 年经济衰退初期，犯罪率有所上升。由于零售企业努力保持盈利，低人员配备水平为员工和顾客盗窃提供了更多机会，而负责验收厂商送到门店的库存的人手不足，也就意味着厂商犯罪的概率较高（Goodchild，2009）。

12.3　零售犯罪类型

12.3.1　顾客盗窃

顾客盗窃是主要的（在英国是最主要的）零售犯罪类型之一。为了让商品展示更具吸引力且方便顾客自选，商品必须易拿取，在吸引消费者的同时也招来了门店盗窃者。在高失业率的经济动荡时期，正如 2008 年银行业危机之后所发生的一样，入店行窃呈上升趋势。面临竞争激烈、压力重重的零售环境，零售企业倾向于削减人员以降低成本。在许多国家，经济危机意味着公共部门就业投入减少，零售犯罪监管减少，这使零售企业成功举报和起诉犯罪分子更加艰难。

英国零售市场顾客盗窃的模式表明，此类盗窃是持续存在的，但会随着经济和政治条件而产生波动。从 1999 年到 2000 年顾客盗窃率大幅上升到 56%，尽管业界加大力度提升公众对零售犯罪的认知和分享最佳实践的成果，并且采用了更加成熟的反犯罪措施，顾客盗窃仍然保持着相对稳定的增长。当然，随着零售安全发展成为行业关注的焦点，顾客盗 300
窃的增长可能是由于报警率的逐步增加。对芯片和 PIN 等安全系统的投资（下文解释）并没有阻止盗窃率上升，只是改变了某些顾客盗窃的方式。

根据 2008 年零售犯罪调查报告，顾客盗窃率终于有所下降。然而，这种下降只是短暂现象，随后的经济衰退再次带来了入店行窃的急剧上升。据报告，在短短一年内，每 100 家店铺的盗窃案数量增加了 59%（BRC，2013）。之所以增加可能存在多种原因。除了上文提到的个人和零售企业面临的一般经济衰退压力之外，这种情况还发生于经济持续紧缩期间，为实现经济复苏而减少国民收入，抬高了失业率，并推出福利改革，这些导致贫困人口增加。同时，许多零售企业改变了员工的雇佣条件。例如，临时工合同意味着工作和收入的不确定性，分为日薪制和周薪制，在人力资源上具有灵活性，但可能在某种程度上降低了防止零售犯罪的劳动力培训、技能和积极性。警务水平下降意味着为门店盗窃者创造了条件。

在被发现的盗窃案件中，零售犯罪分子被抓获和起诉的盗窃案件数量远远少于报警或者犯罪分子未被抓获和起诉的数量。据估计，2012 年报警的顾客盗窃案件仅有 12%，而一半的顾客盗窃案件未被发现。值得注意的是，同年英格兰和威尔士的犯罪记录有所下降（ONS，2013）。

门店盗窃者往往瞄准供自己消费的商品或可以快速兑现的商品。最常失窃的物品往往是高价值/高需求物品，例如香水、酒类、名牌服装以及笔记本电脑、软件、MP3 播放器和手机等小型电子产品（CRR，2006）。

盗窃者以男性居多，被盗商品往往与性别相关，例如男性会盗窃电子硬件，而女性会盗窃香水和化妆品（Bamfield，2005）。2000 年，英国的盗窃者中未成年人（17 周岁及以下）占 22%；苏格兰的这项数据为 31%，与美国大致相当。由于未满 18 周岁人口比例较低，盗窃案中青少年犯罪占了相当大比例。一项研究显示，成人盗窃案中以 30 岁以下的年轻人居多，英国 90% 的盗窃案由 16～40 岁的人所犯（CRR，2007）。

吸毒成瘾是导致零售盗窃的重要潜因之一。2000 年英国零售企业协会研究发现，在城市中心的零售犯罪和其他犯罪中，因毒品引发的犯罪占大多数，吸毒者每年偷取 2.2 万～4.4 万英镑财物，供年均 1.1 万英镑的毒瘾花销。1998 年，英国内政部的一项研究显示，80% 的被捕人员中至少有一种药物检测呈阳性，同时，鸦片和可卡因检测呈阳性的分别占 47% 和 30%。然而，近期一项针对定罪零售盗窃者的研究估计，只有 24% 的人从店铺偷窃资金用于毒品开销（Sentencing Advisory Panel，2004）。毒品法庭负责管制吸毒者，有权实施戒毒令和定期对违法者进行药物检测，这是减少毒品犯罪的潜在手段。

301 顾客盗窃经常是由专业的门店盗窃者谋划，他们按上级命令实施盗窃，团伙作案，穿梭于各城镇之间。他们仔细监控目标，记好午餐时间、茶歇和交接班，并调查店内布局。有时，盗窃者团伙会在店员较少的时候进店，然后在店内成扇形散开以防止被抓获。

店铺入口附近的货物存在最大的被盗风险，用来吸引顾客入店的陈列商品成了门店盗窃者的脆弱突破口。许多专业的门店盗窃者几乎一离开门店就立即将物品销售给他们的客户，并通过预先安排的路线和交通工具离开现场。

赃物市场的规模对顾客盗窃产生进一步影响。尽管在英国购买赃物也是一种犯罪行为，但是顾客盗窃者通过中间人（买卖赃物者）或通过“贩卖”（即将赃物直接卖给消费者）找到了现成的赃物市场。英国的赃物市场与年龄和性别相关。一项研究发现，超过一半的男性青年在五年内购买过或受邀购买过赃物，另外，18～24 岁青年购买赃物的可能性是老年人的四倍（Sutton，1998；Sutton et al.，2001）。

12.3.2 员工盗窃

英国的员工盗窃程度由于诸多原因而难以确定。第一，盗窃罪和欺诈罪都是根据《1968 年盗窃罪法令》来处理的，两者之间存在一些模糊地带。英国《2006 年欺诈罪法令》的目的之一是明确区分盗窃罪与欺诈罪的差异（见第 12.3.3 节）。美国因员工造成的损失水平一直远高于欧洲，因此有“员工欺诈”一说。第二，员工与顾客串谋偷盗零售企业的程度难以确定。第三，被抓获盗窃的员工经常按内部解雇处理，未采取进一步的行动（这些员工可以自由地受雇于其他零售企业）。根据“全球盗窃晴雨表”，全球 35% 的损耗是因员工造成的。美国的员工欺诈占损耗的 44%（CRR，2009；Euromonitor International，2013）。英国的员工盗窃占损耗的 33%（Euromonitor International，2013）。

显然，掌握零售企业弱点内情的员工每次能够盗窃更多财物。例如，根据英国零售企业协会数据，2000 年员工每次盗窃 538 英镑，而顾客盗窃仅为 74 英镑（到 2012 年，员工盗窃金额已经增加到每次 1577 英镑）。随着大型零售企业在销售点大量投入闭路电视（CCTV）等犯罪检测设备，并利用数据挖掘技术揭露系统性盗窃和欺诈行为，未被发现的员工盗窃案数量有所下降。

员工盗窃风险因零售企业类型而不同。例如，无论是按照案件发生次数还是被盗商品价值计算，药店的员工盗窃都最为严重。百货门店和 DIY/五金门店也是员工盗窃案高发的行业（BRC，2001）。

内部盗窃是很难发现和处理的，因为盗窃的机会很多，而且必须给予员工足够信任； 302
当涉及管理人员或安保人员时，尤为如此。员工偷窃零售企业的方式多种多样，包括：

- 少报销售额；
- 从钱箱偷钱；
- 在未登记销售的情况下开支票，之后再取出等额现金实现钱箱收支平衡；
- 将商品投入垃圾箱，稍后再将其取出；
- 与顾客串谋——将商品分发给亲戚或朋友，或正当购买中混入免费物品；
- 与供应商串谋——例如用伪造的单据进行欺诈性交货；
- 保留收据以获得欺诈性退票或废票；
- 库房盗窃；
- 陈列柜盗窃；
- 交付盗窃，包括公车私用、虚报里程和加班。

如果零售企业利用员工和店铺来完成在线订单和交付，店内和交付管理人员与员工之间存在串谋的额外风险。

随着 eBay 在 21 世纪初的发展，赃物市场迅速增长。零售企业有责任证明拍卖网站上出售的商品属于赃物，这意味着要监控数百个销售记录。各大零售企业一方面投资软件来检测和关闭赃物拍卖，另一方面携手游说 eBay，增大拍卖网站上销售赃物的难度。

零售盗窃超出了店铺范围。例如，2007年，一家配送仓库经理被控窃取价值4万英镑的货物并在eBay上出售（King，2007）。

许多雇主可以容忍轻微的员工违反行为守则的现象，例如将铅笔和钢笔等小物品挪为私用，以及复印机、电子邮件、电话或互联网私用，这些行为都会形成一种文化，认为员工日常盗窃是可以接受的，而可接受的盗窃程度难以确定。

12.3.3 欺诈

零售欺诈是非盗窃零售犯罪的最大源头，自1992年零售犯罪研究开始以来，零售欺诈造成的损失量迅速上升。盗窃是指未经所有者同意拿取别人财物。在欺诈情况下，所有者同意卖掉财物（根据《1968年盗窃罪法令》规定），但是这种同意是通过欺骗、说谎或其他欺诈手段取得的。

《2006年欺诈罪法令》明确并扩大了关于英国欺诈起诉的规定，确定了三大欺诈方式：

303 • 虚假陈述；
• 未披露信息；
• 滥用职权。

《2006年欺诈罪法令》规定的新诈骗罪包括：不诚实地获得服务；持有、制造和提供用于欺诈的物品；非公司法人交易者的欺诈性交易。

银行支付卡欺诈包括信用卡和借记卡欺诈。支付卡欺诈类型多样，包括有现卡欺诈（持卡人出示支付卡）、无卡（card-not-present，CNP）欺诈（通过电话、邮件或互联网获取卡信息）、失窃卡欺诈、未达卡欺诈（卡片在寄送持卡人途中被欺诈者截获）、伪造卡欺诈。

银行卡欺诈的程度因零售行业而异。例如，混合零售、家具和地毯行业的支付卡欺诈是英国零售业平均水平的三倍（BRC，2001）。

随着支付卡逐渐普及，支付欺诈的程度引起大家的关注，2006年英国的零售业推出了全国范围的芯片和PIN计划。这项计划要求顾客在刷卡付款时输入唯一PIN号码，因此，头四年零售交易的有卡欺诈损失减半。除伪造卡欺诈和无卡欺诈外，其他类型的银行卡欺诈也有所下降。随着互联网、商品目录、电话和电视购物的增长，无卡交易逐渐增多，使零售企业和顾客都面临更大规模的欺诈。根据英国支付清算服务协会（Association for Payment Clearing Services，APACS）的统计，无卡欺诈在芯片与PIN计划推行之后大幅上涨，2009年占所有卡欺诈损失的54%。另外，前几年网络零售销售的强劲增长与无卡欺诈的同步增长水平不相匹配（APACS，2010）。

伪造货币是另一种常见的欺诈行为，占2001年英国零售欺诈的17%。2006~2007年，1/4的纸币，尤其是20英镑和50英镑等大面额钞票退出流通，之后伪造货币行为明显增多（BRC，2001；Serious Organised Crime Agency，2010）。

另外，还有两种常见的欺诈方法：

• 欺诈性退款：例如，保留收据的员工要求退款，或顾客要求将已购买并用过的商品退款；

- 调换价格：价格较低的商品调换为价格较高的商品，支付的却是较低的价格。

2009 年英国零售企业协会调查按价值报告英国的欺诈类型。据调查受访者称，在超过 80% 的欺诈中，退款欺诈和有卡欺诈差不多各占一半。无卡欺诈是第三种主要的欺诈形式，占欺诈损失的 14%（BRC，2009）。供应商欺诈和供应链盗窃也是零售企业面临的一个重要问题。

12.3.4 零售安全的外部威胁 304

零售安全的主要外部威胁包括入室盗窃、刑事损害和抢劫，这些威胁给零售企业造成货物损失、维修和误工方面的巨额开支。纵火和恐怖主义事件的数量很小，但像抢劫一样，此类事件对零售企业造成的重大危险堪比暴力事件。言语侮辱和暴力威胁，如抢劫和一些入店行窃事件一样，会给员工带来真正的心理和信任问题，可能导致员工离职率上涨，从而导致招聘、培训成本增加，生产效率下降。英国的年度零售犯罪调查跟踪调查了这一趋势（BRC，2001，2006，2009）。

12.3.4.1 入室盗窃

在英国，每年近 1/5 的零售店失窃，另有 1/10 遭遇入室盗窃未遂。而 DIY 和五金部门以及食品店和饮料店遭遇此类犯罪案件数量更多，每年有超过 50% 店铺失窃。2006 年，电器和电子产品门店也容易遭受此类犯罪：1/5 的门店所遭遇的盗窃案数量比起前一年增加了。尽管入室盗窃案比偷窃案少见得多，但每次入室盗窃造成的损失金额要高得多——2000 年，入室盗窃损失高达 1800 英镑，每次入室盗窃之后平均需要另外支付 1200 英镑的维修费。由于调查和维修期间造成误工和业务流失，入室盗窃损失另外增加了。尽管随后几年入室盗窃的货物价值大幅上升，但数量上却有所下降（2008～2009 年除外：入室盗窃数量大幅增加，而每次被盗的货物价值却低得多）。就案件数量和每次货物损失而言，小型零售企业遭遇的入室盗窃和入室盗窃未遂高于平均水平，其中，小型食品店和饮料店风险最大。

12.3.4.2 刑事损害

2000 年，这种形式的零售犯罪呈下降趋势，但是却对零售安全造成重大的外部威胁，特别是对小型零售企业而言。每 100 家店铺发生 24 起，但小型零售企业的发生率几乎翻了一番。同样，小型食品店和饮料店是最易受光顾的，发生率超出了平均水平的两倍。2006 年英国零售企业协会报告将纵火列为刑事损害犯罪类别下的蓄意破坏行为，并指出此类犯罪在当时急剧增加，特别易发生于便利店、DIY 和五金以及电器和电子产品门店。2008～2009 年，案件数量几乎比 2000 年翻了一番。其中将近 1/3 是因为反社会行为造成的损害，其余则是入室盗窃和抢劫未遂造成的结果。

12.3.4.3 抢劫和抢夺钱箱

食品和饮料零售企业遭遇此类犯罪的风险最高，小型食品店和饮料店遭遇抢劫和抢夺钱箱的可能性几乎是其他零售企业的两倍。到 2006 年，此类犯罪事件每年的发生次数翻

305 了一番。暴力抢劫事件同样持续增加。2008～2009年又掀起了一波抢劫案浪潮，与入室盗窃一样，发生率增加，但每次失窃财物价值有所下降。

12.3.4.4 纵火和恐怖主义

此类犯罪事件多到令人惊奇。2000年，每100家店铺发生2.5起纵火事件和3.0起恐怖主义事件。从1999年起，这两类犯罪的每次成本每年翻一番。恐怖主义包括使用爆炸物、恶作剧电话和紧急疏散手段。到2006年，纵火重新被归为刑事损害。

12.3.4.5 暴力和威胁

零售人员面临身体暴力、身体暴力威胁和言语侮辱的危险，这些可能给他们造成身体和心理上的伤害。零售人员遭受身体暴力的主要原因是盗窃。平均每1000名零售人员中有5人遭受身体暴力，另有14人遭受暴力威胁。小型零售机构与大型食品和饮料零售店的员工面临更大的危险。例如，据估计，每1000名超市员工中每年有195人遭遇暴力事件（BRC，2006）。

12.4 零售犯罪规模

自20世纪90年代初期开展的各项研究中，零售犯罪的规模受到了重点关注。需要了解的一个重要因素是，不但库存损失会影响零售利润率，而且用于防止零售犯罪的各种措施也会涉及巨额费用。

基于对英国零售企业协会成员的调查，英国零售犯罪调查每年对英国零售企业的此类犯罪成本进行评估，调查对象包括44家零售企业，共计140万名员工，占英国每年零售额的58%（BRC，2012a）。据评估，2012年的英国零售企业犯罪成本约为16亿英镑。

“欧洲盗窃晴雨表”公布了2006年以前欧洲（包括英国）零售企业零售犯罪统计调查结果。从2007年起，“全球盗窃晴雨表”公布了一项全球调查结果，调查对象包括43个国家的1000多家零售企业。该数字可以代表各个国家零售市场的规模。欧睿国际（Euromonitor International）接管这项调查之后，调查规模有所下降。但是，访谈和调查仍包括157家拥有16万家店铺的公司，在16个国家的销售额超过1.5万亿美元（Euromonitor International，2013）。

值得注意的是，“欧洲和全球盗窃晴雨表”对于零售犯罪的源头归因不同于英国零售企业协会，两项调查的结果都必须谨慎看待，这不仅是因为零售企业可能不愿意强调会被视为弱点的安全问题。尽管如此，两项调查都认为，将零售行业犯罪作为政治问题重点关注并积极共享信息和最佳管理实践等协调工作有效降低了21世纪初至全球经济衰退之前的零售企业犯罪成本（BRC，2006；CRR，2006）。

306 2009年，“全球盗窃晴雨表”报告称，全球41个国家1000多家零售企业的损耗高达1148.23亿美元。其中，约245亿美元用于预防零售犯罪。直到2008～2009年，损耗率才呈明显下降趋势。经济衰退的影响之一是几乎所有国家的入店行窃案件都急剧增加。图

12.1 显示了根据 2009 年“全球盗窃晴雨表”得到的主要损耗来源。尽管不断加大预防支出（280 亿美元），但顾客盗窃案在接下来的几年里继续增加，占 2011 年损耗的 43.2%（CRR，2012）。

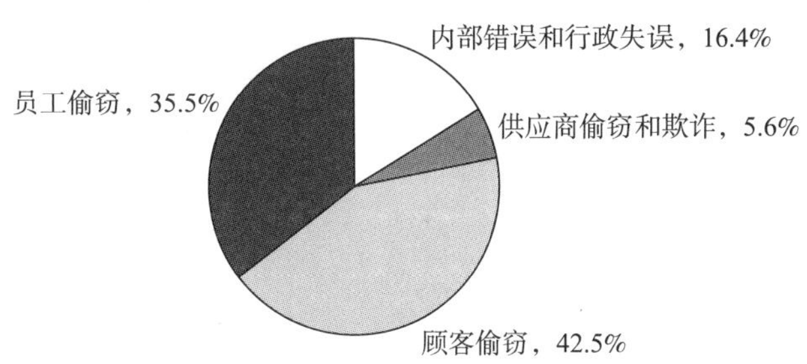

图 12.1　零售损耗源头

资料来源：CRR（2009）。

除了顾客盗窃、员工盗窃和欺诈之外，英国零售企业协会现将零售犯罪分为以下几类：入室盗窃、刑事损害和抢劫。图 12.2 显示了英国各种形式的零售犯罪造成的损失。顾客盗窃、员工盗窃和欺诈是犯罪的三大源头，其中，顾客盗窃给零售企业造成最大麻烦，占犯罪案的 83%。2012 年对新型犯罪进行了调查，即电子犯罪，其涉及有卡和无卡斯诈、账户盗用等身份相关欺诈以及退款欺诈。根据 2012 年的英国零售企业协会调查， 308
电子犯罪给零售企业造成的成本高于其他任何一类犯罪。

307

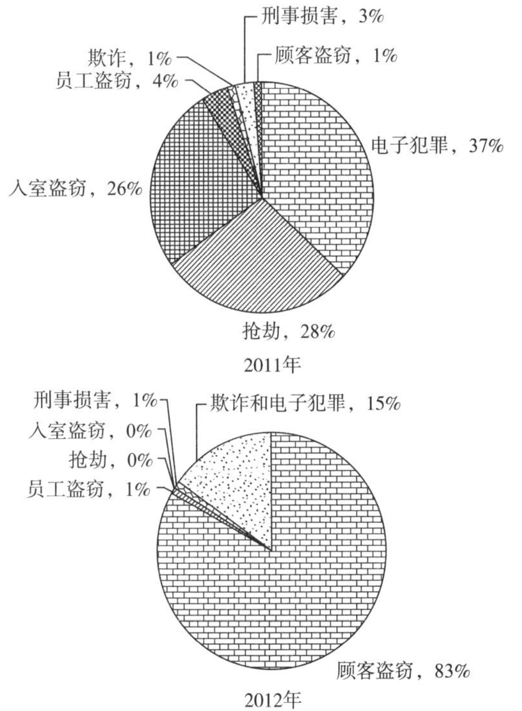

图 12.2　2011 ~ 2012 年按成本和案件数量的英国零售犯罪

资料来源：BRC（2012a）。

12.5 零售犯罪影响因素

如第12.2节所述，零售损耗受到管理政策和实践、零售企业规模和零售部门的影响。由于零售损耗的主因是犯罪，所以入店行窃、员工盗窃和欺诈水平低意味着良好的门店管理和零售领导力。

零售犯罪与顾客来源区构成和店铺位置有关。举一个简单的例子，如果店铺位于人口密度高、失业率高的顾客来源区，其入店行窃案发生率可能会高于位于繁华地区的店铺。同样地，位于角落且两侧设有入口的店铺比位于步行购物区且仅有一个入口的店铺更容易遭到入店行窃。因此，对于大型零售集团而言，管理人员的目标损耗率将反映出这一点。

零售犯罪的风险也随门店的规模和类别而变化，时不时会有研究关注这些问题。例如，一项英国零售企业协会调查按零售类别公布了各种形式犯罪的风险率。英国某些类型的零售企业面临的顾客盗窃风险高于平均水平，例如（BRC，2001）：

- 百货门店；
- 食品和饮料零售企业；
- 混合零售企业。

某些类型的零售企业面临的员工盗窃风险也高于平均水平，例如：

- 百货门店；
- 书商和CTN（糖果、烟草和报刊经销商）；
- 药店；
- DIY和五金店；
- 食品和饮料零售企业。

所遭遇的盗窃程度（以及预防犯罪所耗费的金额）与店铺的规模有关。在英国，百货公司和杂货超市等大型企业吸引了越来越多的有组织盗窃者（CRR，2009）。

2006年，英国零售企业协会特别关注英国中小企业（Small and Medium-sized enterprise，SME）的风险率。对于员工达到250名的中小企业零售企业，特别是经营书籍、文具和娱乐的门店，则尤其有遭受顾客盗窃的风险。此类顾客盗窃的成本是经营百货门店和混合商品店的中小零售企业的两倍。另外，后一类的员工盗窃和欺诈造成的损失最高，其次是DIY和五金零售企业，以及书籍、文具和娱乐零售企业。此类数据对于帮助中小零售企业决定采取何种措施打击犯罪十分有用。

309 欺诈行为可以被视为诈骗行为，有时也被归为盗窃行为，所以对于零售欺诈规模的估计变化多样。2006年一项关于金融和零售欺诈的研究（Bamfield，2006）结果表明，零售企业应关注员工是否与有组织犯罪有关、员工是否腐败和受到胁迫、呼叫中心和无卡欺诈、个人消费者资料和卡数据的大规模盗窃。

随着支付卡逐渐普及，支付欺诈的程度引起诸多关注，如上文所述，2006 年英国推出了全国范围的芯片和 PIN 计划。面对面的银行卡欺诈在一年内减半，塑料卡欺诈的整体水平有所下降。另外，网络零售企业面临着不同的挑战。同年，自交易网站问世以来，无卡欺诈事件频频增长，所造成损失占所有卡欺诈损失的一半以上。

同样，零售类别不同，支付卡欺诈的风险也不相同。一项早期的支付卡欺诈调查显示，混合零售企业、家具、纺织品和地毯、百货门店、鞋类和皮革零售企业面临着特定风险（BRC，2001）。

导致英国零售犯罪的几种因素所造成的成本比例如图 12.2 所示。在 2003 ~ 2005 年，上述所有类别的犯罪都有所下降，但是对于各类犯罪，某些类型的零售企业却呈现出相反的趋势。最具波动性的类别是刑事损害。某些类型的零售企业（如电器和娱乐）网购增长势头强劲，其损害的成本下降幅度超过了便利店损害的急剧增长。便利店的抢劫率也有所上升，而服装店、鞋店和超市的抢劫率则有所下降。尽管抢夺的成本减少，但便利店、DIY 和五金以及电器零售企业遭遇的此类犯罪案件数量都有所增加。

图 12.3 显示了随着塑料卡的普及，塑料卡欺诈的总体增长情况。这包括与塑料卡相关的所有主要欺诈形式，包括遗失卡/失窃卡和伪造卡欺诈、无卡欺诈、未达卡欺诈和身份盗用。21 世纪的第一个十年，英国的网上购物增长迅速，但是对于应对卡欺诈的关注 310
和宣传，让 2008 ~ 2011 年各种形式的无卡欺诈均实现下降。然而，接下来的一年掀起了一波欺诈狂潮（见图 12.4）（The UK Cards Association，2013）。

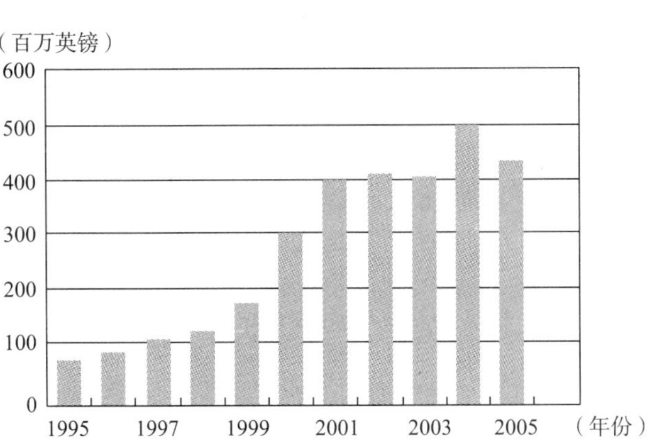

图 12.3　塑料卡欺诈损失——英国发行卡

网络零售市场包括多种网购方式和各种支付技术，它的迅猛发展也给欺诈者带来了机会，这就需要多方合作，开发出阻止犯罪分子的防御性解决方案。图 12.5 显示了商品移动支付“生态系统”的复杂性。

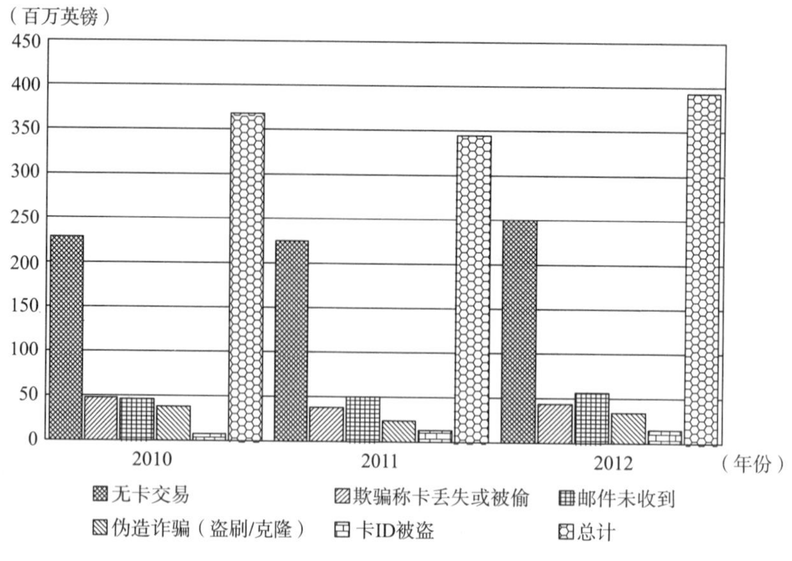

图12.4　2010～2012年塑料卡欺诈：英国发行卡①

12.6　处理门店盗窃（英国）

12.6.1　盗窃的定义和逮捕权

由于法律体系的差异，关于零售企业遭遇犯罪的定义，以及各零售企业和法律程序如何解释和处理犯罪的方式存在差异。例如，即使在英国境内，苏格兰与英格兰在定义和处理零售企业所遭遇的最常见犯罪上也略有不同。

在英格兰，盗窃是按照《1968年盗窃罪法令》的规定处理的。盗窃被定义为“不诚
实地占用并意图永久剥夺他人的财物”。在苏格兰，盗窃是一项普通法（法律不是基于法
311 规，而是基于案件判决设定的先例）犯罪，被定义为“未经所有者同意而非法窃取或占
用，并意图剥夺他人财物”。

上述两个定义都包含相同的基本要素：

- 盗窃者采用不诚实的手段；
- 财物被盗窃者占用；
- 财物属于他人；
- 意图永久剥夺所有者财物。

在英格兰和苏格兰，法律允许普通公民有权逮捕所犯罪行初次起诉可能判刑入狱五年或以上的任何犯罪分子。盗窃属于此类罪行，因此普通公民有权逮捕任何盗窃者。

---

① 原书中为“2009～2012年”，据图12.4数据改为“2010～2012年”。——编者注

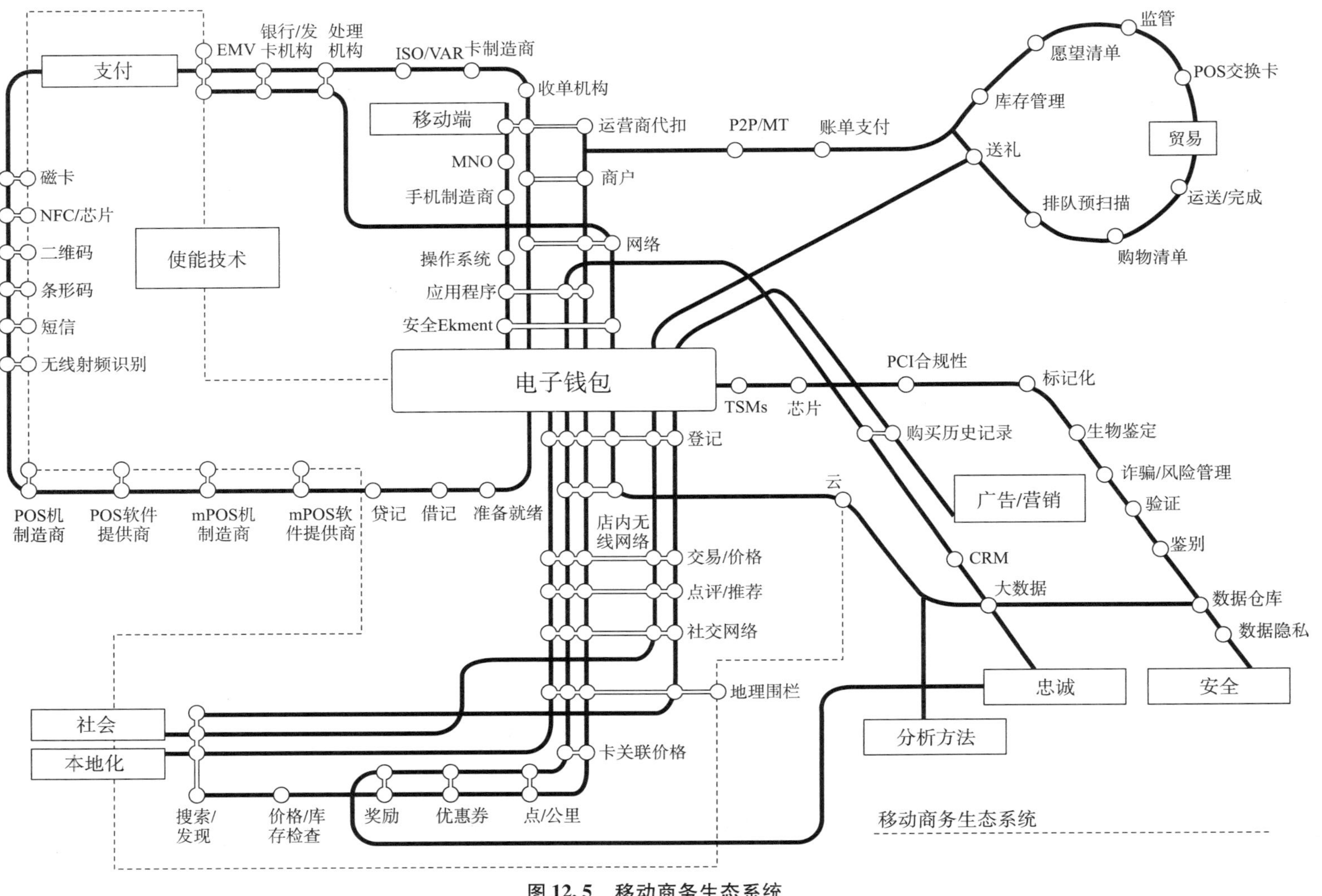

图12.5 移动商务生态系统

资料来源：Payments Cards和Mobile（2013）。

各个国家的逮捕权略有不同。在英格兰，《1984 年警察与刑事证据法》规定，“对于犯有或有合理理由怀疑其犯有可逮捕罪行的人，任何人均可在没有逮捕令的情况下将其逮捕”。在苏格兰，普通法和《1982 年公民政府（苏格兰）法令》第 7 条“任何目击犯罪的公民都可以逮捕罪犯，嫌疑或报道不得作为逮捕依据”对逮捕权做了规定。

因此，苏格兰的逮捕权比英格兰局限更大。在英格兰，公民可以因盗窃逮捕任何人，
312 只要逮捕人“有合理理由怀疑其犯有……罪行”，而在苏格兰，只有真正目击犯罪的人才可以逮捕。

专栏 12.1　盗窃处罚

各国的盗窃罪定义和处罚各不相同。以下信息描绘了英格兰和威尔士零售盗窃者的盗窃处罚范围。

在因门店盗窃而被判决的 61670 名成年罪犯（年满 18 周岁）中，绝大多数（97%）是在地方法院接受判决的。在被判决的人中：

- 16448 人（27%）获得无条件或有条件释放；
- 13519 人（22%）被罚款；
- 16613 人（27%）被判社区刑；
- 13135 人（21%）被判监禁；
- 1955 人（3%）按其他方式处置。

在被判社区刑的人中，56% 收到社区康复令，19% 收到药物治疗和检测令，15% 收到社区惩罚令。只有 22 名罪犯被判处两年以上徒刑，只有 1 人被判处四年以上有期徒刑。

资料来源：Sentencing Advisory Panel（2004）。

12.6.2　处理门店盗窃者

大型零售机构有明确的指导原则指导员工如何处理入店行窃嫌疑人，并且培训员工如何处理这种情况。

英国的一般指导原则包括：

- 确定嫌疑人随身带有失窃物品。
- 务必亲眼看见盗窃事件，并持续观察嫌疑人。
- 注意让第二个工作人员在场协助，并作为自己与嫌疑人交涉时谈话和行动的见证人。
- 等到嫌疑人通过了所有的付款点并离开门店。
- 向嫌疑人表明自己和见证人的身份。说明自己的职位，并尽可能出示证件。注意别

让嫌疑人有理由投诉殴打。

- 陈述“我是……的工作人员。我有理由相信你藏有未付款的商品。请你将商品还回店里”。描述物品并清楚说明门店名称。
- 如果他/她拒绝，你可以执行公民逮捕。向嫌疑人表明你在“执行公民盗窃逮捕权”。
- 如果嫌疑人试图逃跑，你可以采取少量武力来制止他/她。 313
- 注意，如果未向嫌疑人表明公民逮捕和理由，他/她可能会控告你殴打。
- 返回门店。一名工作人员带路，另一名跟随嫌疑人，确保商品（证据）没被扔掉。
- 将嫌疑人带到办公室或房间。确保嫌疑人身边随时有与他/她同性别的工作人员在场。
- 要求嫌疑人坦白未付款的商品并清空口袋和包袋。即使他/她拒绝，你也没有权力对他/她搜身。
- 如果嫌疑人让你搜身，不要照做。
- 报警起诉。随时留意嫌疑人，确保被盗物品不被扔掉。
- 警察到场时，当着嫌疑人的面向警察大致说明情节。
- 将记录所有事件详情的记录簿存放于锁柜中。记录所有犯罪细节，包括日期、时间、见证人姓名和职务、嫌疑人姓名、地址、年龄和详细描述、被盗物品的详细描述、逮捕的详细描述以及在场警员人数。

不要：

- 让嫌疑人独处；
- 将嫌疑人锁在房内；
- 让嫌疑人服用药物或吸烟；
- 让嫌疑人处于你与门之间的位置；
- 与嫌疑人交谈；
- 接受任何商品的付款；
- 谴责嫌疑人；
- 当众质询嫌疑人。

如果对盗窃有任何怀疑，建议不采取任何行动，因为如果错误地逮捕别人，可能会被他们起诉。如果嫌疑人具有人身威胁，明智的做法是让嫌疑人逃跑并通知警方，他们可以逮捕盗窃嫌疑人，并对嫌疑人进行搜身和拘留。

12.6.3 陈述和证据

证据是证明或者反驳司法审查事项真实性的手段，用来证明是否犯罪以及被告是否犯罪。证据必须证明该人犯有“无可置疑”的盗窃罪。因此，起诉时，目击和听到盗窃的人必须提供直接证据，有时还必须在法庭上宣誓。

证据分为三种类型：

314 • 目击证人的口头证据；

• 书面证据——例如书面事件陈述、照片或正式记录；

• 实物证据，即犯罪涉及的任何物品，包括被盗物品。

例如，在苏格兰，普通法规定必须要有证据佐证——两件证据相互支持（请注意，截至撰写本章时，2014年正在审查佐证的必要性）。这项证据可以由两名或两名以上的直接目击证人提供，也可以由一名目击证人提供再辅以间接证据，如被盗商品或录像证据，或者辅以足够证明被告有罪的间接证据。

在英格兰，根据《1984年警察与刑事证据法》，除了不一定需要佐证外，证据规则与苏格兰的相似。然而，佐证确实让案件更具说服力。

专栏12.2　如何处理青少年盗窃

青少年零售盗窃必须施以威慑。少年门店盗窃者极有可能变成守法的成年人，犯罪记录会影响他们的工作和职业前途。在英格兰和苏格兰，14岁以下少年很少因入店行窃而被起诉。但是，在苏格兰，儿童可以被判有罪的年龄是八岁；在英格兰是十岁。在苏格兰，被控刑事罪的16岁以下少年将交由专门的儿童法院处理案件，儿童法院可以命令监禁和其他类型的判刑。儿童有权向上级法院提起上诉。

在英格兰，盗窃处罚从口头或书面警告到十年徒刑；处罚范围详见专栏12.1。在苏格兰，所有逮捕及相关情节都由逮捕警官提交给地方检察官办公室。地方检察官决定是进一步审理，发出警告，向儿童法院书记官发送报告，还是向法院起诉。

12.7　零售损失预防

英国的零售犯罪每年花费超过10亿英镑，这项数据包括损失和预防犯罪支出，预防措施的投入一直在增加。支出明细如图12.6所示。

2009年英国零售企业协会调查评估了英国零售企业加大投入的预防犯罪措施。具体措施包括：闭路电视（现场和隐藏）；入店行窃威慑标志；便衣侦探；加密陈列柜台和无线射频识别（RFID）标签（近一半零售企业使用）。

预防犯罪的真实成本还包括减少犯罪所需的其他措施，例如员工招聘方式和审查、留
315 用员工的投入、削减兼职员工、零售犯罪和安全以及监督与管理技能培训。零售企业知

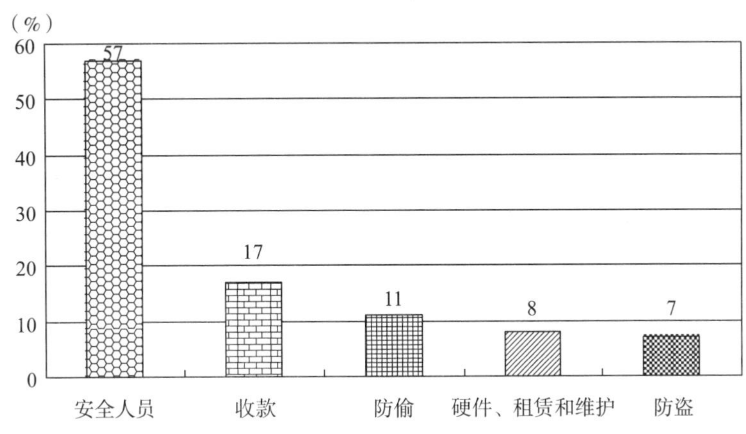

图 12.6 犯罪预防支出

资料来源：BRC（2001）。

道，经过激励、培训和留用的员工可以减少顾客和员工的盗窃行为，同时发现并有效处理外部安全威胁。

零售企业可以采用三类主要的零售犯罪预防方法来打击顾客和员工盗窃、欺诈和外部安全威胁：

- 人为；
- 机械；
- 电子。

表 12.1 列出了各个类别的一系列范例。

表 12.1 人为、机械和电子损失威慑 316

人为	机械	电子
员工审查	镜子	环形警报器
诚信测验	屏障和格栅	电子防盗标签
安全培训	百叶窗	扫描仪
监督与管理培训	铁笼	照明
保安人员和便衣警察	锁具	闭路电视
人员配备水平	储物柜	仿真摄像头
发票/收据便笺簿、交货详情和地址、作废信用卡凭单储存等风险物品储存/处理程序	警铃	无线电线路
员工警觉性和报告程序	安全柜	安全支付应用程序（网络欺诈）
审核	锁链	防盗报警器
公布损失水平	展示橱柜	射频识别标签
监测平均水平、紧缺和废票情况	安全门/玻璃	数据挖掘

续表

人为	机械	电子
单位和门店布局设计	入店行窃威慑标志	
收账和转账方法		
银行手续		
疏散和报警程序		
诚信购物者		
商品接收和展示程序		
搜索		
风险评估		
奖励		
毒品犯罪		
零售犯罪等合作努力		
伙伴关系和零售犯罪会议		

每种类别都有各种各样的威慑方法，其中许多方法可以用于抑制一系列的犯罪。许多人为威慑（例如，店内布局、政策、程序和审查、展示安全、招聘期间的信用和职业履
317 历审核、员工意识以及安全培训）都属于良好的零售管理做法，且成本较低。例如，一项调查研究发现，定期公布损失水平会减少犯罪（Oliphant and Oliphant，2001）。根据之后的一项行业调查，很多零售企业同意这一观点（BRC，2009）。

其他威慑要求零售企业共同努力，通过共享犯罪/刑事信息和安全最佳实践来降低犯罪率。例如，零售犯罪合作伙伴（Retail Crime Partnerships）鼓励零售企业通过照片、无线电线路和闭路电视确定当地犯罪分子。

另一种不同程度的威慑要求零售企业加入其他地方、地区和国家机构。例如，1997 年苏格兰成立了“抗制犯罪零售企业组织”（Retailers Against Crime，RAC），共享关于犯罪和侦查犯罪分子的信息；RAC 成员、英国警方和零售犯罪合作伙伴共享此类信息。后来，英格兰东北和西北地区也设立了抗制犯罪零售企业组织。与区域外的预防犯罪机构互通有无，对于打击在多个地区活跃的有组织犯罪团伙至关重要，对解析犯罪的深层原因也是有帮助的。据估计，苏格兰的一半零售犯罪与毒品相关（部分地区的占比更高），毒品犯罪的频率以及其潜在的相关暴力和威胁，进一步影响着员工犯罪的一大动因——招聘程序不善、员工流失率高。“吸毒、门店盗窃、员工遭受暴力和恐吓之间存在着直接的联系，这给员工的招聘和留用带来了问题。”（Clarke，2001）

防止滥用毒品教育协会（Drug Abuse Resistance Education）等慈善机构旨在减少吸毒和相关犯罪，毒品法庭（Drug Courts）通过另一种方法处理吸毒罪犯。

民事追偿是美国和加拿大广泛采用的一项举措，零售企业可凭此获得盗窃、欺诈和刑事损害等犯罪分子的赔偿。犯罪还涉及民事侵权或不法行为，受此影响的个人或组织可以

要求赔偿损失。罪犯被捕后，零售企业及时提出民事诉求，包括犯罪情节、法律立场和损害索赔。这包括商品、调查和逮捕相关的安全成本以及民事诉求程序本身的成本。罪犯也面临刑事起诉。民事追偿似乎有望在英国发展成为防止零售犯罪的一种手段。2002 年《犯罪收益法》对英国的民事追偿作了规定。英格兰和威尔士推出了一项由零售企业负责管理的全国民事追偿计划（National Civil Recovery Programme），苏格兰则设立了全国民事追偿机构（Civil Recovery Unit）。

从零售企业盗窃的产品具有现成的市场，许多守法公民会从市场摊位、非正规市场或网上购买贴标商品、假冒品牌商品和超低价品牌商品。2001 年，内政部推出了市场削减措施（Market Reduction Approach），旨在减少赃物市场。这项措施包括加大对经手赃物和营销活动人士的起诉力度，改变大众认为购买失窃物品是一种无受害者犯罪的意识（Sutton et al.，2001）。

新的购物中心和新的零售设施有机会定制安全解决方案。安全设计（secured by design）是英国一项倡议，旨在基于零售发展特定地区的警方预防犯罪经验确保足够安全，并由建筑联络官员负责批准安全设计标准的制定。考虑措施包括通过隔墙、围栏、景观或 318
心理障碍（如路面变化、路侧振动带、用颜色划定“私人”区域）确定边界。景观可用来增强安全性，例如通过种植密集的多刺灌木阻止进入某些区域。门、窗和锁等实体安全措施可以按计划设计，提高装卸区和安全出口等重点安保区域的照明水平。所有商业场所应采用的防盗报警线路也存在基本规范。

一半以上的非法入侵是通过门进入的，另外 1/3 是通过窗户。机械威慑包括各种格栅、百叶窗和屏障，可以用来阻挡进入门店或门店内高价值商品所在的分区。镜子可以用来帮助员工监视整个店面，或者帮助管理人员/安保人员监督员工和顾客，警铃可以用于提醒盗窃或紧急情况。新门店构建安全体系可以采取外部门安装安全锁闭装置，靠近门锁的玻璃门和玻璃板安装夹层玻璃，采用锁闭把手以及在易出入窗口安装开口限制装置（Scottish Office，1996）。

Hollinger（2008）指出，采用包括电子标签追踪和监控在内的技术解决方案管理损耗对于降低损耗水平大有帮助。移动无线系统等电子威慑装置允许门店和安保人员之间发送离散消息，提醒存在门店盗窃者或需要安全紧急援助。除了打击犯罪之外，这些装置还有利于员工树立安全感。闭路电视和销售点闭路电视（POSCCTV）允许零售企业和安保提供商监控顾客、员工和仓库货物流动。如果实时监控不可行，则可以通过录像进行盗窃调查或取证。闭路电视是打击零售犯罪的有效手段，这是不争的事实，不仅有利于犯罪侦查和取证，还有利于提高顾客安全感。另外，1998 年《数据保护法案》（The Data Protection Act 1998）解决了涉及侵犯公民自由和滥用信息的问题，这项法案确立了八项数据保护原则，闭路电视管控人员必须一一遵守，具体如下：

（1）个人信息应妥当合法处理。

（2）出于一个或多个特定的合法目的才能获取个人资料，不得以与该目的不相符的方式对个人资料作进一步处理。

（3）个人资料应与该目的相关且适可而止。

（4）个人资料应准确，必要时保持最新。

（5）出于任何目的而处理的个人资料保存时间不得超过该目的所需的时间。

（6）个人资料处理应符合本法案规定的资料当事人的权利。

（7）采取适当的技术和组织措施，防止未经授权或非法处理个人资料，防止意外丢失或销毁或损坏个人资料。

319 （8）个人资料不得转发至欧洲经济区以外的国家或地区，除非该国家或地区确保充分保护资料当事人的权利和自由。

由于本法案的出台，闭路电视管控人员必须注意：

- 评估闭路电视使用目的；
- 向信息委员办公室报备使用闭路电视；
- 建立安全和披露政策并记录在案；
- 摄像头位置；
- 告知使用闭路电视；
- 资料当事人访问资料；
- 保留影像；
- 访问和披露闭路电视影像；
- 影像质量。

网络零售企业必须认真思考如何保存和使用顾客资料。2003 年《隐私和电子通信（欧盟指令）条例》（The Privacy and Electronic Communications（EC Directive）Regulations）及后续修正案提供了指导方针。通过 2000 年《远程销售条例》（Distance Selling Regulations）和 2002 年《电子商务条例》（Electronic Commerce Regulations），网络顾客的权益也得到了保护。

为打击盗窃，各种电子标签追踪装置纷纷问世。出售商品贴有标签，购买时将其撕除或停用。出口点安装防盗天线，一旦有“未去标签”的物品通过，即触发警报。支持物品信息存储的电子数据标签或智能标签可以提供旨在提高零售和供应链效率的更多应用。虽然涉及一系列技术（包括电磁、射频和声磁），但都属于发送信号和传输数据的设备。零售企业和电子防盗系统（EAS）供应商都预计未来的出售物品会在出厂前贴上数据标签或在制造过程中集成，然后采用一系列包含商品信息（如产品编号和批号、价格、日期等）的低成本标签对包装进行贴标。源标签商品的数量逐步增加，美国和欧洲的所有商品中，出厂前贴标的超过 20%（CRR，2012）。

智能标签在控制零售和分销业务上具有多种功能，不仅包括打击各种商品的盗窃行为，还包括控制商品流动、控制库存以及为家居用品库存和重新订购提供顾客信息。

开发具有传输大量数据潜力的标签需要考虑许多技术问题，但基本技术指标包括四个关键要求：

- 数据访问必须确保一致性、准确性和远程性；

- 数据/接口/通信控制；
- 数据存储；
- 能源来源。

其他问题包括标签安全（消除标签数据读取错误）、标签价值（零售企业投资电子数 320
据标签产生的附加价值）和标准化。随着技术问题的解决，以及更多（和更大型的）企业涌入电子数据标签市场，价格有望下降到快速消费品企业可以接受的水平（CRR，2002b）。

由于标签嵌入产品之中且可以追踪不当的商品流动，因此RFID被视为供应链中可见性和安全性的关键。例如，乐购利用RFID、闭路电视以及与吉列（Gillette）合作运营的智能货架系统，追踪盗窃率较高的某类产品库存动向（Fernie and Sparks，2009）。

另外，通过各种屏蔽设备和电子威慑装置也可以解决网络欺诈。预付款阶段的措施涉及支付卡核实，包括授权、地址验证和卡安检数据（Growcott，2009；BRC，2009）。其中一种措施是安全支付应用程序，相当于持卡人签名，屏幕上弹出窗口后，消费者在上面输入密码。这项计划由万事达卡推出，要求持卡人、零售企业和办理卡的银行在一个集成系统内共同合作。

万事达卡的竞争对手Visa采用了类似的系统。这个系统被称为“Visa验证”，最早在美国问世，然后被引入英国。通过这个系统，消费者在网站上输入密码，然后持卡银行验证持卡人的身份，再通知零售企业继续办理销售。

部分银行已经在使用卡验证设备，未来可能会逐渐受到网络零售企业的青睐。顾客会先收到读卡器，然后输入他们的PIN码，读卡器随即发送授权交易的唯一代码。不过，零售企业可能不愿为网络交易引入额外障碍。数字签名是第三种授权支付的手段，另外开发网络版的指纹授权（即芯片和PIN的前身）也颇有潜力。

支付阶段的欺诈威慑包括实时授权，即将信用卡信息发送到处理机构获取批准；确认信用卡是否未丢失、被盗或资金不足，并在几秒钟内给予授权或拒绝。由于没有证据证明卡属于用卡人，因此需要地址验证系统形式的进一步威慑，核实持卡人的地址是否正确（Growcott，2009）。将近60%的零售企业利用卡验证法来验证消费者是否持有卡（而不是只有卡号）；这涉及在办理结账手续时在卡的背面输入三位或四位验证码（BRC，2009）。

12.8 总结

一直到近几年，零售犯罪才发展成为零售业合作的一大问题，零售企业以及相关机构
（如英国的英国零售企业协会和苏格兰杂货商联合会）已经提出了打击犯罪的合作倡议。 321
每年都会发布零售犯罪和损耗统计数据，零售企业可以将其作为各自犯罪和安全水平的基准。

顾客盗窃占零售犯罪的比例较高。吸毒、青少年和男性是与顾客盗窃密切相关的三大

因素，大多数顾客盗窃可分为三类：有组织团伙盗窃、伺机盗窃和同伙青少年盗窃。员工盗窃是零售犯罪的第二重要形式。员工盗窃，包括员工与顾客和供应商盗窃者串谋也是一个快速增长的零售犯罪类型，与管理不善、薪酬低、员工流失率高、兼职员工比例高（许多零售企业的通病）息息相关。欺诈是零售业犯罪的第三大源头，随着技术和网上购物方式激增，无卡欺诈发展尤为迅猛。外部犯罪源头包括盗窃、抢劫/抢夺钱箱、刑事损害、纵火和恐怖主义，占全部零售犯罪的一小部分。

英国零售企业协会按零售部门和组织规模公布了犯罪类型数据。例如，顾客犯罪在小型零售企业的零售犯罪中所占的比例要高于大型零售企业，而后者的员工犯罪率要高得多。百货公司和混合零售企业的顾客和员工盗窃率高于平均水平，而家具、纺织品和地毯行业的顾客盗窃率低于平均水平，但欺诈率高于平均水平。因此，商品范围多样化，顾客购物方式多元化的零售企业必须为零售犯罪的性质和水平变化做好准备。

零售损失威慑可分为三大类：人为、机械和电子。虽然许多安全措施的部署既简单又便宜，但在英国的零售安全支出中，安保人员和现金收款占了大头。公布的威慑花费情况不包括大部分其他“人为”打击犯罪方法的投资，但由于员工犯罪率不断上升，零售企业应考虑采取措施，包括更加严格的雇佣前审查、管理和安全培训以及提高员工忠诚度。合作是零售安全不断凸显的一个特征，体现为获取、发布和共享零售犯罪信息，还体现为制定各种各样的预防措施。

复习题

1. 向一家当地小型零售企业经营者说明与其他零售企业和机构合作打击犯罪的必要性。
2. 讨论零售企业应考虑多种损失威慑的原因。
3. 讨论零售企业和零售业要参与解决零售犯罪的根本原因。
4. 讨论使用闭路电视对零售企业的限制条件。
5. 说明智能标签在控制零售和分销业务中发挥的多项功能。
6. 讨论员工盗窃如此难以发现和防范的原因。

322

案例研究：Games4kids

Games4kids 是一家位于中部地区久负盛名的成长中的玩具和游戏零售企业，在整个中部地区的大城镇（超过10万人口）设有10家分店。这家零售企业最早从事面向幼儿和小学儿童的玩具和游戏业务。之后，业务范围随着时间逐步扩大，包括成人和行政人员游戏和玩具、电子玩具，以及电子游戏和主机游戏。两家最大分店设立了上网亭，同时每家分店设有专区，试销手机和配件。最近，Games4kids 针对线上顾客开发了一个点击提货（click-and-collect）设施。

门店面积在200～400平方米，大部分位于靠近中央商务区中心的“商业街”角落。

店铺通常设有两个入口，有助于提高客流量，并允许每家店铺两侧均设置陈列窗。同时，每家店铺离汽车站或停车场均不超过200米，有几家靠近火车站。人口数以百万计，拥有必要的基础设施便于人口流动。例如，有一条密集的道路、高速公路、公交车和火车网络。Games4kids老板的目标是，每个潜在的顾客都可以在出发后的30分钟内乘坐汽车、公交车或火车到达一家分店。停车场靠近三家分店。市区外购物公园的开发对Games4kids分店所在的三个城镇产生了不利的影响——城镇中心出现了一系列衰退现象，导致许多店铺空置，分店客流量和营业额下跌。

在过去的大约十年间，越来越多的顾客在Games4kids的网上门店购物，通过电脑和移动技术即可浏览。通过区域快递公司，货物在48小时内即可送达。由于网上门店维护良好，尽管亚马逊和Argos带来激烈竞争，在线门店营业额仍在增长。

零售企业的顾客以年轻人为主：18～30岁占70%；男性占65%，女性占35%。此外，门店还吸引寻求零用钱玩具的家长和小孩。

几年前，Games4kids建立了一项忠诚卡计划，为16岁以上的顾客提供一张门店专用卡。顾客凭此卡可以获得积分，用于购买商品或打折扣。收集到的信息用来建立顾客数据库，每年为忠诚顾客提供几次特价优惠活动。另外，还邀请忠诚顾客参加主要的新产品线和服务的推出活动。

Games4kids对员工招聘十分谨慎，并注重员工留用。John和Joan MacIver夫妇去年退休之前是公司老板，他们对员工的培养和激励以及采取内部晋升计划感到非常自豪。一家茁壮成长的社交俱乐部安排步行和骑行行程。最近，这家俱乐部一直在做郊游安排，准备远足至伯明翰和曼彻斯特的俱乐部。区域内大部分地区的失业率较高。工资虽然低，但也与其他小型零售企业的待遇相仿。员工有机会通过达到预定的销售目标来补充基本工资。另外，员工入职前六年每两年还可以多享受一天假期。入职满十年，员工可以休六个星期的无薪假期。此外，还有一项助学金计划，用于支持继续教育。

零售企业致力于社会包容、种族和性别平等。最近，两名长期失业人员接受了培训并 323
获得全职工作，公司力求保证男女员工平衡。大部分员工属于各种少数民族群体。员工均未超过40岁——大多数介于16～30岁。公司鼓励员工推荐朋友或亲戚应聘空缺职位。17%的员工流失率仍然较高，但相对于其他区域性零售企业，Games4kids的问题实际上并没那么严重。

培训由员工和主管“负责”，并精心设计了一份清单，确保所有员工的培训保持一致。完成基本培训将获得Games4kids零售证书。对于某些员工来说，这是他们的首张资格证明。新员工的早期工作之一是接受在线订单。由于员工是内部晋升的，所以主管和大多数管理者都属于晋升人员，以新员工身份加入公司。然而，最近McIver夫妇的儿子Ian在他们退休后接管了家族事业，他雇用了两个朋友作为最大分店的经理，希望晋升的员工对此自然表示不满。

公司负担不起专业的安保人员，所有员工都要负责提防门店扒手。门店位于当地镇中心的环形系统中，这意味着可以主动或被动获悉可疑扒手的动向和存在。Games4kids认为公司的招聘和留用政策杜绝了员工犯罪的可能性。为了促进快速销售，Games4kids 门店内的游戏和玩具全部实体展示。这意味着某些小学生会伺机偷窃；然而，老板认为产生的额外销售额超过了所受损失，而且员工的警惕至少降低了损失。

直到最近，Games4kids 的损耗率仍保持相当稳定，确实与此类零售业务的平均水平一致。然而，大概在过去的一年间，情况发生了变化。两家分店的两名员工在带钱前往银行的途中遭遇袭击，一帮门店盗窃者殴打了其中一名员工后抢了价值数千英镑的货物逃走，这名员工也因病请假。另外还发生了几起非法入侵事件，一家店屡屡遭受非法闯入。三家店的损失上涨了 6% ~8%。员工流失率也在短时间内翻了一番。

中部地区建立了新的区域性购物中心之后，导致前老板、现老板和两家最大分店经理多次商议，考虑将多个单位合一，入驻新的购物中心。同时，随着库存损失不断增长，老板现在认为需要全面调查损失水平增加的真实和潜在原因。

问题：如果你正在调查这家公司增加的损耗率，你认为潜在原因会是什么？

参考文献

Association of Payment Clearing Services (APACS) (2010) 'New card and banking fraud figures', www. theukcardsassociation. org. uk/media_ centre/press_ releases_ new/ – /page/922/.

324 Bamfield, J. (2004) 'Shrinkage, shoplifting and the cost of retail crime in Europe: a cross – sectional analysis of major retailers in 16 European countries', *International Journal of Retail & Distribution Management*, 32 (5): 235 – 241.

Bamfield, J. (2005) 'The gender offenders', Centre for Retail Research, www. retailresearch. org/downloads/PDF/female_ offenders. pdf (accessed 3 August 2014).

Bamfield, J. (2006) *Sed quis custodiet? Employee Theft in UK Retailing*, Nottingham: Centre for Retail Research.

Bamfield, J. (2007) *Global Retail Theft Barometer*. Nottingham: Centre for Retail Research.

British Retail Consortium (BRC) (2001) *8th Retail Crime Survey* 2000.

British Retail Consortium (BRC) (2006) *Retail Crime Survey* 2005 – 2006.

British Retail Consortium (BRC) (2009) *Retail Crime Survey* 2009.

British Retail Consortium (BRC) (2012a) *Retail Crime Survey* 2011/12. www. brc. org. uk/ePublications/BRC_ Retail_ Crime_ Survey_ 2012/index. html#/9/zoomed (accessed 2 December 2013).

British Retail Consortium (BRC) (2012b) *Counting the Cost of e – Crime*, www. brc. org. uk/downloads/Counting_ the_ cost_ of_ e – crime. pdf (accessed 11 November 2013).

British Retail Consortium (BRC) (2013) *Retail Crime Survey* 2012, www. brc. org. uk/downloads/brc_ retail_ crime_ survey_ 2012. pdf (accessed 6 January 2013).

Browcott, S. (2010) 'Retail fraud and recommended defensive measures', *Internet Business Law Services*, www. ibls. com/internet_ law_ news_ portal_ view. aspx? s = sa&id—1819 (accessed 11 November 2013).

Card Watch (2007) 'The cost of card fraud', www. cardwatch. org. uk/default. asp? sectionid = 5&pageid = 123&Title—Cost_ Of_ Card_ Fraud (accessed November 2007).

Centre for Retail Research (CRR) (2002a) www. retailing. uk. com/report2. html.

Centre for Retail Research (CRR) (2002b) 'Electronic data tags', www. retailing. nk. com/report6. html.

Centre for Retail Research (CRR) (2005) *The European Retail Theft Barometer*.

Centre for Retail Research (CRR) (2006) *The European Retail Theft Barometer*.

Centre for Retail Research (CRR) (2007) *The European Retail Theft Barometer*.

Centre for Retail Research (CRR) (2009) 'Key findings from the global theft barometer', www. retailresearch. org/global_ theft_ baromter/2009keyfindings. php.

Centre for Retail Research (CRR) (2012) 'Global retail theft barometer 2011', www. west – info. eu/files/www. retailresearch. org_ grtb_ currentsurvey. php_ l. pdf (accessed 11 November 2013).

Clarke, M. (2001) 'Dealing with users', Retail Week Crime and Security Report, October.

Euromonitor International (2013) 'The new barometer', globalretailtheftbarometer. com (accessed 2 December 2013).

Fernie, J. and Sparks, L. (2009) *Logistics and Retail Management* (3rd edn). London: Kogan Page.

Goodchild, J. (2009) 'Q&A Richard Hollinger on shoplifting and retail shrink', *CSO*, www. csoonline. com/article/461365/Richard_ Hollinger_ on_ Shoplifting_ and_ RetailShrink? page = 1 (accessed 2009).

Growcott, S. (2009) 'Online retail fraud and recommended defensive measures', *Internet Business Law Services*, www. ibls. com/internet_ law_ news_ portal_ view. aspx? s = sa&id = 1819 (accessed 2009).

Hollinger, R. (2008) *National Retail Security Survey Final Report.* Gainesville: University of Florida.

Hollinger, R. C. and Hayes, R. (1992) *National Retail Security Survey: Final Report (with Executive Summary)*. Gainesville: University of Florida.

King, L. (2007) 'Going, going, gone', *Supply Chain Standard*, April, www. orisgroup. co. uk/documents/0704SupplyChain. pdf.

Ministry of Justice (2010) 'Ministry of Justice Statistics Quarterly Update to December 2010', *Ministry of Justice Statistics Bulletin*, www. gov. uk/government/uploads/system/uploads/attachment _ data/file/217704/criminal – stats – quarterly – dec10. pdf (accessed 20 June 2013).

Office of Public Sector Information (2006) 'Explanatory notes to Fraud Act 2006', www. opsi. gov. uk/acts/acts2006/en/ukpgacn_ 20060035_ en_ 1.

Oliphant, B. J. and Oliphant, G. C. (2001) 'Using a behavior – based method to identify and reduce em- 325
ployee theft', *International Journal of Retail and Distribution Management*, 29 (10): 442 – 451.

ONS (Office of National Statistics) (2013) 'Crime in England and Wales, year ending September 2012', www. ons. gov. uk/ons/rel/crime – stats/crime – statistics/period – ending – sept – 2012/stb – crime – in – england – and – wales – year – ending – sept – 2012. html#tab – Summary (accessed 6 January 2013).

Payments Cards and Mobile (2013) 'UKFraud seeks to reduce mobile wallet payment risks', www. paymentscardsandmobile. com/ukfraud – seeks – reduce – mobile – wallet – payment – risks/8November2013 (accessed 16 December 2013).

Scottish Office (1996) *Secured by Design — Commercial.* Edinburgh: HMSO.

Sentencing Advisory Panel (2004) 'Consultation paper on theft from a shop', *Sentencing Council*, www. sentencing – guidelines. gov. uk/docs/cons – annex – theft – 0806. pdf (accessed 25 March 2010).

Serious Organised Crime Agency (2010) 'Counterfeit currency', www. soca. gov. uk/threats/counterfeit – currency (accessed 24 February 2011).

Sutton, M. (1998) 'Handling stolen goods and theft: a market reduction approach', Home Office Research and Statistics Directorate: Research Findings No. 69.

Sutton, M., Schneider, J. and Hetherington, S. (2001) 'Tackling theft with the market reduction approach', Crime Reduction Service Series Paper 8, Home Office, www. homeoffice. gov. uk/rds/pdfs/r69. pdf (accessed 2001).

The UK Cards Association (2013) 'Card fraud type — on UK issued debit and credit cards', *Fraud: The Facts*, www. theukcardsassociation. org. uk/plastic_ fraud_ figures/index. asp (accessed 16 December 2013).

Whitehead, T. (2013) 'Half of fines for shoplifting ignored', *The Telegraph*, 25 December, www. telegraph. co. uk/news/uknews/law – and – order/10518776/Half – of – fines – for – shoplifting – ignored. html (accessed 11 June 2014).

Wilson, D., Patterson, A., Powell, G. and Hembury, R. (2006) 'Fraud and technology crimes: findings from the 2003/04 British Crime Survey, the 2004 Offending, Crime and Justice Survey and administrative sources', *Home Office Online Report* (accessed September 2006).

索　引

（本索引所标页码为英文版页码，见本书边码）

粗体条目表示表格和专栏；斜体条目表示图片。